Methoden der Sozialen Arbeit für Dummies

Schummelseite

DER AUFTRAG SOZIALER ARBEIT ZUM HANDELN

Soziale Arbeit ist eine professionelle Tätigkeit, die von Fachkräften gegen Bezahlung ausgeführt wird, um soziale Probleme zu vermeiden, zu verringern, zu bewältigen oder zu lösen. Auftraggeber (Mandatsgeber) für Soziale Arbeit sind:

- ✔ **Geldgeber,** vertreten durch Politik, Verwaltung, Wirtschaft und Medien (als Meinungsbildner), üben ihr »Gesellschafts-Mandat« durch Gesetze, Verordnungen, Beschlüsse, Verträge und öffentliche Meinungskundgebungen aus.
- ✔ **Arbeitgeber** Sozialer Arbeit, wie staatliche Stellen, Kommunen, Wohlfahrtsverbände, Religionsgemeinschaften, gemeinnützige Vereine, üben ihr »Organisations-Mandat« über Arbeitsverträge, Dienstanweisung und Tätigkeitsbeschreibungen aus.
- ✔ **Betroffene,** die wegen Sucht-, Armuts-, Wohnungs-, Erziehungs-, Partner-, Alters-, Schul-, Benachteiligungsproblemen oder anderen Anliegen Hilfe suchen und anfragen, üben ihr »Bürger-Mandat« über Anfragen, Anliegen, Wünsche, Forderungen, Absprachen und Vereinbarungen aus.
- ✔ Die **Profession** Soziale Arbeit, vertreten durch nationale und internationale Berufs- und Fachgesellschaften (DBSH, DGSA, IFSW, IASSW), sowie die Hochschulen üben ihr »Professions-Mandat« (als Qualitätsgaranten) über Qualitätsstandards, Berufsbild, Berufsordnung, Ethik-Code beziehungsweise die Erzeugung und Vermittlung von Wissen und Erkenntnissen durch Forschung, Lehre, Fort- und Weiterbildung aus.
- ✔ Die **Fachkräfte** Sozialer Arbeit üben ihr »Selbst-Mandat« über die durch Ausbildung und eigene Erfahrungen erworbene fachliche Kompetenz und dadurch gebildete Überzeugungen und Handlungsmotive aus.

ZENTRALE BEGRIFFE DER METHODENLEHRE SOZIALER ARBEIT

Konzepte

- ✔ beschreiben und erklären den Zusammenhang von Gegenstandsanalyse, Zielbeschreibung, Vorgehensweise und Evaluation des fachlichen Handelns.
- ✔ beinhalten den kompletten Hilfeprozess von der Planung über die Durchführung bis zur Überprüfung des fachlichen Handelns (Prozessmanagement).
- ✔ betonen einen bestimmten programmatischen Aspekt, nachdem sie entsprechend benannt werden, wie Lebenswelt-, Ressourcen-, Sozialraum-, Beteiligungs- oder Managementorientierung.

Schummelseite

- sind komplexer als Methoden oder Techniken, denn daraus werden Handlungsprinzipien und Arbeitsweisen abgeleitet und Methoden zu deren Umsetzung ausgewählt.

Methoden

- sind vorausgedachte Pläne der Vorgehensweise, zielen auf Handlungswissen (Intervention) – im Sinne von »Wie« das Ziel erreichen? – und sind damit kalkulierbare, steuerbare Prozesse der Hilfe.
- sind systematische Handlungsformen für den zielgerichteten beruflichen Umgang mit sozialen Problemen.
- sind situationsbezogen, offen und reflexiv auf die Eigenarten und Besonderheiten der Menschen und sozialen Probleme anzupassen und keine starren Handlungsanleitungen, die sich zur Bearbeitung aller Probleme Sozialer Arbeit eignen.
- sind im Vergleich zu Konzepten weniger komplex, legen den Schwerpunkt eher auf den Aspekt der Vorgehensweise und bedienen sich dabei eines Sets an geeigneten Techniken oder Verfahren.

Techniken

- sind die Werkzeuge zur Umsetzung oder Realisierung der Methoden.
- sind erprobte, standardisierte Verhaltensmuster, deren Wirksamkeit mit hoher Wahrscheinlichkeit vorhersagbar ist.
- existieren für vielfältige Aufgaben Sozialer Arbeit, wie Kontaktaufnahme, Materialerhebung, Planung, Rollenklärung, Gesprächsführung oder die Moderation von Sitzungen.

Verfahren

- sind ebenfalls zielgerichtete Handlungsformen in einer geregelten Abfolge von Prozessschritten.
- ordnen das formale Handeln an den Schnittstellen Sozialer Arbeit mit anderen Disziplinen wie Justiz oder öffentliche Verwaltung.
- sind beispielsweise Hilfeplanverfahren nach SGB VIII; Jugendgerichtsverfahren nach JGG, Adoptionsverfahren nach BGB.
- unterscheiden sich von Methoden Sozialer Arbeit darin, dass sie nicht ausschließlich und primär Ziele Sozialer Arbeit verfolgen.

Methoden der Sozialen Arbeit für Dummies

Martin Becker

Methoden der Sozialen Arbeit für dummies®

WILEY-VCH GmbH

Methoden der Sozialen Arbeit für Dummies

Bibliografische Information der Deutschen Nationalbibliothek

Die Deutsche Nationalbibliothek verzeichnet diese Publikation in der Deutschen Nationalbibliografie; detaillierte bibliografische Daten sind im Internet über `http://dnb.d-nb.de` abrufbar.

1. Auflage 2025

Coverillustration: © Vitalii Vodolazskyi – `stock.adobe.com`
Korrektur: Johanna Rupp, Nußloch
Satz: Straive, Chennai, India
Druck und Bindung:

Print ISBN: 978-3-527-72205-1
ePub ISBN: 978-3-527-84786-0

Über den Autor

Wer ein Buch über Methoden Sozialer Arbeit schreibt, sollte sich mit Methoden Sozialer Arbeit auch gut auskennen. Bei **Martin Becker** ist das der Fall, denn er hat Soziale Arbeit von der Pike auf gelernt. Nach dem Studium der Sozialen Arbeit an der Katholischen Hochschule in Freiburg hat er mehr als fünf Jahre mit Jugendlichen in der offenen Jugendarbeit gearbeitet und anschließend acht Jahre wohnungslose und straffällige Menschen bei deren Resozialisierung unterstützt. Dank einer weiteren Ausbildung in Gesprächsführungsmethoden berät er als freiberuflicher Supervisor und Coach Leitungskräfte und Teams bei deren Aufgabenerfüllung und in schwierigen Berufssituationen. Nach dem Studium der Soziologie, Erziehungswissenschaften sowie Arbeits- und Organisationspsychologie promovierte er zu Themen der sozialen Stadt- und Quartierentwicklung. Seit 2007 lehrt und forscht Martin Becker an der Katholischen Hochschule in Freiburg, hält Vorträge über Engagementförderung und soziale Stadtentwicklung und veranstaltet Schulungen und Seminare zu Themen wie Konzept- und Personalentwicklung oder Quartier- und Gemeinwesenarbeit. Er erstellt Gutachten und Sozialraumanalysen, hat mehrere Bücher über Themen Sozialer Arbeit geschrieben und veröffentlicht immer wieder Artikel in Fachzeitschriften.

Auf einen Blick

Inhaltsverzeichnis

Einführung

Sie haben das Buch *Methoden Sozialer Arbeit für Dummies* in Händen, das freut mich. Vielleicht haben Sie gehört, dass Sozialarbeiter in der Bevölkerung ein sehr hohes Ansehen genießen, weil sie sich um Menschen kümmern, mit denen die meisten Leute eigentlich eher nichts zu tun haben wollen. Und jetzt wollen Sie dem Geheimnis auf den Grund gehen, wie man es schafft, mit Menschen zu arbeiten, die am Rande der Gesellschaft leben. Vielleicht haben Sie das Buch aus dem Regal Ihrer Bibliothek entnommen, weil Sie auf der Suche nach einem Ratgeber für Erziehungsfragen sind. Sind Sie vor Kurzem in der Fußgängerzone von einem Menschen angesprochen worden, ob Sie etwas Kleingeld übrig haben und wollen nun nachlesen, ob Almosen eine sinnvolle Hilfe sein können? Wurde in der Schulklasse Ihres Sohnes der Einsatz einer Schulsozialarbeiterin angekündigt, weil es Mobbing-Probleme gibt und Sie wollen wissen, wie denn ein solcher Einsatz aussehen könnte? Stehen Sie nach erfolgreich abgelegtem Abitur vor der Frage, ob Sie Soziale Arbeit studieren sollen, weil Sie gerne mit Menschen arbeiten möchten, wissen aber eigentlich nicht so richtig, was Sozialarbeitende konkret tun?

Egal aus welchem Grund, wenn Sie sich dafür interessieren, wie in der Sozialen Arbeit fachlich gearbeitet wird, woran sich die Fachkräfte orientieren und in welchen Bereichen Soziale Arbeit überhaupt zum Einsatz kommt, lohnt es sich in diesem Buch zu stöbern.

Über dieses Buch

Dieses Buch vermittelt Ihnen einen Einblick in die Arbeitsweisen des Berufes der Sozialen Arbeit. Dazu gehören Informationen, wie Soziale Arbeit überhaupt tätig wird. Sie erfahren, wer den Fachkräften Sozialer Arbeit ihre Aufträge gibt und wie das geregelt ist. Der Titel des Buches verrät, dass es darin um die Arbeitsweisen, die Methoden des fachlichen Handelns geht. Aber nicht nur das, Sie erfahren auch, in welchen Bereichen Sozialarbeitende tätig werden, welche Ziele sie dabei verfolgen und von welchen Prinzipien sie sich dabei leiten lassen. Tatsächlich können Sie aber auch eine Menge dazu lesen, welche Maßnahmen Fachkräfte Sozialer Arbeit ergreifen können, um die Ziele zu erreichen und welches Handwerkszeug dafür gebraucht wird. Wenn Sie auch wissen wollen, was Sozialarbeitende können müssen, um die Methoden auch wirksam werden zu lassen, finden Sie dazu ebenfalls Antworten in diesem Buch.

Begriffe und wie damit umgegangen wird

Wie in allen akademischen Berufen, gibt es auch in der Sozialen Arbeit eine spezielle Fachsprache und Begriffe, die den Fachkräften geläufig sind und deswegen verwendet werden, weil sie sich damit wortreiche oder umständliche Erklärungen ersparen. Diese Begriffe müssen Sie kennen und verstanden haben, wenn Sie sich intensiver mit Sozialer Arbeit beschäftigen wollen. Damit Sie sich aber erst mal orientieren können, werden in diesem Buch alle Fachbegriffe verständlich erklärt und mit Beispielen veranschaulicht.

Konventionen in diesem Buch

Jedes Kapitel ist so gestaltet, dass es unabhängig und ohne vorgegebene Reihenfolge einzeln für sich gelesen werden kann. Sie werden zwar in einigen Kapiteln Verweise auf andere Stellen im Buch finden, diese dienen als Hinweise darauf, dass und wo Sie noch weitere Informationen zum Thema finden. Sie müssen aber nicht hin und her blättern, sondern können jedes Kapitel eigenständig für sich lesen. In und mit diesem Buch werden jeweils alle Geschlechter angesprochen. Damit es gut lesbar bleibt, wird nicht explizit gegendert und auf spezielle Symbole verzichtet.

Was Sie nicht lesen müssen

Dieses Buch ist ein Sachbuch und kein Abenteuer- und Kriminalroman, den Sie von vorne bis hinten lesen müssen. Sie können auch einzelne Stellen überspringen oder anders herum, sich auf manche Stellen besonders konzentrieren. Dazu sind bestimmte Inhalte wie Begriffserklärungen, Beispiele oder Tipps eigens mit Symbolen oder grauen Kästen gekennzeichnet.

Törichte Annahmen über den Leser

Ein Buch mit dem Titel *Methoden Sozialer Arbeit für Dummies* zu lesen, heißt nicht, sich als ungebildeten oder denkfaulen Menschen zu outen. Es wäre töricht anzunehmen, die Leser dieses Buches erfreuen sich nur an den Bildern oder finden es schön, ein gelb-schwarzes Buch im Regal stehen zu haben.

Im Gegenteil. Sie haben dieses Buch gewählt, weil Sie sich für Methoden Sozialer Arbeit interessieren, und zwar so sehr interessieren, dass Sie nicht nur an Allgemeinheiten, sondern auch an profunden Inhalten dieses Themas interessiert sind. Die Leser des Buches wollen wissen, was Methoden Sozialer Arbeit sind und wie Sozialarbeitende fachlich handeln. Und das, ohne bereits die komplette Sammlung an Fachbüchern gelesen zu haben. Das ist durchaus legitim.

Wie dieses Buch aufgebaut ist

Dieses Buch ist in der Abfolge von Teilen und darin enthaltenen Kapiteln so aufgebaut, dass Sie von einem allgemeinen Überblick über die Methodenlehre der Sozialen Arbeit über die zentralen Begriffe zu den Einsatzbereichen und Handlungsformen Sozialer Arbeit geleitet werden. Der abschließende Top-Ten-Teil macht Sie auf einige Missverständnisse über Methoden Sozialer Arbeit aufmerksam und bietet Ihnen eine Liste wesentlicher Bücher zur Methodenlehre Sozialer Arbeit sowie einige Internetlinks zu Podcasts, Videos und interessanten Seiten.

Neben dem Inhaltsverzeichnis über die Teile und Kapitel am Anfang des Buches, finden Sie am Ende ein Stichwortverzeichnis, das Ihnen hilft, rasch Stellen zu einem bestimmten Begriff zu finden und zwischen den Kapiteln zu navigieren.

Teil I: Was sind Methoden der Sozialen Arbeit?

In Teil I erfahren Sie, woher Fachkräfte Sozialer Arbeit überhaupt ihren Auftrag tätig zu werden erhalten, welche unterschiedlichen Arbeitsformen die Soziale Arbeit kennt und welche Besonderheiten die Methoden Sozialer Arbeit prägen.

Teil II: Welche Methoden werden in der Sozialen Arbeit eingesetzt?

In diesem Teil erhalten Sie einen Überblick über die Vielfalt an Methoden Sozialer Arbeit und zu welchem Zweck Methoden Sozialer Arbeit eingesetzt werden.

Teil III: Wie werden Methoden Sozialer Arbeit (richtig) eingesetzt?

In Teil III werden die wesentlichen Herausforderungen der fachgerechten und qualitätsvollen Anwendung von Methoden vorgestellt und beschrieben, woran sich die Klientel Sozialer Arbeit orientieren kann und was Fachkräfte Sozialer Arbeit können müssen, um ihre Aufgaben fachgerecht und professionell erfüllen zu können.

Teil IV: Top-Ten-Teil

Hier werden zehn Missverständnisse über Methoden Sozialer Arbeit aufgezeigt und aufgelöst. Die Auflistung der zehn wichtigsten Bücher der Methodenlehre ermöglicht den tieferen Einstieg in die Methodenlehre und dient als Quelle für viele Inhalte, die in diesem Buch aufgeführt sind. Das abschließende zwölfte Kapitel enthält eine Linkliste von Fach- und Berufsverbänden Sozialer Arbeit, aber auch zu Podcasts und Videos über die Anwendung von Methoden Sozialer Arbeit.

Symbole, die in diesem Buch verwendet werden

Für die Gliederung und Übersichtlichkeit werden Sie in diesem Buch wie üblich in den … *für Dummies-Büchern* bestimmte Symbole finden, die Ihnen die Orientierung erleichtern. Folgende Symbole werden verwendet:

Unter diesem Symbol finden Sie Beispiele, die den Inhalt veranschaulichen und zeigen, wie Soziale Arbeit im Alltag aussehen kann.

Beim Symbol Fernglas werden Sie darauf hingewiesen, dass Sie etwas genauer hinschauen sollten, weil es auf Details ankommt.

Unter diesem Symbol finden Sie Tipps und Tricks, wie Sie bestimmte Aufgaben lösen können.

Dieses Symbol kennen Sie von den Verkehrszeichen, es bedeutet »Achtung, hier ist Ihre besondere Aufmerksamkeit gefragt!«

Wenn dieses Symbol auftaucht, wird ein Begriff definiert, den Sie sich merken sollten.

Dieses Symbol deutet auf Inhalte hin, die Sie sich merken und an die Sie sich später wieder erinnern sollten. Es handelt sich aber nicht um eine Definition.

Wie es weitergeht

Dieses Buch liefert Ihnen grundlegendes Wissen über Konzepte, Methoden und Techniken Sozialer Arbeit. Es ist vielleicht eine gute Idee, wenn Sie noch nicht viel über Methoden Sozialer Arbeit wissen, mit Teil I zu beginnen, der wohl nicht überraschenderweise auf diese Einführung folgt. Ob Sie danach Teil für Teil lesen und dann wiederum Kapitel für Kapitel vorgehen oder sich einen bestimmten Teil herausgreifen, bleibt Ihnen überlassen. Jene, die in Büchern gerne den Schluss zuerst lesen, können auch gleich zum Top-Ten-Teil springen und so die wichtigsten Bücher, Missverständnisse und Internetlinks kennenlernen.

Viel Spaß beim Lesen dieses Buches und hoffentlich auch viele Aha-Effekte beim Wiedererkennen von Methoden Sozialer Arbeit, denen Sie bereits begegnet sind, ohne es zu ahnen. Vielleicht können Sie nach der Lektüre dieses Buches einem Freund oder einer Nachbarin wertvolle Hinweise auf Hilfemöglichkeiten Sozialer Arbeit geben.

Teil I
Was sind Methoden der Sozialen Arbeit?

IN DIESEM TEIL …

Wenn Sie einen unbekannten Roman in Händen halten und wissen wollen, worum es darin geht, schauen Sie wahrscheinlich auf die Beschreibung auf dem Buchrücken. Worum es bei diesem Buch geht, können Sie in der »Einführung« und in Kapitel 1 lesen. Dort erhalten Sie einen Überblick über die Themen in diesem Buch, dessen Aufbau und Handhabung.

Im ersten Teil erfahren Sie, dass Soziale Arbeit sowohl ein Beruf als auch eine Wissenschaft ist und was diese Doppelfunktion für das praktische Handeln bedeutet. Sie werden staunen, wie genau man in der Sozialen Arbeit festlegen kann, was ein Konzept, eine Methode oder ein Verfahren ist und worin die Unterschiede liegen. Außerdem können Sie im ersten Teil nachlesen, woher Fachkräfte Sozialer Arbeit überhaupt ihren Auftrag erhalten, tätig zu werden. Sie erfahren, wer Fachkräfte Sozialer Arbeit beauftragt und bezahlt. Möglicherweise werden Sie von der Vielfalt an unterschiedlichen Arbeitsformen der Sozialen Arbeit beeindruckt sein und sich wundern, durch welche Besonderheiten die Methoden Sozialer Arbeit geprägt werden.

IN DIESEM KAPITEL

Was der Unterschied zwischen Konzepten, Methoden und Techniken Sozialer Arbeit ist

Welche Besonderheiten Methoden Sozialer Arbeit haben

Welche Methoden zu welchen Zwecken eingesetzt werden

Woher Sozialarbeitende ihre Arbeitsaufträge erhalten

Was Sozialarbeitende können müssen

Kapitel 1
Grundlagen der Methodenlehre Sozialer Arbeit

Stellen Sie sich vor, Sie studieren Soziale Arbeit und sitzen beim Frisör. Ihre neue Frisörin will Small Talk treiben und fragt Sie: »Was machen Sie denn so beruflich?« Sie antworten wahrheitsgemäß: »Ich studiere Soziale Arbeit«. Darauf folgt ziemlich sicher die nächste Frage: »Und was macht eigentlich eine ausgebildete Sozialarbeiterin?«

Fragen wie »Was macht man als Sozialarbeitende?«, »Wozu macht man das?« und »Wie macht man das?« sollte man bis zum Ende des Studiums, sich selbst und anderen gegenüber beantworten können!

Die Ziele dieses Buches sind:

- ✔ Sie können Fragen nach dem »Was und Wie« von Methoden Sozialer Arbeit leichter beantworten.
- ✔ Sie haben eine Vorstellung davon, was Sozialarbeitende tun und woran sie sich bei ihrer Arbeit orientieren.
- ✔ Sie wissen, dass Methoden Sozialer Arbeit zu bestimmten Zwecken eingesetzt werden und nicht beliebig austauschbar sind.

Soziale Arbeit: Profession und Handlungswissenschaft mit klaren Werten

Soziale Arbeit ist ein Beruf und gleichzeitig auch eine Wissenschaft. Was der Unterschied ist und um welche Art Wissenschaft es sich bei der Sozialen Arbeit handelt, erfahren Sie auf den nächsten Seiten.

- ✔ **Profession:** Soziale Arbeit ist eine bezahlte berufliche Tätigkeit mit staatlicher Anerkennung.
- ✔ **Handlungswissenschaft:** Soziale Arbeit ist eine Wissenschaft, deren Gegenstand die Bewältigung, Verhinderung und Vermeidung sozialer Probleme ist.
- ✔ **Normative Handlungswissenschaft:** Wissenschaft und Profession Soziale Arbeit verfolgen das Ziel zur Einhaltung der Menschenwürde und sozialer Gerechtigkeit beizutragen und dabei ethische Grundsätze zu beachten.

In Kapitel 2 ist genauer erklärt, was es bedeutet, dass Soziale Arbeit sich als eine normative Handlungswissenschaft versteht.

Konzepte, Methoden und Techniken

Damit sich Fachkräfte Sozialer Arbeit in ihrer Tätigkeit an den (normativen) Vorgaben ihres Berufes orientieren können, wurden im Laufe der Zeit begründete Handlungspläne (Konzepte) und planmäßige Vorgehensweisen (Methoden) entwickelt, die von den Fachkräften erlernt werden können und müssen.

Konzepte Sozialer Arbeit: Ideen zum Handeln

Ziele, Inhalte, Methoden und Techniken werden in einem Handlungsmodell in sinnhaften Zusammenhang gebracht, in dem die jeweiligen Problemkonstellationen, Rahmenbedingungen und ethischen Grundlagen Berücksichtigung finden. So entsteht ein (Handlungs-) *Konzept.*

Handlungskonzepte

- ✔ **liefern Erklärungen für menschliches Verhalten und gesellschaftliche Probleme:** bieten theoretisch begründete, nachvollziehbare, erforschbare und überprüfbare Erklärungen für soziale Prozesse.
- ✔ **umfassen alle Handlungen von der Planung bis zur Durchführung:** Analyse, Zielformulierung, Vorgehensweise, Zielüberprüfung.
- ✔ **betonen einen bestimmten programmatischen Aspekt:** Alltag, Lebenswelt, Stärken, sozialräumliches Umfeld, Management et cetera.

Die gängigsten Handlungskonzepte Sozialer Arbeit und dazu passende Methoden können Sie in Teil II nachlesen und kennenlernen.

Methode/Vorgehensweise

Was ist eine Methode?

Ist Gesprächsführung eine Methode?

Sind Einzel- oder Gruppenarbeit Methoden?

Ist der Stuhlkreis eine Methode?

Ist die Befragung von Passanten mit Interviews eine Methode?

Also, was ist eine Methode, was nicht und worin liegt die Unterscheidung?

- ✔ **Methoden sind Mittel zur Zielerreichung:** Sie beantworten die Frage, auf welche Art und Weise, also wie ein Ziel erreicht werden soll.
- ✔ **Methoden müssen zum Handlungskonzept passen:** Dementsprechend werden die jeweils geeigneten Methoden ausgewählt und miteinander kombiniert.
- ✔ **Methoden sind keine starren Handlungsanleitungen:** Sie müssen situationsbezogen, offen und reflexiv an die Eigenarten und Besonderheiten sozialer Probleme und Menschen angepasst werden.

Eine Methode ist ein kalkulierbarer, steuerbarer Prozess der Hilfe, der auf Handlungswissen zielt, und die Frage beantwortet, wie ein Ziel zu erreichen ist.

Techniken/Werkzeuge oder Instrumente

Methoden sollen die Frage beantworten, auf welche Art und Weise ein Ziel erreicht werden kann. Somit braucht es für jede Methode ein Set an geeigneten Techniken und/oder Verfahren.

- ✔ **Techniken dienen der Bearbeitung und Realisierung von Methoden.** Sie sind Teilaspekte von Methoden, sind weniger komplex als Methoden und geben eine Antwort auf Detailprobleme und die Frage, »womit« die Methode arbeitet.
- ✔ **Techniken, Methoden und Handlungskonzepte müssen zusammenpassen.** Techniken und Methoden können für mehrere unterschiedliche Handlungskonzepte geeignet sein und angewandt werden. Allerdings eignen sich für bestimmte Handlungskonzepte nur spezifische Sets an Methoden und Techniken.

In Teil II werden zahlreiche Methoden mit den jeweiligen Techniken aufgeführt, erklärt und an Beispielen verdeutlicht.

Verfahren/Geregelte Abläufe

Wenn Fachkräfte Sozialer Arbeit mit Profis anderer Berufe in deren Bereich eng zusammenarbeiten, braucht es klar geregelte Abläufe von Handlungen. Diese nennt man Verfahren. Verfahren sind definiert durch:

- ✔ **Zielgerichtete Handlungsformen** mit einer festgelegten Abfolge von Prozessschritten.
- ✔ **Vielfalt.** Sie verfolgen nicht ausschließlich Ziele Sozialer Arbeit: Darin unterscheiden sie sich von Methoden und Techniken Sozialer Arbeit.
- ✔ **Rechtliche Regelung.** Sie dienen der Klärung von verlässlichen Abläufen.
- ✔ **Schnittstellenfunktion.** Sie kommen an Schnittstellen zwischen Sozialer Arbeit und anderen Professionen zum Einsatz: zum Beispiel in der Jugendgerichtshilfe, der Adoptionsvermittlung, im Hilfeplanverfahren der Jugendhilfe.

In Tabelle 2.1 finden Sie die Begriffe Konzept, Methode, Techniken und Verfahren übersichtlich zusammengefasst. Diese Übersicht wird durch Abbildung 2.1 ergänzt, in der die Zuordnung dieser Grundbegriffe der Methodenlehre Sozialer Arbeit in Bezug auf deren Reichweite und Komplexität grafisch dargestellt wird.

Was Methoden Sozialer Arbeit sind und was nicht

In der folgenden Aufzählung werden die oben gestellten Fragen beantwortet:

Was ist eine Methode? Ist Gesprächsführung eine Methode? Sind Einzel- oder Gruppenarbeit Methoden? Ist der Stuhlkreis eine Methode? Ist die Befragung von Passanten mit Interviews eine Methode?

- ✔ **Wissenschaft und Praxis:** Soziale Arbeit ist nicht nur eine Wissenschaft, sondern auch eine Profession, ein Beruf mit vielen unterschiedlichen Handlungsfeldern (Suchtarbeit, Kinder-/Jugendhilfe, Altenarbeit, Behindertenhilfe, Straffälligenhilfe, Wohnungslosenhilfe, Gemeinwesenarbeit et cetera).
- ✔ **Forschen und Handeln:** Soziale Arbeit braucht und hat Methoden zum Forschen und Methoden zum Handeln (intervenieren/eingreifen).
- ✔ **Handlungsfeld/Arbeitsbereich oder Methode:** Handlungsfelder sind Arbeitsbereiche Sozialer Arbeit mit speziellen Zielen, Aufgaben, Methoden und Regeln (Straffälligenhilfe, Suchthilfe, Wohnungslosenhilfe). Methoden sind zielgerichtete Handlungspläne (Schuldnerberatung oder Straßensozialarbeit).

Schuldnerberatung ist eine Methode und kein Handlungsfeld, weil sie beschreibt, **wie** jemand von seinen Schulden befreit werden kann. Suchthilfe ist ein Handlungsfeld, aber keine Methode Sozialer Arbeit, weil es den Arbeitsbereich Sozialer Arbeit beschreibt, in dem suchtkranken Menschen geholfen wird.

- ✔ **Sozialform oder Methode:** Ob mit einer einzelnen Person gearbeitet wird oder mit einer kleinen oder großen Gruppe, sagt nur etwas über die soziale Form der Arbeit aus, aber nicht über die Vorgehensweise (Methode). Deshalb sind Einzelarbeit oder Gruppenarbeit keine Methoden Sozialer Arbeit.

- ✔ **Soziale Arbeit oder Therapie:** Soziale Arbeit arbeitet mit Menschen an deren Bewältigung von Problemen und an der Veränderung von Verhältnissen, in denen sie leben und die ihr Verhalten prägen. Fachkräfte Sozialer Arbeit behandeln/therapieren jedoch keine Menschen im Sinne medizinischer oder psychologischer Tätigkeiten.

Tiefer gehende Erklärungen und viele Beispiele zu den unterschiedlichen Begriffen von Methoden und Handlungsfeldern finden Sie in Kapitel 3.

Methoden Sozialer Arbeit sind sehr speziell

Welche Besonderheiten die Methodenlehre Sozialer Arbeit für diejenigen bereithält, die sich genauer damit beschäftigen möchten, finden Sie ausführlich in Kapitel 3. Einen kurzen Einblick können die fünf Merkmale der Methodenlehre geben:

1. **Für alles zuständig – auf nichts spezialisiert?**

   Dieser Eindruck kann entstehen, weil (fast) der komplette Alltag von Menschen zum Aufgabenbereich Sozialer Arbeit werden kann.

2. **Tätigkeitsmonopole – Fehlanzeige?**

   Es gibt wenige Tätigkeiten, die ausschließlich von Fachkräften Sozialer Arbeit durchgeführt werden dürfen.

3. **Kompetenz für Probleme des täglichen Lebens**

   Weil sich Fachkräfte Sozialer Arbeit oft mit der alltäglichen Lebensführung von Menschen beschäftigen, ist für Fachfremde nicht einfach erkennbar, welche Kompetenzen es zur Ausübung des Berufes der Sozialen Arbeit braucht.

4. **Soziale Arbeit ist eine personenbezogene Dienstleistung, mit allem was dazugehört**

   Personenbezogene Dienstleistungen sind (nicht nur in der Sozialen Arbeit) angewiesen auf die Mitwirkung der (hilfebedürftigen) Person, der die Dienstleistung angeboten wird. Deshalb gilt der Satz »Wenn die Klientel nicht will, scheitert das Angebot/die Hilfe.«

5. **Abhängig von staatlicher Steuerung und Bürokratie**

   Weil Soziale Arbeit im gesellschaftlichen Auftrag handelt und bezahlt wird, haben staatliche Rechts- und Finanzierungsgrundlagen Sozialer Arbeit eine große Bedeutung.

Methoden dienen einem bestimmten Zweck

Fachkräfte Sozialer Arbeit sollen und wollen bestimmte Ziele erreichen. Dazu wenden sie verschiedene Methoden und Techniken an. Methoden und Techniken sind also das Handwerkszeug in der Sozialen Arbeit. Aus dem (Beweg-)Grund, weshalb ein Ziel erreicht werden soll, ergibt sich der Zweck einer Handlung.

Sie setzen sich das Ziel, mit dem Rauchen aufzuhören. Dieses Ziel dient dem Zweck, gesünder zu leben und kein Lungenkarzinom zu bekommen.

Um zum angestrebten Ziel zu gelangen, können verschiedene Methoden zum Einsatz kommen, aber nicht jede Methode ist gleichermaßen geeignet, um ein festgelegtes Ziel zu erreichen. Es stellt sich somit die Frage, welche Methode am besten zur Erreichung des Zieles geeignet ist und den Zweck der Zielerreichung am ehesten erfüllt. Fachkräfte Sozialer Arbeit brauchen also eine reiche Palette an Methoden, damit Sie im Einzelfall aus einer Auswahl von Methoden, die am besten geeignete einsetzen können.

Über welche Auswahl an Methoden Soziale Arbeit verfügt und wie sich diese unterscheiden lassen, erfahren Sie in Kapitel 4. Dort finden Sie auch eine übersichtliche Darstellung von »Methoden für verschiedene Zwecke« mit vielen praktischen Beispielen:

- ✔ Methoden zum Zweck der **unmittelbaren Arbeit mit der Klientel**
- ✔ Methoden zum Zweck der **Entwicklung qualitätsvoller Arbeit von Fachkräften**
- ✔ Methoden zum Zweck der **Gestaltung von Angeboten und Dienstleistungen**

Methoden der Gesprächsführung

»Wir sollten/müssen miteinander reden!« Dieser sehr bekannte Satz ist in gewisser Weise typisch für das, was Sozialarbeitende häufig tun, nämlich reden. Denn Gespräche zu führen, gehört zu den Grundlagen der Methodenlehre Sozialer Arbeit. Dabei handelt es sich vorwiegend um helfende Gespräche mit Einzelpersonen und Gruppen von Menschen.

Wichtig ist dabei, wie wir »miteinander reden«. So lautet auch der Titel eines wichtigen Lehrbuches zur Gesprächsführung in der Sozialen Arbeit.

Dieses und andere grundlegenden Bücher zur Methodenlehre Sozialer Arbeit finden Sie in Kapitel 11 »Die wichtigsten zehn Bücher der Methodenlehre Sozialer Arbeit«!

Konzepte und Methoden zur Stärkung von Menschen

Die Stärkung von Menschen ist ein wesentliches Ziel der Tätigkeit von Fachkräften Sozialer Arbeit. Wenn ursprünglich hilfebedürftige Menschen sich ihrer Stärken bewusst werden oder an Stärke gewinnen, bleiben sie nicht abhängig von Hilfe, sondern können für sich und andere sorgen. Konzepte und Methoden zur Stärkung von Menschen dienen also dem Zweck der Erlangung und Sicherung von Selbstständigkeit und menschenwürdigem Leben (Autonomie).

Zu den wesentlichen Handlungskonzepten, die auf die Stärkung von Menschen abzielen gehören:

- ✔ **Lebensweltorientierung,** wie Menschen ihre Lebensbedingungen einordnen und bewerten
- ✔ **Ressourcenorientierung,** wie Menschen ihre Kraftquellen erschließen und an Stärke gewinnen können
- ✔ **Beteiligung/Partizipation,** wie Menschen als wichtige Partner zur Lösung und Bewältigung gesellschaftlicher Probleme erkannt und unterstützt werden können.

Was hinter diesen Konzepten steht, welche Ideen damit verbunden sind und welche Handlungsmöglichkeiten (Methoden) sich daraus ergeben, erfahren Sie, wenn Sie in Kapitel 7 nachlesen.

Konzepte und Methoden Sozialer Arbeit mit dem sozialen und räumlichen Umfeld

Entgegen weitverbreiteter Ansicht beschäftigen sich Sozialarbeiterinnen nicht nur mit einzelnen Personen, die Suchtprobleme haben, oder mit Familien, die Schwierigkeiten mit der Erziehung ihrer Kinder haben.

Zur Problemlösung sind außer den direkt betroffenen Personen oft noch das soziale Umfeld, also Familie, Verwandte, Freunde und Nachbarn wichtig.

Auch die räumliche Umgebung kann ein wichtiger Ansatzpunkt sein. Für einen alleinstehenden Menschen macht es einen großen Unterschied, ob er in einem Gebiet mit vielen Parks, Einkaufszentren und Geschäften wohnt, das viele Gelegenheiten bietet, sich zu treffen und die regelmäßigen Besorgungen zu erledigen. Die räumliche und bauliche Beschaffenheit des Wohnumfeldes kann dafür bedeutsam sein, ob man sich einsam fühlt.

Die dabei wichtigen fachlichen Konzepte heißen:

- ✔ **Sozialraumorientierung:** Bedeutung sozialer und räumlicher Beziehungen
- ✔ **Netzwerkarbeit/-orientierung:** Arbeit mit menschlichen Verflechtungen

In Kapitel 7 werden Sie erfahren, welche Möglichkeiten Sie als Fachkraft Sozialer Arbeit haben, zur Bewältigung sozialer Probleme auch soziale und räumliche Bedingungen in Ihre methodische Arbeit einzubeziehen.

Die Beauftragung/Mandatierung Sozialer Arbeit

Die Sache der Sozialen Arbeit ist die Verhinderung, Verminderung und Bewältigung sozialer Probleme.

Dazu müssen Fachkräfte Sozialer Arbeit eine akademische Ausbildung (Hochschulstudium) absolvieren, die theoretisches Wissens zur Erklärung sozialer Probleme (Erklärungswissen) und praktische Fähigkeiten (Methoden und Techniken) vermittelt und somit eine berufliche Anstellung gegen Bezahlung sichert.

Doch wie kommt es dazu, dass Sozialarbeiterinnen und Sozialarbeiter angestellt, bezahlt und eingesetzt werden?

»Wer bestellt, bezahlt«: Mandatierung Sozialer Arbeit

Für den Einsatz von Sozialarbeiterinnen und Sozialarbeiter kann es mehrere Auftraggeber geben:

- ✔ **Die Klientel: »Bürger-Mandat«**
- ✔ **Die Gesellschaft: »Gesellschaftliches Mandat«**
- ✔ **Träger Sozialer Arbeit: »Organisations-Mandat«**
- ✔ **Profession Soziale Arbeit – Fach- und Berufsverbände: »Professions-Mandat«**
- ✔ **Fachkräfte Sozialer Arbeit: »Selbst-Mandat«**

Was es mit den einzelnen Auftraggebern auf sich hat und worin sie sich unterscheiden, steht ausführlich und mit Beispielen erklärt in Kapitel 8.

Methoden und berufliche Identität

Angehörige der Berufsgruppe der Sozialen Arbeit sind nicht an einer Berufskleidung zu erkennen, denn es gibt keine. Fachkräfte Sozialer Arbeit sind aber erkennbar an ihrer Fachsprache und den Methoden und Techniken, die sie in ihrer Arbeit anwenden. Wichtiger für die berufliche Identität von Fachkräften Sozialer Arbeit sind jedoch ihre Ausbildung und die ethischen Grundlagen ihres professionellen Handelns. Dazu finden Sie in mehreren Kapiteln dieses Buches entsprechende Hinweise und Erläuterungen.

Menschen sind keine Maschinen, ihr Verhalten ist nicht planbar: »Kritische Methodendebatte«

Wenn sich Gesellschaften verändern, und das tun sie ständig, müssen zwangsläufig auch die Formen der Bewältigung sozialer Probleme in Gesellschaften den Veränderungen angepasst werden.

Veränderung ist auch eine zwingend notwendige Voraussetzung für die Entwicklung der Sozialen Arbeit und deren Methodenlehre. Über den richtigen Weg kann es in einer Profession heftige Diskussionen geben. Auf Außenstehende mögen kontroverse Diskussionen innerhalb einer Berufsgruppe den Eindruck vermitteln, die Berufsgruppe wisse nicht was und wohin sie wolle. Fachdebatten sind aber auch ein gutes Zeichen, denn sie zeigen, dass die Angehörigen der Berufsgruppe um die Wahrheit und Qualität ihrer Arbeit ringen und ihren Job damit sehr ernst nehmen. Gerade die Soziale Arbeit ist eine Profession, die sich ihre Anerkennung über lange Jahre erst erkämpfen und sichern musste. Wie kaum in einer anderen Profession, ist die Entwicklung der Methoden Sozialer Arbeit wie auf einer Achterbahn verlaufen, mit Auf- und Abwärtsbewegungen.

Über neuere Trends und welche Lehren die Soziale Arbeit aus ihrer langjährigen und wechselhaften Entwicklung gezogen hat, erfahren Sie mehr in Kapitel 8.

Kompetenzen: Was Sozialarbeitende können müssen

Grundlagen für die Kompetenzanforderungen von Fachkräften Sozialer Arbeit sind:

- ✔ Deutscher Qualifikationsrahmen für lebenslanges Lernen (DQR)
- ✔ Qualifikationsrahmen für den Europäischen und den Deutschen Hochschulraum
- ✔ Kerncurriculum Studium Soziale Arbeit (DGSA)
- ✔ Qualifikationsrahmen Soziale Arbeit (QR SozArb)
- ✔ Schlüsselkompetenzen der Sozialen Arbeit (DBSH)

In Kapitel 9 erfahren Sie, was es braucht, um als Fachkraft kompetent handeln zu können. Dort finden Sie die wesentlichen Merkmale beruflicher Fähigkeiten zur Bewältigung sozialer Probleme und Sie lernen ein Arbeitskonzept kennen, mit dem sich jede Aufgabe strukturiert planen, durchführen und überprüfen lässt.

IN DIESEM KAPITEL

Weshalb Soziale Arbeit eigene Grundbegriffe für ihre Methodenlehre hat

Die Unterschiede der Methodenbegriffe

Begriffe und Beispiele

Kapitel 2
Grundbegriffe: Handlungskonzept, Methode, Technik, Verfahren

In diesem Kapitel erfahren Sie, weshalb Soziale Arbeit als Handlungswissenschaft eine eigene Methodenlehre hat. Sie lernen die vier wichtigsten Grundbegriffe der Methodenlehre der Sozialen Arbeit kennen: Handlungskonzepte, Methode, Technik, Verfahren. Außerdem stelle ich Ihnen die Besonderheiten und Unterschiede dieser Begriffe vor.

Sie begegnen sicherlich auch manchmal wohnungslosen Menschen, die sich auf öffentlichen Plätzen treffen, die miteinander reden, trinken oder auch vorübergehende Menschen um Almosen bitten. Bestimmt haben Sie sich auch schon einmal Gedanken darüber gemacht, wie es denn möglich wäre, diesen Menschen zu helfen. Vielleicht fänden Sie es interessant zu erfahren, weshalb diese Menschen viel Zeit auf Straßen und Plätzen verbringen und weshalb sie fremde Menschen um Geld bitten. Dieses Beispiel wird uns durch dieses Kapitel begleiten und Sie werden mehr darüber erfahren, wie Sie als Sozialarbeiter handeln könnten.

Soziale Arbeit als Handlungswissenschaft

Die Soziale Arbeit als Handlungswissenschaft mit eigenen Methoden, was bedeutet das?

Soziale Arbeit ist eine Handlungswissenschaft: Soziale Arbeit hat den gesellschaftlichen Auftrag (vgl. Mandatierung, Kap. 8), auf soziale Probleme nicht nur hinzuweisen, sondern auch zu deren Bewältigung und möglichst auch deren Lösung beizutragen, also zu handeln. Deshalb ist Soziale Arbeit eine *Handlungswissenschaft*, wie zum Beispiel auch die Medizin, deren Auftrag es ist, Gesundheit zu erhalten und wiederherzustellen.

✔ **Soziale Arbeit hat Methode:** Weil Handeln als sinnvolles und zielgerichtetes Verhalten verstanden wird, brauchen Fachkräfte Sozialer Arbeit Möglichkeiten, wie sie durch sinnvolles und zielgerichtetes Handeln ihren Auftrag erfüllen können. Denn erst durch ein »planmäßiges Vorgehen zur Zielerreichung« (Schilling 1993) wird sinnvolles und zielgerichtetes Verhalten zu *methodischem* Handeln.

✔ **Soziale Arbeit ist normativ:** Es ist nicht beliebig, welchen Sinn Soziale Arbeit ihrem Handeln gibt und welche Ziele verfolgt werden, sondern es gibt ethische Grundlagen, wie den *International Code of Ethics*, der im Wesentlichen auf der Einhaltung der Menschenrechte und dem Ziel sozialer Gerechtigkeit fußt. Daher gilt Soziale Arbeit als *normative Handlungswissenschaft*, wie Sylvia Staub-Bernasconi (2007) es nennt, denn das Handeln ist an bestimmten Werten (Menschenrechte) und Normen (soziale Gerechtigkeit) ausgerichtet.

So wird auch verständlich, dass und weshalb *methodisches* Handeln in der Sozialen Arbeit nicht nur zielorientiert sein kann und darf, sondern dabei normative Grundlagen zu beachten sind. Eine solchermaßen *sinnvolle* Anwendung von Methoden in der Sozialen Arbeit schließt die Trennung von Ziel und Inhalt, nach dem Motto »der Zweck heiligt die Mittel«, aus.

Stattdessen hat methodisches Handeln in der Sozialen Arbeit die jeweiligen Problemkonstellationen, Rahmendbedingungen, Zielsetzungen und ethischen Grundlagen zu berücksichtigen.

In der Fachliteratur finden sich engere und weitere Verständnisse von Methoden.

✔ **Für Soziale Arbeit gilt kein enges Methodenverständnis** im Sinne *rein planmäßigen Vorgehens zur Zielerreichung,* verbunden mit

- Trennung von Ziel, Inhalt und dem Weg dorthin (»der Zweck heiligt die Mittel« oder »Hauptsache es wirkt«)
- technokratische Verengung auf Handlungsweise ohne Einbezug des oder der Ziele (zielneutrale Methodenlehre)

✔ **… sondern es braucht ein erweitertes Methodenverständnis,** einen integrierten Methodenbegriff, das heißt methodisches Handeln steht in Abhängigkeit von:

- Problemlagen (Welches Problem soll/kann bewältigt werden?)
- Zielsetzungen (Welcher Zustand soll/kann erreicht werden?)
- Ethikstandards (International Code of Ethics)
- Rahmenbedingungen (Gesellschaft, Menschen, Ressourcen, …)

Wenn Menschen ihr Leben weitgehend auf Straßen und Plätzen verbringen, weil sie unfreiwillig wohnungslos sind, liegt ein soziales Problem vor. Stellen Sie sich vor, Sie seien Sozialarbeiterin und hätten den Auftrag, das Problem zu lösen. Ihr erstes Ziel könnte sein herauszufinden, ob diese Menschen, die auf der Straße leben, Hilfe benötigen und wünschen. Um dieses Ziel zu erreichen, müssen Sie systematische Überlegungen anstellen und Aktivitäten planen und durchführen.

Konzept: Idee eines Zusammenhangs

Wenn Ziele, Inhalte, Methoden und Techniken in einem Handlungsmodell in sinnhaften Zusammenhang gebracht werden, indem die jeweiligen Problemkonstellationen, Rahmenbedingungen und ethischen Grundlagen Berücksichtigung finden, entsteht ein (Handlungs-) *Konzept.*

Konzepte erhalten durch geeignete Methoden und Techniken und systematisches Vorgehen einen Handlungsbezug und werden somit zu *Handlungs*konzepten.

Handlungskonzepte/Ideen des Handelns

Handlungskonzepte

- ✔ **umfassen alle Handlungen von der Planung bis zur Durchführung**

  Dazu gehören Gegenstandsanalyse, Zielbeschreibung, Vorgehensweise und Evaluation. Sie helfen Entscheidungen über Veränderungsbedarfe zu treffen, konzeptionelle Ziele zu bestimmen und zur Zielerreichung geeignete Methoden auszuwählen.

- ✔ **zielen vorwiegend auf Erklärungswissen**

  geben Antworten auf die Fragen: Warum? Wozu? Weshalb? Sie bieten theoretisch begründete, nachvollziehbare, erforschbare und überprüfbare Erklärungen für soziale Prozesse.

- ✔ **betonen programmatisch einen Aspekt**

  (zum Beispiel Alltags-/Lebenswelt-, Ressourcen-, Sozialraum-, Managementorientierung)

  Sie fassen grundlegende Ansatzpunkte Sozialer Arbeit theoriegeleitet zusammen und beinhalten mit der Betonung eines bestimmten programmatischen Aspektes eine spezifische Sichtweise. Der programmatische Aspekt ist wie eine Brille mit einem bestimmten Filter, durch den sich die Wirklichkeit in einem bestimmten Licht zeigt.

Die wohl bekanntesten und gebräuchlichsten Handlungskonzepte Sozialer Arbeit sind:

- ✔ Alltags-/Lebensweltorientierung
- ✔ Ressourcenorientierung
- ✔ Beteiligungsorientierung
- ✔ Sozialraumorientierung
- ✔ Managementorientierung

Diese werden Sie in diesem Buch noch genauer kennenlernen.

Das Konzept der Alltags- oder Lebensweltorientierung hilft, einen anderen Blickwinkel auf die Lebenssituation der wohnungslosen Menschen zu erhalten. Kenntnisse über Wohnungsverluste und Armutsprozesse können dazu beitragen zu verstehen, weshalb ein Mensch in die Situation geraten kann, auf der Straße zu leben. Manche haben vielleicht ihren Partner verloren und können keinen Sinn mehr für ihr Leben erkennen, weshalb sie zuerst ihre Arbeit und infolgedessen ihre Wohnung und letztlich ihr bürgerliches Leben verloren.

Methode/Vorgehensweise

Methoden

- ✔ **sind Mittel zur Zielerreichung:** Methoden bezeichnen nach engerem Begriffsverständnis zunächst nur ein planmäßiges Vorgehen zur Zielerreichung. Methoden beantworten die Frage, auf welche Art und Weise, also *wie* ein Ziel erreicht werden soll.
- ✔ **sind im Rahmen eines Handlungskonzeptes nicht zielneutral:** Sie müssen zu dem programmatischen Aspekt des jeweiligen Handlungskonzepts passen und Erkenntnisse über theoretisch und empirisch begründete Zusammenhänge berücksichtigen. Dementsprechend werden die jeweils geeigneten Methoden ausgewählt und miteinander kombiniert.
- ✔ **sind handlungsorientiert:** Methoden sind weniger komplex und theoretisch als Handlungskonzepte. Durch die Anwendung von Methoden wird auch Handlungswissen erworben.
- ✔ **sind keine starren Handlungsanleitungen,** die sich zur Bearbeitung jedweder Probleme eignen, sondern müssen situationsbezogen, offen und reflexiv auf die Eigenarten und Besonderheiten sozialer Probleme und Menschen angepasst werden.

Bei der Auswahl der geeigneten Methode ist Folgendes wichtig:

1. **Sachorientierung**

   Die Methode ist zur Bewältigung des Problems geeignet;

   zum Beispiel Methode *Netzwerkarbeit* zur Vermeidung/Bewältigung von Kontaktarmut.

2. **Zielorientierung**

   Die Methode ist zur Erreichung des Ziels geeignet;

   zum Beispiel Methode *Mediation* zur Bewältigung von Konflikten.

3. **Personenorientierung**

   Die Methode wird den betroffenen Personen gerecht;

   zum Beispiel Methode *Personenzentrierte Beratung* in der Gesprächsführung.

4. **Arbeitsfeld-/Institutionenorientierung**

   Die Methode ist innerhalb des institutionellen Rahmens sinnvoll anwendbar;

   zum Beispiel Methode *Case-Management* in der Arbeit im Jugendamt, im Gegensatz zu Methode Streetwork, die nicht zur Sachbearbeitung im Jugendamt passt.

5. **Situationsorientierung**

   Die Methode ist unter den situativen Rahmenbedingungen anwendbar;

   zum Beispiel Methode *Erlebnispädagogik* im Rahmen mehrstündiger Kontaktzeiten im Gegensatz zu lediglich 45-minütigen Kontaktzeiten (wie zum Beispiel in der Suchtberatung).

6. **Planungsorientierung**

   Die Methode ermöglicht die Planbarkeit von Hilfeprozessen;

   zum Beispiel Methode *Case-Management* bei voraussichtlich längeren Hilfeprozessen.

7. **Überprüfbarkeit**

   Die Methode ermöglicht Aussagen über Art und Ausmaß ihrer Wirksamkeit;

   zum Beispiel die Methode *Netzwerkarbeit* zur Überprüfung der Veränderung des Netzwerkes an personenbezogenen Beziehungen.

Wenn die Menschen, die auf der Straße leben, nicht genug Energie haben, Beratungsstellen oder Hilfsangebote aufzusuchen, macht es Sinn, sie dort aufzusuchen, wo sie leben, im sogenannten öffentlichen Raum. Methoden der aufsuchenden oder mobilen Arbeit, wie Straßensozialarbeit beziehungsweise Streetwork wären also passend.

Weil Methoden die Frage beantworten sollen, auf welche Art und Weise ein Ziel erreicht werden kann, braucht es für jede Methode ein Set an geeigneten Techniken und/oder Verfahren.

Techniken/Werkzeuge oder Instrumente

- ✔ **Techniken sind erprobte, standardisierte Verhaltensmuster.** Deren Wirksamkeit ist mit hoher Wahrscheinlichkeit vorhersagbar.
- ✔ **Techniken dienen der Bearbeitung und Realisierung von Methoden.** Sie sind Teilaspekte von Methoden, sind weniger komplex als Methoden und geben eine Antwort auf Detailprobleme und die Frage, »womit« die Methode arbeitet.
- ✔ **Techniken, Methoden und Handlungskonzepte müssen zusammenpassen.** Techniken und Methoden können für mehrere unterschiedliche Handlungskonzepte geeignet sein und angewandt werden. Allerdings eignen sich für bestimmte Handlungskonzepte nur spezifische Sets an Methoden und Techniken.

- **Spezielle Techniken Sozialer Arbeit existieren** zum Beispiel für die Kontaktaufnahme (»Aufwärmer«, »Eisbrecher«); Rollenklärung (systemische Aufstellung); Gesprächsführung (zum Beispiel Paraphrasieren oder Verbalisieren); Moderation von Sitzungen (zum Beispiel Metaplantechnik).

Wenn Sie Menschen, die auf der Straße leben, erreichen wollen und Sie sich entsprechend dem Konzept der Alltags-/Lebensweltorientierung für die Methode aufsuchender Arbeit in Form von Straßensozialarbeit entschieden haben, brauchen Sie dafür eine entsprechende Vorgehensweise. Mit anderen Worten, Sie brauchen Techniken, mit denen es Ihnen gelingt, zu den Menschen auf der Straße Kontakt herzustellen und Vertrauen aufzubauen. Eine eher zurückhaltende oder defensive Technik der Kontaktaufnahme ist zum Beispiel, ein auffälliges Sitzmöbel (beispielsweise ein rotes Sofa) dort hinzustellen, wo sich die Zielgruppe aufhält, und zu warten, bis Sie angesprochen werden. Eine andere, offensivere Technik ist zum Beispiel, auf einzelne Menschen zuzugehen, sie direkt anzusprechen und sich als Streetworker vorzustellen.

Verfahren/Geregelte Abläufe

Verfahren

- **sind ebenfalls zielgerichtete Handlungsformen mit einer festgelegten Abfolge von Prozessschritten.**
- **unterscheiden sich von Methoden dadurch, dass sie nicht ausschließlich und primär Ziele Sozialer Arbeit verfolgen.**
- **dienen der Regelung von Abläufen nach einem bestimmten Schema und sind meist durch rechtliche Bestimmungen verankert.**
- **kommen dort zum Einsatz, wo Soziale Arbeit mit anderen Professionen zusammenarbeitet.** Darin werden die Rollen der Verfahrensbeteiligten bestimmt und die Abläufe in Verfahrensschritte aufgeteilt.

Beispiele für Verfahren in der Sozialen Arbeit sind:

- das Jugendgerichtsverfahren (nach JGG), das zur Anwendung kommt, wenn gegen Jugendliche ein Strafverfahren eingeleitet wird
- das Adoptionsverfahren (nach BGB), das zur Anwendung kommt, wenn Erwachsene ein Kind adoptieren möchten
- das Hilfeplanverfahren (nach SGB VIII), das zur Anwendung kommt, wenn Kinder, Jugendliche oder Eltern Hilfen zur Erziehung erhalten.

Auf einen Blick

Schauen Sie sich nun die Übersicht in Tabelle 2.1 an, in der die verschiedenen Begriffe gegeneinander abgegrenzt werden. Sie fasst die wesentlichen Bestandteile und Besonderheiten von Handlungskonzepten, Methoden, Techniken und Verfahren zusammen. Diese Aufteilung sollten Sie sich merken, denn sie ist zentral für das weitere Verständnis und die Verwendung dieser Begriffe in diesem Buch.

Handlungskonzept	Methode	Technik	Verfahren
»Handlungsmodell« sinnvollen Zusammenhangs von Zielen, Inhalten, Methoden Verfahren und Techniken	vorausgedachter Plan der Vorgehensweise	Teilaspekte von Methoden und weniger komplex	zielgerichtete Abfolge von Prozessschritten
zielt auf Erklärungswissen (Analyse) »warum? wozu? weshalb?«	zielt auf Handlungswissen »wie?« das Ziel zu erreichen ist	gibt Antwort auf Detailprobleme Operationalisierung: »womit?«	Einsatz an Schnittstelle zu anderen Professionen
ein in sich schlüssiges überprüfbares Denkmodell	kalkulierbarer, steuerbarer Prozess der Hilfe	erprobte, standardisierte Verhaltensmuster	rechtlich geregelte Abfolge von Prozessschritten
wenn erforscht, überprüft und verifiziert, kann eine Theorie daraus werden	im Gegensatz zu intuitiver Hilfe	vergleichbar mit Instrument oder Werkzeug	verfolgen nicht ausschließlich Ziele Sozialer Arbeit
zum Beispiel das *Handlungskonzept* der Alltags-/Lebensweltorientierung	zum Beispiel Streetwork als *Methode* des Handlungskonzeptes Alltags-/Lebensweltorientierung	zum Beispiel »rotes Sofa« als *Technik* zur Kontaktaufnahme nach der Methode des Streetwork im Handlungskonzept der Lebensweltorientierung	Beispiele: Jugendgerichts-, Adoptionsvermittlungs-, Hilfeplanverfahren

Tabelle 2.1: Begriffsdifferenzierung Konzept-Methode-Technik-Verfahren

Das Schaubild (aus der mathematischen Mengenlehre) in Abbildung 2.1 verdeutlicht die Zuordnung der einschlägigen Grundbegriffe der Methodenlehre Sozialer Arbeit in Bezug auf Reichweite und Komplexität der jeweiligen Begriffe. Die größte Fläche und damit Reichweite stellen die Konzepte dar, denn diese beinhalten eine oder mehrere Methoden zu ihrer Umsetzung. Techniken und Verfahren wiederum können als Werkzeuge verstanden werden, mit denen die Methoden im Rahmen bestimmter Konzepte angewandt werden.

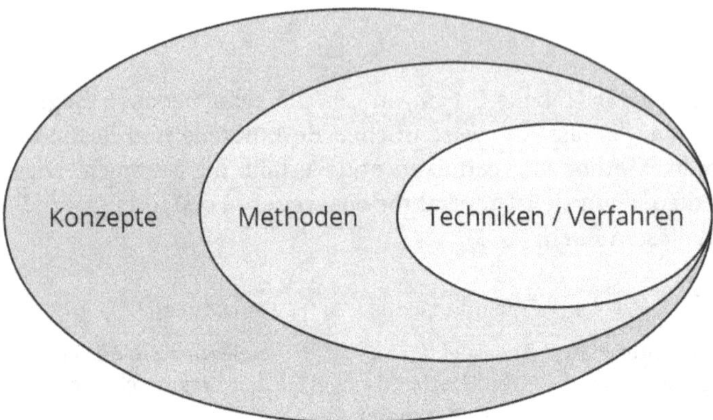

Abbildung 2.1: Grundbegriffe der Methodenlehre Sozialer Arbeit

Arbeitsaufgaben zur Übung und Vertiefung

Überlegen Sie sich nun Arbeitsweisen, die Sie bereits aus Ihren Erfahrungen in und mit der Sozialen Arbeit kennen und überprüfen Sie diese anhand der oben genannten Definitionen danach, ob diese als Konzepte, Methoden oder Techniken/Verfahren zu bezeichnen wären. Legen Sie eine Tabelle an und sortieren Sie die Ihnen bislang bekannten Arbeitsweisen zu Konzepten, Methoden oder Techniken/Verfahren.

IN DIESEM KAPITEL

Spannungsfelder der Methodenlehre Sozialer Arbeit

Fünf Merkmale der Methodenlehre Sozialer Arbeit

Kapitel 3
Besonderheiten der Methodenlehre: Methoden differenziert betrachtet

In diesem Kapitel lernen Sie die besonderen Merkmale kennen, die für die Wahl und Anwendung von Methoden Sozialer Arbeit beachtet werden sollten.

Jede Profession entwickelt eigene Methoden, mit denen sie ihre spezifischen Aufgaben erfüllt.

Die Medizin arbeitet mit bestimmten (Diagnose-)Methoden zur Feststellung der Ursachen von körperlichen Beschwerden. Bei Atemproblemen werden mittels eines speziellen Hörgerätes (Stethoskop) die Geräusche beim Atmen am Brustkorb untersucht. Je nach Ergebnis der Diagnose werden passende Methoden der Heilbehandlung (Therapie) ausgewählt und angewandt.

Ähnlich ist es auch mit den Methoden der Sozialen Arbeit.

Methodisches Handeln in der Sozialen Arbeit

Es gibt unterschiedliche Spannungsfelder, in denen sich methodisches Handeln in der Sozialen Arbeit bewegt:

- ✔ Wissenschaft oder Praxis
- ✔ Forschung oder Handeln
- ✔ Handlungsfeld/Arbeitsbereich oder Methode
- ✔ Sozialform oder Methode
- ✔ Soziale Arbeit oder Therapie

Wissenschaft oder Praxis

Methodisches Handeln lernen Fachkräfte Sozialer Arbeit, wie bei akademischen Berufen üblich, während eines Studiums an einer Universität oder einer Hochschule für angewandte Wissenschaften. Dort kommen die Studierenden nicht als völlig unwissende oder unerfahrene Schulabsolventen an, sondern sie haben vor Studienbeginn meistens schon Praxiserfahrungen erworben, zum Beispiel in einem freiwilligen Sozialen Jahr (FSJ), im Bundesfreiwilligendienst (BFD) oder einem Vorpraktikum.

Solch *vorprofessionelles Wissen* ist als reines Erfahrungswissen oft verbunden mit bestimmten Gedanken und Einstellungen, wie:

- ✔ Sie fühlen sich mit den in der Praxis bereits erlernten und beherrschten Methoden und Techniken in einem überschaubaren Bereich relativ sicher.
- ✔ In Ihrem Einsatzbereich kennen Sie sich aus, wissen worauf es ankommt, haben bereits eine gewisse Routine entwickelt und fühlen sich dadurch kompetent.
- ✔ Infolgedessen richtet sich Ihr Studieninteresse zunächst auf den bereits bekannten Bereich, in dem Sie sich auskennen, kompetent und sicher fühlen.

Studierende, die ehrenamtlich in einem Jugendverband oder einem Jugendzentrum tätig waren, legen zu Studienbeginn ihren Schwerpunkt gerne auf die Soziale Arbeit mit Kindern und Jugendlichen.

Im Studium werden die jungen Menschen schnell mit vielen neuen Begriffen und Erkenntnissen aus Psychologie, Soziologie, Politik, Geschichte sowie Theorien und Konzepten Sozialer Arbeit konfrontiert. Vor lauter Differenzierungen, Neuem, Anderem und Unerwartetem kann schon mal Verunsicherung als unerwünschte Nebenwirkung eintreten,

- ✔ weil nicht alles Neue zu den bisherigen Erfahrungen passt und
- ✔ weil die Relevanz von Theorien, Wissenschaft und Forschung für das bisher bekannte praktische Arbeiten nicht ohne Weiteres ersichtlich wird.

»Ich bin doch bislang auch ohne diese Theorie ganz gut zurechtgekommen.«

»Mich interessiert das am meisten, was praktische Bedeutung für das Handeln in meinem speziellen Feld hat«.

Wissenschaft

Im Laufe ihres Studiums lernen die angehenden Fachkräfte Sozialer Arbeit die Eigenheiten wissenschaftlichen Denkens und Handelns und im Idealfall deren Vorteile erkennen.

Eine wissenschaftlich handelnde Fachkraft Sozialer Arbeit:

- ✔ versucht Probleme möglichst genau zu beschreiben und zu definieren
- ✔ geht strukturiert an (Teil-)Probleme heran

- ✔ sammelt möglichst hinreichend relevante Daten
- ✔ definiert bestimmte Kriterien zur Beobachtung von Phänomenen
- ✔ führt Beobachtungen zu Erkenntnissystemen zusammen
- ✔ interpretiert ihre Ergebnisse
- ✔ ist selbstkritisch gegenüber (den selbst) gewonnenen Erkenntnissen

Praxis

Nach dem Studium müssen Sie sich als Fachkraft Sozialer Arbeit mit den Anforderungen und Situationen der Praxis auseinandersetzen. Aus dem Erleben und Verarbeiten unterschiedlicher Erfahrungen spielen sich routinierte Verhaltensweisen ein. Das im Studium erlernte methodische Handeln verändert sich durch die Praxiserfahrung im Laufe der Jahre wieder und orientiert sich stärker an den Praxisanforderungen.

Eine rein praxisorientierte Fachkraft Sozialer Arbeit:

- ✔ definiert (Teil)-Probleme eher selektiv
- ✔ geht weitgehend von Erfahrungen aus
- ✔ gibt sich mit notwendigen Daten zufrieden
- ✔ lässt Problemsicht von eigenem Handeln und Bedingungen leiten
- ✔ definiert situative Zusammenhänge
- ✔ vergleicht und verallgemeinert ihre Ergebnisse
- ✔ steht in Gefahr, Erfahrungen und Routine walten zu lassen

Wissenschaft und Praxis verbinden

Es ist ein professioneller Blick erforderlich, der den Fokus nicht verengt, sondern auf einen Weitwinkel vergrößert, mit dem Neues, Unverhofftes und Ungewohntes wahrnehmbar wird. Theorien können Sie als »Denkwerkzeuge« betrachten und als Erklärungsmodelle nutzen, mit denen Sie komplexe Zusammenhänge besser verstehen. Mit einem plausiblen Erklärungsmodell (Theorie) lassen sich Pläne für gezielte Interventionen (Konzepte) entwickeln und durchdachte Kombinationen von Techniken (Methoden) gestalten. Damit werden die gemeinsam mit den problembetroffenen Menschen vereinbarten und angestrebten Ziele erreicht.

Im Idealfall entwickeln Sie in der Praxis ein systematisches methodisches Handeln, das die von Ihnen erlernten wissenschaftlichen Prinzipien integriert:

- ✔ **Reflexion:** das eigene methodische Handeln kritisch betrachten
- ✔ **Transparenz:** Annahmen und Vorgehensweisen offenlegen
- ✔ **Strukturiertheit:** Reihenfolge der Handlungen zielgerichtet aufbauen

- ✔ **Mehrperspektivität:** Personen und Situationen aus unterschiedlichen Blickwinkeln betrachten
- ✔ **Dokumentation:** Informationen über Situationen, Handlungen und Ergebnisse notieren und archivieren
- ✔ **Evaluation:** Handlungen und Ergebnisse auf Eignung, Wirksamkeit und Zielerreichung überprüfen

Forschungsmethoden oder Handlungsmethoden

Neben der Verknüpfung von Wissenschaft (systematischen Erkenntnissen) und Praxis (Handeln und Erfahrungen) gibt es noch weitere begriffliche Differenzierungen der Methodenlehre Sozialer Arbeit. So wird in der Sozialen Arbeit nicht nur gehandelt, sondern auch geforscht. Dazu gibt es jeweils bestimmte Methoden zur Forschung beziehungsweise. zum Handeln, die durchaus unterschiedliche Ziele verfolgen können.

Ziele von Forschungsmethoden

Wissenschaftlich arbeitende Fachkräfte in der Sozialen Arbeit wollen Probleme verstehen und lösen, indem sie dazu forschen und sich selbst beobachten.

Typische Forschungsmethoden sind:

- ✔ **Beobachtung:** Methode systematischer Beobachtung von Menschen und deren Verhalten an Orten
- ✔ **Befragung:** Methode zur Erhebung von Meinungen, Einstellungen und Verhalten von Menschen
- ✔ **Evaluation:** Methode zur Überprüfung von Zielerreichung oder Wirkung von Methoden

Ziele von Handlungsmethoden

Praktisch arbeitenden Fachkräften Sozialer Arbeit geht es um die Lösung von:

- ✔ **Erkenntnisproblemen:** Probleme erkennen und verstehen
- ✔ **Entscheidungsproblemen:** Entscheidungen abwägen/treffen
- ✔ **Verteilungsproblemen:** Ressourcen erschließen und Güterverteilung regeln
- ✔ **Organisationsproblemen:** Dienstleistungen entwickeln und organisieren

Typische Handlungsmethoden sind:

- ✔ **Case-Management:** Methode systematischer Einzelfallhilfe
- ✔ **Mediation:** Methode zur Bewältigung von Konflikten
- ✔ **Personenzentrierte Beratung:** Methode der Gesprächsführung

In der praktischen Arbeit von Fachkräften Sozialer Arbeit überwiegen gewöhnlich die Handlungsmethoden. Forschungsmethoden nehmen in der Praxis Sozialer Arbeit eher einen geringeren Umfang ein, werden aber zu bestimmten Anlässen und Zwecken, wie zur Berichterstattung (etwa im Rahmen eines Jahresberichtes oder einer Vorlage für ein politisches Entscheidungsgremium) oder der Entwicklung von Konzeptionen für Einrichtungen und Dienstleistungen eingesetzt.

Handlungsfelder/Arbeitsbereiche oder Methoden

Im Laufe der Entwicklungsgeschichte der Sozialen Arbeit haben sich Methoden herausgebildet, die zur typischen Handlungsweise in einem bestimmten Handlungsfeld (Arbeitsbereich) geworden sind. Damit wird der Name einer Methode manchmal auch zur Bezeichnung des Handlungsfeldes verwendet.

Ein Beispiel dafür ist die *Schuldnerberatung*, eine Methode zur Entschuldung von Privatpersonen. Sie findet in unterschiedlichen Handlungsfeldern Sozialer Arbeit Anwendung (Straffälligenhilfe, Suchthilfe, Wohnungslosenhilfe). Gelegentlich wird Schuldnerberatung als Begriff für einen Arbeitsbereich von auf diese Methode spezialisierten Fachkräften Sozialer Arbeit verwendet, die vorwiegend oder ausschließlich Menschen zur Entlastung von ihren Schulden beraten.

Ein weiteres Beispiel ist die *Straßensozialarbeit*, eine Methode aufsuchender Arbeit, die von Fachkräften aus verschiedenen Handlungsfeldern Sozialer Arbeit, wie Jugendhilfe, Altenhilfe oder Wohnungslosenhilfe angewandt wird. Gleichzeitig ist Soziale Arbeit auf der Straße auch ein Handlungsfeld/Arbeitsbereich von Fachkräften Sozialer Arbeit, die Ansprechpartner für hilfebedürftige Menschen auf Plätzen und Straßen im öffentlichen Raum sein sollen und wollen.

Die Unterschiede liegen also in der Bedeutung des Handlungsfeldes oder der Methode:

- ✔ Handlungsfeld/Arbeitsbereich
  - thematisch bestimmter Tätigkeitsbereich
  - rechtlich und institutionell geregelter Tätigkeitbereich
  - mehrere Methoden und Techniken finden Anwendung
  - spezifischer Problem- und Arbeitszusammenhang
  - zum Beispiel Altenhilfe, Jugendhilfe, Bewährungshilfe, Straffälligenhilfe et cetera
- ✔ Methode
  - akzentuierte Art und Weise sowie Weg der Hilfeleistung
  - systematisch geplante Verwendung von Techniken oder Verfahren
  - kann in verschiedenen Handlungsfeldern (wie Suchthilfe, Jugendhilfe, Wohnungslosenhilfe) eingesetzt werden, zum Beispiel: personenzentrierte Beratung, Mediation, soziale Gruppenarbeit, et cetera

Dass in der Praxis und gelegentlich auch in der Fachliteratur Sozialer Arbeit die Begriffe »Handlungsfelder« und »Methoden« durcheinandergewirbelt werden, bedeutet nicht, dass deren Verwendung beliebig oder egal wäre. Wichtig ist die Unterscheidung zwischen dem Handlungsrahmen Sozialer Arbeit (Handlungsfeld) und einer bestimmten Vorgehensweise (Methode), wenn es also darum geht, ob einem hilfsbedürftigen Menschen eine Dienstleistung vermittelt (Handlungsfeld) oder eine Hilfeform (Methode) erklärt werden soll.

Sabine Bienzle ist Sozialarbeiterin bei der Bewährungshilfe. Auf die Frage ihres Probanden, Herrn Maier, wie er von seinen hohen finanziellen Schulden wegkommen könnte, bietet sie ihm eine Schuldnerberatung (Methode) im Rahmen der Bewährungshilfe (Handlungsfeld) an. Herr Maier erwähnt im weiteren Verlauf des Gespräches mit Sabine Bienzle, dass er gerne von seiner Alkoholsucht wegkommen würde und ob sie ihm auch dabei helfen könnte. Daraufhin erklärt Sabine Bienzle, dass sie aus zeitlichen und fachlichen Gründen keine Suchtberatung (Methode) mit ihm durchführen könne, dass es dazu aber vor Ort verschiedene Angebote der Suchthilfe (Handlungsfeld) gebe.

Sozialform oder Methode

Wenn Sie die Unterschiede zwischen Handlungsfeld und Methode gelesen und verstanden haben, wird auch die nächste begriffliche Unterscheidung leichter verständlich. Es geht hierbei um die Verwendung von Begriffen, die zur Beschreibung der sozialen Beziehung, auch *Sozialform* (Einzelne oder Gruppen von Menschen und Gemeinwesen) genannt, Verwendung finden.

Soziale Arbeit hat sich in ihrer historischen Entwicklung zunächst um einzelne hilfebedürftige Menschen gekümmert. Daraus ist die Tätigkeitsbeschreibung der *Einzelfallhilfe* entstanden. Mit der Zeit wurde immer deutlicher, welchen Einfluss Gruppen auf Einzelpersonen haben können. Dementsprechend haben Fachkräfte Sozialer Arbeit ihr Tätigkeitsfeld auf die *Gruppenarbeit* erweitert. Sehr bald gerieten gruppenübergreifende Themen in den Fokus der Bearbeitung sozialer Probleme. So entwickelte sich die Soziale Arbeit in und mit dem Gemeinwesen (*Gemeinwesenarbeit*). Weil mit der Benennung einer Sozialform (Einzelne, Gruppen, Gemeinwesen) noch keine eindeutige Beschreibung des jeweiligen methodischen Handelns verbunden ist, macht es Sinn, Sozialform und Methode zu unterscheiden.

Die Unterscheidungskriterien sind hier aufgeführt:

- ✔ **Sozialform**
  - Form gegenseitiger Bezogenheit von Personen (Einzelne, Gruppe, Gemeinwesen)
  - Rahmenbedingung, mit wem gearbeitet wird
- ✔ **Methode**
  - Art und Weise der konkreten Planung und Gestaltung eines Hilfeprozesses
  - als Handlungsanleitung, wie etwas erreicht werden soll

Über die Hintergründe der Begriffsüberschneidungen und deren Bedeutungen erfahren Sie an anderer Stelle dieses Bandes im Zusammenhang mit der *kritischen Methodendebatte* noch genaueres. Hier wird als Nächstes eine weitere wichtige begrifflich-inhaltliche Differenzierung beschrieben, die Abgrenzung methodischen Handelns Sozialer Arbeit von Therapie.

Soziale Arbeit oder Therapie

Zur Abgrenzung methodischen Handelns Sozialer Arbeit von Therapie lässt sich zunächst die fachliche Zuständigkeit der Profession anführen, die in Berufsgesetzen formal geregelt ist.

Für hoheitliche Aufgaben Sozialer Arbeit, wie beispielsweise die Übernahme der Amtsvormundschaft für minderjährige Kinder (wenn die Eltern ihre Sorgepflicht nicht erfüllen können) oder die Ausübung des sogenannten *Wächteramtes* des Staates (das Jugendamt wacht über die Einhaltung des Wohls von Kindern) durch Fachkräfte Sozialer Arbeit, braucht es eine staatliche Anerkennung. Diese wird in Deutschland vom jeweiligen Bundesland an die ausbildenden Hochschulen für angewandte Wissenschaften übertragen. Für therapeutische Behandlungsmethoden werden jeweils zuständige Professionen der Physiotherapie beziehungsweise Psychotherapie per Gesetz oder Verordnungen befugt.

Auf die Einzelheiten der jeweiligen Anerkennungsverfahren kann und soll an dieser Stelle nicht näher eingegangen werden. Stattdessen veranschaulicht Tabelle 3.1 die wesentlichen Unterschiede von Interventionen Sozialer Arbeit und Therapie, die Michael Galuske in seinem Methodenbuch ausführlich beschrieben hat (In Kapitel 11 finden Sie Hinweise auf die wichtigsten Methodenbücher!).

Merkmale sozialarbeiterischen und therapeutischen Handelns	
Methoden Sozialer Arbeit	Therapeutisches Handeln
Ziele	
Hilfe und Unterstützung bei der Bewältigung des täglichen Lebens	
das heißt weniger Beziehungsabbrüche, Abstürze, Krisen, Abhängigkeit;	
mehr Freiheit, Autonomie, Zufriedenheit, Glück, Lebensqualität	
Probleme	
ganzheitlich (Lebensbedingungen)	speziell (bestimmtes Verhalten)
sachbezogen und personenbezogen	personenbezogen (persönliche Veränderung)
alltägliche Probleme, wie Beziehungen, Alkohol, Wohnungslosigkeit, Arbeitslosigkeit, Straffälligkeit et cetera	Konzentration auf Schlüsselprobleme, wie Ängste, Traumata, Persönlichkeitsstörung et cetera
Merkmale der Methoden	
Handeln im Alltag	Distanz zum Alltag
(konkrete Lebenssituationen)	(Vergangenheit, Wünsche, Fantasien)
möglichst geringe Anforderungen	besondere Regeln
(niedrigschwellig, aufsuchend, …)	(Ort, Termin, Dauer, Verbindlichkeit, …)

Merkmale sozialarbeiterischen und therapeutischen Handelns	
Konzepte	
flexible Formen (Begleitung, Beratung, Training, ...) an Konzepten wie Lebenswelt, Partizipation, Ressourcen, Netzwerk und Sozialraum orientiert.	speziell, an jeweiligem therapeutischem Ansatz orientiert
Adressaten	
potenziell jeder Mensch, der mit Problemen der Lebensbewältigung und sozialen Teilhabe konfrontiert ist	Personen mit psychischen Problemen; Selektion durch Charakter der Intervention; oft Mittelschichtsorientierung

Tabelle 3.1: Soziale Arbeit und Therapie

Die unterschiedlichen Verwendungen und Bedeutungen des Methodenbegriffes, die Sie eben kennengelernt haben, gehören zu den Besonderheiten der Methodenlehre Sozialer Arbeit. Jede Profession hat ihre eigenen Aufgaben, entwickelt und gestaltet dementsprechend das Repertoire ihrer Handlungsformen (Methoden). Deshalb macht es Sinn, genauer hinzuschauen und zu erfahren, was denn das methodische Handeln der Profession Soziale Arbeit im Speziellen kennzeichnet. Welche Merkmale die Besonderheiten der Methodenlehre der Sozialen Arbeit ausmachen, lernen Sie in den nächsten Abschnitten kennen.

Merkmale der Methodenlehre Sozialer Arbeit

Die Besonderheiten der Methodenlehre der Sozialen Arbeit lassen sich auf fünf wesentliche Merkmale reduzieren. Dazu gehören Fragen nach der Zuständigkeit von Fachkräften Sozialer Arbeit ebenso wie die Bestimmung von Handlungen, die ausschließlich von Fachkräften Sozialer Arbeit durchgeführt werden dürfen. Weitere Merkmale beziehen sich auf die Komplexität der Problemlagen, die von Sozialer Arbeit bearbeitet werden, sowie auf die Tatsache, dass sozialarbeiterisches Handeln zu einem erheblichen Teil von rechtlichen Grundlagen (Gesetze und Verordnungen) geregelt wird.

Die wesentlichen Merkmale der Methodenlehre Sozialer Arbeit im Überblick:

1. **Für alles zuständig - auf nichts spezialisiert?**
2. **Tätigkeitmonopole - Fehlanzeige?**
3. **Kompetenz für Probleme des täglichen Lebens**
4. **Soziale Arbeit ist eine personenbezogene Dienstleistung**
5. **Abhängig von staatlicher Steuerung und Bürokratie**

Für alles zuständig – auf nichts spezialisiert?

Gegenstand Sozialer Arbeit kann fast alles sein oder werden, was das (Alltags-)Leben an Problemen mit sich bringt, wie Haushaltsführung, Bildung und Ausbildung oder Zukunftsplanung. Das lässt sich anhand folgender Beispiele verdeutlichen.

Haushaltsführung

- ✔ Im *Handlungsfeld der Familienhilfe* unterstützen Familienhelferinnen im Auftrag des Jugendamtes stark belastete oder überforderte Familien bei deren Haushaltsführung.
- ✔ Im *Handlungsfeld der Wohnungslosenhilfe* unterstützen Fachkräfte Sozialer Arbeit ihre Klientel bei Planung und Durchführung von Einkäufen, Kochen, Waschen und Putzen im Rahmen der Förderung der selbstständigen Lebensführung.
- ✔ Im *Handlungsfeld der Straffälligenhilfe* unterstützen Fachkräfte Sozialer Arbeit Strafentlassene darin, sich nach längerer Zeit des vorgegebenen und kontrollierten Tagesablaufs in Haft wieder selbst um ihre Alltagsgestaltung und Haushaltsführung zu kümmern-
- ✔ Im *Handlungsfeld der Jugendhilfe* unterstützen Fachkräfte Sozialer Arbeit Heranwachsende dabei, erstmals einen eigenen Haushalt selbstständig zu führen.

Bildung – Ausbildung – Qualifikation

- ✔ Im *Handlungsfeld der Hilfen zur Arbeit* unterstützen Fachkräfte Sozialer Arbeit Teilnehmende an Arbeitslosenprojekten bei deren Stellensuche, Erstellung von Bewerbungsunterlagen oder der Vor- und Nachbereitung von Bewerbungsgesprächen.
- ✔ Im *Handlungsfeld der beruflichen Qualifikation* unterstützen Fachkräfte Sozialer Arbeit Teilnehmende an Bildungsmaßnahmen bei der Organisation und Optimierung von Lernprozessen.

Zukunftsplanung

- ✔ Im *Handlungsfeld der Jugendhilfe* unterstützen Fachkräfte Sozialer Arbeit in Jugendzentren oder Jugendverbänden Jugendliche bei der Entwicklung von Ideen und Plänen zur Gestaltung ihrer Zukunft.
- ✔ Im *Handlungsfeld der Familienhilfe* unterstützen Fachkräfte Sozialer Arbeit im Rahmen der Schwangerschaftskonfliktberatung ratsuchende Menschen bei der Entscheidungsfindung und Gestaltung ihrer Beziehungen, Sexualität und Elternschaft.

Zum Arbeitsbereich der Fachkräfte Sozialer Arbeit kann fast die gesamte Lebensführung der Klientel gehören und nicht nur das eine isolierte Problem, mit dem die hilfesuchende Person den Kontakt zu einer Einrichtung oder Fachkraft Sozialer Arbeit sucht. Denn die Zusammenhänge von Ursachen und Einflussfaktoren sozialer Probleme erweisen sich meist als komplexer, als zunächst gedacht, wie folgendes Beispiel zeigt.

Franz Schiller hat die letzte Nacht in einer Notübernachtungsstelle des Caritasverbandes in Norderstadt verbracht. Nach dem für ihn kostenlosen Frühstück erwähnt er im Gespräch mit der Sozialarbeiterin Sonja Rundstein, er wäre deshalb auf der Straße gestrandet, weil er seinen Arbeitsplatz verloren habe und deshalb die Miete für seine frühere Wohnung nicht mehr bezahlen konnte. Er brauche also Arbeit, damit er sich wieder eine Wohnung leisten könne. Nach weiteren Wochen und Gesprächen stellt sich heraus, dass Franz Schiller seit der Trennung von seiner Partnerin kaum noch soziale Kontakte pflegt und auch ein Alkoholproblem hat. Wegen des häufigen Alkoholkonsums kann er seine Absprachen öfter nicht mehr einhalten. Es ist also nicht nur die fehlende Arbeitsstelle, sondern auch die Suchtkrankheit, die seine Arbeitsfähigkeit und seine Arbeitssuche erschwert und ihn letztlich in die Wohnungslosigkeit getrieben hat.

Wie das Beispiel mit Franz Schiller zeigt, kann es durchaus vorkommen, dass der hilfesuchende Mensch eine eigene Vorstellung des Problems und dessen Bearbeitung hat und diese sich mitunter von der Einschätzung der Fachkraft unterscheidet.

- ✔ Der Klient (manchmal vielleicht auch die Gesellschaft) will Hilfe/Unterstützung für (s)ein Teilproblem (zum Beispiel Wohnungslosigkeit/fehlende Wohnung) und nicht die komplette Beleuchtung seiner Lebensführung (Alkoholkonsum).
- ✔ Die Fachkraft Sozialer Arbeit sieht die Zusammenhänge zwischen Teilproblem und Lebensführung (soziale Beziehungen → Alkoholsucht → Wohnungslosigkeit) und möchte deshalb das soziale Beziehungsnetz verbessern, damit die Alkoholsucht beenden und dadurch die Wohnungslosigkeit nachhaltig beseitigen.

Auftragsklärung angesagt: Als Fachkraft Sozialer Arbeit stehen Sie immer wieder vor der herausfordernden Aufgabe, die Problemdefinition und Unterstützungserwartung der hilfesuchenden Menschen mit Ihren fachlichen Kenntnissen in Einklang zu bringen.

Soziale Arbeit kann in vielen Lebensbereichen nötig und hilfreich werden. Sie arbeitet deswegen mit einigen anderen Professionen eng zusammen.

Das lässt sich gut am Beispiel der *Suchthilfe* zeigen:

- ✔ **Ärztinnen** (Medizin) übernehmen Aufgaben der medizinischen Untersuchung und Behandlung (wie Substitution des illegalen Suchtmittels mit Medikamenten).
- ✔ **Fachkräfte der Psychologie** übernehmen Aufgaben der therapeutischen Suchtbehandlung (wie Psychotherapie oder Verhaltenstherapie).
- ✔ **Juristen** (Justiz) übernehmen Aufgaben der Strafverfolgung und -vollstreckung (bei Beschaffungskriminalität, Therapie statt Strafe, …).

Fachkräfte Sozialer Arbeiter übernehmen Aufgaben der Begleitung in der Problembewältigung (wie Problemverständnis, Therapiemotivation, Einbezug des Lebensumfeldes, Resozialisierung). Komplexität, Vielschichtigkeit und gelegentliche Unausweichlichkeit sozialer Probleme bedingen die Breite des methodischen Handelns Sozialer Arbeit.

Tätigkeitsmonopole – Fehlanzeige?

Manche der Professionen, mit denen Soziale Arbeit kooperiert, haben auch wegen ihrer langen Berufstradition eine stärkere Stellung und eindeutigere Zuordnung, ein *Tätigkeitsmonopol*. Eine Auflistung dazu sehen Sie in Tabelle 3.2.

Berufsgruppe	Wissenschaft	Aufgabe
Juristinnen	Rechtslehre	behandeln Rechtsfragen
Aufgaben von Rechtsprechung, Anklage und Verteidigung führen ausschließlich dafür bestimmte Juristinnen durch		
Ärzte	Medizin	behandeln Krankheiten
Operationen führen ausschließlich Ärztinnen durch		
Pfarrer	Theologie	behandeln Glaubensfragen
Beichten und Gottesdienste hält der Pfarrer ab		
Sozialarbeiterinnen	Soziale Arbeit	bearbeiten soziale Probleme

Tabelle 3.2: Tätigkeitsmonopole

Wie andere Professionen auch, brauchen Fachkräfte, Klientel und Kooperationspartner Sozialer Arbeit Klarheit über das ureigene Zuständigkeitsgebiet der Sozialen Arbeit, quasi deren »*Tätigkeitsmonopol*«.

Bearbeitung sozialer Probleme durch Zusammenarbeit

Fachkräfte Sozialer Arbeit arbeiten oft zusammen mit Lehrerinnen, Ärzten, Psychologinnen, Juristen, Ökonominnen, Verwaltungsleuten, Architekten et cetera und Ehrenamtlichen.

Diese Kooperation ist gelegentlich verbunden mit einem Statusgefälle, erkennbar an unterschiedlicher Bezahlung und Entscheidungsbefugnissen.

✔ **Gesundheitshilfe** ist eine Domäne der Mediziner. Ärztinnen erteilen Aufträge zu Maßnahmen und fällen Entscheidungen über …

- stationäre oder ambulante Maßnahmen im *Sozialpsychiatrischen Dienst (SPDI)*
- Aufnahme und Therapien in der *Suchthilfe*
- über Anschlussheilbehandlungen oder Entlassung im *Krankenhaussozialdienst*

✔ **Straffälligenhilfe** ist Domäne von Juristinnen. Richter und Staatsanwältinnen fällen Entscheidungen über …

- Auflagen und Weisungen in der *Jugendgerichtshilfe*
- Auflagen, Weisungen, Widerruf in der *Bewährungshilfe*
- Lockerungen, Ausgänge, Besuche im *Strafvollzug*

Die geringe Monopolstellung von Tätigkeiten Sozialer Arbeit hat allerdings auch mit der Geschichte der Profession Soziale Arbeit als kirchliche Laienhilfe zu tun.

Eigenständige Arbeitsbereiche und Tätigkeiten von Fachkräften Sozialer Arbeit

Doch es gibt auch Arbeitsbereiche und Tätigkeitschwerpunkte, die eindeutig den Fachkräften Sozialer Arbeit zuzuordnen sind:

- ✔ Kinder- und Jugendhilfe im Rahmen des Jugendamtes oder der Vorschulerziehung (Kindertagesstätten, Horte, …) sowie Einrichtungen und Dienste der Erziehungshilfe gehören zu den klassischen Domänen der Profession Soziale Arbeit.
- ✔ Unterstützung in Form von Begleitung, Beratung, Betreuung und Bildung sind typische Tätigkeitskategorien von Fachkräften Sozialer Arbeit.
- ✔ Soziale Arbeit hat ein klar konturiertes, professionell legitimiertes methodisches Handlungsinventar!
- ✔ Sozialarbeiterinnen beherrschen ihr erklärbares, überprüfbares Handwerkszeug!
- ✔ Sozialarbeiterinnen können ihr Handeln verständlich erklären und weisen sich dadurch als VertreterInnen der Profession Soziale Arbeit aus!

Durch die Kenntnisse und Anwendung von Konzepten, Methoden und Techniken erwerben Sie als Fachkraft Sozialer Arbeit professionelle Eigenständigkeit und werden von Klientel und anderen Professionen als kompetente Fachkräfte (an)erkannt.

Ein weiteres wichtiges Merkmal der Methodenlehre Sozialer Arbeit hat mit Kompetenzansprüchen zu tun.

Kompetenz für Probleme des täglichen Lebens

Weil sich Fachkräfte Sozialer Arbeit im Rahmen ihrer Hilfen zur Vermeidung und Bewältigung sozialer Probleme oft mit der alltäglichen Lebensführung von Menschen beschäftigen, ist für Außenstehende nicht immer auf Anhieb erkennbar, welche Kompetenzen es zur Ausübung des Berufes der Sozialen Arbeit braucht und weshalb diese Tätigkeiten auch entsprechend bezahlt werden müssen.

Unterschiede zwischen professionellen Fachkräften und Laienhilfe

Deshalb macht es Sinn, sich die Merkmale und Unterschiede zwischen Tätigkeiten von sozial engagierten Menschen, ohne spezifische Ausbildung (*Laien*) und ausgebildeten Fachkräften (*Professionellen*) anzuschauen. Wie Sie sehen werden, gibt es bei beiden Vor- und Nachteile, weshalb es sich in der Praxis anbietet (ehrenamtliche/freiwillige) Laienhilfe mit fachlich-qualifizierter professioneller Arbeit zu verbinden.

Laienhilfe

- ✔ **Bestehendes Vertrauensverhältnis: Laien** können ihre bestehenden persönlichen Beziehungen nutzen, die auf bereits vorhandener Bekanntschaft, Freundschaft oder Verwandtschaft beruht.
- ✔ **Befangenheit: Laien** verfolgen mitunter eigene Interessen oder unterliegen Rollenverpflichtungen, die ihre Art zu helfen beeinflussen (zum Beispiel die beste Freundin möchte ihre ratsuchende Freundin nicht verlieren und rät ihr deshalb von einem anstehenden Umzug in eine weit entfernte Stadt ab).
- ✔ **Erwartungshaltung: Laien** können davon ausgehen, dass Hilfe in gewachsenen Beziehungen ein »Geben und Nehmen« sein soll. Die Laienhelfer erwarten dann, dass die hilfesuchende Person ebenso viel investiert, wie die Helferin selbst, und reduzieren ihr Engagement, wenn sie den Eindruck gewinnen, dass dies nicht zutrifft.
- ✔ **Fehlendes Fachwissen: Laien** haben ein auf spezifische Bereiche oder Themen eingeschränktes (Berufs- oder Erfahrungs-)Wissen (zum Beispiel kaum/keine Rechtskenntnisse, keine/kaum Vermittlungswissen darüber, welche Beratungsstellen oder speziellen Hilfeformen es gibt).
- ✔ **Soziale Netzwerke:** sind oft ungleich verteilt und werden durch soziale Herkunft reproduziert, das heißt nicht jeder Mensch hat die gleiche Chance auf ein stabiles, belastbares, hilfreiches und umfassendes soziales Netzwerk.

Professionelle Hilfe

- ✔ **Kontaktaufbau: Professionelle** müssen persönlichen Kontakt zur hilfesuchenden Person (Klientel) und deren sozialem Umfeld (Angehörige, Nachbarn, Freunde, Arbeitskolleginnen, Dienstleister et cetera) erst suchen und finden (methodischer Kontaktaufbau).
- ✔ **Beziehungen und Vertrauen: Professionelle** müssen eine Vertrauensbasis, (die Laien oft bereits haben) erst aufbauen und brauchen dazu Methoden und Techniken zum Aufbau persönlicher Beziehungen und Vertrauen (zum Beispiel Personenzentrierte Gesprächsführung nach Rogers).
- ✔ **Öffentlicher Auftrag: Professionelle** handeln im öffentlichen Auftrag und nicht nach persönlichen Vorlieben. Dies reduziert einschränkende Überlegungen, Befürchtungen und Erwartungen der Hilfesuchenden an die professionellen Helfer (»Was muss ich sagen oder tun, damit der Profi mir hilft?«, »Was könnte die Beraterin von mir erwarten?«, »Hoffentlich mag mich die Beraterin!«) und ermöglicht somit mehr und andere Lösungswege.
- ✔ **Bezahlte Dienstleistung: Professionelle** werden für ihre Leistungen bezahlt und sind nicht auf persönliche oder soziale Gegenleistungen oder Dankbarkeitserwartungen angewiesen.
- ✔ **Fachliches Handlungsrepertoire: Professionelle** können mit einem Repertoire geeigneter Theorien (zum Beispiel Kriminalitätstheorien, Motivationstheorien) komplexe Situationen und Zusammenhänge verstehen und mit Methoden und Techniken

gezielter Beobachtung, Kontaktaufnahme und Vertrauensbildung (Gesprächsführung, sprachliche Referenzsysteme) bearbeiten.

- **Nachteilsausgleich: Professionelle** können durch ihre Angebote und Handlungen soziale Benachteiligungen ausgleichen.

Fazit

Informelle Hilfen in sozialen Netzwerken sind

- nur begrenzt belastbar
- meist hochselektiv
- oft fragil/brüchig
- voraussetzungsvoll

Beruflich erbrachte, also professionelle Hilfen sind

- universalistisch (für alle Fälle gibt es entsprechende Hilfen)
- öffentlich (für jeden zugänglich)
- planbar (zeitlich transparent und verlässlich)
- erwartbar (qualifiziert und ausgebildet)
- standardisiert (überall ähnlich)
- flächendeckend (ortsunabhängig? Nicht immer: Stadt-/Land-Unterschiede!)
- quantitativ und qualitativ einklagbar (über gesicherten Rechtsweg)

Laienhilfe und professionelle Hilfen sind notwendig und ergänzen sich.

Die Stärken der Laienhilfe (Alltagsnähe, Nachvollziehbarkeit, Akzeptanz) können durch systematische methodisch professionelle Hilfe ausgeglichen werden.

Soziale Arbeit ist eine personenbezogene Dienstleistung

Personenbezogene Dienstleistungen sind (nicht nur in der Sozialen Arbeit) Handlungen von und mit Menschen. Es gilt der Satz »Wenn die Klientel nicht will, scheitert das Angebot/die Hilfe.« Ohne den Willen der hilfebedürftigen Person zur Mitwirkung an Veränderungen ist auch die beste Methode nutzlos. Deshalb brauchen Fachkräfte Sozialer Arbeit einen guten Zugang zu den Menschen, die der Unterstützung Sozialer Arbeit bedürfen.

Merkmale personenbezogener Dienstleistungen sind:

- **Unsichtbarkeit**

  Die produzierte Leistung ist meist ein immaterielles (unsichtbares) Gut; zum Beispiel Beratung, deren Spuren/Wirkungen nicht zwangsläufig erkennbar sind.

- **Lagerfähigkeit**

  Personenbezogene Dienstleistungen sind kaum oder nur begrenzt lagerfähig, das heißt sie können nicht auf Vorrat produziert werden (zum Beispiel Begleitung, Beratung).

- **Transport**

  Personenbezogene Dienstleistungen sind nicht einfach transportabel, ohne Transport von Produzent und Abnehmer/Nutzer.

- **Kontakterfordernis**

  Eine personenbezogene Dienstleistung kann nur in direktem Kontakt erbracht werden, Anbieterin und Nutzerin müssen beide gleichzeitig anwesend sein.

- **Kooperation**

  Personenbezogene Dienstleistungen bedürfen der Kooperation zwischen Anbieter und Nutzer; die Nutzerin ist Koproduzentin der Dienstleistung.

- Die Qualität der Leistung hängt wesentlich vom Kooperationswillen des Klienten ab.

- Arbeitsbündnisse sind wichtige Erfolgsfaktoren.

Autonomie und Selbststeuerungsfähigkeit hilfebedürftiger Menschen sind oft eingeschränkt (zum Beispiel im Handlungsfeld der Gesundheits- und Straffälligenhilfe). Gelegentlich sind Eingriffe in die Autonomie und Selbststeuerungsfähigkeit der Klientel erforderlich (zum Beispiel Vorgaben zur Tagesstrukturierung in der Wohnbetreuung, oder Auflagen und Weisungen in der Suchthilfe und im Sozialpsychiatrischen Dienst). Dadurch entsteht das Dilemma, dass die Autonomie der Klientel gestärkt werden soll, obwohl gezielt in diese von außen eingegriffen wird.

Die Beziehung zwischen Fachkraft Sozialer Arbeit und den hilfesuchenden Menschen ist auf professionelle Art und Weise so zu gestalten, dass Vertrauen und eine verlässliche Beziehung aufgebaut werden. Auf dieser Basis wird Autonomie methodisch gefördert, indem Fremdsteuerung schritt- und stufenweise durch Selbststeuerung ersetzt wird.

Staatliche Steuerung und Bürokratie

Fünftes und letztes besonderes Merkmal der Methodenlehre Sozialer Arbeit stellt die unvermeidbare, aber je nach Handlungsfeld Sozialer Arbeit, sehr unterschiedlich ausgeprägte Bürokratie dar.

Weil Soziale Arbeit im gesellschaftlichen Auftrag handelt und bezahlt wird, haben die Rechts- und Finanzierungsgrundlagen Sozialer Arbeit eine große Bedeutung:

- **Rechtsgrundlagen**

  Soziale Arbeit agiert im Rahmen eines umfangreichen Sozialrechts. Deshalb brauchen Fachkräfte Sozialer Arbeit breite Kenntnis sozialstaatlicher Leistungen.

✔ **Finanzierung**

Angebote und Dienste Sozialer Arbeit sind von Finanzierungsträgern, wie Bund, Ländern und Gemeinden abhängig. Deren Entscheidungsträger sind oft nicht so nah an den Problemen dran, wie die Profis Sozialer Arbeit und reagieren deshalb oft erst, wenn der öffentliche Druck groß genug ist und ihnen keine andere Wahl mehr lässt.

✔ **Bürokratie**

Weil Soziale Arbeit ihre Angebote und Dienste nicht auf einem offenen Markt anbietet, sondern im gesellschaftlichen Auftrag handelt, ist sie in bürokratische Strukturen eingebunden und muss diese erfolgreich nutzen können.

✔ **Rahmenbedingungen**

Für die Wahl der Methoden muss die Fachkraft Sozialer Arbeit sowohl die individuelle Situation des hilfesuchenden Menschen und dessen Bedarf berücksichtigen als auch die rechtlichen, administrativen und finanziellen Rahmenbedingungen beachten.

✔ **Selbstkontrolle**

In der Gestaltung methodischen Handelns hat die Fachkraft Sozialer Arbeit durch Selbstkontrolle darauf zu achten, dass ihr Helferwillen nicht zu (ungewollten) Übergriffen und Grenzverletzungen führt.

Zusammenfassung der Besonderheiten und Merkmale der Methodenlehre Sozialer Arbeit

Nach Beachtung aller fünf Merkmale der Methodenlehre Sozialer Arbeit kann das zusammenfassende Fazit gezogen werden, dass es nicht eine Methode für alles gibt, sondern die jeweiligen Methoden an Auftrag, Situation und Personen angepasst werden müssen. Wenn dies berücksichtigt wird, kann daraus Sicherheit für das professionelle Handeln gewonnen werden.

Es gibt keine »Supermethode«

Es gibt in der Sozialen Arbeit nicht die »Supermethode«, die für alles und jederzeit anwendbar wäre, denn wir haben es mit einer Vielzahl von Arbeitsbereichen, Lebenslagen und Problemen zu tun.

Die Suchtberatung favorisierte lange Zeit die Vorgabe, dass hilfesuchende Personen zur Beratungsstelle kommen mussten (*Kommstruktur*). Hierzu wurde eine vorherige Terminanmeldung verlangt (hohe Zugangsschwellen). Es musste der Wille zur Veränderung erkennbar und formuliert werden (Erwartung hohen Leidensdrucks). Die Beratung fand ausschließlich in Einzelberatungssitzungen statt (Gesprächs-/Problemorientierung) und es existierte kein unverbindlicher Treffpunkt und keine Möglichkeit für Alltagshilfen (wie Spritzentausch, Waschmöglichkeit, Nahrungsaufnahme et cetera). Dies hat sich zwischenzeitlich stark verändert, das methodische Handeln in der Suchthilfe ist vielfältiger und flexibler geworden.

Bei einer Supermethode bestünde die Gefahr, die Klientel einer erlernten Methode anzupassen: Deshalb brauchen Sie eine breit angelegte Methodenkenntnis, die Sie auf bestimmte Arbeitsbereiche hin spezialisieren, anpassen und vertiefen.

Methoden und Alltagsnähe

Wenn Sie die Vielfalt des Alltags hilfesuchender Menschen berücksichtigen wollen, dürfen Sie eine Methode nicht als starres Instrument verstehen und einsetzen, sondern müssen Ihre Methoden auf die Person und deren Situation anpassen.

✔ Dazu dient die Strukturierung von Methoden:

  - Gliederung und Prioritätensetzung in Phasen des Arbeits-, Verständigungs-, Unterstützungsprozesses;
  - Möglichkeiten der Zielüberprüfung und Rückkoppelung im Hilfeprozess.

✔ Gleichzeitig bedarf es situativer Offenheit, die Veränderungen durch methodische Strukturierung zulässt und sichert.

Methoden und Sicherheit

Wenn Sie Methoden erlernt haben und einsetzen können, gibt das Ihnen und Ihrer Klientel ein Gefühl von Sicherheit. Das bedeutet: Zu wissen, dass und womit Sie die auftauchenden Probleme und Anliegen bearbeiten und lösen können.

✔ Methoden helfen den professionellen Fachkräften Sozialer Arbeit, Gefühle und Ängste der Überforderung angesichts der Komplexität sozialer Problemlagen zu bewältigen.

✔ Methoden helfen der Profession Soziale Arbeit, ihren Status gegenüber anderen Professionen zu behaupten; sie signalisieren Originalität und markieren das Terrain Sozialer Arbeit.

  »Über das Handwerkszeug wird die Zunft identifiziert.«

✔ Methoden bieten der Klientel Sicherheit im Umgang mit Fachkräften Sozialer Arbeit und einen Schutz vor unbeabsichtigten Nebenwirkungen, die bei methodischem Arbeiten eher als Nebenwirkungen erkennbar werden.

✔ Methoden dienen nicht nur der Erreichung der Wirkungsziele, sondern auch der Selbstkontrolle der Fachkräfte im Hilfeprozess.

Methodisches Handeln bewegt sich in Spannungsfeldern. Die Tatsache, dass Fachkräfte Sozialer Arbeit den gesellschaftlichen Auftrag zur Kontrolle und gleichzeitig auch zur Hilfe haben, bringt es mit sich, dass sich das methodische Handeln in Spannungsfeldern bewegt. Welche Spannungsfelder dies sein können, zeigt Tabelle 3.3.

Strukturierung	Situative Offenheit
Erzeugung von Nähe	Ermöglichung von Distanz
Professionelle Selbstverständigung über erprobte und sinnvolle Gestaltung von Hilfeprozessen	Interprofessionelle Legitimation eigenen beruflichen Handelns
Vorteile methodischen Handelns: schafft Rationalität, Zuverlässigkeit und Kalkulierbarkeit für die Klientel	

Tabelle 3.3: Spannungsfelder methodischen Handelns

Methodisches Handeln in der Sozialen Arbeit findet oft in den aufgezeigten Spannungsfeldern statt. Die intensive und reflektierte Beschäftigung mit Methoden Sozialer Arbeit hilft, mit diesen Spannungsfeldern umgehen zu können, sie methodisch zu gestalten und Sicherheit für Klientel und Fachkraft zu gewinnen.

Teil II
Welche Methoden werden in der Sozialen Arbeit eingesetzt?

IN DIESEM TEIL …

Der Einsatz von Methoden geschieht auch in der Sozialen Arbeit nach vorheriger Analyse der jeweiligen Problemstellung und Situation. Fachkräfte Sozialer Arbeit können und dürfen ihr Handeln nicht rein aus dem Bauch heraus entscheiden. Welche Methode am besten passt, hängt vom Ziel ab, das erreicht werden soll, und vom Zweck, den die Methode erfüllen soll. Dementsprechend gibt es in der Sozialen Arbeit eine riesige Fülle an Methoden und Techniken. In diesem zweiten Teil erhalten Sie einen Methodenüberblick, der Ihnen Orientierung im Methodendschungel der Sozialen Arbeit bieten soll.

Weil über den Methoden die sogenannten Konzepte der Sozialen Arbeit stehen und so etwas wie strategische Leitlinien bilden, werden die vorgestellten Methoden jeweils nach den wichtigsten und gängigsten Handlungskonzepten der Sozialen Arbeit sortiert, erklärt und anhand von Beispielen erläutert.

Manche Methoden werden im Alltag der Sozialen Arbeit häufiger eingesetzt, sind vielfältiger und weiter verbreitet als andere. Diese Unterschiede schlagen sich auch im Umfang der Methodenbeschreibungen in diesem Teil nieder. Kapitel 5 über die Methoden der Gesprächsführung ist deshalb viel umfangreicher als andere Kapitel.

IN DIESEM KAPITEL

Entwicklung der Methodenlehre Sozialer Arbeit

Methoden für verschiedene Zwecke

Beispiele passender Methoden

Kapitel 4
Methodenüberblick: Methoden Sozialer Arbeit – zu welchem Zweck?

Methoden sind das Handwerkszeug in der Sozialen Arbeit. Fachkräfte Sozialer Arbeit wollen mit ihren Methoden bestimmte Ziele erreichen. Um zum angestrebten Ziel zu gelangen, können verschiedene Methoden zum Einsatz kommen, aber nicht jede Methode führt zum festgelegten Ziel. Es stellt sich also die Frage, welche Methode am besten zur Erreichung des Zieles geeignet ist und den Zweck der Zielerreichung am ehesten erfüllt.

Das *Ziel* benennt einen in der Zukunft liegenden angestrebten Zustand. Zum Beispiel, die Qualifizierung von arbeitslosen Jugendlichen. Das Ziel gibt also eine Antwort auf die Frage »Wo will ich hin?«. Das Ziel beschreibt den Zustand, der erreicht werden soll (Beispiel: Mehr Jugendliche haben einen Schulabschluss). Dieser Zustand lässt sich durch Angaben von Zahlen genauer beschreiben »operationalisieren«. Die Antwort auf die Frage nach dem Ziel »Was will ich erreichen?« könnte zum Beispiel lauten: »Der Anteil an Jugendlichen mit einem Schulabschluss soll um 15 Prozent erhöht werden«.

Die Formulierung eines Zieles dient gewöhnlich einem bestimmten *Zweck*, man könnte auch sagen, einem Beweggrund. Dem Grund, weshalb ich mich auf ein Ziel hinbewege. Der Zweck des oben genannten Zieles (Qualifizierung erwerbsloser Jugendlichen) könnte die Steigerung der Erwerbsbeteiligung Jugendlicher sein. Der Zweck gibt eine Antwort auf die Frage weshalb und wozu das Ziel erreicht werden soll: Mehr Erwerbsbeteiligung (weniger Arbeitslosigkeit) Jugendlicher durch Qualifizierung (Schulabschluss) und damit bessere Chancen auf dem Arbeitsmarkt.

Das Ziel beschreibt also den Zustand der angestrebt wird, während der Zweck den Grund angibt, weshalb das Ziel erreicht werden soll.

Im Laufe der Entwicklung von Methoden Sozialer Arbeit orientierten sich die Sozialarbeitenden zunächst an der *Sozialform*, also daran, ob mit einzelnen Menschen, Gruppen von Menschen oder ganzen Gemeinwesen gearbeitet werden sollte.

Entwicklung der Methodenlehre Sozialer Arbeit

Gelegentlich findet sich unter älteren Fachkräften Sozialer Arbeit und in wenigen Ausgaben der Fachliteratur zu Methoden Sozialer Arbeit noch die alte Einteilung der »klassischen drei Methoden Sozialer Arbeit«: Einzelfallhilfe, soziale Gruppenarbeit und Gemeinwesenarbeit. Diese Einteilung orientiert sich daran, mit wem gearbeitet wird, den *Sozialformen*: Einzelperson, Gruppe, Gemeinwesen.

Einzelfallhilfe

In der Einzelfallhilfe werden (soziale) Probleme vorwiegend in der Person des hilfebedürftigen oder hilfesuchenden Menschen verortet, gesehen und bearbeitet. Diese Schwerpunktsetzung steht in der Tradition der

- ✔ **Aufklärung**

  Unter dem Stichwort der »Möglichkeit und Pflicht zur Vernunft« herrscht das Bild des vernunftbegabten Menschen, der sowohl die Möglichkeit als auch die Pflicht habe, sich seines Verstandes zu bedienen.

- ✔ **Individualismus**

  Unter dem Stichwort der »Selbstverantwortung« herrscht die gesellschaftliche Einstellung, wonach jeder Mensch die Verantwortung für Gestaltung und Gelingen seines Lebens selbst trage.

- ✔ **Psychoanalyse**

  Unter dem Stichwort der »Selbstbedeutung/-bestimmung« herrscht die Überzeugung, der Mensch könne sich von seinen persönlichen Prägungen befreien, wenn sie ihm bewusst (gemacht) werden.

Ziel der Einzelfallhilfe ist die Unterstützung des Klienten in Bezug auf seine Psyche, seine Einstellungen und sein Verhalten. Diese Ziele sollen durch den Aufbau einer von Vertrauen und Akzeptanz geprägten helfenden Beziehung zwischen Helfer und Klient erreicht werden.

In der Einzelfallhilfe gibt es drei gängige Ansätze:

1. **Psychosozialer Ansatz**

   Im Rahmen klinischer Sozialer Arbeit wird per Diagnose krankhaften Verhaltens versucht, den Klienten in seiner Situation zu verstehen und die Krankheit an ihren Symptomen zu erkennen.

2. **Funktionaler Ansatz**

   In der Annahme, dass Menschen veränderbare Wesen sind, werden Hilfen zur Förderung persönlichen Wachstums angeboten.

3. **Problemlösungsansatz**

   Das Leben wird als ständiger Prozess des Problemlösens verstanden. Schwierigkeiten lassen sich deuten als

   - fehlende Motivation zur Problemlösung,
   - fehlende Fähigkeit(en) zur Problemlösung,
   - fehlende Möglichkeiten/Gelegenheiten zur Problemlösung.

Fazit zur Einzelfallhilfe

Einzelfallhilfe kommt dann zur Anwendung, wenn Einzelpersonen Hilfebedarf anmelden oder sich hilfesuchend an Fachkräfte Sozialer Arbeit wenden. Oft entstehen die ersten Hilfekontakte über Einzelpersonen und werden nach der ersten Arbeitsphase ergänzt um weitere Methoden, der Arbeit mit Gruppen oder Gemeinwesen.

Soziale Gruppenarbeit

In der alten Einteilung der »Dreifaltigkeit der klassischen Methodenlehre« der Sozialen Arbeit wird (soziale) Gruppenarbeit als zweite wichtige Methode bezeichnet.

Die geschichtlichen Wurzeln der sozialen Gruppenarbeit liegen in der

✔ **Jugendbewegung**

Zu Beginn des 20. Jahrhunderts schlossen sich Schüler und Studierende zu Gemeinschaften zusammen (*Wandervogelbewegung*). Sie organisierten selbst Ausflüge und Wanderungen und wollten sich durch eigene Regeln und Aktivitäten zu selbstständigen Bürgern erziehen.

✔ **Reformpädagogik**

In den ersten Jahrzehnten des 20. Jahrhunderts wurde das Lernen in Gruppen mit dem Abbau von Hierarchien, Gehorsam und Disziplin in schulischer Bildung und Freizeit verbunden. Eine ganzheitliche Erziehung, die Körper, Gefühle und Verstand gleichermaßen anspricht, wurde immer populärer.

✔ **Gruppendynamik**

Durch die stärkere Beschäftigung mit Gruppenprozessen, der Entstehung von Gruppen, den unterschiedlichen Entwicklungsphasen und den unterschiedlichen Rollen in Gruppen (Leitung, Vermittlung, Außenseiter, …) wurde erkannt, wie und wodurch sich Gruppen verändern können und verändern lassen.

✔ **Demokratiebewegung**

Nach dem Zweiten Weltkrieg führten die Siegermächte (USA und GB) Maßnahmen der Entnazifizierung und Demokratisierung in Deutschland durch. Die noch heute bestehenden Bildungshäuser (Jugendhof Vlotho, Haus Schwalbach) zeigten Jugendlichen aus Deutschland Formen sozialer Gruppenarbeit und lehrten sie damit die Grundlagen demokratischer Politik (verhandeln, diskutieren, abstimmen, Versammlungen leiten).

Im Rahmen sozialer Gruppenarbeit wird die Gruppe als Ort und Gegenstand der Erziehung verstanden. Im Mittelpunkt stehen Erziehungsziele wie Wachstum, Reifung, Bildung und auch Eingliederung. Im Gegensatz zu Selbsthilfegruppen, die sich eigenständig und ohne übergeordnete Leitung organisieren, braucht soziale Gruppenarbeit eine geschulte Gruppenleitung.

Die wesentlichen Elemente sozialer Gruppenarbeit sind:

✔ **ethische Prinzipien**

- Akzeptanz (anders sein und handeln zu dürfen)
- Hilfe zur Selbsthilfe (nicht für, sondern mit jemanden etwas tun)
- Partizipation (Betroffene beteiligen)
- Vorurteilsfreiheit (Chancen geben, andere Erfahrungen zu machen)
- Vertraulichkeit (keine vertraulichen Informationen auszuplaudern)
- Selbstkontrolle (Kontrolle über eigenes Verhalten übernehmen)

✔ **Entwicklungsphasen**

- Orientierung (Gruppenmitglieder lernen sich kennen)
- Konkurrenz (Gruppenmitglieder ringen um ihre Rollen)
- Vertrautheit (Gruppenmitglieder fassen Vertrauen zueinander)
- Differenzierung (Rollen in der Gruppe verteilen sich)
- Ablösung (Gruppenmitglieder verlassen die Gruppe)

✔ **Prinzipien der Gruppenarbeit**

- Individualorientierung (Förderung und Entwicklung der einzelnen Gruppenmitglieder stehen im Mittelpunkt)
- Situationsorientierung (Thema ist, was die Gruppe gerade beschäftigt)
- Selbstorganisation (sich als Fachkraft entbehrlich machen)
- Themenorientierung (Programm, Wahl von Themen und Aktivitäten)
- Steuerung (erzieherisch angemessene Grenzen setzen)

✔ **Gestaltung des Hilfeprozesses in Phasen**

- Orientierung an klinischer Vorgehensweise:

  Anamnese – Diagnose – Behandlung

  oder

- Orientierung an Gruppenphasen:

  1. Orientierungsphase: »abchecken«, beobachten, ausprobieren
  2. Konkurrenz: Machkampf um Stellung, Leitung, Einfluss
  3. Vertrautheit: Intimität, sich näherkommen, Grüppchenbildung
  4. Differenzierung: Rollenaufteilung, Arbeitsteilung, Absprachen, Regeln
  5. Ablösung: Veränderungen von Themen und Personen, Wechsel von Gruppenmitgliedern, Auflösung der Gruppe

✔ **Gruppenleitung**

Die Aufgaben und Anforderungen der Gruppenleitung beziehen sich auf die Ausgestaltung der Rolle und die Anwendung passender Methoden und Techniken.

- Rolle und Vorgehensweise der Gruppenleitung unterscheiden sich je nach Qualifizierung und Ausbildung zur Gruppenleiterin:

  a) Eine natürliche/informelle Leitungsperson verhält sich als Gruppenleitung eher intuitiv und wird unbewusst aktiv.

  b) Eine geschulte Leitungsperson erfüllt die (berufliche) Aufgabe in geübter Selbstkontrolle auf Basis pädagogischen Wissens.

- Wichtige Methoden und Techniken in der Gruppenarbeit sind:

  a) Techniken zur Darstellung des Beziehungsnetzes der Gruppe (soziometrische Darstellungen der Interaktionsstrukturen, Netzwerkkarte)

  b) Techniken der Gesprächsmotivierung/-strukturierung/-leitung (Brainstorming, Thesenpapiere, Referate, Podiumsgespräche, Fishbowl, …)

  c) Methoden und Techniken zur Selbst-/Fremdwahrnehmung in Kleingruppen (Rollenspiele, Stuhlwechsel, Aufstellung, …)

  d) Interaktionsspiele zur Verdeutlichung und Anregung von Teamarbeit (Schwebebalken, Tausendfüßler, Zauberstab, …)

Fazit zur sozialen Gruppenarbeit

Durch soziale Gruppenarbeit wurde das zuvor auf Einzelfallhilfe verengte Methodenangebot fachlich weiterentwickelt.

Soziale Gruppenarbeit verbreitete sich in den sozialpädagogischen Arbeitsbereichen der Sozialen Arbeit (offene Kinder- und Jugendhilfe, stationäre Jugendhilfe, Schulsozialarbeit, Behindertenhilfe) früher und stärker als in anderen Bereichen der Sozialen Arbeit (Straffälligenhilfe, Suchthilfe, Schulsozialarbeit). Dort findet soziale Gruppearbeit zwischenzeitlich ebenfalls breite Anwendung. Soziale Gruppenarbeit erweiterte das Methodenangebot Sozialer Arbeit.

Gemeinwesenarbeit

Neben der Einzelfallhilfe und der sozialen Gruppenarbeit gibt es noch eine dritte Sozialform in der Methodenlehre Sozialer Arbeit, das *Gemeinwesen.*

Der Begriff Gemeinwesen wird im deutschen Sprachgebrauch sowohl für Gebiete des politischen Staatswesens (Nation, Kommune, Gemeinde) als auch für Menschen, die politisch miteinander verbunden sind (Nachbarschaften, Stadtgesellschaft, Staatsangehörige), verwendet.

Die geschichtlichen Wurzeln der Gemeinwesenarbeit sind vielschichtig und beinhalten verschiedene Aspekte.

- **Industrialisierung und Armut**

  Im Zeitalter der Industrialisierung wuchsen die Städte stark an. In den Stadtvierteln mit schlechten, aber preisgünstigen Wohnverhältnissen kamen viele Menschen zusammen, die mangels Arbeitslosen-, Kranken- und Rentenversicherung in Armut geraten waren.

- **Soziale Arbeit in Elendsvierteln**

  Die offensichtlichen Armuts- und Elendserscheinungen weckten die Aufmerksamkeit religiös (Kirchen und Wohlfahrtsverbände), politisch (Parteien der Arbeiterbewegung) und wissenschaftlich engagierter Menschen (Vertreterinnen aus Universitäten und (Fach-)Hochschule für Sozialwesen).

- **Aufsuchende Soziale Arbeit**

  Pfarrer, Fürsorgerinnen und Wissenschaftler suchten die Stadtviertel auf, wo die Ärmsten lebten und starteten dort ihre Aktivitäten, in denen Kinder Nahrung, Kleidung, Spiel- und Lernmöglichkeiten erhielten. In den USA und Großbritannien wurden diese Initiativen unter dem Begriff *Settlement* bekannt. In Deutschland wurden *Nachbarschaftshäuser* zum selben Zweck errichtet.

- **Schaffung von Begegnungszentren**

  Neben der alltäglichen Notversorgung (Kleiderkammer, Hygieneangebote, Suppenküche) sollten unter der Bevölkerung in den Armutsvierteln soziale Kontakte sowie Gelegenheiten zu geselliger und kultureller Betätigung gefördert werden.

- **Zielsetzung menschenwürdiges Leben**

  Alle Bemühungen waren darauf ausgerichtet, den Menschen, die zum großen Teil sozial benachteiligt waren, ein menschenwürdiges Leben zu ermöglichen.

Gemeinwesenarbeit hat sich im deutschsprachigen Raum als Fachbegriff Sozialer Arbeit über mehr als 100 Jahre hinweg weiterentwickelt. Außerhalb Deutschlands werden dafür Begriffe wie »*Opbouwwerk*« (Niederlande) sowie »*Communitywork*« (im englischsprachigen Raum) verwendet.

Gemeinwesenarbeit wird in diesem Band als Handlungsfeld Sozialer Arbeit in und mit Gemeinwesen verstanden. Dabei bezieht sich die Bezeichnung »in Gemeinwesen« auf die Bedeutung von Gemeinwesen als territorial und politisch begrenzte Gebietskörperschaften (Kommune, Gemeinde). Die Bezeichnung »mit Gemeinwesen« bezieht sich auf die Bedeutung des Gemeinwesens als miteinander in Beziehung stehende Menschen. Gemeinwesenarbeit ist mit ihren Einrichtungen und Diensten in einem bestimmten Gebiet verortet und hat den Anspruch, mit der Bevölkerung (Bewohner, Besucherinnen und Berufstätige) und anderen Akteuren (Vereinen, Betrieben, Behörden) an der Weiterentwicklung der Lebensbedingungen und der Verbesserung der Lebensqualität vor Ort zu arbeiten.

Gemeinwesenarbeit berücksichtigt grundsätzlich drei Aspekte ihrer Ausrichtung, die unterschiedlich verteilt und gewichtet sein können:

- ✔ **Territorialer Bezug**

  Verortung in Gemeinde, Stadtteil, Stadtviertel, Quartier

- ✔ **Kategorialer Bezug**

  Schwerpunkt der Sozialen Arbeit mit der Bevölkerung auf eine bestimmte Ethnie, Geschlecht oder Altersgruppe

- ✔ **Funktionaler Bezug**

  Schwerpunkt der Sozialen Arbeit auf inhaltlich bestimmte Problemlagen, wie Wohnen, Bildung, Arbeit, Armut oder Kultur

Die strategische Vorgehensweise zur Zielerreichung von Gemeinwesenarbeit lässt sich, je nach politischer Situation und Ausrichtung, unterscheiden in:

- ✔ **Konservative Systemerhaltung**

  Nach dieser Strategie wird eine wohlfahrtsstaatliche Gestaltung des Gemeinwesens angestrebt. Das bedeutet, durch entsprechende Koordination soll eine bessere Ausstattung mit sozialen Dienstleistungen erfolgen (Sozialarbeiter als Dienstleistungsmanager).

- ✔ **Evolutionäre Systemveränderung**

  Im Rahmen einer Integrationsstrategie werden die Bedarfe des Gemeinwesens und die Bedürfnisse der Bevölkerung erhoben. Die festgestellten Bedarfe sollen durch Nutzung und Aktivierung von Ressourcen gedeckt werden. Mit Unterstützung der Gemeinwesenarbeit soll sich die Bevölkerung stärker mit ihrem Gemeinwesen identifizieren. Dadurch sollen Interesse und Teilhabe an Aktivitäten im Gemeinwesen geweckt werden und zur Stärkung der Selbstorganisation beitragen (Sozialarbeiter als Vermittler und Katalysator).

- ✔ **Revolutionäre Systemveränderung**

  Mit der Strategie einer aggressiven Gemeinwesenarbeit wird auf die Äußerung von Bedürfnissen und Interessen gezielt. Dabei soll die Verbesserung der Lebensbedingungen nicht an bestehenden Strukturen/Machtverhältnissen stehen bleiben, sondern diese verändern. Hierzu werden Betroffene gezielt zur Bildung von Gegenmacht, durch Einmischung in die politischen Entscheidungsprozesse, organisiert (Sozialarbeiter als Impulsgeber, Antreiber und Initiator für Selbstorganisation und Kampf gegen etablierte Macht- und Herrschaftsstrukturen).

Prinzipien, Aufgabenstellung und Methoden in der Gemeinwesenarbeit sind:

- ✔ **Theorieintegration**

  Soziale Probleme werden ganzheitlich gesehen und bearbeitet.

- ✔ **Methodenintegration**

  Zur Bewältigung sozialer Probleme werden alle bekannten und geeigneten Methoden der Sozialen Arbeit angewandt

- ✔ **Lebensverhältnisse im Gemeinwesen**

  Die Arbeit wird an der subjektiven Bedeutungszuschreibung der Lebensverhältnisse der davon betroffenen Menschen orientiert (Lebensweltorientierung).

- ✔ **Willensorientierung**

  Der Wille und das Interesse der (vom jeweiligen Thema betroffenen) Menschen stehen im Vordergrund.

- ✔ **Aktivierung**

  Unterstützende und aktivierende Arbeit geht vor betreuender Tätigkeit.

- ✔ **Ressourcenorientierung**

  Personale und sozialräumliche Ressourcen werden erschlossen, genutzt und ausgebaut.

- ✔ **Übergreifende Aktivitäten**

  Die Aktivitäten werden personen-, themen- und bereichsübergreifend gestaltet.

- ✔ **Vernetzung und Kooperation**

  sind wichtige Arbeitsprinzipien.

Fazit zur Gemeinwesenarbeit

Gemeinwesenarbeit ist nicht mehr die »alte klassische dritte Methode der Sozialen Arbeit«, sondern mittlerweile ein Handlungsfeld der Sozialen Arbeit, das in und mit Gemeinwesen gemeinsam mit der Bevölkerung soziale Probleme identifiziert und unter Nutzung der

Ressourcen aus dem Gemeinwesen bearbeitet. Der Schwerpunkt liegt auf der Veränderung von Situationen und Lebensbedingungen und nicht auf der Verhaltensänderung von Personen.

Einordnung der »alten klassischen« Methodeneinteilung

Die alte klassische »Dreifaltigkeit der Methodenlehre Sozialer Arbeit« (Einzelfallhilfe, soziale Gruppenarbeit, Gemeinwesenarbeit) eignet sich aktuell nicht mehr zur fachlichen Einteilung der zahlreichen und vielfältigen Methoden Sozialer Arbeit, weil sie zu kurz greift.

✔ Es gilt und braucht heute Methodenvielfalt und Methodenintegration.

Auswahl und Einsatz von Methoden zur Bewältigung der Aufgaben Sozialer Arbeit müssen den spezifischen Problemlagen, den Bedürfnissen der Klientel und den Rahmenbedingungen der Einrichtungen und Dienste Sozialer Arbeit angepasst sein oder werden.

✔ Es braucht sach-, situations-, problem- und personenadäquate Methodenarrangements.

✔ Fachkräfte (Profis) Sozialer Arbeit brauchen:

- Überblickswissen über die Vielfalt von Methoden Sozialer Arbeit (Rahmenbedingungen, Indikationen, Möglichkeiten, Grenzen)
- Fähigkeiten, ein arbeitsfeldspezifisches, auf den Aufgabenzuschnitt abgestimmtes Methodenprofil erstellen zu können.

Methodenüberblick: Methoden für verschiedene Zwecke

Konzepte und Methoden lassen sich nach dem Zweck, für den sie eingesetzt werden unterscheiden und ordnen. Das ergibt mehr Sinn und ist fachlich begründeter als die Einteilung nach dem Auftreten (Sozialformen) der Adressatinnen, nach der klassischen Methodentrias (Einzelfall, Gruppe, Gemeinwesen). Den Sinn erkennen Sie daran, dass die Arbeit mit einer Einzelperson oder einer Gruppe nicht immer denselben Zweck erfüllen kann und soll. Die Unterscheidung nach dem Zweck des Einsatzes wird fachlich-inhaltlich begründet. Mit der stärkeren Orientierung am Zweck des Methodeneinsatzes können Sie Methoden nach drei Anwendungszwecken unterscheiden.

Methoden zum Zweck der unmittelbaren Arbeit mit der Klientel

Zur direkten Arbeit mit hilfesuchenden Menschen gehören systematisch geplante, sorgfältig vorbereitete und gezielt durchgeführte Handlungen. Sie beziehen sich direkt auf die

Menschen und deren Anliegen, mit denen Fachkräfte Sozialer Arbeit zu tun haben. Die Unterscheidung nach den Sozialformen (Einzel, Gruppen, sozialräumliche Bezüge) findet sich hier nur als Feingliederung der direkten methodischen Arbeit mit der Klientel wieder.

Beispiele von Methoden zur direkten Arbeit mit der Klientel sind:

✔ **Methoden zur Unterstützung einzelner Menschen**

Methoden, die im direkten Einsatz mit einzelnen Menschen zur Anwendung kommen, gibt es viele, hier sind einige Beispiel aufgeführt.

- **Case-Management** ist eine Methode, die dabei hilft, dass alle am Hilfeprozess Beteiligten am gleichen Strang und in dieselbe Richtung ziehen. Dazu werden gemeinsam Ziele formuliert und klare Absprachen darüber getroffen, wer was (Aufgaben) bis wann (Zeitpunkt) erledigen soll. Als Fachkraft Sozialer Arbeit klären Sie zusammen mit dem Klienten, welche Hilfe er braucht, und informieren ihn darüber, wo und wie er diese bekommen kann. Sie unterstützen den Klienten dabei, das ausgewählte Hilfeangebot zu finden und zu nutzen. Sie fördern dessen Eigenverantwortung, indem Sie ihm helfen wo es nötig ist, und ihn alleine handeln lassen, soweit es möglich ist. Die vereinbarten Ziele müssen für den hilfesuchenden Menschen tatsächlich erreichbar und für beide Beteiligten überprüfbar sein. Dazu gehört auch, dass Sie beide auf die Einhaltung der vereinbarten Schritte achten (Kontrolle).

Case Management wird zum Beispiel im Jugendamt bei der Durchführung des Hilfeplanverfahrens einer Jugendhilfemaßnahme eingesetzt. In einem Hilfeplan wird festgelegt, welche Hilfe für einen Jugendlichen vom Jugendamt bewilligt wird, welche Stellen an der Erbringung der Hilfe beteiligt werden und was damit bis zu einem bestimmten Zeitpunkt erreicht werden soll.

- **Personenzentrierte Beratung** (PzB) ist eine Methode zur Durchführung von helfenden Gesprächen durch professionelle Fachkräfte. Diese Methode ist an einem bestimmten Persönlichkeitskonzept orientiert und sieht ein bestimmtes Vorgehen in der Gesprächsführung vor. Über das zugrunde liegende Persönlichkeitskonzept und wie PzB genau abläuft, erfahren Sie in Kapitel 5 »Methoden der Gesprächsführung« mehr.

- **Sozialpädagogische Beratung** gilt als Sammelbegriff für Kommunikationsformen in der Sozialen Arbeit, die anders als therapeutische Methoden stärker am Alltag der Klientel orientiert sind und ein breiteres Repertoire an Formen und Techniken ermöglichen und erfordern. Als Fachkraft stehen Sie manchmal vor der Aufgabe, mit einem Menschen Kontakt aufnehmen zu wollen, der sich Ihnen gegenüber aber verschlossen zeigt. Vielleicht hat er in seinem Leben schon viele schlechte Erfahrungen mit sozialen Beziehungen gemacht. Dann brauchen Sie eine Methode, die Ihnen hilft, dessen Vertrauen zu gewinnen. Gesprächsthema ist oder wird, was die Klientin gerade beschäftigt. In der sozialpädagogischen Beratung können deshalb Themen wie Schule, Beruf, Familie, Freunde, Sexualität, aber auch Fußball, Kleidung, Körper und vieles andere besprochen werden. Auch die Orte, wo Sie sich als Beraterin mit Ihrer Klientin treffen und unterhalten sind nicht strikt festgelegt. Sie richten sich danach, wo der Klient sich gerade aufhalten muss oder will. Das kann in einer Kneipe, auf einer Parkbank, im Wartebereich des Arbeitsamtes oder auf der Fahrt mit der Straßenbahn zum nächsten Vorstellungstermin sein. Wichtig ist, dass die Orte, Anlässe und Themen gemeinsam vereinbart und nicht von der Fachkraft Sozialer Arbeit einseitig bestimmt werden.

✔ Methoden für soziale und räumliche Zusammenhänge

Hierzu gehören Methoden, deren Gemeinsamkeit ist, dass sie die Verbindungen sozialer und räumlicher Gesichtspunkte betreffen.

- **Methoden der Gemeinwesenarbeit** werden Sie in Kapitel 7 kennenlernen. Dort werden Methoden vorgestellt, die zum »Handlungskonzept der Sozialraumorientierung« passen. Über »Gemeinwesenarbeit als Handlungsfeld Sozialer Arbeit« erfahren Sie in diesem Kapitel 4 mehr.
- **Mobile Soziale Arbeit** ist eine Methode Sozialer Arbeit, bei der die Fachkräfte nicht an einem festen Ort, wie zum Beispiel in einer Beratungsstelle oder einem Jugendzentrum anzutreffen sind und arbeiten, sondern sie suchen Orte auf, an denen sich ihre »Zielpersonen« aufhalten oder wo sie diese vermuten. Das kann ein Spielplatz sein, der mit einem Bauwagen voll Spielzeug angefahren wird, um den Kindern dort mehr und andere Spielmöglichkeiten nahezubringen oder einfach mit ihnen ins Gespräch zu kommen. Weil diese Methode zum »Handlungskonzept Lebensweltorientierung« passt, werden die verschiedenen Anwendungsgebiete und Techniken Mobiler Sozialer Arbeit im Kapitel 6 genauer beschrieben.
- **Quartiersmanagement** ist eine Methode, mit der das Zusammenwirken unterschiedlicher Akteure (Vereine, Einzelhandelsgeschäfte, soziale Einrichtungen oder Behörden) eines Gemeinwesens organisiert und gesteuert wird. Quartiersmanagement gehört zu den Methoden, die zum »Handlungskonzept Sozialraumorientierung« passen und wird deshalb im Kapitel 7 ausführlicher erklärt.
- **Soziale Netzwerkarbeit** ist eine Methode, bei der es vor allem um die Arbeit mit dem sozialen Umfeld (Nachbarn, Freunde, Arbeitskollegen) geht und wird deshalb im Kapitel 7 zum »Handlungskonzept Sozialraumorientierung« erläutert.
- **Straßensozialarbeit**, auch bekannt unter dem englischen Begriff »Streetwork«, ist eine aufsuchende Methode und spezielle Form mobiler Sozialer Arbeit. Dabei gehen die Fachkräfte Sozialer Arbeit gezielt und möglichst oft auf die Straße oder an andere öffentliche Orte. Dort möchten sie die Menschen treffen, für die sie da sein sollen oder wollen. Dazu können Kinder gehören, die trotz Schulpflicht nicht in die Schule gehen und auch im Elternhaus kaum noch auftauchen. Zur Klientel der Straßensozialarbeit können aber auch Menschen mit Suchtproblemen gehören, wenn deren soziales Umfeld sich vorwiegend auf Straßen und Plätzen aufhält. Auch diese Methode gehört zum »Handlungskonzept der Lebensweltorientierung«, das in Kapitel 6 vorgestellt wird. Dort können Sie mehr darüber lesen, wie Straßensozialarbeit funktioniert.

✔ Großgruppenmethoden

Sie können sich sicher vorstellen, dass es einen großen Unterschied macht, ob Sie mit einem Menschen alleine oder mit einer überschaubaren Gruppe von vielleicht fünf bis fünfzehn Menschen arbeiten. Wenn Sie mit viel mehr Menschen gleichzeitig an einem Ort zu tun haben, ist das noch mal eine ganz andere Sache. Deshalb gibt es spezielle Methoden für die Arbeit mit großen Gruppen.

- **Bürgerpanel** ist eine der Beteiligungsmethoden, die in Kapitel 6 aufgeführt werden. Das Bürgerpanel besteht aus regelmäßigen Bürgerbefragungen zu unterschiedlichen Themen, die aus der Politik, der Verwaltung oder aus der Bürgerschaft selbst kommen. Dazu wird ein Querschnitt aus der Bevölkerung befragt. Durch die Zufallsauswahl hat jede Bürgerin die Chance befragt zu werden. Die Fragen werden gemeinsam vom Stadtparlament (Gemeinderat) und der Verwaltung entwickelt. Die Ergebnisse werden veröffentlicht und im Rahmen anderer Beteiligungsmethoden vorgestellt und diskutiert.
- **Bürgerausstellung** ist ebenfalls eine der Beteiligungsmethoden, die in Kapitel 6 gesammelt sind. Sie kommt zum Einsatz, wenn es um ein Thema geht, bei dem es viele und sehr unterschiedliche Anliegen und Interessengruppen gibt. Nach einer umfangreichen Suche nach wichtigen Gesichtspunkten eines Themas werden die Ergebnisse (Anliegen, Ziele, Orte, Zeit) für jede Interessengruppe in einer Art Konzeption zusammengefasst. Daran anschließend wird aus jeder der unterschiedlichen Interessengruppen eine Person zur Konzeption interviewt und fotografiert. Mit dem Foto und den persönlichen Aussagen der Person wird ein Poster erstellt. Alle Poster werden in einer Ausstellung der Öffentlichkeit präsentiert. Damit stehen die unterschiedlichen Statements und Argumente zum Thema der ganzen Bevölkerung zur Verfügung und können kommentiert, besprochen und kritisiert werden. Durch die Fotoportraits und Namen der jeweiligen Interessenvertreter entsteht die Möglichkeit, diese Menschen persönlich und direkt anzusprechen und mit ihnen über ihre Ansichten und Aussagen zu diskutieren. Bürgerausstellungen bringen Menschen mit unterschiedlichen Interessen zusammen und in den Austausch.
- **Open Space** ist eine Methode, bei der eine große Anzahl von Menschen zusammentrifft, um möglichst viele Ideen zu einem Thema zu entwickeln und gemeinsam Aktivitäten und Lösungsmöglichkeiten zum Thema zu finden. Den Teilnehmerinnen wird viel Zeit und Raum für Gespräche gelassen. Diese Methode lebt von der Kreativität und Eigeninitiative der Teilnehmenden. Mehr dazu lesen Sie in Kapitel 6.
- **Planungszellen** werden eingesetzt, um Bürgerinnen an öffentlichen Planungsprozessen zu beteiligen. Dazu werden eine Reihe von Menschen nach dem Zufallsprinzip ausgewählt und eingeladen, sich an einer konkreten Planungsaufgabe in einer Stadt oder einem Bundesland zu beteiligen. Es kann sich um den Bau einer Straße, die Umgestaltung eines öffentlichen Platzes oder die Einführung eines Bürgerbusses handeln. Die Teilnehmenden an der Planungszelle sammeln Informationen zum Planungsprojekt, diskutieren und bewerten ihre Vorschläge. Nach getaner Arbeit gibt die Planungszelle ihre Empfehlungen in Form eines Bürgergutachtens an die zuständige Stelle (Stadtverwaltung oder Landesregierung). Als lupenreine Beteiligungsmethode ist die Planungszelle auch in Kapitel 6 aufgeführt.
- **Worldcafé** greift die Reiselust von Menschen auf, indem sich die Teilnehmenden vorstellen, dass sie verschiedene Kontinente bereisen. Die Kontinente werden durch große Tische dargestellt, auf denen je ein großes Papiertischtuch liegt, auf

dem je ein Thema geschrieben steht. Jeder Tisch hat ein eigenes Thema, wie ein Kontinent einen eigenen Namen hat. Die Teilnehmenden verteilen sich auf alle Tische/Kontinente und dürfen ihre Gedanken, Ideen und Fragen zum jeweiligen Thema auf die Tischdecke schreiben. Über diese Notizen sprechen die Menschen an ihrem Tisch. Die Zeit, die an einem Tisch verbracht werden darf, ist begrenzt. Auf ein vorher vereinbartes Zeitzeichen hin wechseln die Teilnehmenden ihre Tische und suchen sich einen neuen Kontinent (neues Thema). Pro Tisch (Kontinent) wird eine Person ausgewählt, die für die nächste Wechselrunde am Tisch sitzen bleibt, um den ankommenden Reisenden die Thematik und den bisherigen Diskussionsverlauf zu erläutern und Fragen zu den aufgeschriebenen Notizen zu beantworten. Diese Person darf dann beim nächsten Wechsel den Tisch wieder verlassen und sich einen neuen Tisch (Thema/Kontinent) suchen. Weil sich diese Methode sehr gut zur Beteiligung vieler Menschen in einem großen Raum eignet, ist sie in Kapitel 6 unter Methoden zur Beteiligung aufgeführt.

- **Zukunftswerkstatt** heißt so, weil es dabei um die Gestaltung der Zukunft geht. Diese Methode ist geeignet, wenn etwas Neues entwickelt und viele Menschen daran beteiligt werden sollen. Die Zukunftswerkstatt dauert im Idealfall drei Tage. Begonnen wird mit einer Phase, bei der erst mal Kritik am bisherigen Zustand Platz bekommt. Danach geht es in eine kreative Phase, in der die Teilnehmenden mit viel Lust und Laune, unter Verwendung möglichst vielfältiger Materialien und ohne Denkeinschränkungen, Idee sammeln. Dies geschieht zunächst, ohne gleich an die Chancen und Möglichkeiten der Realisierung der Ideen zu denken. Der Abgleich mit der Wirklichkeit, also den Möglichkeiten der Verwirklichung der gesammelten Ideen ist Bestandteil der dritten Phase. An deren Ende wird entschieden, welche Ideen umgesetzt werden sollen. Danach werden konkrete Aufgaben und Zuständigkeiten zur Verwirklichung der Ideen für alle sichtbar aufgeschrieben. Weil es sich dabei um eine Methode zur Beteiligung von Menschen handelt, wird diese Methode in Kapitel 6 aufgeführt und beschrieben.

✔ **weitere Methoden zur direkten Arbeit mit Menschen**

- **Erlebnispädagogik** ist eine Methode, mit der sowohl an den Stärken von Menschen als auch mit tiefgreifenden eigenen Erfahrungen mit bislang unbekannten Situationen gearbeitet wird. Deshalb taucht Erlebnispädagogik auch in Kapitel 6 zum Konzept Ressourcenorientierung (Nutzung von Kraftquellen) und Empowerment (Stärkenarbeit) auf.

- **Konfliktberatung und Mediation** sind Methoden, mit denen Konflikte bearbeitet oder gelöst werden können. Weil diese Methoden nicht nur von Fachkräften Sozialer Arbeit praktiziert werden, werden sie hier der Vollständigkeit halber aufgeführt, aber nicht näher erläutert.

- **Multiperspektivische Fallarbeit** berücksichtig die vielschichtigen Bedingungen und Voraussetzungen der Gestaltung von Hilfen Sozialer Arbeit. Damit die vielfältigen Zusammenhänge jedes einzelnen Hilfefalles verstanden und bearbeitet werden können, braucht es eine systematische Analyse. Dabei wird die Situation des hilfesuchenden Menschen aus unterschiedlichen Perspektiven betrachtet. Zu diesem Zweck haben sich drei typische Formulierungen durchgesetzt.

1. Perspektive »Fall von …«: meint die Einordnung des vorliegenden Falles in eine bestimmte Kategorie von Problemen oder rechtlichen Grundlagen. Es geht also um eine fachliche Einschätzung des Falles oder des Problems.

Die Leiterin einer Kita wird von ihrer Mitarbeiterin darauf angesprochen, dass ein Kind aus ihrer Gruppe zahlreiche blaue Hautflecke an Armen und Rücken habe. Aus der Perspektive der Leiterin könnten diese Hinweise ein »Fall von Kindesmisshandlung und Kindeswohlgefährdung« sein.

2. Perspektive »Fall für …«: Aus der Problemeinschätzung der Fachkraft Sozialer Arbeit ergibt sich idealerweise die Zuordnung der zusätzlich einzubeziehenden Fachstellen, um die Frage zu beantworten, wer für diesen Fall zuständig ist oder werden wird.

Aufgrund ihrer Einschätzung, dass es sich bei der Schilderung des Falles durch die Mitarbeiterin um einen Fall von Kindesmisshandlung und Kindeswohlgefährdung handeln könnte, kommt die Leiterin der Kita zur Erkenntnis, dass dies ein »Fall für das Jugendamt und die Polizei« sein könnte.

3. Perspektive »Fall mit…«: Hierbei handelt es sich um die pädagogische Dimension. Es geht um die Art und Weise der direkten (Zusammen-)Arbeit mit der hilfesuchenden Person beziehungsweise deren nähere Bezugsperson.

Nachdem sich die Leiterin und ihre Mitarbeiterin darin einig sind, dass es sich bei dem Kind mit den blauen Hautflecken um einen »Fall von Kindesmisshandlung« handeln könnte und dies zu einem »Fall für das Jugendamt« werden könnte, vereinbaren beide, dass die Mitarbeiterin zunächst das Kind auf dessen Hauptflecken anspricht. Anschließend sollte die Mitarbeiterin das Gespräch mit der Mutter des Kindes suchen, um in Erfahrung zu bringen, ob das Kind zu Hause oder auswärts Gefahren der Kindesmisshandlung ausgesetzt sein könnte. Die Leiterin will daraufhin mit der Mutter sprechen, diese über ihre Mitteilungspflicht an das Jugendamt informieren und sie bitten, mit ihr zum Wohle des Kindes zusammenzuarbeiten.

Nach der Methode der multiperspektivischen Fallarbeit werden alle drei Perspektiven einzeln und gründlich in den Blick genommen. Das Vorgehen ist in vier Phasen aufgeteilt: Bestandsaufnahme (Anamnese), Beurteilung (Diagnose), Durchführung (Intervention) und Überprüfung (Evaluation). Es handelt sich bei der multiperspektivischen Fallarbeit um eine Methode des sorgfältigen selbstkritischen und nachdenklichen Handelns.

- **Projektarbeit** wird nicht nur in der Sozialen Arbeit angewandt, sondern in vielen anderen Bereichen, wie Management von Unternehmen, Zusammenarbeit von Behörden oder auch in Schulen und Universitäten. Projektarbeit wird dann eingesetzt, wenn Menschen aus verschiedenen Bereichen einer Organisation oder aus unterschiedlichen Organisationen (Unternehmen, Behörden, Verbänden, Vereinen, …) an einer bestimmten Aufgabe gemeinsam beteiligt werden und dazu unterschiedliche Fähigkeiten und Erfahrungen einbringen sollen. Projektarbeit braucht eine klare Leitung (Steuerungsgruppe) und eine begrenzte Anzahl von Mitarbeitenden (Projektgruppe), um arbeitsfähig zu sein. Es werden möglichst erreichbare und überprüfbare Ziele festgelegt, die in einer bestimmten Zeit mit einem begrenzten Aufwand an Geld und Zeit erreicht werden sollen. Wenn die Aufgabe der Projektarbeit erledigt ist oder die Zeit abgelaufen ist, wird das Projekt offiziell beendet und die Projektgruppe aufgelöst. Projektarbeit ist eine sehr häufig vorkommende Methode im Rahmen der »Handlungskonzepte der Netzwerkarbeit und der Sozialraumorientierung«, die in Kapitel 7 genauer beschrieben sind.

- **Rekonstruktive Sozialarbeit** kommt dann zum Einsatz, wenn Fachkräfte Sozialer Arbeit ihr Klientel besser verstehen wollen. Oft sind die Lebensweisen und Umgangsformen von Sozialarbeitern und deren Klientel grundverschieden. Als Fachkraft Sozialer Arbeit können Sie nicht einfach davon ausgehen, dass Ihre Klientin ähnliche Auffassungen und dieselben Erfahrungen in ihrem Leben gemacht hat wie Sie selbst. Deshalb nehmen Sie eine »Haltung der interessierten Fremdheit« ein und versuchen zu verstehen, in welcher Lebenssituation sich Ihre Klientin befindet und wie sie ihr Leben selbst sieht. Dazu dienen einige Gesprächsregeln. Sie halten sich selbst mit Gesprächsbeiträgen zurück und regen Ihre Gesprächspartnerin zum Erzählen an. Sie halten Pausen im Gespräch aus, ertragen die Stille und versuchen Ihre Gesprächspartnerin nicht zu drängen. Nach Gesprächspausen fragen Sie vorsichtig nach und nehmen den Gesprächsfaden wieder auf. Im Gespräch nehmen Sie eine zugewandte Körperhaltung an, halten Blickkontakt zur Gesprächspartnerin und geben durch Äußerungen wie »ja«, aha« oder »mhm« zu verstehen, dass Sie aufmerksam zuhören. Abschließend fragen Sie Ihre Gesprächspartnerin, ob sie sich im Gespräch wohlgefühlt hat und erzählen konnte, was ihr wichtig war. Mit dieser Art des (ethnografischen) Interviews können Sie als Fachkraft Sozialer Arbeit (biografische) Geschichten aus dem Leben Ihrer Klientel erfahren und verstehen, wie Ihre Klientin sich und ihre eigene Wirklichkeit sieht und bewertet. Diese Methode passt gut zum »Handlungskonzept der Lebensweltorientierung« und wird deshalb auch in Kapitel 6 erwähnt.
- **Soziale Gruppenarbeit** ist eine in der Sozialen Arbeit überall dort verbreitete Methode, wo mit sozialen Gruppen gearbeitet wird. In Kapitel 4 ist diese Methode genauer beschrieben.
- **Themenzentrierte Interaktion** ist eine »Methode der Gesprächsführung«, die in Kapitel 5 aufgeführt und erläutert sind.

An anderer Stelle dieses Buches werden weitere Methoden zum Zweck der direkten Arbeit mit der Klientel nach »Methoden der Gesprächsführung« (in Kapitel 5) und Methoden im Rahmen bestimmter Handlungskonzepte Sozialer Arbeit (in Kapitel 6 und 7) differenziert dargestellt und beschrieben.

Methoden zum Zweck der Entwicklung qualitätsvoller Arbeit von Fachkräften

Neben den Methoden, die auf die direkte Arbeit mit Menschen gerichtet sind, brauchen Fachkräfte der Sozialen Arbeit auch Methoden, mit denen sie ihre Arbeitsqualität sichern. Diese Methoden beziehen sich nur indirekt auf die Arbeit mit der Klientel. Es handelt sich also um Methoden, die dazu dienen die Qualität des Handelns der Fachkräfte Sozialer

Arbeit weiterzuentwickeln und zu sichern. Die dazu geeigneten Methoden fördern das Nachdenken, Beobachten und Überprüfen der Aktivitäten von Fachkräften Sozialer Arbeit. Und wenn dies gelingt, kommen diese Methoden auch der Klientel Sozialer Arbeit zugute, aber eben nur indirekt, indem die Fachkräfte gute Arbeit leisten.

Beispiele von Methoden zur Stärkung der Qualität der Sozialen Arbeit:

- ✔ **Selbstevaluation** ist eine Methode zur Überprüfung des eigenen Handelns von Fachkräften Sozialer Arbeit. Dies geschieht durch Selbstbeobachtung, Selbstbefragungen und Protokollieren der eigenen Arbeitsabläufe. Die Fachkraft beobachtet das eigene Verhalten und auch die Rahmenbedingungen und Abläufe in der Organisation. Sich selbst evaluieren bedeutet, das eigene Verhalten unter die Lupe zu nehmen und Ansprüche mit der Wirklichkeit zu vergleichen.

  Dabei sollen fünf Dimensionen beachtet werden.

  1. **Wirklichkeit:** die tatsächlich durchgeführten Aktionen,
  2. **Wünschbarkeit:** die Beurteilung der Ergebnisse,
  3. **Wirksamkeit:** die Folgen des eigenen Handelns,
  4. **Wirtschaftlichkeit:** das Verhältnis von Aufwand und Ertrag des Handelns,
  5. **Kontext:** die Reaktionen des Umfeldes, in dem die Handlungen stattfanden.

  Die Selbstevaluation erfüllt vier wichtige Funktionen. Sie gibt Antworten auf die Frage nach dem Ergebnis des fachlichen Handelns (1. Kontrolle), was eigentlich passiert ist (2. Aufklärung), wie Angebot und Nachfrage abgestimmt wurden (3. Qualifizierung) und welche Veränderungen zur Anpassung des Angebotes an den Bedarf vorgenommen wurden (4. Innovation).

  Selbstevaluation entfaltet ihre Wirkung am besten, wenn sie ernsthaft und glaubwürdig durchgeführt wird und wenn die Voraussetzungen zur Durchführung, wie Zeit und Erhebungsinstrumente, vorhanden sind.

- ✔ **Supervision und Coaching** sind Formen der Beratung zu beruflichen Aufgaben. Sie werden meistens von einer Person durchgeführt, die nicht in derselben Organisation tätig ist und deshalb eine unabhängige Sichtweise einnehmen kann. Die Beraterin wird »Supervisorin« genannt, die zu beratende Person ist die »Supervisandin«. Supervisoren brauchen eine besondere Ausbildung und arbeiten meistens freiberuflich auf eigene Rechnung. Die Beratung kommt durch eine freie beiderseitige Absprache über Ziel und Themen der Supervision zustande. Der Beratungsauftrag wird durch einen schriftlichen oder mündlichen Vertrag erteilt. Supervision und Coaching sind ähnliche Beratungsformen. In manchen Wirtschaftsbereichen ist der Begriff Supervision weiter verbreitet, in anderen ist eher von Coaching die Rede. Supervision ist der ältere Begriff und betont eine stärkere Nachdenklichkeit. Coaching ist ein neuerer Begriff und meint mehr zielgerichtete Unterstützung. Supervision oder Coaching gibt es für Einzelpersonen, Gruppen, Teams und Leitungspersonen. Als Supervisandin können Sie in der Supervision Fragen und Probleme, die in Ihrer Arbeit auftauchen, ansprechen, über Möglichkeiten zur Veränderung gemeinsam mit der Supervisorin nachdenken und in Rollenspielen eine neue Situation ausprobieren. Die Themen können mit Ihnen selbst, mit Ihren Aufgaben, Ihren Kolleginnen oder mit dem Aufbau und den Abläufen an Ihrer Arbeitsstelle zu tun haben. Supervision dient der Erhaltung oder Verbesserung Ihrer Arbeit, Ihrem Wohlbefinden bei der Arbeit und der Optimierung von Arbeitsabläufen. Deshalb sollten Supervision und Coaching vom Arbeitgeber bezahlt werden.

- ✔ **Intervision** ist eine spezielle Form der Supervision, bei der allerdings kein außenstehender Supervisor den Gesprächsprozess leitet und moderiert, sondern mehrere Kolleginnen sich als Gruppe oder Team selbst gegenseitig beraten, indem sie über sich und ihr Tun kritisch nachdenken, dazu gemeinsam ihre Arbeitsabläufe unter die Lupe nehmen und ihre Einschätzungen des jeweils vorgestellten Falles zusammentragen und bewerten.

- ✔ **Teamentwicklung** ist eine Methode der gemeinsamen Arbeit eines Arbeitsteams am Aufbau und der Weiterentwicklung seiner Zusammenarbeit. Dabei wird darauf geachtet, dass jedes Teammitglied seinen Platz im Team findet, sich wohlfühlt und sich die Teammitglieder gegenseitig wertschätzen, ergänzen und unterstützen. Hilfreich für die Teamentwicklung ist, dass sich das Team die Zeit nimmt, hin und wieder über sich und seine Zusammenarbeit nachzudenken, gemeinsame Aktivitäten zu planen, die das Zusammengehörigkeitsgefühlt steigern und aufkommende Konflikte leichter bewältigen lassen. Dazu können sich Teams auch Hilfe von außen holen, sich coachen lassen oder eine Moderatorin für die Teamentwicklung beauftragen.

- ✔ **Berufsfeldanalyse (BFA)** ist eine Methode, mit der ein Feld der Sozialen Arbeit systematisch untersucht und beschrieben wird. Sie kann sowohl zum Zweck der (Neu-)Gestaltung eines Arbeitsfeldes als auch zur Vorbereitung der Aufnahme einer neuen Berufstätigkeit eingesetzt werden. Weil sich diese Methode vorwiegend zum Kennenlernen eines neuen Arbeitsfeldes eignet, wird sie in Kapitel 9 bei den Beschreibungen der beruflichen Anforderungen und Fähigkeiten genauer erklärt.

- ✔ **Selbstreflexive Arbeitsgestaltung** ist eine Methode zur Gestaltung von Aufgaben Sozialer Arbeit, bei der die wesentlichen Ablaufschritte von der Idee über die Planung bis zur Durchführung und Überprüfung des Handelns in eine systematische Reihenfolge gebracht und abgearbeitet werden. Diese Methode dient dem professionellen Vorgehen zur Erfüllung der Qualitätsanforderungen Sozialer Arbeit und wird deshalb in Kapitel 9 näher beschrieben.

Methoden zum Zweck der Gestaltung von Angeboten und Dienstleistungen

Im Mittelpunkt dieser Art Methoden stehen strukturelle oder organisatorische Rahmenbedingungen für Aktivitäten Sozialer Arbeit. Sie dienen dem Zweck, den Aufbau und die Abläufe der sozialen Angebote und Dienstleistungen zu optimieren und deren Funktionieren zu sichern. Dazu gehören Methoden, die nicht nur in der Sozialen Arbeit, sondern auch in Organisationen anderer Branchen und Berufe angewandt werden.

Beispiele solcher Methoden sind:

- ✔ **(Sozial-)Management** meint das systematische Organisieren von Arbeitsaufgaben von Mitarbeitenden und von Abläufen in Organisationen. Dabei werden Leitungs- und Führungsaufgaben ebenso berücksichtigt, wie die Sorge um eine möglichst hohe Qualität der Arbeit oder die Geldverwaltung.

- ✔ **Führung und Personalentwicklung** dienen der Bewältigung von Aufgaben zur Steuerung von Abläufen in Organisationen. Dazu gehören nicht nur die klare Beschreibung von Arbeitsaufgaben der Mitarbeitenden, sondern auch Lob und Kritik an der Ausführung der Aufgaben.

  Es gibt mehrere »Führungsstile«, die sich nach jeweiligen Menschenbildern unterscheiden und an bestimmten Organisationstypen orientieren. Nicht jeder Führungsstil passt zu jedem Menschen und zu jeder Organisation. Ein (autoritärer) Führungsstil, der keine Mitentscheidung zulässt, passt nicht in eine Organisation, in der Menschen mit hoher fachlicher Qualifikation, die sehr selbstständig arbeiten können und wollen, eng und intensiv zusammenarbeiten müssen.

  Die Aufgaben der »Personalentwicklung« liegen in der Gewinnung und Qualifizierung von Mitarbeitenden durch entsprechende Auswahlverfahren, Fort- und Weiterbildung. Auch die Unterstützung und Förderung der Arbeitszufriedenheit gehört zu den Aufgaben der Personalentwicklung. Dazu können Angebote der Organisation selbst (intern) als auch von Anbietern von außen (extern) genutzt werden.

- ✔ **Qualitätsentwicklung** ist ein Bündel von Methoden, mit denen Produkte und Dienstleistungen möglichst nah an den Erfordernissen und Erwartungen zu deren Eignung und Beschaffenheit gestaltet werden. Dazu gibt es unterschiedliche Modelle und Instrumente, die sich oft an internationalen Qualitätsstandards orientieren. Beispiele sind die Qualitätssysteme »DIN-EN-ISO« (deutsche, europäische und internationale Industrienormen), »TQM« (Total Quality Management; umfassendes ganzheitliches Qualitätsmanagementmodell) oder »EFQM« (European Federation of Quality Management; Europäisches Qualitätsmanagementmodell). In der Sozialen Arbeit sind Qualitätsstandards und die Entwicklung von Qualitätskriterien seit den 1990er-Jahren immer wichtiger geworden, weil in immer mehr Leistungsbereichen ein Wettbewerb von Anbietern sozialer Dienstleistungen gesetzlich vorgeschrieben wurde.

- ✔ **Organisationsentwicklung** ist ein Überbegriff für Methoden, mit denen ein bestimmtes Thema in einer Organisation systematisch bearbeitet und berücksichtigt werden soll. »Gender-Mainstreaming« ist ein weitverbreitetes Programm, das auf die Gleichstellung von Frauen und Männern in einer Organisation zielt und dafür sorgen soll, dass Benachteiligungen aufgrund des Geschlechtes systematisch abgebaut oder vermieden werden. Andere Themen der Organisationsentwicklung sind Qualitätsorientierung, Diversität (die systematische und konsequente Vermeidung und Beseitigung von Benachteiligungen in einer Organisation aufgrund von Unterschieden wie Herkunft, Hautfarbe, Alter, …), Digitalisierung (die systematische und konsequente Umstellung der Organisation auf digitale Technologien) oder Nachhaltigkeit (die systematische und konsequente Einstellung der Organisation auf langfristige soziale und materielle Verträglichkeit ihrer Aktivitäten).

- **Fundraising und Sponsoring** sind Methoden zur Einwerbung von Geld für eine Organisation, Einrichtung oder ein Projekt Sozialer Arbeit. Beim »Fundraising« geht es darum, durch systematisch organisierte Aktivitäten Geldgeber zu finden, die dafür keine direkte Gegenleistung erwarten. Im Unterschied dazu erwartet der »Sponsor« von seiner Geldleistung für eine Einrichtung oder ein Projekt Sozialer Arbeit auch eine Gegenleistung, zum Beispiel in Form von Werbung für den Geldgeber auf Plakaten, Internetseiten, Veranstaltungshinweisen oder Fahrzeugen der Organisation Sozialer Arbeit. Weil nicht alle Einrichtungen und Dienste Sozialer Arbeit durch gesetzliche Grundlage finanziell abgesichert sind oder es für neue Projekte (noch) keine gesicherte Finanzierung gibt, werden Methoden wie Fundraising und Sponsoring auch in der Sozialen Arbeit durchgeführt.

- **Marketing** ist eine Methode, mit der Produkte und Dienste Sozialer Arbeit bekannter gemacht werden. Davon versprechen sich die Anwender meistens eine stärkere Nutzung ihrer Angebote und Dienste. Die Techniken des Marketings können vielschichtig sein und von der Gestaltung von Internetseiten über die Verteilung von Flyern bis zur Organisation von Werbeveranstaltungen reichen.

- **Controlling** ist eine Methode zur Kontrolle der Finanzverwaltung einer Organisation Sozialer Arbeit. Dabei werden die Ausgaben und Einnahmen übersichtlich aufbereitet und danach überprüft, ob sie gerechtfertigt, verhältnismäßig, in sich stimmig und rechnerisch korrekt sind.

- **Sozialplanung** ist dann und dort nötig, wo die Erfüllung bestimmter staatlicher Aufgaben fachgerecht und nachvollziehbar begründet und sichergestellt werden muss. Dabei geht es jeweils um die Erhebung und Feststellung von Bedarfen, den Abgleich mit den zur Verfügung stehenden Maßnahmen und deren Ausbau oder Anpassung.

- **Kinder- und Jugendhilfeplanung** ist eine Methode zum Abgleich von Angebot und Nachfrage von Maßnahmen für die Unterstützung von Kindern und Jugendlichen. Jugendämter werden im achten Sozialgesetzbuch (SGB VIII) zur Erstellung eines Jugendhilfeplanes verpflichtet. Das heißt sie müssen einerseits Erhebungen über die Anzahl an Kindern und Jugendlichen und deren Unterstützungsbedarf anstellen und danach auswerten, welche Maßnahmen wo für welche Kinder und Jugendliche zur Verfügung stehen oder gestellt werden müssen. Dazu gehören Plätze in Kindertagesstätten (Kitas), Treffpunkte und Betreuungsmöglichkeiten für Kinder (Kinderhort) und Jugendliche (Jugendtreff), aber auch Beratungsangebote für deren Eltern (Erziehungsberatung). Wenn das Jugendamt festgestellt hat, welche Angebote und wie viele davon gebraucht werden, sucht das Jugendamt nach Anbietern solcher Angebote und vergleicht, ob es genügend davon gibt. Wenn das Angebot nicht ausreicht, macht das Jugendamt Vorschläge zur Schaffung weiterer Angebote oder richtet diese selbst ein. Die Interessen und Bedürfnisse der Kinder und Jugendlichen müssen in der Planung und Gestaltung von Angeboten berücksichtigt werden. Deshalb müssen Kinder und Jugendliche an der Planung beteiligt werden. Dazu gibt es entsprechende Methoden (Jugendplanungszellen). Bei der Planung von Angeboten und Diensten arbeitet das Jugendamt mit den anerkannten Trägern der Kinder- und Jugendhilfe zusammen.

- **Altenhilfeplanung** ist eine Methode zum Abgleich von Angebot und Nachfrage von Maßnahmen für die Unterstützung alter Menschen. Für diese Planungsaufgabe sind die großen Städte und Landkreise verantwortlich. Sie werden im zwölften Sozialgesetzbuch (SGB XII) zur Erstellung eines Altenhilfeplanes verpflichtet. Zu den Aufgaben der Altenhilfeplanung gehört die Feststellung von Unterstützungsbedarfen. Dazu werden alle vorhandenen Angebote und Hilfen in der jeweiligen Stadt oder im Landkreis erhoben und mit dem zuvor festgestellten Bedarf verglichen. Wo nötig werden Vorschläge für erforderliche Ergänzungen oder Veränderungen erarbeitet und mögliche Träger zur Einrichtung neuer oder bestimmter Angebote gesucht und unterstützt. Das Ziel der Altenhilfeplanung ist es, die Selbstständigkeit alter Menschen und deren Chancen am gesellschaftlichen Leben teilnehmen zu können, möglichst lange aufrechtzuerhalten. Im Rahmen der Altenhilfeplanung wird sowohl die Versorgung mit »ambulanten« (Angebote für Menschen, die zu Hause wohnen bleiben und das Angebot nur zu bestimmten Zeiten besuchen) Pflegediensten und »stationären« (Angebote und Dienste, die Menschen dauerhaft nutzen und deshalb dort auch wohnen) Pflegeeinrichtungen untersucht als auch die Erreichbarkeit von Angeboten und Diensten für Menschen ab 65 Jahren in Bezug auf deren Barrierefreiheit berücksichtigt.

✔ **Sozialforschung** ist ein Bereich der Forschung zu sozialen Fragen, in deren Rahmen spezielle Methoden zum Einsatz kommen.

- **Bedarfsanalyse** ist eine Forschungsmethode zur Feststellung, ob es überhaupt Angebote und Dienste Sozialer Arbeit braucht, wie viele davon gebraucht werden und welcher Art diese sein müssen, um den Zweck und Bedarf zu erfüllen. Bedarfsanalysen können in vielen Bereichen Sozialer Arbeit zur Anwendung kommen. In der Suchthilfe ist es wichtig zu wissen, welche Art Unterstützung drogensüchtige Menschen brauchen, damit sie ihr Leben möglichst schmerzfrei und selbstständig gestalten können. Sozialarbeiter setzen zunächst die aufsuchende Methode »Straßensozialarbeit« ein, um ein vertrauensvolles Verhältnis zu den drogenkonsumierenden Menschen auf der Straße aufzubauen. Auf der Grundlage dieses Vertrauensverhältnisses versuchen sie anschließend deren Unterstützungsbedarfe herauszufinden. Diese Bedarfsanalyse dient danach als Grundlage für die Gestaltung der weiteren Arbeit.

- **Sozialraumanalyse** ist eine sehr umfassende Forschungsmethode zur Erhebung von Informationen und Hinweisen über die Beschaffenheit des Lebensumfeldes von Menschen in ihrer räumlichen und sozialen Nachbarschaft. Diese Methode wird in Kapitel 7 unter den Methoden der Sozialen Arbeit mit dem Lebensumfeld von Menschen genauer beschrieben.

- **Sozialstrukturanalyse** ist eine Methode der Sozialforschung zur Gewinnung von Erkenntnissen über die Lebenslage von Menschen in einem bestimmten Gebiet. Zur Beschreibung der Lebenslage von Menschen gehört deren Beteiligung auf dem Arbeitsmarkt, also wie viele Menschen einer Arbeit nachgehen oder wie lange sie schon arbeitslos sind. Für eine Stadtverwaltung relevant sind auch Zahlen über Menschen, die öffentliche Geldleistungen, wie Wohngeld oder Bürgergeld beziehen. Mit solchen Daten kann erkannt werden, ob und wie häufig Menschen von Armut betroffen sind. Für die Sozialstrukturanalyse werden Daten aus öffentlichen Datenbanken von Landkreisen, Städten und Gemeinden, von der Arbeitsverwaltung oder aus Befragungen der Bevölkerung verwendet.

Grundlegende Zwecke von Methoden Sozialer Arbeit

Die Anwendung von Methoden Sozialer Arbeit steht auf einer fachlichen und ethischen Grundhaltung gegenüber den Menschen, die Hilfe bedürfen.

✔ Aspekte der Grundhaltung von Fachkräften Sozialer Arbeit:

- **Menschenwürde:** Beachtung der Würde jedes Menschen
- **Individualität:** Berücksichtigung der Einmaligkeit jedes Menschen
- **Entwicklungsfähigkeit:** Annahme, dass jeder Mensch grundsätzlich fähig ist sich (weiter)zu entwickeln
- **Veränderbarkeit:** Annahme, dass Situationen verändert werden können.

Der Einsatz von Methoden Sozialer Arbeit erfüllt viele unterschiedliche Zwecke.

✔ Gewinnung von Informationen durch Analyse und Reflexion von Lebensgeschichten, besonderen Situationen, sozialräumlichen Strukturen, Netzwerken und institutionellen Settings (Angeboten und Diensten)

✔ Gestaltung von Kommunikation und Interaktion mit Klientel und Akteuren in sozialen Netzwerken

✔ Gestaltung von flexiblen Kombinationen von Angeboten und Diensten (institutionellen Settings), je nach den Erfordernissen des Einzelfalls

✔ Aufteilung des Hilfeprozesses in Phasen einzelner Handlungsschritte

✔ Sicherung der Teilhabe von Klienten, Klientengruppen und sozialen Netzwerken im Hilfeprozess

✔ begleitende Kontrolle von Folgen der angewandten Methoden (Interventionen)

✔ Methoden Sozialer Arbeit sind idealerweise

- im Feld Sozialer Arbeit entwickelt und erprobt
- im Fachdiskurs Sozialer Arbeit bekannt, veröffentlicht und beschrieben
- in Aus-, Fort- und Weiterbildung Sozialer Arbeit erlernbar

IN DIESEM KAPITEL

Wie Kommunikation funktioniert

Ansätze und Modelle der Gesprächsführung

Helfende Gespräche vorbereiten und durchführen

Kapitel 5
Methoden der Gesprächsführung: Gewusst wie – helfende Gespräche führen

Soziale Arbeit ist eine Menschenwissenschaft, die Erkenntnisse über Menschen und soziale Problemlagen zu erklären und zu beheben versucht. Und Soziale Arbeit ist ein Beruf, der vorwiegend durch Gespräche mit Menschen ausgeübt wird. Um die unterschiedlichen Zwecke sozialarbeiterischen Handelns erfüllen zu können, brauchen die Fachkräfte Sozialer Arbeit einen großen Schatz an Methoden der Gesprächsführung.

Wie wir miteinander reden

Ist es Ihnen auch schon einmal passiert, dass Ihnen ein Gespräch so aus dem Ruder gelaufen ist, dass Sie sich hinterher fragten, wie das möglich war? Vielleicht kennen Sie das Beispiel von Paul Watzlawick, der zeigt, wie sich ein Mensch in eine Situation so hineinsteigern kann, dass er nicht mehr in der Lage ist, ein vernünftiges Gespräch zu führen. Negative Erwartungen über den Gesprächsverlauf und über die möglichen Reaktionen des Gesprächspartners können einen Gesprächsverlauf so stark beeinflussen, dass die Kommunikation nicht gelingt und das Gespräch total schiefgeht.

Die Geschichte mit dem Hammer

Von Paul Watzlawick stammt die Geschichte mit dem Hammer. Ein Mann möchte in seiner Wohnung ein Bild aufhängen. Dazu muss er einen Nagel in die Wand schlagen, an der das Bild hängen soll. Er stellt fest, dass er zwar einen passenden Nagel, aber keinen Hammer im Haus hat. Er könnte seinen Nachbarn fragen, ob dieser ihm kurz seinen Hammer ausleihen würde. Doch dabei kommt ihm der Gedanke, sein Nachbar könnte gar keinen Hammer haben oder es ablehnen, ihm diesen zu leihen. Nach längerem Hin-und-her-Denken gerät der Mann so in

Wut, dass er an die Tür seines Nachbarn klopft und als dieser ihm die Türe öffnet, ihn unvermittelt anschreit, er brauche seinen Hammer nicht und er könne ihn für immer für sich behalten.

Wie man helfende Gespräche in der Sozialen Arbeit so gestalten kann, dass sie gut gelingen, erfahren Sie in diesem Kapitel. Dazu werden Sie zunächst die wichtigsten Erkenntnisse über Kommunikation kennenlernen. Anschließend werden einige gängige Modelle der professionellen Gesprächsführung vorgestellt. Am Schluss lernen Sie auch noch wie Sie helfende Gespräche vorbereiten und gestalten.

Wie Kommunikation funktioniert

Der Deutschamerikaner Paul Watzlawick hat sich in seiner Arbeit als Psychotherapeut intensiv mit gelingender Kommunikation beschäftigt und daraus fünf Merksätze (*Axiome*) entwickelt:

1. **Man kann nicht nicht kommunizieren.**

   Damit ist gemeint, dass Menschen immer kommunizieren, also Signale von sich geben, wenn sie sich begegnen. Auch wenn sie nichts sagen, senden sie stumme Signale aus, zum Beispiel mit ihrer Körperhaltung (Körpersprache), ihrem Gesichtsausdruck (Mimik) oder mit ihren Händen (Gestik). Ob sie wollen oder nicht, wenn Menschen sich gegenseitig wahrnehmen, kommunizieren sie, denn jedes Verhalten hat kommunikativen Charakter.

2. **Jede Kommunikation verwendet Inhalt und Beziehung.**

   Jede Kommunikation beinhaltet eine Sachinformation und eine Beziehungsaussage. Die Sachinformation ist das angesprochene Thema. Der Beziehungsaspekt ist eine Aussage dazu, in welcher sozialen Beziehung die kommunizierenden Personen zueinander stehen. Meistens bestimmt der Beziehungsaspekt den Inhaltsaspekt, das heißt die Sachinformation steht nicht im Mittelpunkt der Kommunikation, sondern die damit transportierte Beziehungsaussage. Die Kommunikation funktioniert am besten, wenn sich beide Seiten über Sachinformation und ihre Beziehung einig sind.

Wenn die Mutter ihrer Tochter sagt: »Es ist kalt draußen, zieh dich warm an«, dann besteht der Inhaltsaspekt (»es ist kalt draußen«) aus der Information über die Außentemperatur. Die Aussage »zieh dich warm an!« stellt den Beziehungsaspekt dar, denn die Mutter bringt darin ihre Fürsorge für ihre Tochter zum Ausdruck, man könnte auch sagen sie »bemuttert« ihre Tochter. Solange die Tochter die fürsorgende Rolle ihrer Mutter akzeptiert, verstehen sich beide. Ist die Tochter aber der Meinung, sie sei alt und vernünftig genug, sich selbst um ihre Kleidungswahl zu kümmern, wird sie den Appell der Mutter als unnötig und bevormundend empfinden.

3. **Gesprächsverläufe werden unterschiedlich gegliedert.**

   Wenn Sie einem Menschen begegnen und mit ihm reden, stellen Sie manchmal fest, dass Sie beide ein unterschiedliches Verständnis davon haben, welche Äußerungen eine Reaktion auf vorherige Aussagen Ihres Gesprächspartners sind (*Interpunktion*). Der

Grund für eine Äußerung wird nicht selten dem Gesprächspartner zugeschoben. Oft lässt sich nicht genau sagen, wer einen Streit tatsächlich angefangen hat. Daran merken Sie, dass Menschen ihren Gesprächsverlauf unterschiedlich gliedern, denn Gespräche laufen nicht in einer Folge von Ursachen und Wirkungen (*Kausalketten*) ab, sondern in kreisförmigen Wiederholungsschleifen. Wenn Sie sich mit Ihrem Gesprächspartner über die Sachverhalte von Ursache und Wirkungen einigen, können Sie Ihre Kommunikation als Kreislauf vereinbarter Regeln gestalten.

4. Kommunikation geschieht mit und ohne Worte.

Menschliche Kommunikation besteht aus Worten (nach Watzlawick »*digitale Kommunikation*« genannt) und Äußerungen ohne Worte (Bei Watzlawick: »*analoge Kommunikation*«). Unsere Sprache funktioniert durch komplizierte Regeln zur Vermittlung von Inhalten (*Syntax*). Die analoge Kommunikation geschieht durch Mimik und Gestik und transportiert die Bedeutung der Inhalte. Es kommt vor, dass beide Kommunikationsarten (also Sprache und Mimik/Gestik) nicht übereinstimmen. Dann funktioniert die Kommunikation nicht störungsfrei.

Wenn Sie Ihrer Freundin auf deren Frage, wie es Ihnen geht, antworten, es ginge Ihnen gut, dabei aber einen traurigen Gesichtsausdruck zeigen, passen Ihre Worte und Ihr nonverbaler Ausdruck nicht zusammen. Folge: Ihre Freundin ist irritiert.

Kommunikation gelingt besser, wenn die analoge (nonverbale) mit der digitalen (dem gesprochenen Wort) Botschaft übereinstimmen und von beiden Gesprächspartnerinnen in gleicher Weise verstanden werden.

5. Die Beziehung zwischen den Gesprächspartnern zählt.

Gesprächsverläufe werden davon bestimmt, ob sich die Gesprächspartner in einer *symmetrischen* oder *komplementären* Beziehung sehen. Symmetrisch sind Beziehungen, wenn die Gesprächspartner sich auf gleicher Stufe sehen und versuchen Ungleichheiten untereinander zu vermindern. Eine Beziehung ist komplementär, wenn beide Gesprächspartner ihre unterschiedlichen Rollen akzeptieren und sich entsprechend passend verhalten.

Wenn die Tochter in obigem Beispiel die Aufforderung »Zieh dich warm an!« als passende Aussage ihrer fürsorglichen Mutter annimmt, akzeptiert sie die komplementäre Beziehung zwischen Mutter und Tochter. Würde sich die Tochter jedoch bevormundet fühlen und nach Gleichheit mit der Mutter streben, würde sie eine symmetrische Beziehung zu ihrer Mutter anstreben.

Kommunikation gelingt besser, wenn sich die Gesprächspartner über ihre Beziehungskonstellation einig sind und sich entsprechend verhalten.

Miteinander reden und sich verstehen

Wie Sie sich mit anderen Menschen angemessen verständigen können, erfahren Sie von dem Psychologen und Pädagogen Friedemann Schultz von Thun. Das wichtigste Merkmal gelingender Kommunikation ist die *Stimmigkeit.* Übereinstimmung mit sich selbst, mit der Situation des Gesprächs und mit dem Anlass der Zusammenkunft mit anderen

Menschen. Grundlagen dieses Verständnisses von Stimmigkeit sind das aus der *humanistischen Psychologie* stammende Ideal der sich selbst verwirklichenden Persönlichkeit und der Einstellung, sich selbst als Teil eines größeren Ganzen zu verstehen (*systemische Sichtweise*). Weitere wichtige Voraussetzungen für gelingende Gesprächsführung sind die Bereitschaft und Fähigkeit, über die eigentliche Kommunikation nachzudenken und zu reden (*Metakommunikation*), seine eigene Sichtweise zu äußern, aber auch Selbstverständlichkeiten infrage zu stellen.

Beispielfragen für die Metakommunikation:

- ✔ Wie habe ich das, was ich gesagt habe, gemeint?
- ✔ Wie wurde es vom Gesprächspartner verstanden?
- ✔ Worauf habe ich reagiert?
- ✔ Worauf hat der Gesprächspartner reagiert?

Damit Sie über Gespräche nachdenken und reden können, kann Ihnen das Modell des Kommunikationsquadrats helfen, das Schultz von Thun entwickelt hat.

Es beinhaltet vier Ebenen, auf denen Gespräche wirken:

1. **Sachebene:** welche Information Sie vermitteln, worüber Sie informieren

   Auf dieser Ebene wird idealerweise ausdrücklich angesprochen, worum es wirklich geht. Dabei kommt es darauf an,

   - ob der angesprochene Sachverhalt zutrifft (Wahrheitsgehalt);
   - ob der angesprochene Sachverhalt von Belang für das Thema ist (Relevanz) und
   - ob die angesprochenen Inhalte ausreichend sind oder es noch Ergänzungen braucht (Hinlänglichkeit).

2. **Beziehungsaspekt:** wie Sie zu Ihrem Gesprächspartner stehen und was Sie von ihm halten

   Aussagen zum Beziehungsaspekt passieren gewollt oder ungewollt und werden über nonverbale Äußerungen (Tonfall, Mimik, Gestik et cetera) vermittelt.

3. **Selbstkundgabe:** was Sie von sich zu erkennen geben und was Sie beschäftigt

   Auch die Hinweise zu eigenen Befindlichkeiten und Einstellungen können gewollt oder ungewollt vermittelt werden. Dabei spielen auch die Echtheit und Glaubwürdigkeit (*Authentizität*) der Aussagen eine Rolle.

4. **Appell:** was Sie bei Ihrem Gesprächspartner erreichen wollen und wozu Sie ihn veranlassen wollen

   Mit auffordernden (appellativen) Äußerungen wollen Sie Einfluss auf das Verhalten Ihres Gesprächspartners nehmen. Dies kann in beruflichen Situationen oft hilfreich sein, um Aufträge und Aufgabenstellungen klar zu vereinbaren, bewirkt in privaten Gesprächen vielleicht eher Widerstand.

Aussagen in Gesprächen können Bestandteile aller vier Ebenen der Kommunikation beinhalten. Auf »welchem Ohr« Sie mehr oder aufmerksamer hören und »mit welcher Stimme« Sie sprechen, kann durchaus unterschiedlich sein und von Ihrer Erziehung und Erfahrung beeinflusst sein.

✔ **Selbstoffenbarungs-Ohr**

Der Empfänger hört die Nachricht des Gesprächspartners (Senders) vorwiegend auf dem »Selbstoffenbarungs-Ohr«. Das heißt, er versteht die Nachricht eher als Selbstaussage des Gesprächspartners und nimmt sie nicht als Appell an sich auf und auch nicht als Beziehungsaussage. Damit kann sich der Empfänger der Nachricht mehr dem Gesprächspartner zuwenden oder eher cool bleiben, weil er darin keine Aussage zur Beziehung der beiden Gesprächspartner sieht und sich deshalb auch nicht bewertet oder angegriffen fühlt.

✔ **Appell-Ohr**

Der Empfänger der Nachricht versteht diese vorwiegend als Aufforderung an sich selbst zum Handeln. Er fühlt sich deshalb möglicherweise von der Gesprächspartnerin gegängelt oder angetrieben etwas zu tun, aktiv zu werden. Ein Gesprächspartner, dessen »Appell-Ohr« stark ausgeprägt ist, kann sich dadurch in Gesprächen leicht gestresst und bevormundet fühlen.

✔ **Sach-Ohr**

Wer auf dem »Sach-Ohr« sehr empfänglich ist, Nachrichten also vorwiegend als sachliche Aussagen zu bestimmten Inhalten versteht, kann von Gesprächspartnern leicht als kühl und rational empfunden werden. Einer Gesprächspartnerin mit »Sach-Ohr« fällt es vergleichsweise leicht, auf Appelle gelassen zu reagieren. Andererseits tun sich Menschen mit ausgeprägtem »Sach-Ohr« eher schwer, Beziehungsaussagen oder Selbstoffenbarungen ihrer Gesprächspartner wahrzunehmen.

✔ **Beziehungs-Ohr**

Wer auf dem »Beziehungs-Ohr« sehr hellhörig ist, bezieht Aussagen einer Gesprächspartnerin leicht auf sich selbst, nimmt diese eher persönlich und hört möglicherweise Bewertungen der Beziehung heraus. Hierbei hat auch die nonverbale Kommunikation, also die begleitende Mimik und Gestik insofern eine große Bedeutung, als dadurch die Stimmigkeit von Beziehungsaussagen überprüft und bestärkt werden kann. Mit »Ich-Botschaften« (*so sehe ich dich*) und »Wir-Botschaften« (*so sehe ich unsere Beziehung*) können Aussagen klarer verständlich gemacht werden.

Mit dem Vier-Seiten-Modell (siehe Abbildung 5.1) lassen sich Gesprächsstörungen feststellen und beseitigen, indem sich die Gesprächspartner Rückmeldung (*Feedback*) zu ihren Absichten und ihrer Beziehung geben. Sie können das Modell auch gut zur Analyse Ihres eigenen Verhaltens in Gesprächen verwenden. Dazu werden Sie für sich selbst feststellen, auf welchem »Ohr« Sie besonders »hellhörig« sind, und auf welcher Ebene Sie gerne oder häufig antworten. Ob Sie beispielsweise eher der sachbezogene oder der beziehungsorientierte Gesprächspartner sind.

In der Schule geht Lehrer Mayer den Flur entlang. Schülerin Astrid kommt ihm entgegen und petzt: »Herr Mayer, Ute hat ihren Atlas einfach in die Ecke geworfen!« Wenn der Lehrer auf der Sachebene reagieren wollte, könnte er antworten: »Danke Astrid, dass Du mir davon berichtet hast!« Läge die Antwort Herrn Mayers stärker auf der Beziehungsebene, würde er sagen: »Ich danke Dir für dein Vertrauen zu mir, Astrid!« Wäre Herr Mayer genervt davon, sich schon wieder um eine solche Disziplinlosigkeit kümmern zu müssen, würde er auf Ebene der Selbstkundgabe antworten: »Nicht schon wieder, solch ein Kinderkram!« und wenn er es nicht gut fände, dass Astrid ihre Schulkameradin Ute verrät, könnte seine Antwort auf der Appellebene liegen und lauten: »Danke Astrid, aber nächstes Mal könntest Du auch selbst mit Ute reden und ihr klarmachen, dass es nicht toll ist, ein Schulbuch so zu behandeln!«

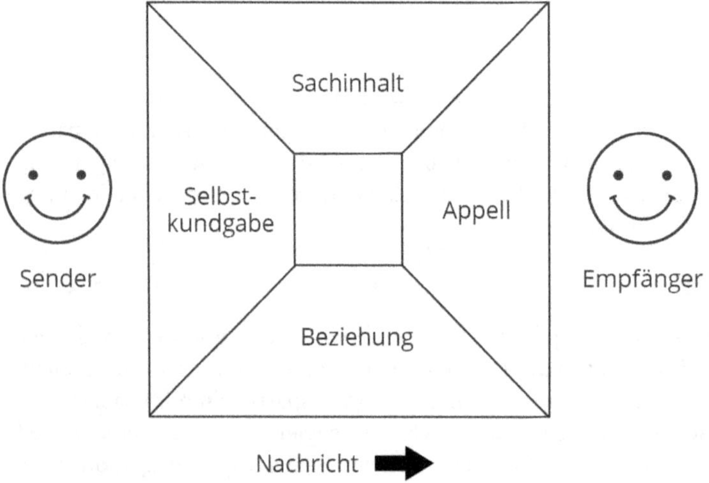

Abbildung 5.1: Das Kommunikationsquadrat – Vier-Seiten-Modell

So klappt die Kommunikation

Wenn es Gesprächspartnerinnen gelingt, ihre Aussagen für beide Seiten verständlich zu gestalten, können sie von einer gelingenden (stimmigen) Kommunikation profitieren.

Stimmige Nachrichten

Dazu sind einige Gesichtspunkte beachtenswert und hilfreich:

✔ **Übereinstimmung: »Kongruenz«**

Wenn die verbale Aussage, also das in Worten Ausgedrückte, mit der nonverbalen Aussage (dem Körperausdruck in Mimik und Gestik) übereinstimmt, sprechen wir von *kongruenter Kommunikation*.

✔ **Widersprüchliche Nachrichten: »Inkongruenz«**

Wenn die verbale Aussage, also das in Worten Ausgedrückte, mit der nonverbalen Aussage (dem Körperausdruck in Mimik und Gestik) nicht übereinstimmt, sprechen wir von *inkongruenter Kommunikation.*

Eine »kongruente Kommunikation« bietet gute Chancen für gelingende Gespräche. Verläuft die Kommunikation inkongruent, ist mit Störungen des Gesprächsverlaufs und Missverständnissen zwischen den Gesprächspartnern zu rechnen.

Feedbackkultur

Unter »Feedback« versteht man persönliche Botschaften, mit denen sich Gesprächspartnerinnen gegenseitig mitteilen, wie sie die andere Person jeweils erleben und wahrnehmen. Bei Gesprächen bezieht sich das »Feedback« auf die Absichten und Inhalte des Gesagten und die Aussagen zur eigenen Person und zur Beziehung der Gesprächspartner (»Die vier Seiten der Kommunikation«, wie in Abbildung 5.1 zu sehen).

Meta-Kommunikation

Wenn Sie über Ihr Gespräch mit einer Gesprächspartnerin sprechen, betreiben Sie »Meta-Kommunikation«. Sie sprechen also mit Ihrer Gesprächspartnerin über den Verlauf des gerade geführten oder in Gang befindlichen Gesprächs. Sie wollen und können damit klären, wie die gemachten Äußerungen jeweils gemeint waren, worauf diese sich bezogen und wollen wissen, wie die Aussagen von der Gesprächspartnerin jeweils aufgenommen und verstanden wurden.

Mit sich selbst ins Reine kommen

Sie kennen sicher die Situation, dass Sie vor einer Entscheidung stehen und diese noch nicht treffen können, weil Sie sich hin- und hergerissen fühlen. In Goethes Faust sind es zwei Seelen, die in Fausts Brust wohnen. Im Alltag können es durchaus mehr als zwei »innere Stimmen« sein, die Unterschiedliches wollen und uns von einer finalen Entscheidung abhalten.

Hierfür gibt es eine Technik der methodischen Gesprächsführung.

Das »Innere Team«

Beim »Inneren Team« geht es darum, in Auseinandersetzung (Interaktion) mit uns selbst zu treten. Dazu wird möglichst allen Gesichtspunkten eines Themas oder einer Frage jeweils eine (innere) Stimme gegeben und zu einer »inneren Ratsversammlung« zusammengerufen. Die im Widerstreit stehenden Stimmen sollen aktiviert und in einen gegenseitigen Austausch gebracht werden.

Ihre Gesprächspartnerin kann sich nicht entscheiden, ob sie ihr zweijähriges Kind zu einer Tagesmutter geben soll, um wieder arbeiten gehen zu können. Sie macht sich Sorgen um ihre Rolle als Mutter und will die ersten Jahre ihrer Tochter als Kleinkind genießen, braucht aber auch dringend den Arbeitslohn, um die

Miete für ihre Wohnung bezahlen zu können. Als Beraterin bieten Sie Ihrer Gesprächspartnerin an, eine Versammlung der inneren Stimmen abzuhalten, die sie zu ihrer Entscheidung vernehmen kann.

Der Ablauf einer »Inneren Ratsversammlung«:

1. **Auswahl**: Alle inneren Stimmen zu einem schwer zu entscheidenden Thema oder einer Frage werden gesammelt und erhalten einen Namen (zum Beispiel »gute Mutter«, »emotionale Nähe«, »finanzielle Sicherheit«, ...).

2. **Anhörung**: Jede Stimme darf zu Wort kommen und ihre Interessen, Argumente, Anliegen, Meinungen, Gefühle und Befindlichkeiten äußern.

3. **Moderation**: Die Gesprächspartnerin (Klientin) ist die Hauptperson (»Protagonistin«) und als solche zuständig für die Moderation der Versammlung. Sie erteilt also den einzelnen Stimmen das Wort und leitet damit den Diskussionsverlauf. Dabei passt die Moderatorin auf, dass alle Stimmen zu Wort kommen und nicht die lautesten und schnellsten Stimmen mehr Gewicht bekommen.

4. **Diskussion**: Zunächst werden die einzelnen Stimmen von der Moderatorin aufgerufen und gefragt, was sie denn genau wollen und was sie zur angesprochenen Situation oder Frage beitragen können. Widersprüchliche Stimmen erhalten Gelegenheit, auf die Argumente der anderen Stimmen einzugehen.

5. **Zwischenfazit**: Die »Protagonistin« fasst nach der ersten Diskussionsrunde die aufgeführten Argumente zusammen und versucht zu formulieren, welche Argumente sie bisher eher überzeugt haben und welche weniger.

6. **Vertiefte Diskussion**: Sie bittet die Stimmen, von denen sie noch keine überzeugenden Argumente hören konnte, um weitere Gründe für deren Anliegen und stellt auch konkrete Fragen an die einzelnen Stimmen.

7. **Zusammenfassung und Entscheidung**: Die »Protagonistin« fasst nochmals und abschließend die gehörten Argumente zusammen und bringt diese in eine Reihenfolge der für sie wichtigsten und überzeugendsten Argumente. Sie erklärt also, welcher Stimme sie den Vorrang gibt und was die anderen Stimmen dazu ergänzend beitragen können und sollen. Damit hat sie eine Entscheidung getroffen.

Bewertung und Modifikationen der Technik »Inneres Team«:

✔ **Hilfreich und anspruchsvoll**

Die Technik »Inneres Team« eignet sich sehr gut zur Sortierung und Bewertung unterschiedlicher Entscheidungskriterien in schwierigen Entscheidungssituationen. Sie erfordert eine hohe Abstraktionsfähigkeit auf Seiten der »Protagonistin«, gerade wenn es darum geht die unterschiedlichen Stimmen und deren Argumente auseinanderhalten und sortieren zu können.

✔ **Rollenspiel in Gruppen**

Diese Technik eignet sich nicht nur für Einzelgespräche mit Klienten Sozialer Arbeit, sondern auch für die Arbeit mit Gruppen. Dann kann die »Innere Ratsversammlung«

auch als Rollenspiel gestaltet werden, bei dem die Stimmen mit Gruppenmitgliedern besetzt werden und jeweils auf einem Stuhl im Kreis sitzen. Bei dieser Variante wird das Moderieren für die »Protagonistin« möglicherweise leichter, weil alle Stimmen als Akteure sichtbar im Kreis sitzen. Die mit Gruppenmitgliedern besetzten Stimmen entwickeln vielleicht eigene Kreativität an Ideen und Argumenten, die der »Protagonistin« neue Perspektiven eröffnen oder aber sie zu weit weg von ihren persönlichen Vorlieben und Möglichkeiten führen.

✔ **Dokumentation in Schrift, Ton oder Bild**

Wenn die anlässlich der »Ratsversammlung« gesammelten Argumente auf Metaplankarten oder durch Ton- oder Bildaufnahmen dokumentiert werden, kann die »Protagonistin« im Nachhinein nochmals alle Beiträge in Ruhe durchsehen und danach erst eine Entscheidung treffen.

Der Teufelskreis

Eine Technik zur Betrachtung von Schwierigkeiten in der Kommunikation von Paaren und Gruppen ist unter dem Namen »Teufelskreis« bekannt. Nach Schultz von Thun kann mit dem »Teufelskreis« das kleine Einmaleins der Beziehungsdynamik veranschaulicht werden. Demnach kommen Konflikte in Gesprächen oft dadurch zum Ausdruck, dass sich die Gesprächspartner gegenseitig destruktive Absichten unterstellen und ihr eigenes Verhalten als Reaktion auf das unfreundliche Verhalten ihrer Gesprächspartner sehen und deuten. Einer gibt dem anderen die Schuld für Missverständnisse und Unterstellungen und am Ende lässt sich nicht mehr feststellen, wer womit angefangen haben könnte. Auf diese Weise bilden Verhalten und Äußerungen der Beteiligten einen Kreislauf, aus dem es scheinbar keinen Ausweg gibt.

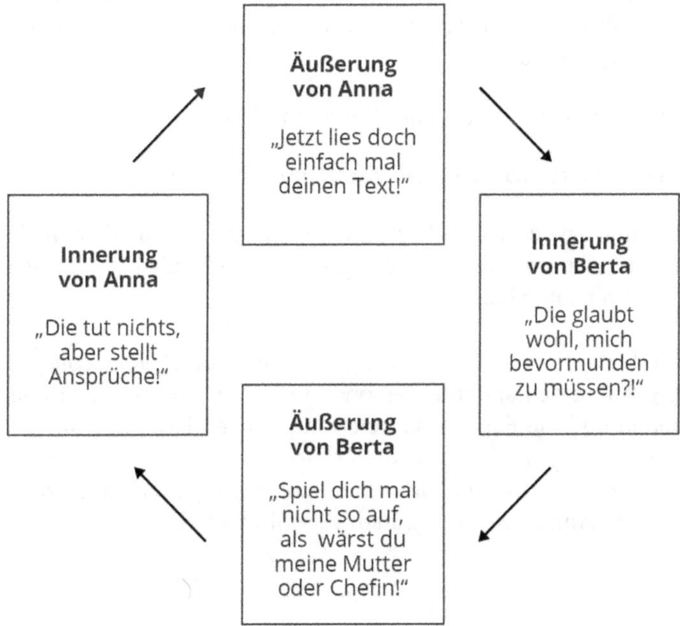

Abbildung 5.2: Der Teufelskreis

Ein solcher Teufelskreis hat idealtypisch vier Stationen, unter denen es äußerlich sichtbare und wirksame Verhaltensweisen (»*Äußerungen*«) und persönliche (innere) Reaktionen (»*Innerungen*«) gibt. Person A äußert sich gegenüber Person B. Diese Äußerung von A wird von Person B in eigener Weise wahrgenommen. Man könnte sagen, die Äußerung von A erzeugt bei Person B eine innere Reaktion (Innerung), die Person B wiederum zu einer Äußerung gegenüber Person A veranlasst. Bei Person A entsteht ebenfalls eine »Innerung«, auf deren Grundlage sie sich gegenüber Person B äußert.

Der versteckte Kreis

Angesichts der Erfolglosigkeit eines solchen Gesprächsprozesses stellt sich die Frage, weshalb es den Beteiligten nicht gelingt, aus dem Teufelskreis auszubrechen. Die Frage lautet, weshalb sich beide Gesprächspartner weiterhin am Teufelskreis beteiligen, ihn befeuern.

Studentin Anna ist besonders engagiert, weiß deshalb viel und übernimmt in der Lerngruppe bald eine inoffizielle Führungsrolle. Mit der Zeit entsteht Unzufriedenheit in der Lerngruppe. Anna wirft ihren Kommilitoninnen in der Lerngruppe mangelndes Engagement und fehlende Zuverlässigkeit vor (»Ihr lest eure Texte nicht und bereitet eure Themen nicht vor«). Die anderen Mitglieder der Lerngruppe fühlen sich bevormundet und unterstellen Anna Machtgehabe.

In der Lerngruppe gibt es einen offensichtlichen Teufelskreislauf. Die Kritik von Anna an ihren Lerngruppenmitgliedern führt dazu, dass diese sich kontrolliert oder unterdrückt fühlen und sich dementsprechend verhalten und nur das Nötigste tun. Anna fühlt sich dadurch wiederum im Stich gelassen. Aus ihrem Ärger heraus kritisiert sie ihre Kommilitoninnen, womit sie die oben beschriebene Reaktion ihrer Lerngruppe bewirkt.

Trotzdem besteht die Lerngruppe in gleicher Besetzung fort.

Was könnten die Beteiligten davon haben, dass sich der Teufelskreis weiterdreht?

Die Antwort liegt in der Vermutung, dass es neben dem vordergründigen Kreislauf noch einen unterschwelligen Kreislauf gibt, der unbewusste und unabsichtliche Bedürfnisse befriedigt, und damit den Teufelskreis am Laufen hält.

Anna fühlt sich durch ihren Wissensvorsprung und ihre Vorarbeiten kompetent und wichtig gegenüber den anderen Personen ihrer Lerngruppe. Für diese wirken die Vorarbeiten und die Führungsarbeit von Anna entlastend, denn sie wissen, dass Anna dafür sorgen wird, dass die Lerngruppe Wissensfortschritte macht. Sie fühlen sich zwar von Anna kontrolliert und gegängelt, nehmen dies aber in Kauf, weil sie von Anna gleichzeitig auch verwöhnt werden.

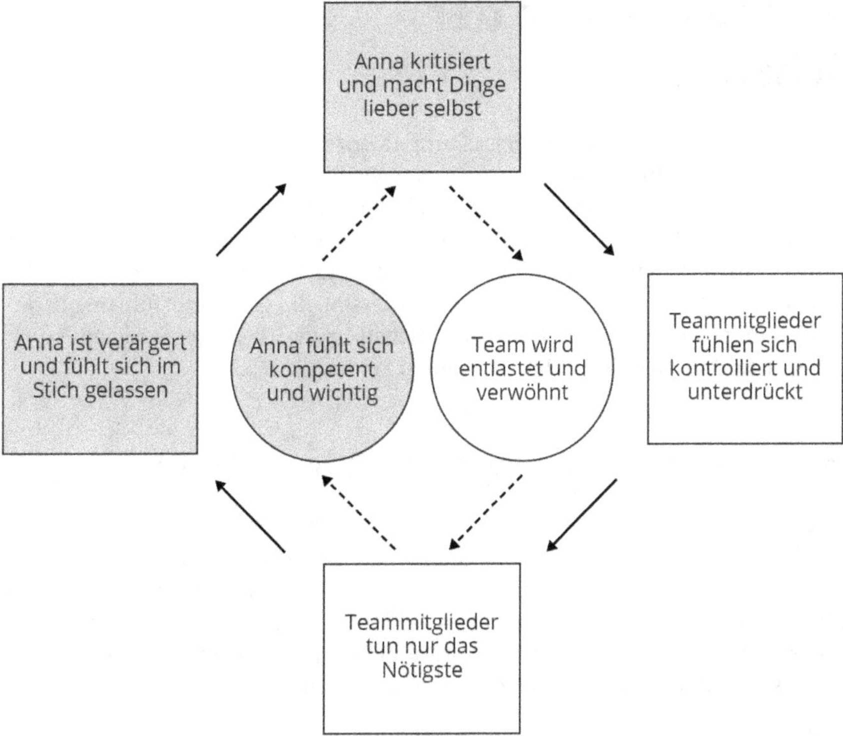

Abbildung 5.3: Der versteckte Kreis

Der Teufelskreis könnte aufgelöst werden,

- ✔ indem mindestens eine beteiligte Person den Teufelskreis und die darin wirksame Beziehungsdynamik erkennt;
- ✔ wenn ein bisher reagierendes »Opfer« zum agierenden »Täter« wird, indem es sich anders als bisher verhält (antizyklisches Verhalten);
- ✔ wenn einzelne Beteiligte prüfen, ob sich die Verhaltensweisen auch anders deuten/interpretieren lassen, als dies bisher der Fall war (*Reframing*);
- ✔ mit verändertem Verhalten und verändertem Einordnen des bisherigen Verhaltens. Dadurch werden andere Gefühle verursacht und so der Ausstieg aus dem Teufelskreis ermöglicht.

Die Lerngruppe spricht über die Situation, zeichnet ein Bild des Teufelskreises auf und überlegt, welche verdeckten Kreisläufe es eventuell geben könnte.

Anna lässt es sein, sich in die Arbeitsweise der anderen einzumischen und die Themen vorzuarbeiten und lobt stattdessen die anderen in der Lerngruppe für deren Aktivitäten, anstatt ihre Versäumnisse zu kritisieren.

Ansätze und Modelle der Gesprächsführung

Mit der professionellen Beobachtung und Gestaltung (Konzeption) von helfenden Gesprächen haben sich solch unterschiedliche Berufsgruppen wie Psychologinnen, Psychiater und Sozialarbeiterinnen beschäftigt. Je nachdem, ob der Hintergrund ihrer Ausbildung eher medizinischer oder pädagogischer Art war, unterscheidet sich auch das jeweilige Verständnis von Gesprächsverläufen und deren Störungen. Vor diesem Hintergrund sind unterschiedliche Erklärungsansätze und Gestaltungsmodelle für professionelle Gesprächsführung (Konzepte) entstanden. Einige dieser Konzepte der Gesprächsführung, die in der Sozialen Arbeit recht weit verbreitet sind, lernen Sie in diesem Kapitel kennen.

Personenzentrierte Beratung nach Rogers (PzB)

Bestimmt kennen Sie aus eigener Erfahrung die Situation, dass Sie als ratsuchende Person aus einem Gespräch herausgingen und das Gefühl hatten, Ihr Gesprächspartner oder Ihre Beraterin hat Ihr Anliegen überhaupt nicht verstanden. Um herauszufinden, wie man mit Menschen reden sollte, damit sie sich verstanden fühlen, haben Carl Rogers und andere umfangreiche Forschungen angestellt und dafür zahlreiche Gesprächsverläufe untersucht. Sie stellten fest, dass Menschen sich am besten verstanden fühlen, wenn

- ✔ auf ihre Gefühlte geachtet wird,
- ✔ sie die Sicherheit gewinnen akzeptiert zu sein und
- ✔ die beratende Person als vertrauensvoller Mensch erlebt wird.

Aus diesen Erkenntnissen wurde das Konzept *Personenzentrierte Beratung (PzB)* entwickelt.

Dieses Konzept geht von einem (humanistischen) Menschenbild aus: »Der Mensch ist einzigartig und hat die Fähigkeit über sein Verhalten selbst zu entscheiden.«

Das heißt, jeder Mensch wird als grundsätzlich veränderbares Wesen angesehen, das sich in seiner Umgebung selbst erfolgreich zurechtfinden und sich selbst verwirklichen möchte.

Auf dem Fundament dieses Menschenbilds steht Rogers Persönlichkeitstheorie. Diese erklärt, weshalb Menschen ihre Fähigkeit mit ihrem Leben zurechtzukommen (Selbsterhaltung und Weiterentwicklung), verlieren können.

Dazu tragen drei Mechanismen bei:

- ✔ **Aktualisierungstendenz**

  Wir Menschen strengen uns an, weil wir weiterkommen wollen, werden dabei kreativ und suchen anschließend nach weiteren Situationen, die wir erfolgreich lösen können. Dies funktioniert dadurch, dass wir unsere Handlungen danach bewerten, ob sie hilfreich oder hinderlich sind.

Dem Kleinkind gelingt es aus dem Gebrabbel ein Wort zu formulieren und es wiederholt dieses danach häufig.

Sie merken auf einer Wanderung, dass Sie sich gut ohne Karte und Navi orientieren können und probieren das künftig öfter aus.

Oder aber, Sie fühlen sich schlecht, weil Sie zu viel Alkohol getrunken haben, achten bei nächster Gelegenheit eher auf Ihr Trinkverhalten und wählen rechtzeitig nichtalkoholische Getränke aus.

✔ **Tendenz zur Selbstaktualisierung**

Aus den vielen Erfahrungen mit dem, was Ihnen gut und weniger gut tut, entwickeln Sie mit der Zeit eine Vorstellung, ein Bild davon, was zu Ihnen passt und wer Sie sind. Sie basteln sich Ihr *Selbstkonzept*. Bei der Entwicklung Ihres Selbstkonzeptes sind Sie von den Reaktionen Ihrer nächsten Bezugspersonen abhängig. Dies sind anfangs vorwiegend die Eltern, später Freunde und Kolleginnen. Wenn die Bewertungen der Bezugspersonen mit den eigenen Gefühlen übereinstimmen, wird unser Selbstkonzept gestärkt. Je jünger Sie sind und je abhängiger Sie von diesen Bezugspersonen sind, desto stärker neigen Sie dazu, deren Bewertungen Ihrer Handlungen zu übernehmen.

Ein Kleinkind stolpert bei den täglichen Gehversuchen über die eigenen Beine, und schlägt mit dem Knie auf den harten Boden auf. Es ist schockiert und empfindet Schmerzen. Das Weinen soll den Bezugspersonen signalisieren, dass es Trost und Hilfe braucht. Die Mutter wendet sich dem Kind zu, tröstet es liebevoll mit der Anmerkung, dass solch ein Sturz wehtun kann. Sie spricht ihm gut zu, dass die Schmerzen sich bald wieder legen werden. Das Kind fühlt sich verstanden, merkt dass es ernst genommen wird und entwickelt im Glauben daran, dass die Mutter schon weiß, dass die Schmerzen bald zu Ende gehen werden, wieder Zuversicht.

✔ **Inkongruenz**

Es gibt auch Situationen, in denen das eigene Erleben nicht zu den bisherigen Erfahrungen passt und auch nicht mit dem bisherigen Selbstbild(-konzept) übereinstimmt. Dies passiert, wenn das eigene Erleben, die eigenen Gefühle auf andersartige Bewertungen von Bezugspersonen stoßen. Durch solche entstehenden Spannungen verlieren Menschen an Selbstvertrauen. Sie trauen ihrer Wahrnehmung und ihren Gefühlen nicht mehr. Manche Menschen versuchen diese Spannungen dadurch zu vermeiden oder zu bewältigen, indem sie die Bewertungen ihrer Bezugspersonen annehmen, auch wenn diese nicht zu ihren eigenen Gefühlen passen. Sie glauben dann irgendwann immer stärker, dass ihre eigenen Wahrnehmungen falsch sind.

Wenn das gestürzte Kleinkind von der Mutter nicht beachtet wird und nach längerem Heulen hört, dass nichts passiert sei, der Sturz nicht schlimm sei und es endlich aufhören solle zu schreien, hält es irgendwann die eigenen Gefühle für falsch und nimmt diese auch selbst nicht mehr wahr.

Veränderungsprozess: Die Übereinstimmung von Erfahrungen und Selbstkonzept kann auch wiederhergestellt werden. Die erlebte Irritation durch fehlende Passung zwischen eigenem Erleben und der Bewertung durch die Umgebung (Bezugsperson/-en), kann aufgebrochen werden, durch

- ✔ **Flexibilisierung des Selbstkonzeptes**

  (Mehr Erfahrungen integrieren und akzeptieren können: Ich bin zwar ein ordnungsliebender Mensch, aber ich merke wie gut es mir tut, nach einem langen Arbeitstag, auch mal alle viere von mir zu strecken und nicht erst zu schauen, ob es im Haushalt noch etwas zu erledigen gibt, bevor ich chillen kann.)

- ✔ **Beziehung, die weitgehende Akzeptanz bietet**

  (Zur Vermeidung/Reduktion von Angst-, Schutz-, Verteidigungshaltungen: einen Menschen zu haben, dem ich nicht beweisen muss, wie gut oder besonders ich bin.)

- ✔ **Beziehung, die »Selbsterfahrung/-offenbarung« ermöglicht**

  (Sich wahrnehmen, wie man ist, und nicht zu denken, ich müsste meinem Partner gefallen und mich dementsprechend verhalten.)

- ✔ **Erweiterung des Selbstkonzeptes, indem die auftretenden Erfahrungen akzeptiert und in das Selbstkonzept eingebaut werden**

  (»Mich kann so schnell nichts mehr aus der Bahn werfen!«)

Die drei methodischen Elemente der personenzentrierten Beratung

Damit der ratsuchende Mensch sein Selbstkonzept wirksam verändern kann, muss die Beraterin drei Grundhaltungen in der Beziehung zum Gesprächspartner einnehmen.

1. **Unbedingte Wertschätzung (Akzeptanz)**

   meint, dem ratsuchenden Menschen bedingungslos positive Wertschätzung zu schenken, auch wenn man dessen Einschätzungen nicht teilt, oder dessen Verhalten nicht vollständig gutheißt. Die Achtung des persönlichen Wertes der Person, so wie sie ist, mit ihren Stärken, Schwächen und Besonderheiten zeigt die Akzeptanz. Spürbar wird solche Akzeptanz, wenn die Beraterin ihr Interesse an Inhalt und Person durch die Tonlage (Tonhöhe wechseln) der Äußerung sowie ihre Mimik (freundlich), Gestik (Blickkontakt, Kopfnicken, Lächeln, Augenzwinkern) und Körperhaltung (offen, zugewandt) erkennen lässt. Dazu gehört auch, den Gesprächspartner nachdenken und aussprechen zu lassen sowie den Erzählfluss durch Anregung und Aufforderung oder dezente Nachfragen zu fördern.

2. **Einfühlendes Verstehen (Empathie)**

   meint, dass die Beraterin den Anliegen des ratsuchenden Menschen einfühlsam begegnet, und versucht diese zu verstehen. Der Gesprächspartner soll sich angenommen, akzeptiert und verstanden fühlen. Dazu trägt die Technik der *wörtlichen Wiederholung* (die Beraterin wiederholt, was der Gesprächspartner gesagt hat) bei. Das Beschreiben des Gesagten mit eigenen Worten der Beraterin (*Paraphrasieren*) ist eine weitere Technik der Vermittlung von Empathie. Gefühle der Gesprächspartnerin in Worte zu fassen (*Verbalisieren*), ist eine sehr hilfreiche und wirksame Technik, um Empathie zeigen zu können und dem Gesprächspartner zu signalisieren, dass man einfühlsam auf ihn eingehen und ihn verstehen möchte, indem man seine Aussagen gewissermaßen spiegelt (*Spiegeln*).

3. **Echtheit/Wahrhaftigkeit (Kongruenz)**

   Das dritte methodische Element des Konzeptes der personenzentrierten Beratung ist stark auf die Beraterin gerichtet. Es geht darum, dass der Berater nicht Berater spielt, sondern Berater ist. Dazu gehört, sich nicht nur als professioneller Experte zu verhalten, sondern auch als Mensch mit eigenem Erleben, Vorlieben und Abneigungen sowie von eigenen Gedanken und Gefühlen zu sprechen. Damit zeigt die Beraterin, dass sie »ein echter Mensch« ist (Authentizität).

Zusammenfassung zur PzB

Wenn es Ihnen gelingt, im Gespräch die drei Grundhaltungen (Akzeptanz, Empathie, Kongruenz) einzunehmen, wird sich Ihre Gesprächspartnerin als Mensch angenommen und in ihrem Anliegen und Erleben verstanden fühlen. Sie findet Vertrauen zu Ihnen, weil Sie »echt« sind. Auf dieser Grundlage können Sie Ihre Gesprächspartnerin ermutigen, über ihre eigenen Erlebnisse und Gefühle zu sprechen und diese darauf zu überprüfen, ob und wie sie in ihr eigenes Selbstkonzept passen. So begleiten Sie die ratsuchende Person in der Findung von sich selbst und dem Lösen vorhandener Probleme. Schließlich kennt Ihre Gesprächspartnerin sich dann am besten aus, wenn es um sie selbst geht. Das Konzept der personenzentrierten Beratung arbeitet mit Methoden, die sehr behutsam und auch anstrengend für Berater und Ratsuchende sein können, aber auf keinen Fall konfrontativ sind.

Systemische Beratung (SyBe)

Grundlage der systemischen Beratung sind Theorien sozialer Systeme. Diese erklären wie lebende Organismen miteinander in Beziehung treten und inwiefern deren Verhalten gesteuert wird oder sich selbst regelt. Wie kommt es, dass eine Düne nach dem Sandsturm verschwunden ist oder ihr Aussehen deutlich verändert wurde? Mit solchen Fragen beschäftigten sich Biologen wie der Zoologe Bertalanffy, der die »*Allgemeine Systemtheorie*« entwickelt hat, mit der er erklären konnte, dass sich offene Systeme in einem Fließgleichgewicht befinden, wobei sich scheinbar chaotische Phasen mit ordnenden Phasen abwechseln und sich das System selbst reguliert. Die Biologen Humberto Maturana und Francisco Varela gelangten zu der Auffassung, dass sich soziale Systeme innerhalb ihrer Möglichkeiten selbst steuern. Von dem amerikanischen Soziologen Talcott Parson stammt das Model der Unterscheidung von Gesellschaftssystemen (*AGIL-Schema*), das zur struktur-funktionalistischen Theorie weiterentwickelt wurde. Danach wird zwischen dem jeweils zu betrachtenden System (beispielweise eine Familie) und dessen Umwelt (der Nachbarschaft, der Kita, dem Jugendamt et cetera) unterschieden.

Eine Gruppe von Menschen, die zusammen Karten spielen, tun dies nach bestimmten Regeln, die alle Spieler kennen. Wenn Sie an den Tisch der Kartenspieler kommen, können Sie zwar deren Spielzüge (Handlungen) beobachten. Deren Sinn erschließt sich Ihnen aber erst, wenn Sie wissen welches Kartenspiel gespielt wird und Sie dieses bereits kennen. Wenn Sie das Spiel nicht kennen und Sie sich in die Kommunikation der Spieler einmischen, werden Sie höchstwahrscheinlich als Störung erlebt und mehr oder weniger freundlich gebeten sich ruhig zu verhalten. Damit sind Sie an eine Grenze dieses Systems gestoßen.

Indem sich das System nach außen und gegen andere Systeme abgrenzt, schafft es Vorteile für die Mitglieder des Systems:

- ✔ Versorgung innerhalb der Familie,
- ✔ Identifikation innerhalb der Jugendclique,
- ✔ Arbeitsteilung im Arbeitsteam,
- ✔ Religionsausübung in der Gemeinde.

Ein soziales System ist keine klar und einfach zu bestimmende Größeneinheit, sondern besteht aus kommunikativen Handlungen von Menschen. Egal ob die Familie, die Jugendclique, das Arbeitsteam oder die religiöse Gemeinde, es sind Systeme, die sich in Bezug auf einen bestimmten Sinn unterscheiden. Ihre kommunikativen Handlungen folgen einem jeweils unterschiedlichen Sinn oder einer Logik.

Innerhalb solcher Systeme (Kartenspieler) entwickeln sich eigene Regeln (Spielregeln), eine eigene Sprache (Fachjargon), eigene Riten und Bräuche (zum Beispiel liturgische Gesänge der Kirchengemeinde).

In der Beratung nach dem systemischen Ansatz wird ausgelotet, nach welchen Regeln das System der ratsuchenden Person funktioniert, wo die wichtigsten Grenzen nach außen gezogen werden und welcher Art die Beziehungen des Systems zum Umfeld sind.

Um das System verstehen zu können, will die Beraterin herausfinden, welchen Erfordernissen das System gerecht werden muss und wie es seinen Fortbestand gewöhnlich sichert.

Sozialarbeiterin Elisa Polenta arbeitet im Jugendamt und hat eine Ausbildung zur systemischen Beraterin. Sie bekommt den Fall von Familie Hanke auf den Tisch, deren achtjähriger Sohn Kevin wegen Schulschwierigkeiten (häufig müde und geistig abwesend im Unterricht) auffällig wurde, sodass Klassenlehrerin Frau Mittersiel eine Mitteilung an das Jugendamt machte. Elisa Polenta lädt die Familie in ihr Büro ein und nimmt sich vor, Eltern und Sohn die Zuversicht zu vermitteln, dass die Familie keinen Ärger vom Jugendamt zu befürchten hat, sondern Unterstützung bekommen kann, wenn sie dies brauche. Damit will die Sozialarbeiterin das Vertrauen der Familie gewinnen. Ihr nächstes Ziel ist es, die Familie (als System) kennenzulernen und zu erfahren, wie diese normalerweise mit schwierigen Aufgaben umgeht (Selbsterhaltungsmechanismen).

Die fünf Phasen der systemischen Beratung

1. **Beziehung aufbauen.**

   Das gelingt am besten, wenn Sie zu Beginn die Motivation des Gesprächspartners klären und besprechen, welche Erwartungen und Vorstellungen an den Beratungsprozess bestehen. Die aufzubauende Beziehung sollte von Wertschätzung, Vertrauen und Offenheit, aber auch Neugierde und Interesse geprägt sein.

Sozialarbeiterin Elisa kann davon ausgehen, dass die Motivation der Familie sich mit ihr als Mitarbeiterin des Jugendamtes zu unterhalten eher gering ist, weil die Initiative dazu von außerhalb des Familiensystems, nämlich der Lehrerin Frau Mittersiel, ergriffen wurde. Deshalb entscheidet sich Elisa dafür, zuerst einmal ihren Auftrag zu erklären und damit den möglicherweise vorhandenen Druck in der Familie zu reduzieren, der aus der Angst vor Kontrolle oder Strafe durch das Jugendamt entstanden sein könnte.

2. **Anliegen konkretisieren.**

   Beraterin und ratsuchende Person vereinbaren gemeinsam den Auftrag an die Beratung und stecken das Ziel der Beratung ab.

Im Gespräch stellt sich heraus, dass es den Eltern Kevins peinlich ist, von der Lehrerin angesprochen worden zu sein. Sie möchten gerne, dass Kevin in der Schule keine Schwierigkeiten mehr hat und fragen, ob Frau Polenta dafür etwas tun könnte. Auf dieser Basis wird das gemeinsame Ziel vereinbart, dass die Situation für Kevin in der Schule verbessert werden soll.

3. **Bearbeitungs- und Lösungsebene finden.**

   Das System und seine Eigenheiten kennenlernen und dessen Grenzen feststellen. Gemeinsame Suche nach Veränderungsmöglichkeiten und Lösungen.

In den weiteren Gesprächen bei Sozialarbeiterin Elisa erzählen Vater, Mutter und Kevin, wie sie so ihren Alltag organisieren und wer ihnen hilft, wenn es mal Schwierigkeiten gibt, die die drei nicht selbst lösen können. Kevin erzählt, wie schwer es für ihn manchmal ist, im Unterricht mitzukommen, weil es ihm oft zu schnell geht und er lieber mehr Zeit hätte, sich mit dem neuen Lernstoff vertraut zu machen.

4. **Impulse geben.**

   Anstoß, Anregung und Ermunterung, den Blickwinkel zu ändern. Vorerfahrungen einbeziehen und die Experimentierfreudigkeit fördern.

Gemeinsam suchen Familie Hanke und Sozialarbeiterin Elisa nach Zeitfenstern und Orten für Kevin, an denen er den Unterrichtsstoff mit Mutter oder Vater oder einer dritten Person vertiefen könnte. Elisa gibt Familie Hanke die Anregung zu überlegen, ob die Oma Louise oder Opa Gerd diese Aufgabe übernehmen könnten, denn beide wohnen im selben Stadtteil unweit von Kevins Schule.

5. **Gespräch abschließen.**

   Das Gespräch kurz zusammenfassen. Die Beiträge der Gesprächspartner lobend würdigen und wertschätzen. Abschlussbeurteilung welche neuen Erkenntnisse sich aus dem Gespräch ergeben haben. Einen Ausblick auf die Zeit bis zum nächsten Gesprächstermin geben und gerne auch mal »Hausaufgaben« vergeben.

Die Sozialarbeiterin bedankt sich bei Familie Hanke für das Vertrauen und die konstruktive Zusammenarbeit. Sie stellt fest, dass sich alle einig sind, dass das Wichtigste ist, dass Kevin keine Schwierigkeiten mehr in der Schule bekommt. Abschließend ermuntert sie die drei, bald mit Oma und Opa zu sprechen und wünscht ihnen viel Erfolg dabei.

Darauf kommt es an: Grundhaltung der systemischen Beraterin

Ausgehend von der Annahme, dass jeder Mensch in der Lage ist, aus den vorhandenen Ressourcen und Kompetenzen heraus eigene Lösungen zu entwickeln, gilt es folgende Punkte zu beachten:

- ✔ **Akzeptanz:** Vorsichtige Hypothesen zu bilden und bei Bedarf zu modifizieren, hilft das System zu akzeptieren.
- ✔ **Einfühlungsvermögen:** Der Berater ist ein Fremder im System und wirkt als freundlicher Gast.
- ✔ **Unvoreingenommenheit:** Die Eigenheiten eines Systems nicht gleich bewerten, sondern erstmal dessen Sinn und Logik kennen und verstehen lernen.
- ✔ **Wertschätzung:** Das System kennt seine Möglichkeiten und oft auch die Lösung.
- ✔ **Interessen und Bedürfnisse der Klientel:** Wenn die Interessen der Klientel berücksichtigt werden, erhöht sich deren Motivation zum Handeln.
- ✔ **Selbstständigkeit der Klientel:** Bleibt das »Heft des Handelns« in der Hand der Klientel, senkt dies deren Abhängigkeit von anderen.
- ✔ **Klienten sind Experten und Expertinnen in eigener Sache:** Niemand kennt sein Leben und sein soziales System besser als die betreffende Person.
- ✔ **Soziale Vernetzung:** Die Verbindungen und Abhängigkeiten von Menschen innerhalb und außerhalb des sozialen Systems sind Chance und Risiko zugleich. Soziale Netzwerke lassen sich nutzen, bearbeiten und stärken.
- ✔ **Ressourcenorientierung:** Die Arbeit an eigenen Stärken und die Unterstützung des sozialen Systems fördert das Selbstbewusstsein und die Zuversicht der Klientel.

Methoden und Techniken der systemischen Beratung

Für die Anwendung der systemischen Beratung in der Praxis der Sozialen Arbeit sind zwar die Grundhaltungen die wichtigste Voraussetzung. Zusätzlich gibt es eine breite Palette an Methoden und Techniken für die Beratungsarbeit.

Alle für einen: Die Hilfekonferenz

Die Hilfekonferenz ist eine Methode, bei der die ratsuchenden Menschen sehr stark an der Gestaltung der Hilfe beteiligt werden und weitgehend selbstständig eine Lösung erarbeiten. Dazu werden sowohl die Ressourcen der Klientel als auch deren soziales Netzwerk einbezogen. Die Beraterin übernimmt dabei hauptsächlich die Funktion als Moderatorin. So lädt die Beraterin die betroffene Person und deren nächste Bezugspersonen (Partner, Eltern Geschwister et cetera) zu einem ersten Gespräch ein. Bei diesem Gespräch werden zunächst Thema und Auftrag der Beratung besprochen. Dann erklärt die Beraterin, dass sie eine Konferenz mit allen für die ratsuchende Person wichtigen Personen organisieren möchte, an der alle Personen teilnehmen sollen, die die ratsuchende Person dabeihaben möchte. Die betreffenden Personen werden eingeladen und über Sinn und Verlauf der Hilfekonferenz informiert. Bei der ersten Zusammenkunft begrüßt die Beraterin alle Anwesenden, erklärt weshalb alle eingeladen wurden (Wunsch des Ratsuchenden) und wie die Konferenz abläuft. Dann bittet die Beraterin die Konferenzteilnehmerinnen über das Thema/Problem der ratsuchenden Person zu sprechen, zu einer Einschätzung der Situation zu kommen und zu überlegen, wie das Problem aufgelöst werden könnte und wer der Anwesenden dazu welchen Beitrag leisten könnte. Möglich ist auch, weitere Personen zur Konferenz einzuladen, die zur Problemlösung hilfreich sein könnten. Die Beraterin überlässt den Konferenzteilnehmern das Wort und sorgt nur für den Rahmen der Kommunikation. Es ist auch möglich, dass die Beraterin ihre Moderationsrolle an ein Mitglied der Konferenz abgibt und nur noch den Verlauf beobachtet oder sogar die Konferenz verlässt und sich hinterher über das Ergebnis informieren lässt.

Diese Methode setzt sehr stark auf die Selbsthilfekräfte der Klientel und der Unterstützung durch das soziale Umfeld.

Sozialarbeiterin Elisa Polenta schlägt der Familie von Kevin die Durchführung einer Hilfekonferenz vor. Die Familie ist einverstanden, nachdem Elisa erklärt hat, wie solch eine Konferenz abläuft, und schlägt vor, Kevins Opa und Oma dazu einzuladen. Auch Elisas Vorschlag, die Lehrerin von Kevin einzuladen, findet Zustimmung bei Kevin und seinen Eltern. Kevin möchte auch seinen Schulfreund Jonas dazu einladen. Zwei Wochen später findet die Hilfekonferenz für Kevin statt und die Anwesenden beraten darüber wie Kevin geholfen werden könnte. Lehrerin Mittersiel ist sehr beeindruckt davon, dass außer der Kernfamilie Hanke auch die Großeltern und sogar Kevins Freund Jonas an der Konferenz teilnehmen und darüber beraten, wie Kevins Situation verbessert werden könnte. Auf der Suche nach Hilfemöglichkeiten bietet Kevins Oma Louise an, mit Kevin deutsche Grammatik und Geschichte zu lernen. Opa Gerd ist als früherer Einzelhandelskaufmann gerne bereit Kevin beim Erlernen neuer Rechenarten zu helfen. Am Ende der Konferenz wird vereinbart, dass Kevin an zwei Nachmittagen zu Oma und Opa geht und mit ihnen den neuen Lernstoff gründlich durchspricht. Daran darf auch Kevins Freund Jonas teilnehmen, sodass die beiden den bei Oma und Opa besprochenen Lernstoff an einem weiteren Tag in der Woche zu zweit üben können. Beim nächsten Treffen der Hilfekonferenz wollen alle Beteiligten hören, wie die Umsetzung der Idee geklappt hat und gemeinsam überlegen, ob es weitere Schritte braucht.

Wie stehen wir zueinander? Systemische Aufstellungen

Bei systemischen Aufstellungen werden die Beziehungen einer bestimmten Anzahl von Menschen im Raum dargestellt. Das Ziel ist, Klarheit über die Beziehungskonstellation der Personen untereinander zu gewinnen und damit Hinweise auf manifeste oder unterschwellige Konflikte zu erhalten (Zweck). Es handelt sich um eine symbolische Repräsentation der Gruppenbeziehungen. Aufstellungen können mit mehreren anwesenden Menschen selbst oder auch mit Figuren oder anderen materiellen Gegenständen (Steine, Karten et cetera) vorgenommen werden. Zu Beginn steht eine Person mit besonderem Anliegen oder Problem (Themengeberin). Im Falle einer Einzelberatung benennt diese Klientin das zu bearbeitende Thema. Je nach Anzahl der am Thema beteiligten Personen werden Figuren auf einem Brett aufgestellt, wobei die Klientin die Rollen der von ihr aufgestellten Figuren erläutert und bei der Aufstellung auf deren Abstand und Zuordnung zueinander achtet. In der anschließenden Arbeit wechselt die Klientin zwischen den verschiedenen Figuren und nimmt deren Sichtweise und Empfindungen an.

Bei Gruppenaufstellungen wählt die »*Themengeberin*« anstatt der Figuren menschliche »*Rollenträger*« aus der Gruppe aus und stellt diese im Raum auf. Grundlage dafür sind eine bestimmte Fragestellung oder Situation, die bearbeitet werden soll. Bei der Aufstellung der Rollenträger achtet die Themengeberin auf Abstand und Zuordnung der aufgestellten Personen, schaut sich schließlich die Aufstellung an und nimmt außerhalb, mit Blick auf die Aufstellung Platz. Anschließend fragt die Moderatorin der Aufstellung alle Rollenträger nach ihren Empfindungen, Gefühlen, Ideen und Handlungsimpulsen. Danach können die Rollenträger einzelne Veränderungen an ihrer Position und Haltung vornehmen. Die Moderatorin fragt jeweils wieder alle Rollenträger, was die jeweilige Veränderung bewirkt hat. Die Aufstellung kommt zum Ende, wenn der Themengeber selbst eine für sich stimmig anmutende Position in der Aufstellung eingenommen und seine Befindlichkeit damit geäußert hat.

Nach der Aufstellung gibt es eine Feedbackrunde, bei der alle Teilnehmenden positive Rückmeldungen zur Aufstellung äußern dürfen. Systemische Aufstellungen können mit Familien, Arbeitsteams, Schulklassen und anderen Gruppen von Menschen und bei Verwendung von Figuren auch mit Einzelpersonen durchgeführt werden.

Die Qual der Wahl auflösen: Das Tetralemma

Eine Methode zur Auflösung von Entscheidungsschwierigkeiten ist das »*Tertralemma*«. Bei dieser Methode wird davon ausgegangen, dass sich zu den offensichtlichen Entscheidungsmöglichkeiten auch noch weitere finden lassen. Das funktioniert so, dass zu zwei vorhandenen Entscheidungsmöglichkeiten (Variante A und Variante B) noch weitere Varianten (C, D, E) ergänzt werden. Variante C entsteht, wenn man annimmt, dass Variante A+B gemeinsam gewählt würden. Variante D wäre dann, keine Entscheidung für A oder für B zu treffen und Variante E ergibt sich aus der neutralen Betrachtung aller vorliegenden Varianten (*Metaposition*). Die diversen Varianten werden in Form von Punkten auf dem Boden markiert. Der Klient stellt sich nacheinander auf die jeweiligen Punkte und benennt dabei die Vor- und Nachteile und die damit verbundenen Gefühle. Am Ende steht die »Metaposition«, auf der angesichts der durchschrittenen Varianten ein Fazit gezogen und im Idealfall eine Entscheidung getroffen werden kann.

Eine junge Mutter kann sich nicht entscheiden, ob sie nach der Geburt ihres Kindes wieder zur Arbeit gehen soll (Variante A) oder eine Berufspause einlegen (Variante B) und sich Zeit für ihr Kind nehmen soll. Die Variante C »sowohl als auch« könnte bedeuten, Teilzeit zu arbeiten und ihr Kind nur zeitweise von einer Tagesmutter betreuen zu lassen. Die Variante D »keines von beiden« könnte die Mutter auf die Idee bringen, sich vorwiegend um ihr Kind zu kümmern und nicht wieder in den Job zurückzugehen, sondern stattdessen per Fernunterricht eine Fortbildung zu besuchen, um sich nach der Elternpause beruflich verändern zu können. Wenn die Mutter sich zu ihrer Entscheidung beraten lässt und die systemische Beraterin die Tetralemma-Methode anwenden würde, wäre die Betrachtung aller Varianten die Einnahme der Metaposition und damit Variante E.

Techniken der systemischen Beratung

In der praktischen Anwendung der systemischen Beratung bedienen sich die Beraterinnen einer Reihe von Techniken, mit denen das methodische Arbeiten in bestimmten Situationen leichter oder erst möglich gemacht wird.

Umdeuten von Situationen: Reframing

Reframing ist eine Technik zur Umdeutung der Bewertung einer Situation. Einer erlebten Begebenheit wird eine andere Bedeutung oder ein anderer Sinn zugeschrieben, indem man diese Situation aus einem anderen Blickwinkel betrachtet. Wird ein Problem »reframt«, dann bekommt dasselbe Ereignis eine neue Bedeutung, sodass neue Reaktionen und neues Verhalten möglich werden. Besonders hilfreich ist diese Technik, wenn ein zuvor als negativ bewertetes Verhalten in ein durchaus sinnvolles Verhalten umgedeutet werden kann. Dadurch lässt sich das Selbstbewusstsein des Klienten erhöhen und seine Mitarbeit verbessern.

Im Verlauf der Hilfekonferenz kann Kevin verständlich machen, dass er im Unterricht oft nicht mehr mitkommt, weil er gerne bei einer neuen Sache verweilen und darüber nachdenken will. Wenn Kevins in der Schule auffallende Langsamkeit als interessiert, bedächtig und sorgfältig umgedeutet wird, erhält diese Langsamkeit eine andere sinnvolle und weniger problematische Bewertung.

»Wer fragt, führt!« Gezieltes systemisches Fragen

Mit dem gezielten Einsatz bestimmter Arten von Fragen lassen sich eingespielte oder auch eingefahrene Denk- und Handlungsweisen auf einfache Weise »hinterfragen«. Solche Fragen können irritieren, belustigen, zur Kreativität anregen oder Horizonte erweitern.

Um die Ecke gefragt: Zirkuläres Fragen

Beim zirkulären Fragen werden die anwesenden Personen nach ihren Einschätzungen zum Verhalten anderer Personen befragt, die nicht selbst anwesend sein müssen.

Einige Beispiele für zirkuläres Fragen:

- ✔ Was glauben Sie, würde Ihre Chefin zu Ihrem Wunsch auf Arbeitszeitreduktion sagen?

- ✔ Wie wird wohl Ihre Kollegin über Ihre Idee zur Arbeitsgestaltung denken?
- ✔ Wie wird deine Mutter wohl reagieren, wenn du ihr mitteilst, dass du schwanger bist?

Zirkuläres Fragen basiert auf den Erfahrungen der ratsuchenden Person mit anderen Personen aus ihrem sozialen Umfeld und ermöglicht, die vorhandenen Gedanken, Befürchtungen und Einschätzungen auszusprechen und damit bearbeitbar zu machen. Zirkuläres Fragen erfüllt mehrere Zwecke:

- ✔ Abläufe in Beziehungssystemen werden erforscht und aufgedeckt.
- ✔ Neue Denkprozesse und Sichtweisen werden in Gang gesetzt.
- ✔ Wechsel der Blickwinkel werden angeregt und damit die Basis für eine Veränderung gelegt.

Das Unwahrscheinliche aussprechen: Die Wunderfrage

Hypothetische Fragen zielen meist auf die Zukunft ab und geben dem Klienten die Möglichkeit, neue Blickwinkel und Lösungsansätze in Gedanken durchzuspielen.

Beispiele für die Wunderfrage:

- ✔ Wenn das Problem plötzlich weg wäre, wie würden Sie dann handeln?
- ✔ Wenn dieses Problem gelöst wäre, welches Problem werden Sie dann haben?
- ✔ Woran werden Sie erkennen, dass das Wunder passiert ist?

Die Projektion in die Zukunft wird durch die hypothetische, unverbindliche Fragestellung erleichtert, Lösungsansätze werden angeregt.

In den folgenden Abschnitten werden weitere (Frage-)Techniken vorgestellt.

Womit keiner rechnet: Paradoxe Intervention

Bei der paradoxen Intervention setzt der Berater einen Impuls, von dem er denkt oder weiß, dass die Gesprächspartner nicht damit rechnen. Die beabsichtigte Reaktion darauf ist meistens eine kurzfristige Irritation des Klienten, in deren Folge ein Perspektivenwechsel wahrscheinlicher wird. Eine paradoxe Intervention kann etwa darin bestehen, dass der Berater seinen Klienten bittet, bis zum nächsten Gesprächstermin ein zuvor thematisiertes unerwünschtes Verhalten des Klienten nicht zu reduzieren, sondern zu verstärken. Anschließend wird betrachtet und besprochen, welche Auswirkungen dieses Verhalten hatte.

Sozialarbeiterin Claudia Maier ist im Gespräch mit einem Klienten der Straffälligenhilfe. Dieser hat Schwierigkeiten Termine einzuhalten und kommt deshalb immer wieder zu spät zu den Gesprächsterminen. Claudia Maier kontert mit der paradoxen Intervention »zu den nächsten fünf Terminen kommen Sie bitte immer eine Viertelstunde zu spät. Sollten Sie pünktlich da sein, lasse ich Sie eine halbe Stunde warten. Diese Art paradoxer Intervention nennt man auch »*Symptomverschreibung*«, weil dem Klienten »verschrieben« wird, ein eigentlich unerwünschtes Verhalten (Symptom) zu verstärken.

Der Gradmesser: Skalierungsfragen

Mit *Skalierungsfragen* (Fragen nach der Größenordnung auf einer Zahlenskala) lässt sich eine Thematik oder ein Gefühl leicht und ohne große Erklärung in Zahlen angeben (quantifizieren). Die Beraterin fragt zum Beispiel nach der Bedeutung eines Problems des Gesprächspartners auf einer Skala von 0 (unbedeutend) bis 10 (sehr bedeutsam), worauf der Klient nur eine Zahl zwischen 0 und 10 nennen muss. Dies hilft bei der Einordnung der Bedeutung eines Themas oder Problems. Danach können dann Art und Inhalt des Themas genauer besprochen werden.

Kritische ethische Betrachtung zur systemischen Beratung

Wenn Sie mit sozialen Systemen arbeiten, erhalten Sie Einblick in die innere Logik eines sozialen Systems. Im Idealfall erkennen Sie die Bewegungen (Dynamik) des Systems und verstehen, wie es funktioniert. Soziale Systeme, denen es gelingt, ihre Existenz zu sichern und zu überleben, sind erfolgreich. Die Art und Weise dieses Funktionierens kann mit Ihren Wertvorstellungen in Konflikt geraten. Als systemische Beraterin sind Sie sich allerdings darüber bewusst, dass Ihre Beobachtung und Bewertung eines sozialen Systems auf Ihren Kategorien beruhen und es so gesehen keine objektive Wahrheit, falsch oder richtig gibt.

Dies bringt der systemischen Beratung die Kritik ein, sie würde mehr Fragen stellen, als Lösungen zu finden. Tatsächlich heißt systemisch zu beraten, Expertin für das Nichtwissen zu sein beziehungsweise zu wissen, dass man nicht alles wissen kann. Der Vorteil der systemischen Beratung liegt dagegen darin, bestehende Systeme zu irritieren und sie mit Denkanstößen zur Überprüfung ihrer »Wahrheiten« (Abläufe) und damit zur Nutzung ihres Selbstlernpotenzials zu animieren.

Verständigung kann gelingen: Transaktionsanalyse (TA)

Die Transaktionsanalyse ist ein konzeptioneller Ansatz der Gesprächsführung. Sie hat das Ziel, Gespräche gut gelingen zu lassen und erfüllt den Zweck, die persönliche Entwicklung und zwischenmenschliche Kommunikation zu gestalten.

Vielleicht ist Ihnen der Spruch »Ich bin okay, du bist okay« schon einmal begegnet. Es ist der Leitspruch von Eric Berne, dem »Erfinder« der Transaktionsanalyse. Damit wollte er verdeutlichen, dass die grundsätzliche Anerkennung und Wertschätzung des Gesprächspartners für gelingende Kommunikation so wichtig sind, wie das Fundament eines Hauses. Wie der Name dieses Konzeptes schon vermuten lässt, geht es um die Wechselbeziehungen (*Transaktion*) zwischen Gesprächspartnern und deren aufmerksame Betrachtung (*Analyse*). Eric Berne wollte ein für alle Menschen verständliches und nachvollziehbares Konzept schaffen. Dies zeigt sich an der alltagstauglichen Sprache der Transaktionsanalyse und den wichtigen Begriffen wie »*Ich-Zustände*«, »*Dramadreieck*« oder »*Zuwendung*«. Berne ermuntert uns, bei der Beobachtung unseres Kommunikationsverhaltens eine möglichst unabhängige und unvoreingenommene Haltung einzunehmen. Er spricht sogar vom »*marsischen Denken*«, womit er meint, wir sollten uns vorstellen, wir kämen vom Mars auf die Erde und würden hier das Gesprächsverhalten der uns fremden »Menschlinge« beobachten und versuchen es zu verstehen.

Das Konzept der Transaktionsanalyse setzt einige Grundannahmen voraus:

- ✔ Alle Menschen sind im Grunde in Ordnung, haben ein Recht auf Leben und Anerkennung ihrer Bedürfnisse.
- ✔ Jeder physisch gesunde Mensch kann seinen eigenen Verstand nutzen.
- ✔ Jeder Mensch kann über sein eigenes Denken, Fühlen und Handeln selbst entscheiden.

Wie andere Konzepte der Gesprächsführung auch, baut die TA auf ein eigenes Persönlichkeitsmodell (»Ich-Zustände«) und bedient sich einer eigenen Methode zur Betrachtung und Gestaltung von Gesprächen und Beziehungen (»*Funktionalmodell*«, »Spiele«, »Dramadreieck«). Und zu guter Letzt dient das Konzept der TA dem besseren Verständnis menschlicher Entwicklungsverläufe und deren Auswirkungen auf die persönliche Lebensgestaltung.

Das Persönlichkeitsmodell der TA: Die »Ich-Zustände»

In einem »*Strukturmodell*« werden drei verschiedene Zustände beschrieben, die ein Mensch in der Kommunikation einnehmen kann. Das Modell veranschaulicht, was in einem Menschen in einer bestimmten Situation vorgeht. Diese »Ich-Zustände« beziehen sich auf das Denken, Fühlen und Handeln. In Abbildung 5.4 sind die drei »Ich-Zustände« benannt und beschrieben.

Abbildung 5.4: Strukturmodell der TA

Der Zustand des »*Eltern-Ich*« gibt wieder, welche Elternrollen Sie gelernt und übernommen haben. Das »*Erwachsenen-Ich*« bezieht sich als Reaktion auf die konkrete und aktuelle Situation. Das »*Kind-Ich*« ist der Zustand, in dem Sie auf Erlebnisse und Erfahrungen in Ihrer frühen Kindheit zurückgreifen. Je nach Vorgeschichte und Situation, in der Sie sich gerade befinden, können Sie eine oder mehrere der benannten »Ich-Zustände« einnehmen.

Die Interaktion zwischen den Ich-Zuständen: Das Funktionalmodell

Das »*Funktionalmodell*« beschreibt die zu beobachtenden Aussagen und Handlungen, aber auch die Gestik und Mimik, Tonfall und Körpersprache. Dazu wird die Grobeinteilung der drei »Ich-Zustände« noch weiter verfeinert. In Abbildung 5.5 sind die Unterscheidungen der Ich-Zustände abgebildet und beschrieben.

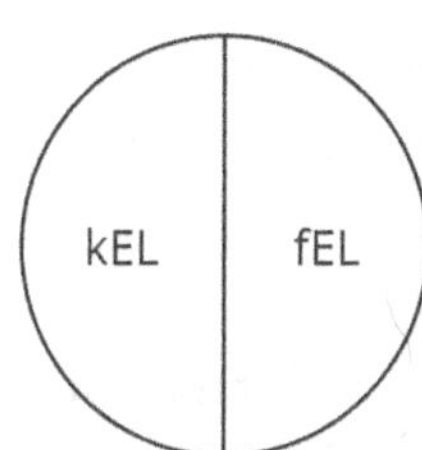

kritisches Eltern-Ich (kEL):

- Grenzen setzen
- Verantwortung übernehmen
- Kritik üben

fürsorgliches Eltern-Ich (fEL):

- trösten
- bemuttern
- nichts zutrauen

Erwachsenen-Ich (ER):

- Informationen sammeln
- Fakten erfragen und bewerten
- rationale Entscheidungen treffen
- sachliche Vereinbarungen treffen

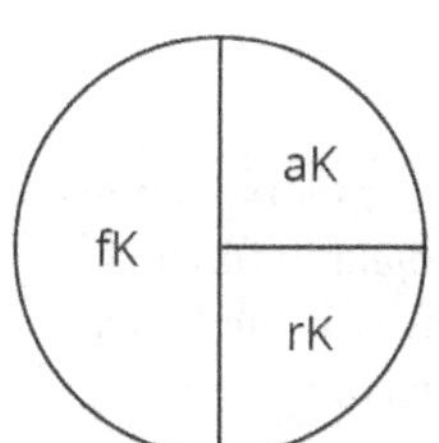

freies Kind-Ich (fK):

- traut sich vieles, ist neugierig
- macht zu was es Lust hat

angepasstes Kind-Ich (aK):

- macht ohne Widerspruch alles mit
- passt sich an, ist eher unterwürfig

rebellisches Kind-Ich (rK):

- leistet Widerstand gegen Vorgaben
- trotzt und stellt in Frage

Abbildung 5.5: TA-Funktionalmodell

Sie sitzen am Computer, wollen eine neue Software installieren und es funktioniert nicht. Zunächst lesen Sie nochmals die Instruktionen und gehen dann die einzelnen Schritte sorgfältig durch, bis die Installation erfolgreich abgeschlossen wird (Erwachsenen-Ich-Zustand). Nach einigen Sekunden der Entspannung erinnern Sie sich missmutig an die doch schon zahlreichen vergeblichen Installationsversuche mit neuer Software und den lästigen Fehlermeldungen (Kind-Ich-Zustand). Als Sie dann zufällig die Ankündigung des neuen Programms und den Hinweis lesen, dass die Installation ganz einfach wäre, ärgern Sie sich über solch eine überhebliche Formulierung und denken, dass die Softwareanbieter eigentlich mehr Support und Unterstützung für die Nutzer bieten sollten, anstatt deren Zeit zu stehlen (Eltern-Ich-Zustand).

Wichtig ist, dass es keine von vornherein guten oder schlechten »Ich-Zustände« gibt, sondern dass jeder »Ich-Zustand« in der konkreten Situation mehr oder weniger hilfreich sein kann.

✔ **Kritisches Eltern-Ich**

Aus diesem Zustand kann einerseits scharfe Kritik an einem Arbeitsergebnis folgen, sich andererseits aber auch Verantwortungsübernahme für die Erzielung guter Ergebnisse zeigen.

✔ **Fürsorgliches Eltern-Ich**

Aus diesem Zustand kann Unterstützung und Hilfe erwachsen; es kann aber auch geringes Zutrauen in die Selbstständigkeit des Gesprächspartners erfolgen.

✔ **Erwachsenen-Ich**

Aus diesem Zustand folgt gewöhnlich das logische Verwenden von Informationen und das Treffen möglichst rationaler Entscheidungen; dafür werden Innovationen und Kreativität in der Suche nach Lösungen eher zu kurz kommen.

✔ **Freies Kind**

Aus diesem Zustand sind einerseits Kreativität und Forscherdrang zu erwarten sowie Freude an der Sache (intrinsische Motivation), andererseits ist nicht mit großer Disziplin und Verlässlichkeit zu rechnen.

✔ **Angepasstes Kind**

Aus diesem Zustand ist kaum Verantwortungsübernahme für das eigene Handeln zu erwarten, dafür aber eher Kooperationsbereitschaft.

✔ **Rebellisches Kind**

Aus diesem Zustand darf Protest gegen Entscheidungen oder Führungspersonen erwartet werden, was zu Verzögerungen von Entscheidungen und Projekten führt. Demgegenüber können Skepsis und Hinterfragen wertvolle Hinweise für die Beachtung von zu berücksichtigenden Widerständen oder Problemen liefern.

Gesprächsverläufe verstehen und gestalten: Transaktionsregeln

Mit den Transaktionsregeln lassen sich die Abläufe in Gesprächen verstehen und gestalten. Dies erfolgt bei TA nach drei Regeln:

✔ Parallele Transaktionen

Diese erste Transaktionsregel besagt, dass wenn die Kommunikation zwischen zwei gleichen »Ich-Zuständen« oder dem »Eltern-Ich« und dem »Kind-Ich« verläuft, sich beide Gesprächspartner gut verstehen und die Kommunikation auf dieser Ebene weiterlaufen kann.

Abbildung 5.6 zeigt die Varianten einer »parallelen Transaktion«.

»Wie weit ist es noch bis zum Gipfel?« (ER-ER) Antwort: »20 Minuten« (ER-ER)

»Ich habe Durst!« (fK-fEL) Reaktion: »Okay, wir machen eine Trinkpause« (fK-fEL)

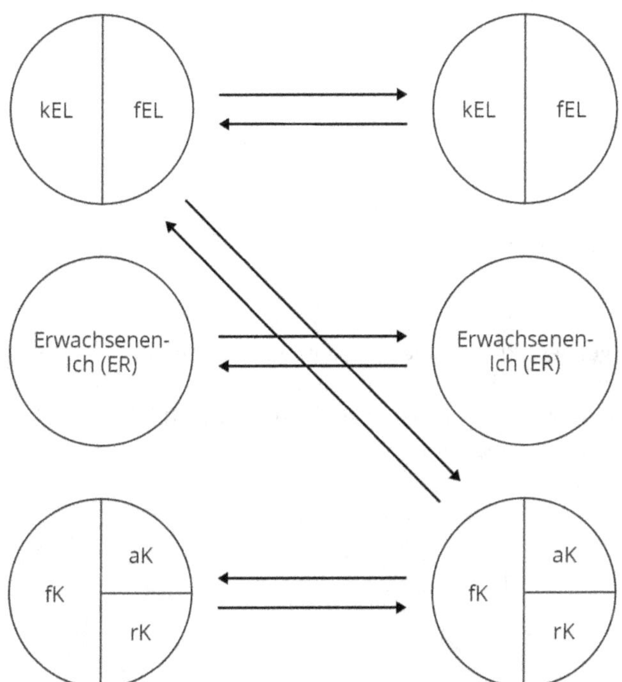

Abbildung 5.6: Parallele Transaktion

✔ Gekreuzte Transaktion

Diese zweite Transaktionsregel beschreibt Situationen, in denen die Antwort auf eine Botschaft auf einer Kreuzung der »Ich-Zustände« beruht. Die Kommunikation erhält dadurch eine Irritation, was die Gesprächspartner zur Veränderung der »Ich-Zustände« veranlassen kann, wenn sie die Kommunikation fortsetzen wollen. Abbildung 5.7 zeigt die Varianten einer »gekreuzten Transkation«.

»Wie spät ist es?« (ER-ER) Antwort: »Zu spät!« (kEL-aK)

»Das lasse ich mir nicht gefallen!« (fEL-aK) Antwort: »Was genau meinen Sie?« (ER-ER)

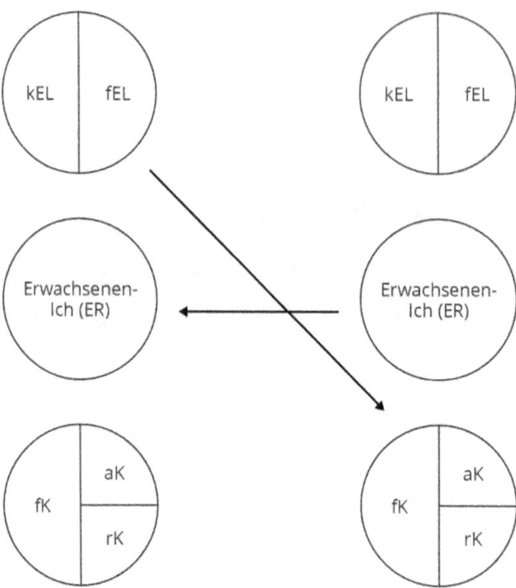

Abbildung 5.7: Gekreuzte Transaktion

✔ **Verdeckte Transaktionen**

Die dritte Transaktionsregel betrifft Aussagen, in denen hinter einer offenen eine verdeckte Botschaft verborgen ist, aber wahrgenommen wird. Dazu kommt, dass die verdeckte Botschaft den weiteren Gesprächsverlauf beeinflusst. Abbildung 5.8 zeigt die Varianten einer verdeckten Transkation.

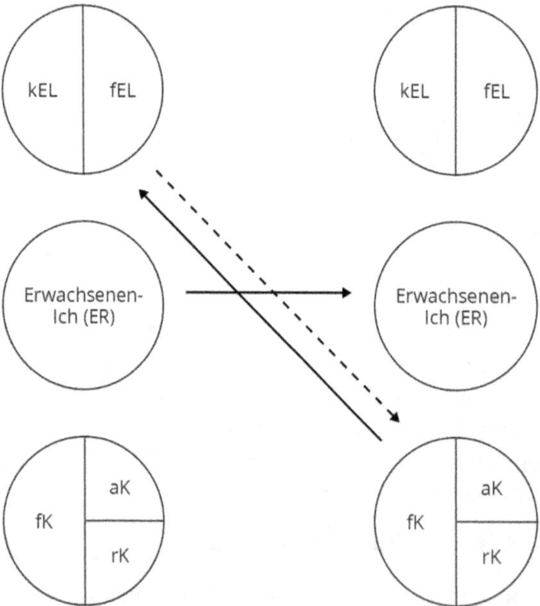

Abbildung 5.8: Verdeckte Transaktion

Chef zum Mitarbeiter: »Geht es Ihnen gut?« (ER-ER)

Antwort Mitarbeiter: »Ich weiß, dass ich in letzter Zeit oft krank war« (kEL-aK)

Bei allen gezeigten Transaktionen ist zu beachten, dass sich die Gesprächspartner gegenseitig nur Angebote zur Einnahme von »Ich-Zuständen« machen, diese aber nicht erzwingen können, denn die Gesprächspartner entscheiden (mehr oder weniger unbewusst) selbst, aus welchem »Ich-Zustand« heraus sie fragen oder antworten.

Spiele der Erwachsenen

»Spiele der Erwachsenen« ist sowohl ein Buchtitel als auch ein Modell von Eric Berne. Gesprächsverläufe können wie Spiele vonstattengehen, die nach bestimmten Regeln ablaufen. Wenn die Absicht eines Gesprächspartners darin besteht, der anderen Person zu zeigen, dass er sie oder ihr Verhalten nicht akzeptiert, spricht die TA von einem »Spiel«.

✔ **»Ja-aber-Spiel«**

Ein bekanntes Beispiel ist das »Ja-aber-Spiel«. Es läuft so, dass ein Gesprächspartner dem anderen zu erkennen gibt, dass er mit dessen Antworten oder Erklärungen nicht zufrieden ist. Die Bemühung des Antwortenden wird erneut zurückgewiesen und dies wiederholt sich mehrere Male, bis der kritische Gesprächspartner dieses Spiel damit beendet, indem er dem Gegenüber bescheinigt, einfach nicht gut erklären zu können. Der erklärungswillige Partner versucht zwar alles, sein Gegenüber lässt ihn jedoch auflaufen, um ihm zu zeigen, dass er ihm nicht das Wasser reichen beziehungsweise es ihm nicht recht machen kann. In der Beratung der Sozialen Arbeit kommt das »Ja-aber-Spiel« nicht selten dann auf, wenn die Sozialarbeiterin zu stark auf Hilfeangebote für ihre Klientel fixiert ist, die Klientin sich aber nicht drängen lassen will und deshalb allerlei Gründe aufführt, weshalb der konkrete Vorschlag der Sozialarbeiterin nicht machbar ist. Wenn die Sozialarbeiterin merkt, dass gerade das »Ja-aber-Spiel« abläuft, könnte sie aus diesem Spiel aussteigen, indem sie ihrer Klientin keine Lösungsvorschläge mehr macht, sondern nachfragt, wie die Klientin denn bislang ähnliche Probleme gelöst habe oder was sie denn jetzt tun würde, wenn es die Sozialarbeiterin nicht gäbe. Ein möglicher Ausstieg aus diesem Spiel wäre auch, eine Wunderfrage nach dem systemischen Konzept zu stellen: »Was müsste passieren, damit das Problem wie durch ein Wunder verschwinden würde?«

✔ **»Dramadreieck«**

Eine andere Variante eines nicht konstruktiven Spieles ist das »Dramadreieck«. Es wird häufig in Stresssituationen gespielt und endet in der Regel mit dem Ergebnis, dass alle Beteiligten unzufrieden mit dem Kommunikationsverlauf sind. Kennzeichnend für das Dramadreieck sind drei wesentliche Rollen der Gesprächspartner (*Opfer*, *Retter* und *Verfolger*).

Das **Opfer** fühlt sich benachteiligt oder schlecht behandelt und ist auf den »Ich-Zustand« des *angepassten Kindes* zurückzuführen.

Der zweite Gesprächspartner ärgert sich über das Gejammer des Opfers (»angepassten Kindes«) und reagiert als **Verfolger** mit Bewertungen und Aufforderungen aus dem »Ich-Zustand« des *kritischen Eltern-Ich* an das Opfer, doch etwas gegen seine Benachteiligung zu tun.

Dies veranlasst nun den dritten Gesprächspartner die Rolle des **Retters** einzunehmen und das hilflose Opfer gegen den Verfolger zu verteidigen.

Die Kindesmutter (Opfer) klagt im Gespräch mit dem Jugendamt, ihr würde alles zu viel und sie hätte keine Unterstützung. Dies ärgert den Vater (Verfolger), der sich kritisiert fühlt und seiner Ehefrau vorwirft, zu viel Zeit mit ihren Nachbarinnen zu verbringen und sich zu wenig um ihren Sohn zu kümmern. Dies ruft den Sohn auf den Plan, der seine Mutter in Schutz nimmt (Retter) und dem Vater vorwirft, zu wenig zu Hause zu sein. Die Sozialarbeiterin vom Jugendamt könnte in diesem Fall das Dramadreieck aufbrechen, indem sie zunächst ihre Beobachtung über die drei Rollen (Opfer, Verfolger und Retter) äußert und ergänzt, dass sich daraus keine gute Teamarbeit ergeben wird. Als Nächstes fragt sie die drei Familienmitglieder, welche Aufgaben sich denn ganz konkret im Alltag ergeben und wie die Familie diese Aufgaben gerecht untereinander aufteilen könnte. Eine Frage aus der Position des »Erwachsenen-Ich« mit Anregung an die drei Familienmitglieder, ebenfalls auf dieser Ebene zu antworten.

Das Spiel »Dramadreieck« kann beendet werden mit

- ✔ dem Erkennen, zu welchen Rollen die Beteiligten gewöhnlich neigen,
- ✔ einer Strategie, die den Einstieg in eine Konfliktsituation verhindert,
- ✔ konkreten sachlichen Fragen aus dem Ich-Zustand des Erwachsenen.

Aus Kommunikation lernen: Das Lebensskript

Das Modell des »*Lebensskripts*« der TA nach Eric Berne hat Ähnlichkeit mit dem »Selbstkonzept« der PzB nach Carl Rogers. Damit ist gemeint, dass ein Mensch seit der Geburt seine Erlebnisse und Erfahrungen mit der Welt verarbeitet und auf eigene Weise deutet. Daraus entstehen persönliche Veranlagungen (Dispositionen) zu bestimmtem Verhalten in ähnlichen Situationen als (Über)Lebensstrategie. Am eigenen Lebensskript lässt sich basteln, wenn man es erkannt hat und es verändern möchte. Damit lässt sich das eigene Denken, Fühlen und Handeln bewusst steuern, verändern und entsprechend an neue Anforderungen anpassen.

Was wir auf jeden Fall brauchen: Die Grundbedürfnisse

Die Veränderung des Selbstkonzeptes wird durch die Berücksichtigung der Grundbedürfnisse nach Struktur, Zuwendung und seelische oder körperliche Anregungen unterstützt.

In der Alltagskommunikation gibt es etliche Redewendungen, die zeigen, dass die sogenannten Volksweisheiten oder Sprichwörter nicht immer dem Wohlbefinden von Menschen förderlich sind. Daraus entstehen Widersprüche.

Beispiele hierfür sind:

- ✔ »Nichts gesagt ist genug gelobt« im Gegensatz zu: »Positives Feedback stärkt«.
- ✔ »Fishing for Compliments« im Gegensatz zu: »Hole dir Bestärkung und Zuwendung, wenn du es brauchst«.
- ✔ »Das war nicht der Rede wert« im Gegensatz zu: »Gerne geschehen« oder »Das habe ich gerne gemacht«.
- ✔ »Was uns nicht umbringt, härtet uns ab« im Gegensatz zu: »Lehne Zuwendung und Hilfe ab, wenn Du sie nicht brauchst«.
- ✔ »Eigenlob stinkt« im Gegensatz zu: »Gib dir selbst Zuwendung«.

Methodische Elemente der Transaktionsanalyse

Für die Anwendung der TA gibt es ein paar wesentliche Grundsätze.

- ✔ **Vereinbarung zur Zusammenarbeit: Klare Verträge**

  Vor Beginn des Hilfegespräches und zwischendurch sind folgende Fragen zu beantworten:

  - **Gegenstand:** Was ist das genaue Anliegen?
  - **Ziel:** Was wollen Sie erreichen?
  - **Unterstützung:** Welche Unterstützung wird vom Berater gewünscht/erwartet?

- ✔ **Klare und verständliche Sprache**

  Eine angemessene Sprache zu finden bedeutet, keine unnötigen Fachbegriffe zu verwenden, sondern eine Sprache zu pflegen, die der Klient gut verstehen und sprechen kann.

- ✔ **Objektivität kann es nicht geben**

  Es kann keine objektiv richtigen Lösungen geben, sondern die Lösungen müssen der subjektiven Sicht des Klienten und dessen Möglichkeiten entsprechen. Die Beraterin ist dabei nicht Expertin für die Lösung, sondern als Begleiterin verantwortlich für den Gesprächsverlauf (Kommunikationsprozess). Dabei geht es um Nachdenken, Beobachten und Erklären der Kommunikation.

Kritik an der TA

Kritisiert wird am Konzept der TA der Widerspruch zwischen der Grundeinstellung eines positiven Menschenbilds einerseits und den eher defizitorientierten Beschreibungen von Kommunikationsverläufen. Schwerwiegender noch ist die Konzentration der TA auf Kommunikation zweier Gesprächspartner, wodurch Gespräche in Gruppen eher vernachlässigt werden.

Arbeiten mit Gruppen und Teams: Themenzentrierte Interaktion (TZI)

Als Fachkraft Sozialer Arbeit beraten Sie nicht nur Einzelpersonen und Familien, sondern Sie arbeiten als Schulsozialarbeiterin auch mit Schulklassen, zum Beispiel zum Thema Sexualität oder Sucht. Wenn Sie eine Kita (Kindertagesstätte) leiten, müssen Sie Elternabende veranstalten. Und wenn Sie Leiterin eines großen Teams sind, moderieren Sie Teamtage oder Konferenzen. Dafür brauchen Sie entsprechende Methoden zur didaktischen Gestaltung von Seminaren und Vorträgen. Die »*Themenzentrierte Interaktion*« (TZI) ist ein passendes Konzept dafür. Es wurde von Ruth Cohn in den 1960er-Jahren in den USA entwickelt.

Die ethischen Überlegungen des Konzeptes sind in drei Grundgedanken (*Axiomen*) zusammengefasst:

- ✔ **Existenziell-anthropologisches Axiom:** Der Mensch braucht seine Eigenständigkeit (*Autonomie*) und ist gleichzeitig auch von anderen Menschen abhängig (*Interdependenz*).
- ✔ **Ethisch-soziales Axiom:** Alles was lebt und wächst verdient Ehrfurcht und Respekt.
- ✔ **Praktisch-politisches Axiom:** Entscheidungen des Menschen sind innerhalb eines begrenzenden Rahmens frei. Diese Grenzen sind aber veränderbar.

Nach TZI gilt der Mensch als ganzheitliches Wesen, das Eigenständigkeit und Abhängigkeit, Arbeit und Erholung, Konzentration und Entlastung benötigt.

Handlungsanweisungen: Postulate der TZI

Zwei wesentliche Anweisungen sind bei Anwendung des Konzeptes TZI zu berücksichtigen:

- ✔ **»Übernehmen Sie Verantwortung für sich und Ihr Handeln!«**

  Diese Aufforderung, für seine Interessen und sein eigenes Wohlergehen einzustehen, wird aus unterschiedlichen Perspektiven betrachtet:

  - **Ich-Perspektive:** eigene Interessen, Gedanken, Wertungen et cetera;
  - **Wir-Perspektive:** Interessen, Gedanken, Wertungen anderer (selbstverantwortlicher) Menschen, der Gruppe;
  - **Sach-Perspektive:** gemeinsame Aufgabe oder anstehendes Thema;
  - **Umfeld-Perspektive:** Rahmenbedingungen von Gruppe und Thema.

- ✔ **»Störungen haben Vorrang!«**

  Alles was die Arbeit am Thema stören könnte, sollte zunächst in den Blick genommen und beseitigt werden. Dazu können materielle Störungen wie Lärm, Kälte, zu wenig Platz ebenso gehören, wie psycho-soziale Störungen (Müdigkeit, Ärger, Stress, Termindruck oder Unklarheiten). Wenn Störungen nicht ernst genommen und angesprochen werden, behindern sie die Arbeit der Gruppe am Thema.

Ebenen der Interaktion: Sachebene und psychosoziale Ebene

Unter *Sachebene* wird nach TZI die sachbezogene Arbeit am Thema verstanden. Darunter liegen, wie beim Eisberg der zu 90% unter Wasser schwimmt, eine wesentlich größere Masse an Gefühlen, Motiven, Werten, Bedürfnissen und unbekannten Regeln auf der *psychosozialen Ebene*. Nach TZI sollen beide, Sachebene (Zielerreichung) und psychosoziale Ebene (Art und Weise der Zusammenarbeit) berücksichtigt werden.

Einflussgrößen auf die Zusammenarbeit: Faktoren der TZI:

Nach dem Konzept der TZI sind für die Arbeit mit Gruppen und Teams vier Einflussgrößen gleichermaßen im Blick zu behalten. Diese sind in Abbildung 5.9 benannt und dargestellt.

Zu den Einflussgrößen (Faktoren der TZI) zählen:

- ✔ Das »**Ich**«: jedes beteiligte Individuum mit seinen Anliegen
- ✔ Das »**Wir**«: die Gruppe, deren Kultur und die Beziehungen der Gruppenmitglieder untereinander
- ✔ Das »**Es**«: das Thema, die gemeinsame Aufgabe der Gruppe
- ✔ Das »**Umfeld/Globe**«: die Rahmbedingungen wie Raum, Zeit, Soziales

Die drei Einflussfaktoren Individuum, Thema und Gruppe sind in einem Dreieck angeordnet, das umgeben ist von der Umwelt/Globe, also den Rahmenbedingungen, die damit auf alle drei Grundfaktoren einwirken können. Alle Einflussfaktoren werden zwar als gleich wichtig angesehen, die Schwerpunkte können sich jedoch verschieben. Das Ausbalancieren der einzelnen Faktoren gehört nach TZI zu den Aufgaben der Seminarleitung.

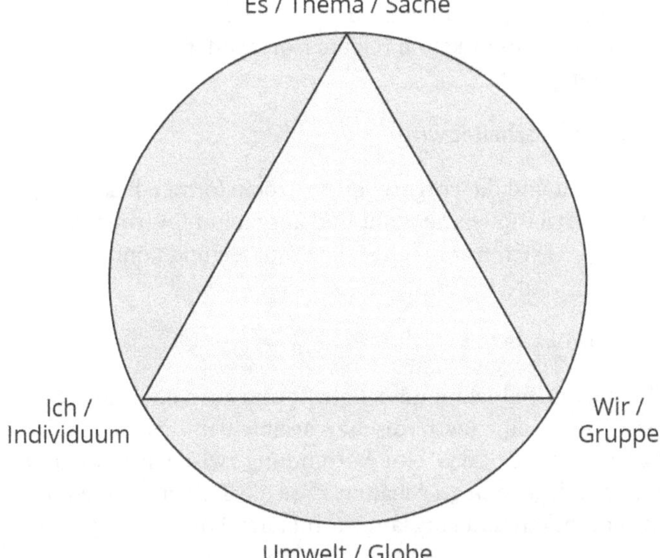

Abbildung 5.9: TZI-Schema Dreieck und Globe

Methodische Elemente der Themenzentrierten Interaktion (TZI)

Für die zielgerichtete Anwendung der TZI gibt es ganz konkrete Anregungen. Dazu gehört die passende Gestaltung des Beginns der gemeinsamen Zusammenarbeit.

✔ **Vorstellung der Seminar-/Gruppenleitung:** Wer die Veranstaltung leitet

Die Seminarteilnehmerinnen sollen sich einen Eindruck von der Leitung des Seminars machen können und wissen wer da vor ihnen steht und etwas erzählen will. Daher ist es ratsam als Leitung etwas von sich selbst zu erzählen (berufliches und vielleicht eine Anekdote), das Programm vorzustellen und organisatorische Dinge anzusprechen.

✔ **Vorstellung der Gruppe/Seminarteilnehmenden:** Wer an der Veranstaltung teilnimmt

Nicht immer kennen sich die Seminarteilnehmenden schon vor Beginn der Veranstaltung. Das *Partnerinterview* ist eine passende Kennenlerntechnik, bei der sich jeweils zwei Teilnehmende gegenseitig kurze Zeit zur Person und Interessen interviewen und später den Interviewpartner der Gruppe vorstellen. Damit sind die TN schon mal im gegenseitigen Gespräch (Partnerinterview), und haben schon etwas im Plenum präsentiert (die Vorstellung des Interviewpartners).

Wenn die Gruppe sehr groß ist und eine Vorstellungsrunde, bei der sich alle Teilnehmenden einzeln vorstellen, zu viel Zeit in Anspruch nehmen würde, bietet sich die Technik der *Differenzierung* an. Dazu verteilen sich alle Teilnehmenden im Raum und ordnen sich nach bestimmten Merkmalen, die von der Leiterin angesagt werden im Raum auf. Als Unterscheidungs-Merkmale können Alter, Geburts- oder Wohnort, Arbeitsbereich, Geschlecht und anderes aufgerufen werden. Damit erhalten Seminarleitung und Teilnehmende schon zu Beginn einen Eindruck über die Zusammensetzung der Gruppe und mögliche Gemeinsamkeiten (Geburtsorte) oder Häufungen (Geschlecht oder dominante Altersgruppe).

✔ **Thematische Einführung:** Woran gearbeitet wird

Wenn gleich zu Beginn die Themen und die vorgesehenen Arbeitsformen bekannt gegeben werden, können mögliche Irritationen benannt und ausgeräumt werden. So wissen die Teilnehmenden, wann sie sich worauf einstellen müssen und können ihre Kräfte einteilen.

✔ **Themeneinstieg:** Wie das Thema bearbeitet wird

Je nachdem wie stark das Thema die Teilnehmenden betrifft und auch emotional beschäftigt, kann es sinnvoll sein, durch eine methodische Variante den thematischen Einstieg zu gestalten. Im TZI-Sprech heißt das, eine Verbindung zwischen »Ich« und »Thema« anzubahnen, um eine Gelegenheit zu schaffen, dass die Teilnehmenden persönliche Bezüge zum Thema entdecken und langsam warmlaufen können.

Die Kugellager-Technik

Als Themeneinstieg empfiehlt sich die »Kugellager-Technik«. Dabei bilden die Teilnehmenden zwei Kreise, wobei sich, wie bei einem Kugellager immer eine Person aus dem Innenkreis und eine Person aus dem Außenkreis gegenüberstehen. Diese Tandems reden dann, wie im Speed-Dating, kurze Zeit über das Thema und wechseln danach zur nächsten Person im Uhrzeigersinn, mit der dann dasselbe Thema besprochen wird.

Als Gesprächsimpulse bieten sich öffnende Einstiegsfragen an wie:

- ✔ Was verbinde ich persönlich mit dem Thema?
- ✔ Wo taucht das Thema bisher in meinem Alltag auf?
- ✔ Weshalb nehme ich an dieser Veranstaltung teil?
- ✔ Worauf freue ich mich bei dieser Veranstaltung?
- ✔ Was sollte heute möglichst nicht passieren?

✔ **Ausgewogenheit an Arbeits- und Lernformen**

Nach dem Konzept der TZI zu arbeiten, bedeutet eine ausgewogene Mischung an Einzelarbeit, Arbeit in Kleingruppen (*Dyaden, Triaden*) und in der Gesamtgruppe (*Plenum*) als sozialen Arbeitsformen zu wählen. Solche Art Abwechslung macht die Arbeit lebendiger und erhöht die Konzentration der Teilnehmenden. Dabei können die Zusammensetzungen von Kleingruppen mal geändert oder für zwei-drei Arbeitsphasen auch beibehalten werden. Werden die Kleingruppen beibehalten, kann an der gleichen Fragestellung angeknüpft werden, ändert sich die Zusammensetzung der Kleingruppen, erhöht dies den Austausch unter den Teilnehmenden. Es hat also beides seinen Sinn und Zweck, Vorteile und Nachteile.

Außer der Ausgewogenheit an sozialen Arbeitsformen ist auch die Abwechslung der Lernformen, wie Vortrag, Übungen, Präsentationen der Teilnehmenden oder Teamaufgaben im Raum und im Freien empfehlenswert. So wird die Arbeit am Thema mit Informationen und Erfahrungen angereichert. Damit auch die unterschiedlichen menschlichen Sinne angesprochen sind und zur Geltung kommen, werden Gelegenheiten gegeben zum:

- Hören (Vortrag, Geschichte erzählen),
- Sehen (Bildschirm-/Plakat-Präsentationen, Videos et cetera) und
- Fühlen (Tastübungen, Rollenspiele, Modellieren mit Wolle, Karton, Ton o. Ä).

✔ **Themen formulieren**

Wenn Sie Ihre Veranstaltung unter eine Überschrift stellen, erhalten die Teilnehmenden einen Hinweis darauf, was sie erwartet, können ihre mitgebrachten Erwartungen abgleichen und ihre Motivation entsprechend anpassen. Für die Formulierung des Themas sollten Sie folgende Merkmale berücksichtigen:

- Klar, kurz und bündig
- auf die Teilnehmenden ausgerichtete Sprache
- an Lösungen orientiert anstatt Problemorientiert
- offen, um Kreativität zu ermöglichen
- konkret, sodass eine Leitlinie erkennbar wird
- Schwerpunkt liegt auf einem der vier Faktoren (Ich, Wir, Thema, Umfeld)
- ansprechend, aktivierend, motivierend.

✔ **Rettungsring für kritische Situationen:** Ebenenwechsel

In Seminaren und Versammlungen kann es immer mal zu schwierigen Situationen wie Konflikten unter Teilnehmenden, Energieabfall, mieser Stimmung oder räumlichen Unannehmlichkeiten kommen. Frei nach dem Motto »Störungen haben Vorrang« (Postulat der TZI), muss die Seminarleitung darauf reagieren. Eine methodische Variante dafür ist der Wechsel von der Sachebene auf die psychosoziale Ebene. Das heißt, die Arbeit am Thema wird unterbrochen und die Seminarleitung richtet den Fokus stärker auf die Art und Weise der bisherigen Themenbearbeitung.

Für diesen Ebenenwechsel gibt es passende Techniken:

- **nachfragen,** wie zufrieden die Teilnehmenden mit dem bisherigen Verlauf sind
- eine **Aufstellung,** ähnlich der anfänglichen Differenzierungsübung zur Konzentrationsfähigkeit oder zum Interesse am Thema anregen
- in kleinen Gruppen die **Störung** ansprechen lassen (Worum geht es hier? Wen stört was?)
- Die **Regeln** für die Zusammenarbeit in Erinnerung rufen oder neu verhandeln
- **Bewegung** in die Versammlung bringen, durch eine Entspannungsübung oder einen Spaziergang
- Mit **Bildern oder Vergleichen** (Metaphern) arbeiten: zur aktuellen Situation ein Bild malen, eine Geschichte erzählen lassen
- **Zirkuläres Fragen** (eine Technik aus der systemischen Beratung/SyBe)

✔ **Ende gut, alles gut:** Das Seminarende gestalten

So wichtig wie die Gestaltung des Seminarbeginns, wird in der TZI auch die Gestaltung des Endes der Veranstaltung bewertet. Das Thema soll abgeschlossen und die erarbeiteten Erkenntnisse für den Alltag brauchbar gemacht werden.

Dazu gibt es verschiedene Möglichkeiten:

- **Zeit**

  für den Seminarabschluss genügend Zeit einplanen, damit dringende offene Fragen der Teilnehmenden noch beantwortet werden können. Das geht nicht, wenn am Schluss alles hoppla hopp geht und alle auseinander laufen.

- **Transfer**

  Damit das Gelernte in den Alltag mitgenommen werden kann, werden die Teilnehmenden gebeten, sich zu zweit oder in Kleingruppen zu überlegen, was genau sich jede Teilnehmende konkret für die Zeit nach der Veranstaltung vornehmen möchte.

- **Abschlussfazit**

  Jede Teilnehmende erstellt ein persönliches Abschlussfazit auf einem Arbeitsblatt. Darauf werden die wichtigsten Erkenntnisse aus dem Seminar notiert und festgehalten, was die betreffende Person auf Grund des Seminars tun oder ändern möchte.

- **Erinnerung**

  Die schriftlichen Abschlussfazits können von der Seminarleitung eingesammelt und der betreffenden Person nach der Veranstaltung zugeschickt werden. Dies erhöht die Bedeutung des Fazits und dient als Erinnerung.

- **Feedback**

  Selbstverständlich gehört auch ein Stimmungsbild mit persönlichem Feedback an die Seminarleiterin zum Abschluss einer Veranstaltung. Dafür eignet sich die Zielscheibe, auf der verschiedene Kreissegmente (Seminarleitung, Raum, Gruppe, Atmosphäre et cetera) aufgeteilt sind. Die Teilnehmenden markieren mit Klebepunkten, wie zufrieden sie mit dem jeweiligen Kriterium sind (je weiter im Zentrum der Punkt, desto zufriedener ist der Teilnehmer mit dem jeweiligen Aspekt).

Regeln der TZI

Für das Konzept der Themenzentrierten Interaktion gibt es ein paar Regeln, die dazu beitragen sollen, dass die Teilnehmenden eine offene und direkte Kommunikation pflegen können.

Dazu zählen:

✔ **Sprechen Sie in der Ich-Form anstatt von Wir oder »man«**

(»ich möchte, dass…«; »für mich ist es wichtig, dass…«), denn damit übernehmen Sie Verantwortung für Ihre Beiträge und damit auch für sich selbst!

✔ **Seien Sie authentisch**

(ehrlich zu sich selbst und den anderen) und spezifisch. Geben Sie nur preis was Sie wollen und nicht was andere von Ihnen erwarten!

✔ **Reden Sie von Ihren persönlichen Eindrücken**

und vermeiden Sie Deutungen (Interpretationen) zum Verhalten anderer!

- ✔ **Es darf immer nur eine Person sprechen.**

  Achten Sie darauf, wer gerade spricht und fallen Sie niemanden ins Wort! Damit zeigen Sie Ihre Akzeptanz und Wertschätzung gegenüber anderen!

- ✔ **Seitengespräche haben Vorrang.**

  Sie stören zwar, sind aber oft wichtig. Verstehen Sie Seitengespräche als Hinweise auf Störungen, denen nachgegangen werden sollte!

- ✔ **Erklären Sie warum Sie Ihre Frage stellen,**

  damit die Gruppe versteht worum es Ihnen geht, worauf Sie hinauswollen, welchen Aspekt Sie besonders betrachten wollen!

- ✔ **Nehmen Sie Störungen ernst**

  und gehen Sie ihnen nach, denn Sie erhöhen damit die Arbeitsfähigkeit der Gruppe!

Wenn Sie diese TZI-Regeln zu Beginn Ihrer Veranstaltung bekannt geben und erklären, helfen Sie den Teilnehmenden Verantwortung für sich selbst zu übernehmen und schaffen eine gemeinsame Grundlage für den Ablauf Ihres Seminars oder Ihres Vortrages.

Neurolinguistisches Programmieren (NLP)

Die Methode des Neurolinguistischen Programmierens wurde in den 1970er Jahren von dem Mathematiker und Psychologen Richard Bandler und dem Linguisten (Sprachwissenschaftler) John Grinder sowie weiteren Wissenschaftlerinnen in den USA entwickelt.

Ziele des NLP

Die Ziele der gemeinsamen Arbeit der NLP-Entwicklerinnen sind

- ✔ die Entwicklung einer Methode, die relativ unabhängig von Thema und Inhalt von Gesprächen ist;
- ✔ Gesprächspartner schnell und intensiv in Kontakt zu bringen;
- ✔ wirksame und schnelle Veränderung negativer Gefühlszustände;
- ✔ konstruktives Denken, Planen und Handeln.

Erkennen und Lernen durch Beobachten

Die Entwickler des NLP orientierten sich bei der Gestaltung ihrer neuen Methode an den damals bereits bekannten und erfolgreichen Therapieansätzen wie der *Familientherapie* von Virginia Satir, der *Hypnotherapie* von Milton Erickson und der *Gestalttherapie* von Fritz Perls. Deren Vorgehensweisen wurden genau beobachtet und durch wissenschaftliche Untersuchungen die Gründe für ihre Erfolg festgestellt.

Weshalb »Neurolinguistisches Programmieren«?

Der umständlich klingende Name »Neurolinguistisches Programmieren« und dessen Bedeutung ergibt sich aus der Kombination von Leistungen des Gehirns (*Neuro*), des verbalen und nonverbalen sprachlichen (*linguistischen*) Ausdrucks und den damit verbundenen Programmen menschlichen Denkens (*Programmierung*).

- »**Neuro**« bedeutet, dass alle Abläufe menschlicher Wahrnehmungen und Verhaltensweisen über das menschliche Nervensystem gesteuert werden.

- »**Linguistisch**« bezeichnet die Fähigkeit von Menschen, sprachliche und nichtsprachliche (nonverbale) Äußerungen anderer Menschen wahrnehmen zu können und sie wiederum in Worte zu packen. Mit Worten lassen sich sowohl komplexe Zusammenhänge erklären als auch Gefühle beschreiben. Damit können sich Menschen untereinander verständigen, ihre Ansichten formulieren oder ihr Verhalten erklären und verändern.

- »**Programmieren**« meint die Tatsache, dass menschliches Verhalten in bestimmten Mustern abläuft, die zum großen Teil erlernt sind. Durch die »programmierten« Verhaltensmuster fällt es uns leichter, auf wiederkehrende Anforderungen im Leben einfach und schnell zu reagieren. Dank der Programmierung können auch Sie Ihr Verhalten abwechslungsreicher gestalten und unliebsame Gewohnheiten verändern.

Wenn Sie auf dem Wochenmarkt eine weitläufig bekannte Person treffen, deren Name Ihnen gerade nicht einfällt, können Sie diese Ihnen vielleicht peinliche Situation zunächst dadurch überspielen, dass Sie einen Smalltalk mit Bemerkungen zum Wetter oder dem großen Andrang auf dem Wochenmarkt beginnen. Dies tun Sie in der Hoffnung, dass Ihnen der Name Ihres Bekannten zwischenzeitlich noch einfällt.

Grundannahmen des NLP

Die Methode des NLP geht von einigen wesentlichen Annahmen aus, die für das Zusammenwirken zwischen Gesprächspartnern grundlegend sind:

- Menschen bauen sich ihre jeweiligen Bilder der Wirklichkeit und reagieren darauf.

- Körper und Geist beeinflussen sich gegenseitig. Gedankliche Wahrnehmungen wirken sich auf das Körperempfinden aus.

- Das Verhalten von Menschen beruht auf einer »positiven« Absicht, auch wenn diese Absicht oder das Förderliche daran nicht auf Anhieb erkennbar ist.

- Der Wert eines Menschen bleibt unverändert, auch wenn sein Verhalten unangemessen sein mag.

- Menschen entscheiden sich für die ihnen im jeweiligen Moment bestmögliche Wahl.

- Menschen verfügen in der Regel über die für sie nötigen Ressourcen, es fehlt ihnen aber manchmal der Zugang zu diesen Ressourcen.

Sie können normalerweise »nein« sagen, wenn Ihnen zu viel wird, was Ihr Chef Ihnen noch kurz vor Feierabend an Aufträgen zuschustern will. Wenn er Ihnen aber mit Lob schmeichelt und betont, wie wertvoll ihm Ihre Zuverlässigkeit ist, fällt es Ihnen schwer, hart zu bleiben und seine Bitte um Mehrarbeit abzulehnen.

- ✔ Es gibt keine Fehler oder Versagen, weil Menschen sich für die ihnen im jeweiligen Moment bestmögliche Wahl entscheiden. Es gibt aber die Möglichkeit zum Feedback als freundliche Rückmeldung.
- ✔ Flexibilität und Wahlfreiheit sind wichtig, denn wenn ein Verhalten nicht passt, versucht man etwas anderes.
- ✔ Jede noch so große Aufgabe lässt sich bewältigen, indem man sie in kleinere Aufgabenstücke aufteilt.
- ✔ Menschen kommunizieren immer auf allen ihnen zur Verfügung stehenden Kanälen (in Worten, Bildern, Symbolen, Gefühlen …)

Wie Sie an den Annahmen sicher erkannt haben, orientieren sich diese stärker an Möglichkeiten als an Hindernissen.

NLP orientiert sich erkennbar an Ressourcen und Stärken und nicht an Problemen und Defiziten.

NLP fördert Toleranz, indem Bewertungen, wie richtiges oder falsches Verhalten, vermieden werden.

NLP vermittelt und fördert fünf Basisfähigkeiten:

1. Training der Sinneswahrnehmung
2. Erhöhung der Flexibilität (Wahlmöglichkeiten schaffen)
3. Fähigkeit zur Entwicklung guter Beziehungen (*Rapport*)
4. Klare Zielvorstellungen entwickeln
5. Glaubenssätze verändern (Einstellungen, innere Haltungen).

Wenn der Glaube laut Sprichwort Berge versetzt, kann mit Sprache immerhin deutlich Einfluss genommen werden. Ein eingängiger Werbespruch kann dazu führen, dass Ihnen beim Einkauf das beworbene Produkt stärker auffällt als andere und Sie es deshalb kaufen. Die Ankündigung gravierender Einsparungen eines Konzernchefs kann dazu führen, dass der Aktienkurs des Unternehmens rapide ansteigt. Ein falsches Wort zum ungünstigen Zeitpunkt kann die traute Romanze eines Liebespaares abrupt beenden.

Die Bedeutung des sprachlichen Ausdrucks und der dahinterliegenden Gedanken und Gefühle stehen im Zentrum von NLP.

Methodisches Arbeiten mit NLP

Jetzt, wo Sie wissen, dass mit dem Namen »Neurolinguistisches Programmieren« die Verbindung von gedanklichen und körperlichen Empfindungen und deren Übersetzung in Sprache gemeint ist, stellt sich Ihnen wahrscheinlich die weiterführende Frage: »Wie schaffe ich das ganz praktisch?«

Diese Frage zur methodischen Vorgehensweise lässt sich nach NLP mit einigen wesentlichen Methodenbegriffen beantworten.

»Rapport«: Verbindung herstellen – Beziehung schaffen

Wie andere Ansätze zur Gestaltung helfender Gespräche beruht auch NLP auf einem humanistischen Menschenbild. Das bedeutet, dass die Menschenwürde den höchsten Stellenwert genießt und Menschen als entwicklungsfähige Wesen angesehen und verstanden werden. So ist es auch für NLP ein zentrales Anliegen, zunächst ein vertrauensvolles Verhältnis und eine gute Arbeitsbeziehung zwischen Beraterin und ratsuchender Person herzustellen.

Beim »Rapport« geht es in erster Linie darum, zu Beginn eines Beratungsprozesses eine Verbindung zwischen Beraterin und ratsuchender Person herzustellen. Es geht dabei nicht um eine gegenseitige Berichterstattung, wofür der Begriff »Rapport« auch oft benutzt wird, sondern der Rapport dient dem Aufbau dieser vertrauensvollen Beziehung zwischen den Gesprächspartnern.

Für den Aufbau eines erfolgreichen »Rapport« gibt es nach NLP zwei geeignete, aufeinanderfolgende Vorgehensweisen:

1. **»Pacing«: das Angleichen des Verhaltens**

   Die Beraterin versucht sich in ihrer Sprache, Körperhaltung, Mimik und Gestik dem Verhalten ihrer Gesprächspartnerin anzugleichen. Dieses Angleichen hat die Funktion, Übereinstimmung, Zuwendung und Akzeptanz zu signalisieren.

   Das »Pacing« oder Angleichen an die Körpersprache kann geschehen durch:

   - Wechsel zwischen lauter und leiser Stimme
   - Rhythmus und Intensität der Atmung
   - Geschwindigkeit und Rhythmus des Sprechens
   - Mimik und Gestik
   - Körperhaltung (aufrecht, gebeugt, verdreht …)
   - sprachliche Begriffe und Wortverwendung

2. **»Leading«: das Führen durch Fragen und Vorschläge**

   Beim Leading geht es darum, über Fragen und Vorschläge auf die Gesprächspartnerin zuzugehen und mehr von ihr zu erfahren.

»Pacing« und »Leading« ähneln dem »Spiegeln« aus dem Konzept der Personenzentrierten Beratung (PzB) nach Rogers. Beiden gemeinsam ist die Absicht, eine persönliche Nähe im Sinne von Zutrauen und Akzeptanz der Person und Verständnis von deren Anliegen zu signalisieren. Begonnen wird in der Regel mit dem »Pacing«. Danach folgt das »Leading« und anschließend können beide Techniken abwechselnd angewandt werden, bis die Beziehung der Gesprächspartner nach Einschätzung der Beraterin ein vertrauensvolles Gespräch ermöglicht.

Das B.A.G.E.L.-Schema

Sie kennen vielleicht das amerikanische ringförmige Brötchen namens »Bagel«. Das B.A.G.E.L.-Schema ist eine Art »Eselsbrücke«, um sich die verschiedenen Varianten des »Pacings« besser merken zu können. Die fünf Buchstaben stehen für jeweils ein Element des »Pacings«.

- ✔ B: body posture (Körperhaltung)
- ✔ A: accessing cues (benutzte Wort-/Sprachbilder: *Repräsentationssysteme* wie *visuell, auditiv, kinästhetisch, olfaktorisch*)
- ✔ G: gestures (Gesten und Mimik)
- ✔ E: eye accessing cues (Verbindung von Augenbewegung und Repräsentationssystem. Bestimmte Augenbewegungen deuten auf das aktuell verwendete Repräsentationssystem hin)
- ✔ L: language pattern (Verbindung von Sprachmuster und verwendetem Repräsentationssystem)

Neben der Angleichung der Körperhaltung, der Mimik und Gestik spielt auch die Angleichung der Sprache (»Matching«) eine wichtige Rolle zur Herstellung von »Rapport«. Wie im B.A.G.E.L.-Schema benannt, sind hierfür die Repräsentationssysteme wichtige Ansatzpunkte. Aber was ist mit Repräsentationssystemen genau gemeint?

Repräsentationssysteme

Repräsentationssysteme haben mit den fünf Sinnen zu tun, mit denen Menschen ihre Umwelt wahrnehmen können:

1. **sehen** (was wir mit unseren Augen »visuell« wahrnehmen können)
2. **hören** (was wir mit unseren Ohren »auditiv« wahrnehmen können)
3. **fühlen** (was wir mit unseren Gliedmaßen »kinästhetisch« wahrnehmen können)
4. **riechen** (was wir mit unserer Nase »olfaktorisch« wahrnehmen können)
5. **schmecken** (was wir mit unserer Zunge »gustatorisch« wahrnehmen können)

Je nachdem, welche Wahrnehmungsart Ihnen am ehesten liegt, wozu Sie am ehesten neigen, werden Sie für Ihre bildliche Sprache Wort und Begriffe aus Ihrem jeweiligen Repräsentationssystem verwenden. Wenn Sie gerne kochen, haben sich in ihrem Sprachschatz wahrscheinlich viele Worte aus dem olfaktorischen (»es stinkt mir« oder »es weht ein neuer Wind«) oder aus dem gustatorischen (»diese Sache hat ein G'schmäckle« oder »das muss man sich einmal auf der Zunge zergehen lassen«) Bereich angesammelt. Wer handwerklich tätig ist, verwendet vielleicht eher Worte aus dem kinästhetischen Repräsentationssystem der Bewegungen und des Körpergefühls (»jedes Mal wenn ich mich beobachtet fühle, zucke ich zusammen«).

Wenn es Ihnen gelingt, bei Ihrer Gesprächspartnerin ein typisches Repräsentationssystem ausfindig zu machen, haben Sie die Möglichkeit sich diesem Repräsentationssystem anzunähern, in der Hoffnung damit Verständnis und Verständigung zu finden.

In der Partnerberatung berichtet die ratsuchende Ehefrau: »Ich kann diese ständigen Ausreden von ihm nicht mehr hören [auditiv]. Und wenn ich ihn darauf anspreche [auditiv], wird er sofort laut [auditiv].« Darauf fragt die Beraterin: »Dann schalten Sie auf Durchzug [auditiv]?« und vermutet: »Und Sie möchten am liebsten laut [auditiv] losbrüllen!«

Sprachmodelle

Neben den Repräsentationssystemen, in denen Menschen nach ihren Sinneswahrnehmungen zu sprechen gewohnt sind, gibt es auch Sprachmodelle, die von Angewohnheiten geprägt sind, wie

- ✔ **Tilgungen** (genaue Angaben dazu, wer was wann gesagt oder getan hat, werden weggelassen/getilgt: »Es sollte sich mal etwas ändern«, »Ich muss mir viel anhören«)
- ✔ **Verzerrungen** (Aktive und Passive/Opfer und Täter werden verwechselt: »Er langweilt mich« anstatt »Bei ihm langweile ich mich«)
- ✔ **Generalisierungen** (Verwendung von Verallgemeinerungen wie »immer«, »nie«, »ständig« …)

Solche eingeschliffenen Sprachmodelle können zu Verständigungsproblemen führen, weil entweder für das Verständnis wichtige Informationen im Dunkeln bleiben oder die Vermeidungsformen wie Tilgungen, Verzerrungen und Generalisierungen die Situation ausweglos erscheinen lassen.

Die angesprochenen Sprachmodelle lassen sich jedoch aufbrechen. Hierzu gibt es im NLP die Werkzeuge von *Meta-Fragen* und *Milton-Fragen*.

Meta-Fragen – wenn Sie es ganz genau wissen wollen

Die Unklarheiten und Nebelkerzen, die durch »Tilgungen«, »Verzerrungen« und »Generalisierungen« in Gesprächen entstehen können, lassen sich dadurch auflösen, dass ganz konkret nachgefragt wird. Sie lassen sich also nicht von einer Verallgemeinerung wie »Ich bin ständig im Stress« einlullen, sondern Sie fragen zugespitzt nach.

»Wann genau waren Sie heute gestresst?«, »Was genau hat Sie heute gestresst?«, »Wer hat Sie heute gestresst?«, »Womit hat XY Sie heute gestresst?«).

Milton-Fragen – wie man aus dem Schlamassel herauskommt

Eine andere Möglichkeit, auf Auslassungen, Vermeidungen und Verallgemeinerungen in Gesprächen zu reagieren, bieten die eher lösungsorientierten »Milton-Fragen«. Dabei wird versucht, durch Fragen die Verwendung sprachlicher Möglichkeitsformen (Konjunktiv), das Denken für neue Ideen zu öffnen und an persönlichen Kraftquellen (Ressourcen) anzusetzen.

»Wie wäre es denn, wenn Sie einfach Ihren Stapel am Abend liegen lassen würden?«, »Was würde sich ändern, wenn Sie morgens auf dem Weg zum Bahnhof an etwas sehr Schönes denken würden?«, »Was müsste passieren, damit sich Ihr Problem in Luft auflösen würde?«

Während mit den »Meta-Fragen« eine Situation genauer unter die Lupe genommen wird, geht es bei den »Milton-Fragen« um die Öffnung von Situationen, um das Erlauben von Fantasien und den Spaßfaktor. »Milton-Fragen« werden auch in der systemischen Beratung (SyBe) angewandt und finden sich dort unter Begriffen wie »zirkuläres Fragen«, »Wunderfrage« oder »Zukunftsfragen« wieder.

Meta-Programme

Als »Meta-Programme« werden nach NLP steuernde Einstellungen bezeichnet, die Menschen zu unbeabsichtigtem Verhalten drängen.

Wenn Sie ein eher penibler Mensch sind und zu Perfektionismus neigen, legen Sie möglicherweise viel Wert auf die Qualität Ihrer Arbeit und versuchen alles, um Fehler zu vermeiden. Was Sie aber vielleicht nicht so sehr an Ihrem Verhalten mögen, ist, dass Sie für Entscheidungen und die Durchführung Ihrer Aufgaben viel Zeit benötigen und Ihnen die Spontaneität fehlt, die Sie sich manchmal wünschen würden.

Um solch einschränkende Wirkungen von Persönlichkeitsmustern (»Meta-Programmen«) zu beseitigen, gilt es zuerst, sich dieser eigenen Muster bewusst zu werden. Wenn Ihnen klar wird, von welchen Verhaltensmustern Sie im Alltag geprägt sind, können Sie die erwünschten Verhaltensweisen (wie Sorgfalt und Fehlervermeidung) gezielt einsetzen und den weniger oder nicht erwünschten (wie Entscheidungsschwierigkeiten oder fehlende Spontaneität) entgegenarbeiten (eine Liste eigener Prioritäten erstellen, um Entscheidungen leichter zu machen).

Dieses »Ausbalancieren« von förderlichen und hinderlichen Verhaltensweisen schafft Handlungsfreiheit, erweitert Ihre Flexibilität und ermöglicht Ihnen eine gezielte Veränderung eingeschliffener Verhaltensweisen.

Für Sie als Beraterin in der Sozialen Arbeit bedeutet die Anwendung dieser NLP-Variante, dass Sie im Gespräch mit Ihrer Klientel zunächst über deren Einstellungen und Verhaltensweisen sprechen, um herauszufinden, ob und welche »Meta-Programme« diese prägen. Danach können Sie die Vor- und Nachteile des identifizierten Persönlichkeitsmusters herausarbeiten, um im nächsten Schritt dann die förderlichen und hinderlichen Verhaltensweisen als Wahlmöglichkeiten auszubalancieren.

Eine wesentliche Vorgehensweise in der Beratungsarbeit nach NLP ist das bereits angesprochene »Leading«, um einen Menschen zum erwünschten Ziel zu führen. Ziele können motivierende Wirkung haben. Deshalb hat die Zielfindung im NLP einen hohen Stellenwert.

Zielfindungsprozess – Ziele finden und festlegen

Damit Ziele zu einem Veränderungsprozess beitragen können, müssen sie nach NLP einige Kriterien erfüllen. Ziele müssen

- ✔ attraktiv und anstrebenswert sein (es muss sich lohnen sie anzustreben und zu erreichen)
- ✔ selbst erreichbar sein (mit vorhandenen Mitteln und Möglichkeiten)
- ✔ realistisch sein (mit vorhandenen Mitteln in der gesetzten Zeit)
- ✔ einen klaren Zeitplan haben (bis wann das Ziel erreicht sein soll)
- ✔ sinnlich erlebbar sein (die Repräsentationssysteme berücksichtigen)
- ✔ operationalisierbar sein (klare Kriterien für den Zustand der Zielerreichung)
- ✔ mit dem menschlichen Umfeld vereinbar sein (Beteiligung, Einverständnis, Mitwirkung und Unterstützung anderer Menschen erforderlich)

In der Beratung nach NLP lässt sich die Zielfindung durch Fragen nach den benannten Kriterien gestalten. Dabei spielen Fragen nach dem »Repräsentationssystem«, also den sinnlichen Wahrnehmungsmustern des Gesprächspartners, eine besondere Rolle.

Solche Fragen orientieren sich an den fünf »Repräsentationssystemen« und werden nach NLP deshalb auch »VAKOG-Fragen« genannt (VAKOG für die Abkürzungen der sinnlichen Wahrnehmungsarten):

- ✔ **Visuell:** Wie *sieht* für Sie das zu erreichende Ziel aus?
- ✔ **Akustisch:** Welche Stimmen *hören* Sie aus ihrem persönlichen Umfeld dazu?
- ✔ **Kinästhetisch:** Wie *berührt* Sie der Gedanke an die Zielerreichung?
- ✔ **Olfaktorisch:** Wem außer Ihnen sollte das Ziel noch *schmecken*?
- ✔ **Gustatorisch:** Was braucht es, dass Sie die Zielerreichung *genießen* können?

»Ankern« – die Verbindung von Reiz und Reaktion

»Ankern« ist ein NLP-Format, also eine Technik, bei dem ein äußerer Reiz (ein Ball, der einem zugeworfen wird) mit einem bestimmten Erlebnis (Aufforderung etwas zu sagen) verbunden wird. Bei wiederholter Ausführung des Reizes (Ball zugeworfen bekommen) wird die Wirkung (Redebeitrag derjenigen Person, die den Ball gefangen hat) ohne weitere Worte der Aufforderung erzielt.

Sicher kennen Sie aus der Schule noch den Gong, der ertönte, wenn der Unterricht begann oder endete. Mit Hilfsmitteln dieser Art lassen sich Arbeitsprozesse in Gruppen durch akustische Zeichen effektiv und zeitsparend organisieren und begrenzen. Keine bahnbrechend neue Erkenntnis, aber in vielen Gesprächssituationen der Sozialen Arbeit (Gruppentrainings, Teambesprechungen, Schulungen ...) noch ausbaufähig.

Neurologische Ebenen – grundlegende Themen erkennen

NLP-Entwickler haben sich bemüht, Themen wie Handlungsmotivation, Veränderungsprozesse oder die Gestaltung von Gesprächssituationen mit Einflussfaktoren wie persönliche Beziehungen, Lernsituation, Wahrnehmungsmuster und anderem in Verbindung zu bringen. Dabei konnten sie mit den virtuellen und den konkreten Ebenen zwei Unterscheidungsmerkmale identifizieren.

✔ Virtuelle Ebenen

- Werte und Glaubenssätze (Überzeugungen als Grundlage des eigenen Handelns: »woran ich glaube und wovon ich überzeugt bin«)
- Identität (persönliches Selbstbild, Lebensauftrag, Bestimmung: »wer ich bin«)
- Zugehörigkeit (der Sinn des eigenen Daseins und Ziele des Lebens: »warum es mich gibt, weshalb ich hier bin, was ich erreichen will«)

✔ Beobachtbare Ebenen

- Fähigkeiten (allgemeine und spezielle Fertigkeiten und Strategien: »was ich kann«)
- Verhalten (konkrete ausgeführte Handlungen: »was ich tue«)
- Umwelt (Rahmenbedingen und Mitmenschen: »was um mich herum passiert«)

Das Einsortieren von Themen auf den verschiedenen Ebenen dient im NLP zunächst der Einordnung der Aussagen der Klientel in einer Gesprächssituation. Wenn Sie erkennen können, auf welcher Ebene Ihre Gesprächspartnerin ihre Probleme einordnet, können Sie eher verstehen, ob es ihr dabei beispielweise um ihr Verhalten und Fähigkeiten oder eher um ihre Einstellungen und Identität geht. Sie haben als Beraterin dann die Möglichkeit, auf der erkannten Ebene Ihre Interventionen (Nachfragen, Hilfeangebote, Empfehlungen, Veränderungsvorschläge ...) anzusetzen.

Sie arbeiten als Sozialarbeiterin in der Wohnungslosenhilfe mit einem Mann, der schon lange auf der Straße lebt. Er erzählt Ihnen, sein Schlafsack wäre nicht mehr ausreichend wärmeisolierend und es würde ihm nachts zunehmend schwer fallen einzuschlafen. Sie vermuten zunächst, sein Problem könnte auf der konkreten (beobachtbaren) *Ebene der Umweltbedingungen* angesiedelt sein. Deshalb schlagen Sie ihm vor, einen Antrag auf einen neuen Schlafsack beim Sozialamt zu stellen. Im weiteren Gespräch gibt Ihnen der Mann zu verstehen, dass es noch andere Probleme gebe und er es generell nicht mehr aushalte auf der Straße. Es zeichnet sich also ab, dass die *Ebene der Umweltbedingungen* nicht sein zentrales Thema trifft, sondern dass er sich möglicherweise nicht mehr in der Lage sieht, das anstrengende Leben auf der Straße zu bewältigen. Sein Anliegen läge dann entweder auf der (beobachtbaren) *Ebene der Fähigkeiten* oder vielleicht sogar der *virtuellen Ebene der Zugehörigkeit*, weil er sich nicht mehr den auf der Straße lebenden Menschen zugehörig fühlt und eher an eine Beendigung seines Daseins auf der Straße denkt. In diesem Fall könnten Sie auf die Idee kommen, ihm eine Eingliederungsmaßnahme, verbunden mit der Aufnahme in einer Wohngemeinschaft für wohnungslose Menschen, anzubieten.

»Reframing« – den Rahmen verändern

Sie haben in diesem Kapitel schon erfahren, dass NLP von der Grundannahme ausgeht, dass jegliches Verhalten zum Zeitpunkt des Auftretens für die jeweilige Person das in dieser Situation bestmögliche Verhalten war. Dies bedeutet dann auch, dass der jeweilige Rahmen im Nachhinein betrachtet vielleicht nicht so optimal war, wie man sich das heute, rückwirkend betrachtet, wünschen würde.

Genau hier setzt das »Reframing« an, was nichts anderes bedeutet, als den Rahmen der momentanen Bedingungen zu verändern, um zu veränderten Verhaltensweisen und neuen Lösungen zu gelangen.

Ein neuer Rahmen (»Reframing«) kann über Meta-Fragen geschaffen werden, indem die einschränkenden Bedingungen hinterfragt (also in Frage gestellt) oder durch Nachfragen konkretisiert werden.

Eine andere Variante des »Reframing« besteht in der Durchführung eines Zielfindungsprozesses, in dem neue Ziele entwickelt und formuliert werden.

Sind diese Ziele gefunden, kann mit dem Setzen eines »Ankers«, beispielsweise dem Reiben der Hände als Symbol dafür, dass man sich darüber freut, sich auf einen neuen Weg zu machen, reagiert werden.

Wenn es Ihnen gelungen ist, auf den »visuellen Ebenen« von *Identität* und *Zugehörigkeit* die Veränderungsbereitschaft des Klienten anzuregen, wie im Beispiel des wohnungslosen Mannes, der darüber nachdenkt, sein Leben auf der Straße aufzugeben, haben Sie den Schlüssel in der Hand, mit ihm über einen neuen Rahmen seines Daseins zu sprechen und ihm Wahlmöglichkeiten zu verschaffen.

Ethische Betrachtungen zu NLP

Die Beratungsmethode NLP wurde durch Beobachtung erfolgreicher Beratungsarbeit und das Herausfinden der wirksamsten Techniken für gelingende Einstellungs- und Verhaltensänderungen entwickelt. Daher liegt es nahe, diese Methode als effektive Programmierung wirksamer Beratungs- und Schulungsarbeit zu verstehen und als Manipulationswerkzeug zu vermarkten.

Dem versucht der Deutsche Verband für Neurolinguistisches Programmieren (DVNLP) durch einen eigens entwickelten Ethikkodex entgegenzusteuern.

Dieser Ethikkodex versucht festzulegen, was man im Rahmen des NLP darf und soll:

- ✔ Streben nach Integrität, Unabhängigkeit und Unparteilichkeit in Übereinstimmung mit den Grundannahmen des NLP
- ✔ (Auf)richtige Darstellung der eigenen Qualifikation und Erfahrung
- ✔ Anwendung von NLP ausschließlich innerhalb der Grenzen der eigenen Kompetenz
- ✔ Darstellung von NLP als optionale Methode und nicht als einzig mögliche Lösung zur Problembearbeitung
- ✔ Beachtung und Wahrung der Rechte und Bedürfnisse der Klientel nach Vertraulichkeit
- ✔ Erwartungen der Klientel werden in gegenseitiger Übereinstimmung entsprochen
- ✔ Die Vielfalt unterschiedlicher NLP-Stile und die Zugänge verwandter Berufe werden respektiert
- ✔ Geltende Gesetze werden eingehalten und die Klientel wird nicht zu illegalen Handlungen animiert oder unterstützt
- ✔ Die Werte und Würde jedes Menschen sowie dessen Rechte auf Selbstbestimmung werden respektiert.

Fazit zu NLP

Mit NLP wird es Beratenden erleichtert, eine helfende Beziehung zu Gesprächspartnern herzustellen (*Rapport*). Hierzu wird mit NLP-Techniken versucht ein besseres Verständnis für Kommunikationsprozesse zu gewinnen (*Repräsentationssysteme*). Die Abbildung von Wahrnehmungen im Gehirn (*Neuro*) werden durch verbale und nonverbale Ausdrücke (*linguistisch*) verbunden. Mit unterschiedlichen Techniken (*Meta-Fragen, Reframing*) lassen sich durch NLP eingespielte Verengungen und unangemessene Verhaltensweisen verändern (*Milton-Fragen, Zielfindungsprozess*) und Wahlmöglichkeiten schaffen.

Gestaltberatung (GeBe) – erspüren, was gerade geschieht

»Gestaltberatung« ist eine Beratungsform, die auf der in den 1920er Jahren in Deutschland entwickelten »Gestaltpsychologie« sowie der »Gestalttherapie« aufbaut. Diese wurde von der Psychologin Laura Perls, dem Mediziner Fritz Perls, dem Pädagogen und Schriftsteller Paul Godman sowie dem Soziologen Ralph Helferline in den 1950er Jahren in New York der Fachöffentlichkeit vorgestellt.

Gestaltarbeit ist ein Ansatz der Beratung, der eine ganz bestimmte Haltung seitens der Beratungsperson voraussetzt. Zu dieser Haltung gehört ein ganzheitliches Menschenbild, das den Menschen als Wesen aus Körper, Seele und Geist versteht. Dementsprechend werden Körper, Gefühle (Emotionen), Gedanken (Kognitionen) und Werte (Überzeugungen) genauso gesehen und einbezogen wie soziale Fähigkeiten und der gesamte Lebenszusammenhang (Kontext).

»Gestaltberatung« verfolgt das Ziel, die Bewusstheit (»Awareness«) für aktuelle körperliche, geistige und seelische Abläufe zu erhöhen. Wenn die Bewusstheit für die Abläufe innerhalb und außerhalb des Körpers steigt, lassen sich vorhandene Kraftquellen (Ressourcen) erkennen und besser nutzen, so die Erkenntnis der Gestaltberatung.

»Gestalt« – der Vorstellung eine Form geben

Sie kennen sicher das Phänomen, dass Sie einen Satz lesen und verstehen können, obwohl dieser mehrere Wortlücken aufweist. Oder Sie erkennen das Bild eines Hauses, obwohl nur eine Tür und ein Dach abgebildet sind.

Der Grund für diese menschliche Fähigkeit ist das »Phänomen der Gestalt«: Der menschliche Wahrnehmungsprozess versucht aus wenigen Bestandteilen eine sinnvolle Gesamtheit zusammenzusetzen. Wir nehmen also weniger die einzelnen Bestandteile wahr als die Gesamtheit, die sinngebende »Gestalt«.

Welches Bild wir uns in unserer Wahrnehmung machen, wird davon beeinflusst, was für uns im Moment die größte Bedeutung hat. Manches wird in unserer Wahrnehmung hervorgehoben, anderes tritt in den Hintergrund.

Menschen, die in einer Kirche verteilt auf den Bänken sitzen, können ein ganz unterschiedliches Bild dieses Raumes wahrnehmen. Kulturell interessierten Menschen fallen die Deckengemälde auf, sie fühlen sich wie in einer Kunstausstellung. Historisch versierte Kirchenbesucher bleiben dagegen vor den Glasfenstern stehen und studieren die Widmungen der verschiedenen Handwerkszünfte, die die Glasfenster ursprünglich spendiert haben. Religiöse Menschen fühlen sich in den sakralen Räumen ihrem Gott nahe und nutzen die Gelegenheit für ein Gebet.

Alle in obigem Beispiel aufgeführten Wahrnehmungen beruhen auf unterschiedlichen Interessen und damit auf den jeweiligen Zugängen zum Thema. Allen gemeinsam ist hingegen, dass sie sich ein Bild davon machen, wo sie sich gerade befinden. Im Verständnis der Gestaltberatung geben sie ihrer speziellen Wahrnehmung eine bestimmte Figur, die nur für sie in einzigartiger Weise in den Vordergrund tritt.

Es geht um Wahrnehmung

Was Sie mit Ihren Sinnen wahrnehmen können, muss nicht den objektiven Tatsachen entsprechen. Es kann Ihnen kalt sein, obwohl das Thermometer über 20 Grad Celsius anzeigt. Sie hören ein Geräusch und denken, es wäre das Miauen einer Katze, und sehen beim Umschauen, dass es ein Kind im Kinderwagen ist. Wahrnehmung kann also subjektiv sehr unterschiedlich sein. Ihre Sinne können sich täuschen. Andere Menschen können Sie täuschen, indem sie Ihnen absichtlich etwas Falsches erzählen. In der Gesprächsführung nach der Gestaltberatung gilt der Satz »Wahr ist, was wir für wahr nehmen«. In der Gestaltberatung geht es darum, wie die Wahrnehmung beschaffen ist, wie jemand etwas erzählt und wie dies von der Beraterin wahrgenommen wird.

»Awareness« (Bewusstheit) – wach sein mit allen Sinnen

»Awareness« bedeutet in der Gestaltberatung einen Zustand aufmerksamer Wachheit aufseiten des Beraters. Als Gestaltberater achten Sie sowohl auf die Äußerungen Ihres Gesprächspartners als auch auf Ihre eigenen Wahrnehmungen. Sie versuchen mögliche Blockaden in der Selbst- und Fremdwahrnehmung festzustellen und das Bewusstsein für die körperlichen und seelischen Abläufe möglichst hoch zu halten.

Hierzu lenken Sie Ihre Aufmerksamkeit auf Körperhaltung, Gestik, Stimme und Tonfall Ihres Gesprächspartners, in dem Bestreben, mögliche Widersprüche feststellen zu können. Wenn Sie diese ansprechen, hat Ihr Gesprächspartner die Möglichkeit seine Selbstwahrnehmung zu überprüfen und aufgrund der möglicherweise ausgelösten Irritation nachdenklich zu werden.

Wie wir miteinander in Kontakt treten

Wenn Sie Ruhe haben möchten, weil Sie über ein Ihnen wichtiges Thema nachdenken wollen, haben Sie mitunter den Wunsch, allein zu sein, und genießen das vielleicht sogar. Kein Mensch kann jedoch auf Dauer allein, als isoliertes Individuum (über)leben. Wir brauchen einander, um Familie zu gründen, Nahrungsmittel herzustellen oder eine Arbeitsaufgabe zu lösen. Dazu nehmen wir Kontakt zu anderen Menschen auf. Die Gestaltberatung schaut dazu genau hin, was passiert, wenn Menschen Kontakt miteinander aufnehmen.

Dafür wurde ein theoretisches Modell entwickelt, das einen erfolgreich verlaufenden Prozess der Kontaktgestaltung beschreibt: der »Kontaktzyklus«.

Der »**Kontaktzyklus**« besteht aus verschiedenen Phasen, die aufeinander aufbauen:

- ✔ **Vorkontakt**

  Was vor dem eigentlichen Kontakt passiert, was Anlass des Kontaktes ist/wird und deshalb in den Vordergrund der Wahrnehmung der Personen tritt, die einen Kontakt untereinander anbahnen.

- ✔ **Kontaktaufnahme**

  Noch vor der Kontaktaufnahme entstehen Bilder (in der Sprache der Gestaltberatung »Figur« genannt) von den Möglichkeiten, die mit der Realisierung des Kontaktes verbunden sein könnten.

- ✔ **Kontaktvollzug**

  Der Wunsch nach Kontakt wird verwirklicht und intensiv erlebt. Dieses Erlebnis erfasst die ganze Person und die Umwelt tritt in den Hintergrund.

- ✔ **Nachkontakt**

  Der Kontakt wurde erlebt, das Bild (»Figur«) tritt in den Hintergrund, es gibt Platz für den nächsten Kontakt(zyklus).

Als Gestaltberaterin gehen Sie davon aus, dass sich die anfangs vorgestellte erwartete Figur eines Kontaktes – man könnte auch sagen, eine bestimmte Erwartung oder ein Bedürfnis – Form annimmt (»die Figur schließt sich «) und die Erwartungen erfüllt werden. Ist dies nicht der Fall (»die Figur bleibt ungeschlossen«), beschäftigt diese nicht erfolgreiche Kontakterwartung die betreffende Person noch weiter (»zieht Energie ab«).

Sie merken schon, dass die Gestaltberatung eine sehr sorgfältige Herangehensweise an vermeintlich unscheinbare alltägliche Kontaktsituationen praktiziert, in der jede Stufe genau in den Blick genommen oder besser, als Wahrnehmung ernst genommen und zugänglich gemacht wird.

Im »Hier und Jetzt« sein und bleiben

Sie kennen sicher Situationen, in denen Sie »nicht ganz bei der Sache« sind, weil Sie ein Gedanke noch beschäftigt.

Sie sitzen am Frühstückstisch und lesen die Zeitung. Mit der Zeit stellen Sie fest, dass Sie gar nicht mehr wissen, worum es in dem Artikel, den Sie zuletzt gelesen haben, eigentlich ging. In Ihren Gedanken hängen Sie noch am Vortag fest, als Sie erfahren haben, dass eine enge Arbeitskollegin gekündigt hat und die gemeinsame Arbeit mit ihr bald zu Ende gehen wird.

In der Gestaltberatung legen Sie den Fokus auf die aktuelle Situation, die Gegenwart, das »Hier und Jetzt«. Das heißt nicht, dass Themen aus der Vergangenheit oder Anforderungen, die erst zukünftig anstehen, nicht bearbeitet werden können oder sollen. Diese werden aufgegriffen, soweit sie Bedeutung für das aktuelle Handeln und Erleben haben. Es wird in der Beratung also nicht gedanklich in die Vergangenheit oder in die Zukunft gewechselt, sondern das Gespräch bleibt in der Gegenwart und setzt sich mit dem momentanen Erleben auseinander. Es geht darum, unklare Situationen (»ungeschlossene Gestalten«) aufzulösen und das Thema abrunden und abschließen zu können.

Haltung und Verantwortung

Wenn Sie an Psychotherapie denken, wird vor ihrem geistigen Auge möglicherweise ein Sofa, eine Coach auftauchen. Der Patient liegt auf der Coach, die Psychotherapeutin sitzt in gebührendem Abstand auf einem bequemen Sessel. Sie führt das Gespräch, hat die Verantwortung für den Verlauf und hält fachliche Distanz, das heißt, ihre Person tritt nicht in Erscheinung und dient lediglich als Projektionsfläche. Dieses vielleicht etwas überzogene Bild eines psychotherapeutischen Settings entspricht keineswegs den Anforderungen der Gestaltberatung. Nicht nur, weil Gestaltberatung keine Therapieform ist und hier als Beratungskonzept in der Sozialen Arbeit vorgestellt wird, sondern weil in der Gestaltberatung die Person der Beraterin durchaus präsent ist.

Gestaltberatung setzt eine entsprechende Haltung/Einstellung voraus:

- ✔ **Selbstverantwortung der Ratsuchenden**

  Gestaltberatung überlässt die Verantwortung für sein Handeln beim Ratsuchenden, unterstützt diesen aber in seiner Selbststeuerung, der Findung von Lösungen.

- ✔ **Präsenz und Zugewandtheit**

  Die Beraterin zeigt Interesse und verhält sich der Klientin zugewandt.

- **Authentizität**

  Der Berater zeigt auch eigene Offenheit oder Verschlossenheit.

- **Seelisches Berührt-Sein**

  Die Beraterin zeigt auch eigene Berührtheit von tiefgreifenden Empfindungen.

- **Inneres Erleben**

  Der Berater nimmt sein eigenes Erleben wahr und bringt dies in den Beratungsprozess ein.

- **Demut in der Arbeit**

  Die Beraterin weiß um ihre Begrenzungen, erliegt keinen Allmachtsfantasien und überlässt der Klientin auch deren Erfolge.

- **Würdigung**

  Der Berater würdigt und wertschätzt die Bereitschaft und Leistungen des Klienten und hilft ihm damit, an Stärke und Zutrauen zu eigenen Kräften zu gewinnen, um zuversichtlich seinen eigenen Weg zu gehen.

Techniken – wie Gestaltberater arbeiten

Die Techniken der Gestaltberatung orientieren sich im Wesentlichen an folgenden Fragen:

- Was tust du?
- Was fühlst du?
- Was möchtest du?
- Was vermeidest du?
- Was erwartest du?

Für den Einsatz von Techniken der Gesprächsführung gibt es in der Gestaltberatung kein Patentrezept. Erlaubt ist, was zur Klientin, zur Beraterin und zur jeweiligen Situation passt und den Zielen der Gestaltberatung, Bewusstheit über die momentanen körperlichen, geistigen und seelischen Prozesse zu fördern, entspricht.

Um das Repertoire von Techniken in der Gestaltberatung anzudeuten, zeige ich hier einige Anwendungsbereiche von Beratungstechniken auf.

Die Arbeit mit dem leeren Stuhl

Wenn es um die Auseinandersetzung mit einer Person, einem schwierigen Thema oder einem aktuellen Problem geht, kann die Arbeit mit dem leeren Stuhl hilfreich sein. Nehmen wir an, die Klientin hat den Konflikt mit einer anderen Person (Mutter, Chef, Freundin …) als Thema benannt. Der Berater bittet sodann die Klientin auf den gegenüber stehenden (noch leeren) Stuhl zu wechseln und sich dort zunächst Zeit zu nehmen, sich vorzustellen, sie sei die Person, mit der die Klientin gerade hadert. Wenn die Klientin in der neuen Rolle (Person) bereit ist, soll sie auf die vorherigen Aussagen der Klientin (also ihre eigenen Aussagen) reagieren und dies in Worten und Körpersprache ausdrücken. Danach wechselt die Klientin wieder Stuhl und Rolle (Person) und überprüft zunächst ihre Wahrnehmungen von der Person auf dem anderen (jetzt wieder leeren) Stuhl. Der Stuhlwechsel kann mehrmals nacheinander erfolgen, bis die Klientin das Gefühl hat, dass es genug ist oder der Berater merkt, dass eine Bearbeitung vergangener Erlebnisse beginnt und die Klientin nicht mehr in der Gegenwart, im »Hier und Jetzt« ist.

Beispiele von Situationen, die sich für die Technik »leerer Stuhl« eignen:

- ✔ Unsicherheiten über eine persönliche Beziehung
- ✔ die Entscheidung über einen Stellenwechsel
- ✔ ein Mitarbeitergespräch über Gehaltserhöhung oder Aufgabenveränderung im Job.

Die Themen können variieren; je persönlicher das Thema, desto eher bietet sich der Einsatz der Technik »leerer Stuhl« für das Einzelsetting (Einzelgespräch zwischen Beraterin und Klient) an. Die Anwendung der Technik »leerer Stuhl« in Gruppen setzt hohes gegenseitiges Vertrauen der Gruppenmitglieder und Erfahrungen mit Vertraulichkeit voraus.

Malen und Modellieren

Wenn Sie mit Einzelnen oder Gruppen zu tun haben, die es entweder weniger gewohnt oder weniger in der Lage sind, sich über Gefühle und Empfindungen sprachlich auszudrücken, liegen nonverbale und kreative manuelle Tätigkeiten nahe. Mit unterschiedlichen Materialien wie Ton, Sand, Erde, Papier, Kreidestifte et cetera können Gefühle und Empfindungen oft besser ausgedrückt werden, ähnlich wie Sie das wahrscheinlich auch selbst von Spaziergängen kennen. Schon allein die manuelle Beschäftigung mit einem formbaren Material kann eine Atmosphäre der Ruhe, der Besinnung, des Nachdenkens und des Gedankenschweifen-lassens erzeugen.

Wichtig ist dabei allerdings die anschließende Reflexion, in der die aufgekommenen Gefühle benannt und angesprochen werden. Die Gesprächspartner werden deshalb gefragt, ob und welche Verbindungen sie zwischen den gerade eben mit dem Material gemachten Erfahrungen und Empfindungen und dem Alltag ziehen können.

»Körperarbeit«

Auch ohne Material können in Gesprächssituationen nonverbale Techniken zur Anwendung kommen. Hierfür eignen sich Aufstellungen von Gruppen oder Skulpturen einzelner Personen. Damit können Themen zu Gefühlen wie Freude, Ärger, Wut oder auch Themen aus Arbeitskontexten wie Zusammenarbeit oder Konkurrenz aufgestellt werden. Bei Skulpturenarbeit geht die Aufforderung der Beraterin an die Beteiligten zunächst dahin, ihren Körper intensiv von Kopf bis Fuß wahrzunehmen und eine Körperhaltung einzunehmen, die für die jeweilige Person gerade am besten zum Thema oder Begriff passt. Bei Aufstellungen wird der Kontakt zu anderen Personen, Abstand und Nähe sowie Art und Intensität der Berührung als »Beratungsmaterial« ermöglicht.

Auch bei der Körperarbeit hat die Auswertung und Reflexion danach eine wesentliche Bedeutung für mögliche Klärungs- und Veränderungspotenziale.

»Hausaufgabe«

Sollte die Klientin in der Beratung auf die Idee kommen, eine bestimmte Verhaltensweise verändern zu wollen, könnten Beraterin und Klientin vereinbaren, dass die Klientin über einen begrenzten Zeitraum genau diese Verhaltensweise in ihrem Alltag anwendet und damit umzugehen übt.

Die Mutter zweier Kinder möchte in Beruf und Privatleben öfter Grenzen setzen, um ihre Belastungen zu reduzieren. Die mit der Sozialarbeiterin vom Jugendamt vereinbarte Hausaufgabe lautet dementsprechend, in den nächsten beiden Wochen mindestens einmal am Tag »nein« zu sagen, wenn an der Arbeitsstelle oder zu Hause eine Verhaltenserwartung an sie gerichtet wird, bei der sie um einen Gefallen gebeten wird, der ihr zu viel wird.

Der Verlauf der Hausaufgabe wird im nächsten Gespräch zwischen Beraterin und Klientin ausgewertet. Mit der Vereinbarung über eine Hausaufgabe, die auch als Experiment bezeichnet werden kann, erhält die Klientin die Möglichkeit, ein von ihr erwünschtes und angestrebtes Verhalten einzuüben und Erfahrungen damit zu sammeln.

Fazit zur Gestaltberatung (GeBe)

Das Besondere an der Methode der Gestaltberatung ist deren starker Bezug zur Wahrnehmung eigener aktueller Gefühle und Erlebnisse. Sich seiner Erfahrungen und Gefühle für körperliche, seelische und geistige Empfindungen bewusst zu werden, ist das Ziel der Gestaltberatung. Dazu stehen Ihnen als Gestaltberaterin viele unterschiedliche Techniken zur Verfügung. Diese anzuwenden, erfordert von der Beraterin entsprechende Arbeit an sich selbst und eigene Achtsamkeit auf sich selbst.

Für die Gestaltberatung gelten bestimmte Grundsätze:

- ✔ **Zieloffenheit**: Ziele sind nicht vorgegeben, sondern werden von und mit den Ratsuchenden entwickelt.
- ✔ **Energieaufbau**: Es lohnt sich, den Kontaktaufbau sorgfältig zu gestalten.
- ✔ **Widerstände** werden nicht abgewendet, sondern dienen als wertvolle Hinweise.
- ✔ **Aufmerksamkeit** für körperliche, seelische und geistige Empfindungen erhöhen die Chancen auf stimmiges und gelingendes Verhalten.
- ✔ **Wahrnehmung** von Hilfsangeboten hilft diese zu erkennen und zu nutzen.

Kritisch angemerkt werden kann zur Gestaltberatung, dass ihre Vermittlung in Lehre und Fortbildung aufgrund der starken Orientierung auf persönliches Wachstum schwer in ein allgemeines Lehrprogramm zu pressen sind.

Manche Themen aus dem Berufsleben wie Effizienz, Wettbewerbsorientierung, Planungsprozesse und quantitative Qualitätssicherung passen nicht richtig zu den Grundlagen und Zielen der Gestaltberatung. Deshalb sollten Sie genau prüfen, in welchem beruflichen und gesellschaftlichen Kontext Gestaltberatung einsetzbar ist und Wirkung entfalten kann und in welchen Situationen und für welche Art Aufträge weniger oder gar nicht.

Arbeit an Lösungen statt an Problemen: Lösungsorientierte Beratung (LöBe)

Die klassischen Beratungsmethoden sind aus der Arbeit mit psychosozialen Problemen entstanden. Auf diesem Weg wurden mit der Zeit Methoden und Techniken zur Problemlösung entwickelt. Der Nachteil daran, zunächst auf die Probleme zu schauen und danach erst, wie sie gelöst werden könnten, ist die starke Fixierung auf die Defizitperspektive – wo es Probleme gibt, was nicht klappt. Menschen, die ständig mit ihren Schwächen und Unzulänglichkeiten konfrontiert werden, verlieren leicht das Selbstvertrauen in die eigene Leistungsfähigkeit sowie die Lust und die Kraft, etwas zu ändern.

Zwei Amerikaner auf dem Weg zu den Lösungen

So haben sich der amerikanische Künstler, Musiker und Soziologe Steve de Shazer und die Sozialarbeiterin Insoo Kim Berg, seine spätere Ehefrau, zusammengetan und in Kooperation mit Fachleuten für Kommunikation, wie Paul Watzlawik und anderen, neue Methoden der lösungsorientierten Beratung entwickelt.

Berater als »professionelle Nichtwissende«

Der wesentliche Unterschied der Lösungsorientierung zur bisherigen Vorgehensweise der Problemlösung ist die Annahme, dass Lösungen weitgehend ohne vorheriges Wissen und Verstehen der dahinterliegenden Probleme möglich sind. Berater sind demnach professionelle Nichtwissende, die auf Grundlage des Nichtwissens aber in der Lage sind, Fragen zu stellen, die der Klientel helfen Lösungen zu finden.

Die Leitlinien der Lösungsorientierung

Die Methode der lösungsorientierten Beratung beruht nicht auf einer bestimmten Theorie. Es gibt jedoch einige Thesen, die als Leitlinie der Methode verstanden werden können:

- ✔ **»Was nicht kaputt ist, braucht nicht repariert zu werden.«** Wenn der Klient eine Lösung gefunden hat, sollte die Beratung beendet werden.
- ✔ **»Was funktioniert, sollte häufiger getan werden.«** Die Beraterin hat die Aufgabe, den Klienten dabei zu unterstützen, weiterhin das zu tun, was funktioniert.
- ✔ **»Wenn etwas nicht funktioniert, sollte man etwas anderes probieren.«** Dieser Leitsatz gilt für Berater und Klient gleichermaßen.
- ✔ **»Kleine Schritte können zu großen Veränderungen führen.«** Kleine Erfolge erhöhen den Mut zu weiteren Schritten und vermitteln Erfolgserlebnisse.
- ✔ **»Die Lösung muss nicht direkt mit dem Problem zusammenhängen.«** Deshalb lohnt es sich nicht, sich lange mit dem Problem zu befassen, sondern mit den bisher erfolgreichen Schritten und deren Einsatz zu forcieren.
- ✔ **»Kein Problem besteht für immer, sondern es gibt stets Ausnahmen.«** Diese Ausnahmen können für kleine Veränderungen genutzt werden.

- ✔ **»Lösungsentwicklung und Problemlösung haben unterschiedliche Sprachen.«** Problemlösung ist rückwärtsgerichtet und negativ belastet; Lösungsentwicklung ist nach vorne gerichtet und hoffnungsvoll ausgerichtet.
- ✔ **»Zukunft wird geschaffen und ist damit verhandelbar.«** Menschen können ihr Leben grundsätzlich selbst gestalten. Die Art und das Tempo der Lösung bestimmt der Klient.

Lösungsorientierung bedarf demnach einer wertschätzenden und gleichberechtigten Gestaltung der Beziehung zwischen Beraterin und Klientin.

Merkmale der Haltung der Beratenden sind:

- ✔ Sie hören aufmerksam und genau zu, welche Geschichten die Klientin wie erzählt. Die Geschichten der Klientin können Anhaltspunkte für weitere Geschichten enthalten.
- ✔ Sie brauchen Beharrlichkeit im Neuerzählen von Geschichten und Geduld, die verschiedenen Varianten erzählt zu bekommen.
- ✔ Sie haben und zeigen Vertrauen und Zuversicht in die Bewältigungsmöglichkeiten der Klientel.
- ✔ Sie zeigen ihre Wertschätzung durch Anerkennung und Komplimente für die offensichtlichen und verdeckten Stärken der Klientel.
- ✔ Sie bleiben thematisch bei ihren Klienten und halten sich mit eigenen Ideen und Vorstellungen zurück.
- ✔ Sie verstehen sich als Nicht-Wissende.

So sehr die Beraterinnen ihre Rolle als professionelle Nichtwissende verstehen, so sehr gelten in der lösungsorientierten Beratung die Klienten als Expertinnen für sich selbst.

Techniken in der lösungsorientierten Beratung (LöBe)

Einteilung eines idealtypischen lösungsorientierten Beratungsprozesses (Phasenmodell)

1. **Einspielen der Gesprächspartner:** kennenlernen, orientieren, Anlass erkunden, Anliegen verstehen, Auftrag klären, Vereinbarung treffen
2. **Ressourcen und Visionen entdecken:** Orientierung an der Gegenwart (Bewältigungserfahrungen), Besonderheiten (»*Ausnahmen*«) entdecken, Veränderungsmöglichkeiten ausloten (»*Wunderfrage*«), Klientelwissen nutzen
3. **Lösungen entwickeln:** Besprechung von Lösungsvorschlägen, Nachdenken über geeignete Maßnahmen und deren Wirkungen
4. **Evaluation und Ergebnissicherung:** Was hat sich verbessert? Wie hat die Lösung funktioniert? Wer oder was hat zur Lösung beigetragen? Was kann und soll verändert werden? Kann die Beratung beendet werden?

Die große Herausforderung der lösungsorientierten Beratung liegt darin, die verbreitete Gewohnheit von Klienten, zunächst ihr Problem zu schildern und auch immer wieder auf die Problemlösung zurückzukommen, während die Beraterin nicht am Problem hängen bleiben will, sondern an Lösungen arbeiten möchte.

Dazu sollte die Beraterin darauf achten, das vom Klienten benannte Problem zu würdigen, gleichzeitig aber mit Wertschätzung und Komplimenten auf Änderungswünsche und Lösungswege des Klienten zu sprechen zu kommen.

Aufgaben in der Phase »Einspielen der Gesprächspartner«

Aufgaben, die in der ersten Phase des gegenseitigen Einspielens der Gesprächspartner anstehen, können durch bestimmte Fragen oder Anregungen erfüllt werden.

Aufgaben und Beispiele für Fragen:

✔ **Klientin und ihre Lebenssituation kennenlernen**

- Fragen und erzählen lassen: »Was wollen Sie mir über sich erzählen?«

✔ **Orientieren über Lebensstil, Besonderheiten und Vorlieben der Klientin**

- Bewältigungsaufgaben wertschätzen: »Sie haben drei Kinder großgezogen, das ist eine anspruchsvolle Aufgabe!«
- Leistungen anerkennen: »Sie haben Ihre Ausbildung erfolgreich abgeschlossen!«
- Komplimente für bisherige Lösungswege: »Sie haben sich bisher erfolgreich durchgeschlagen, Sie scheinen eine Lebenskünstlerin zu sein!«

✔ **Anlass für Gespräch und das Aufsuchen durch den Klienten erkunden**

- Den Anlass erfragen: »Weshalb haben Sie mich aufgesucht?«
- Hintergrund der Vermittlung erkunden: »Wer oder was führte Sie zu mir?«
- Grund der Auswahl erkunden: »Wie haben Sie mich gefunden?«

✔ **Anliegen des Klienten verstehen**

- Zielvorstellung erfragen: »Was wollen Sie erreichen?«
- Motivation erfragen: »Weshalb ist Ihnen das so wichtig?«
- Hilfeerwartung erfragen: »Wie kann Ihnen geholfen werden?«
- Unterstützungsvorstellungen erfragen: »Wer oder was könnte Ihnen helfen?«

✔ **Auftrag von Klientin an Beraterin klären**

- Themenstellung herausfinden: »Woran wollen Sie mit mir arbeiten?«
- Ziel(e) formulieren: »Was wollen Sie erreichen?«
- Zeithorizont abklopfen: »Bis wann wollen Sie welches Ziel erreichen?«
- Zielerreichung markieren: »Woran können wir erkennen, dass die Beratung am Ende erfolgreich war?«

✔ **Vereinbarung zwischen Klientin und Beraterin treffen**

- Beginn festlegen: »Wann wollen wir mit der Beratung beginnen?«
- Thema festlegen: »Woran wollen wir in der Beratung arbeiten?«
- Aufgaben verteilen: »Welche Aufgaben übernehmen Sie in der Beratung? Welche Aufgaben übernehme ich als Beraterin?«
- Ziele vereinbaren: »Welches Ziel/welche Ziele wollen Sie in der Beratung erreichen?«
- Ablauf der Beratung festlegen: »Was soll in der Beratung geschehen?«
- Ende der Beratung festlegen: »Wann wollen wir die Beratung beenden?«
- Auswertung der Beratung festlegen: »Wie wollen wir die Beratung auswerten?«

Aufgaben in der Phase »Ressourcen und Visionen entdecken«

Die in der zweiten Phase »Ressourcen und Visionen entdecken« anstehenden Aufgaben können durch bestimmte Fragen oder Anregungen erfüllt werden.

Aufgaben und Beispiele für Fragen:

✔ **Orientierung an der Gegenwart**

- Bisherige Bewältigungsstrategien erfragen: »Was tun Sie bisher schon Hilfreiches/Erfolgreiches?«
- Derzeit erfolgreiche Aktivitäten festhalten: »Was gelingt Ihnen derzeit besonders gut?« »Sie haben den ersten Schritt auf Ihrem Weg erfolgreich geschafft!«

✔ **Besonderheiten (»Ausnahmen«) entdecken**

- »Ausnahmen« (Gelegenheiten), die sich von selbst bieten: »Achten Sie bis zu unserem nächsten Treffen bitte darauf, welche Gelegenheiten sich für Sie zufällig ergeben, die Ihnen gefallen und die Sie nutzen könnten!«
- »Ausnahmen« (Zeiten und Erlebnisse), in denen das Problem nicht auftrat: »Wann tritt die übliche Situation (das Problem) nicht ein?» »Was ist dann anders/besonders?« »Was tun/denken/fühlen/sehen Sie dann?«
- »Ausnahmen« (Situationen), die von Rahmenbedingungen abhängen: »Was könnten Sie dafür tun, dass die Rahmenbedingungen das nächste Mal wieder so gut sind?«
- »Ausnahmen« (Gelegenheiten), die mit anderen Personen zu tun haben: »Was haben andere Personen dazu beigetragen, dass es für Sie angenehm war?» «Was könnten Sie dafür tun, dass diese Personen sich wieder so verhalten und Sie unterstützen?«
- »Ausnahmen« (Optionen), die von der Klientin selbst geschaffen wurden: »Haben Sie gemerkt, wie gut Ihnen das gelungen ist?« »Glauben Sie auch, dass Sie das jetzt öfter so gut hinkriegen?«

✔ **Veränderungsmöglichkeiten ausloten**

- Ressourcen erkennen und einsetzen: »Wie haben Sie es geschafft, Beruf und Familie in Einklang zu bringen?« »Wie lassen sich Ihre Erfahrungen als Familienmanagerin auf den Beruf übertragen?«
- Das Unmögliche denken und vorstellen können (*Wunderfragen*): »Darf ich Ihnen eine ungewöhnliche Frage stellen?« »Was wäre morgen anders, wenn heute Nacht ein Wunder geschähe?« »Woran werden andere merken, dass ein Wunder geschehen ist, auch wenn Sie denen nichts von einem Wunder verraten?«
- Veränderungschancen abfragen (*Skalierungsfragen*): »Auf einer Skala von 0 = gering bis 10 = sehr hoch, auf welcher Stufe schätzen Sie Veränderungschancen ein?« »Und was steckt hinter dieser Zahl?«

✔ **Wissen der Klientel nutzen**

- Momentanen Veränderungsbedarf abfragen (*Skalierungsfragen*): »Auf einer Skala von 0 = nicht nötig, bis 10 = unbedingt nötig, wie hoch ist nach Ihrer Einschätzung der Veränderungsbedarf?« »Und was steckt hinter dieser Zahl?«
- Unterstützungsnetzwerk erkunden: »An wen wenden Sie sich gewöhnlich, wenn Sie Unterstützung in finanziellen/behördlichen/technischen/zwischenmenschlichen/politischen Angelegenheiten benötigen?«
- »Expertenwissen« erkunden (*zirkuläres Fragen*): »Was denken Sie als Mutter, wie wird Ihre Tochter reagieren, wenn sich ihr Freund von ihr trennen würde?« »Was denken Sie als Führungskraft, wie wird eine Mitarbeiterin reagieren, wenn ihre Kollegin auf einmal zu ihrer Vorgesetzten befördert wird?«
- Selbsthilfepotenzial erkunden: »Was hat Ihnen bisher in ähnlichen Situationen geholfen?«

Aufgaben in der Phase »Lösungen entwickeln«

Die in der dritten Phase »Lösungen entwickeln« anstehenden Aufgaben können durch bestimmte Fragen oder Anregungen erfüllt werden.

Aufgaben und Beispiele für Fragen:

✔ **Momentane Befindlichkeit abfragen** (*Skalierungsfragen*)

»Auf einer Skala von 0 = sehr unzufrieden bis 10 = sehr zufrieden, wo befinden Sie sich gerade eben?« »Und was steckt hinter dieser Zahl?«

✔ **Besprechung von Lösungsvorschlägen** (*Beobachtungsaufgaben*)

»Achten Sie bis zu unserem nächsten Treffen bitte mal darauf, welche Verhaltensweisen Sie bei Ihrem Partner entdecken können, die Ihnen gefallen.« »Achten Sie bis zu unserem nächsten Treffen bitte mal darauf, welche Handlungen Ihres Chefs Ihnen positiv auffallen.«

- ✔ **Nachdenken über geeignete Maßnahmen und deren Wirkungen** (*Beobachtungsfragen*)

  »Was habe ich heute getan, bei dem ich mit mir zufrieden bin?« »Was hat jemand anderes getan, was ich gut fand?«

- ✔ **Positive Erfahrungen und Erlebnisse fortsetzen und verstetigen** (*Fortsetzungsaufgaben*)

  »Denken Sie bitte darüber nach, was Ihnen im Laufe der letzten Woche gut gelungen ist, und versuchen Sie das Verhalten möglichst oft zu wiederholen!«

Aufgaben in der Phase »Evaluation und Ergebnissicherung«

Die in der vierten Phase »Evaluation und Ergebnissicherung« anstehenden Aufgaben können durch bestimmte Fragen oder Anregungen erfüllt werden.

Aufgaben und Beispiele für Fragen:

- ✔ **Veränderungen abfragen**: »Was hat sich verbessert?«
- ✔ **Fortschritte abfragen** (*Skalierungsfragen*): »Auf einer Skala von 0 = sehr gering bis 10 = sehr hoch, auf welcher Stufe liegen die Fortschritte in Richtung Zielerreichung gerade?« »Und was steckt hinter dieser Zahl?«
- ✔ **Wirkungen abfragen**: »Wie hat die Lösung funktioniert?«
- ✔ **Einflussfaktoren abfragen**: »Wer oder was hat zur Lösung beigetragen?«
- ✔ **Nötige Nacharbeit abklären**: »Was kann und soll noch verändert werden?«
- ✔ **Abschluss der Beratung abklären**: »Kann die Beratung beendet werden?«

Fragetechniken und ihre Bedeutung

Weil die lösungsorientierte Beratung sehr viel Wert auf die Selbstständigkeit der Klientel legt und die Verantwortung für Änderungen klar bei der ratsuchenden Person belassen will, liegt es nahe, die Beratungsgespräche mit Fragetechniken zu gestalten. Eine Auswahl der gängigsten Fragetechniken finden Sie hier.

Das Unmögliche zulassen: »Wunderfragen«

Mit der »Wunderfrage« wird für den Klienten gedanklich eine Ausnahmesituation (ein Wunder) beschrieben. Damit sollen die Gedanken gelöst und von realen Einschränkungen befreit werden. Die »Wunderfrage« kann und soll spontane Reaktionen auslösen und Möglichkeiten jenseits von Selbstbeschränkungen durch rationales Denken eröffnen.

Zur Wahrnehmung feiner Unterschiede: »Skalierungsfragen«

Das Angebot der Einordnung von Verhalten, Einschätzungen und Gefühlen auf einer Skala von 0 bis 10 erweitert das Antwortspektrum von ja oder nein um acht weitere Stufen. Damit lassen sich Wahrnehmungen kleiner und feiner unterscheiden und Erfolge in kleinen Schritten ausdrücken.

Um die Ecke gefragt: »Zirkuläres Fragen«

»Zirkuläres Fragen« bedeutet, jemanden nach dem Verhalten oder Denken von anderen Personen zu fragen. »Woran merkt Ihr Chef, wenn in Ihrem Arbeitsteam eine schlechte Stimmung aufkommt?« Mit »zirkulärem Fragen« können Vermutungen und Fremdeinschätzungen offengelegt und überprüft werden. Es bietet die Möglichkeit, internes Wissen an die Oberfläche zu transportieren. Bei Konflikten werden unterschiedliche Perspektiven deutlich und dadurch verhandelbar. Mit »zirkulärem Fragen« können Ideen für Lösungen entwickelt werden.

Weitere Techniken und deren Bedeutung

Neben den Fragetechniken werden in der lösungsorientierten Beratung durchaus auch Techniken mit Aufforderungscharakter verwendet. Eine Auswahl solcher Techniken finden Sie in den nächsten Abschnitten.

Beobachtungsaufgaben – genau hinschauen und festhalten

Die ratsuchende Person wird aufgefordert, im Alltag oder auch in bestimmten Situationen gezielt auf bestimmte eigene Verhaltensweisen oder auch auf das Verhalten anderer Personen zu achten. Wenn sich die Beobachtung auf Situationen bezieht, in denen ein erwünschtes Verhalten gelingt, kann die Klientin entdecken, dass sie durchaus in der Lage ist erfolgreich zu agieren. Sie macht die Erfahrung, dass Situationen nicht immer problematisch sind. Dies erhöht die Wahrnehmung und Sensibilität für Verhaltensweisen und eröffnet Lösungsmöglichkeiten.

Fortsetzungsaufgaben – Gutes beibehalten und wiederholen

Diese Aufgaben dienen dem Zweck, die Wahrnehmung der ratsuchenden Person von positiven Erlebnissen und Erfahrungen im eigenen Leben zu schärfen und zu trainieren. Dazu werden die Gesprächspartner aufgefordert, nicht so sehr auf die unerwünschten Dinge zu achten, sondern das Verhalten beizubehalten, das ihnen gut gefällt oder mit dem sie zufrieden sind, und diese Verhaltensweisen möglichst oft zu wiederholen.

Vorhersageaufgaben – auf Unplanbares einstellen können

Manche Menschen haben den Eindruck, dass ihre Probleme ungeplant und zufällig auftreten und sie diese deshalb nicht vorhersehen und sich nicht darauf einstellen können. Genau hier setzen die Vorhersageaufgaben der lösungsorientierten Beratung an. Denn der Klient wird gebeten einzuschätzen, ob und in welcher Weise das von ihm befürchtete Problem genau an diesem Tag eintreten wird und wie er dann darauf reagieren wird. Damit erhält der Klient die Gelegenheit, das für ihn bisher unvorhersehbare Ereignis vorwegzunehmen und sich darauf einzustellen, womit die Erfahrung einer Problemkontrolle verbunden ist.

Umdeutung (»Reframing«) – den Rahmen verändern

Dass die Umdeutung, das »Reframing«, hier zuletzt als Technik beschrieben wird, bedeutet nicht, dass es eine weniger wichtige Technik der lösungsorientierten Beratung wäre. Im

Gegenteil findet das »Reframing« in der Praxis sehr häufig Anwendung. Das liegt daran, dass die Umdeutung von Situationen gut verständlich ist und sehr auf die Stärken der Klientel setzt. Dem »Reframing« liegt die Überlegung zugrunde, dass ein als problematisch erscheinendes Verhalten möglicherweise durchaus auch sinnvoll sein könnte, wenn man vielleicht die Perspektive darauf verändert. Man stellt sich also die Frage, in welchem Rahmen das Verhalten adäquat erscheinen könnte.

Dieser »Umkehrung des Denkens« liegen einige Vorannahmen zugrunde:

- ✔ Ein Verhalten ergibt Sinn, wenn man den Zusammenhang (Kontext) kennt.
- ✔ Eigenschaften von Personen stehen immer in irgendeinem Zusammenhang.
- ✔ Wenn Fähigkeiten und Zusammenhang nicht passen, entstehen Probleme.
- ✔ Nachteile in einem Teil des Systems können an anderer Stelle zu Vorteilen werden.

Für das Umdeuten ist es wichtig, bei Problembearbeitungen zunächst die im oder hinter dem Problem schlummernden Vorteile/Stärken/Ressourcen zu erschließen. Sind diese erkannt, können Probleme umgedeutet werden, indem der Sinn des problematischen Verhaltens offengelegt und die daran beteiligten Ressourcen in den Vordergrund gerückt und unterstützt werden. »Reframing« ist auch Bestandteil der Methode NLP und wird in diesem Kapitel an entsprechender Stelle beschrieben.

Fazit zur »lösungsorientierten Beratung« (LöBe)

Der zentrale Aspekt der Methode der »lösungsorientierten Beratung« ist die Entwicklung von Lösungen. Dazu werden die helfenden Gespräche nicht auf die offensichtlichen Probleme ausgerichtet, sondern auf die (oft verborgenen) Grundlagen und Stärken (Ressourcen) der ratsuchenden Menschen und deren Umfeld gelenkt und konzentriert. Mit dem Ansatz der Stärken- und Ressourcenorientierung soll die Motivation für die Bewältigung herausfordernder oder problematischer Aufgaben hochgehalten werden. Gleichzeitig zielt die Methode darauf ab, das Selbstbewusstsein der ratsuchenden Person und ihr Vertrauen in die eigene Problembewältigung zu stärken.

Lösungsorientiert zu beraten ist auch für Beraterinnen eine große Herausforderung, denn es bedarf einer klaren und entschieden menschenfreundlichen Haltung sowie der Stärke, sich nicht von offensichtlichen und dramatischen Defizitschilderungen vom programmatischen Weg und dessen Orientierung an Möglichkeiten und Lösungen abbringen zu lassen.

Kritische Würdigung der Methode

Berater, die nach der lösungsorientierten Methode arbeiten, versuchen so schnell und direkt wie möglich eine Lösung für das vom Klienten benannte Anliegen anzustreben. Ist die vom Klienten angepeilte Lösung gefunden und erfolgt, zieht sich die Beraterin zurück, denn sie wird ja nicht weiter gebraucht. Dieses Bestreben, die Klientel möglichst schnell unabhängig von der Unterstützung der Beraterin zu machen, kann dazu führen, dass weder an weitere Lösungen gedacht noch daran gearbeitet wird und die Klientin dann irgendwann neu in einen Lösungsprozess einsteigen muss.

Sie arbeiten methodisch lösungsorientiert in der Wohnungslosenhilfe und Ihr Klient Karl Bauer sucht nach einem Ausweg aus dem Leben auf der Straße. Er formuliert sein Ziel, eine Wohnung zu finden, und geht mit Ihrer Unterstützung auf die Suche. Durch die Vermittlung eines Familienangehörigen findet Herr Bauer ein kleines Appartement, das ihm sehr zusagt, weil es bezahlbar und übersichtlich groß ist, sodass er nicht zu viel Aufwand für die Sauberhaltung benötigt. Aus den Gesprächen mit Karl Bauer haben Sie den Eindruck gewonnen, dass sein Alkoholkonsum zum Problem für eine selbstständige Haushalts- und Lebensführung werden könnte. Weil Herr Bauer dieses Thema für sich nicht als relevant ansieht, gratulieren Sie ihm zur erfolgreichen Wohnungsfindung und verabschieden sich als seine Beraterin. Nach einem halben Jahr taucht Karl Bauer wieder in der Wohnungslosenhilfe auf und fragt bei Ihnen nach, ob Sie wieder mit ihm arbeiten könnten. Er erzählt, dass er seine Wohnung verloren habe, weil er sich nicht um die regelmäßige Zahlung der Miete kümmern konnte, denn er habe zu oft und zu viel dem Alkohol zugesprochen.

Die Erfahrung des Scheiterns wäre Herrn Bauer vielleicht erspart geblieben, wenn der Beratungsprozess nach der erfolgreichen Wohnungsfindung fortgesetzt worden wäre und er eine Begleitung zur Lösung seiner Suchtgefährdung gehabt hätte. Diese Chance hätte nach der Methode der Lösungsorientierung jedoch nur bestanden, wenn der Klient, Herr Bauer, das Ziel den Alkoholkonsum zu reduzieren selbst formuliert und angestrebt hätte.

Szenisches Rollenspiel: »Psychodrama« (PsyDra)

Mit »Psychodrama« lernen Sie eine Methode kennen, die in der Sozialen Arbeit mit Gruppen zum Einsatz kommt. Wie der Name »Psychodrama« schon vermuten lässt, handelt es sich dabei um eine Art Rollenspiel. Dabei wird natürlich nicht irgendeine Geschichte, etwa ein Klassiker aus der griechischen Sagenwelt gespielt, sondern es wird ein echtes Thema aus dem Leben eines Gruppenmitglieds in Szene gesetzt. Nun ist es nicht so, dass eine Einzelperson ihr Thema vor der Gruppe »vorspielt«, sondern die Gruppenmitglieder sind daran beteiligt, »spielen mit«, sodass die komplette Gruppe in die Szenerie eingebunden ist.

Die Entstehung des »Psychodrama«

Begründet wurde »Psychodrama« ursprünglich als Therapieform von dem Mediziner und Philosophen Jakob L. Moreno in Wien. Zu Beginn des 20. Jahrhunderts experimentierte er mit Inszenierungen von kreativem Stegreiftheater mit Menschen, die keine professionellen Schauspieler waren. Aus seinen Erfahrungen als medizinischer Betreuer von Geflüchteten in Internierungslagern entstand sein Interesse an der Zusammensetzung unterschiedlicher Gruppen von Menschen (*Soziometrie*) und deren Beziehungskonstellationen in Gruppen (*Soziogramm*).

Von der idealistischen Bewegung zur Methode Sozialer Arbeit

»Psychodrama« war zunächst eine Therapieform, die stark von den persönlichen Vorlieben des Begründers J. L. Moreno geprägt war und in der Fachliteratur als wenig theoretisch abgesichert beschrieben wird. Als humanistische Therapieform sollte »Psychodrama« mehr bewirken als Gruppen besser kennenzulernen und ihren Zusammenhalt zu stärken. Der Anspruch war auch die Welt zu verbessern, sie humaner, menschlicher zu machen, indem Menschen ihre Themen und Probleme in Gruppen verstehen, bearbeiten und lösen lernen können.

Wie so oft bei Ideen und Projekten, die stark von Einzelpersonen geprägt und gestaltet werden, ist auch »Psychodrama« stark mit der Person des Gründers/Erfinders verbunden, der als Pionier seine persönlichen Vorlieben in den Vordergrund stellte und sich weniger um fachliche und theoretische Absicherung kümmerte.

Erhalten und verbreitet haben sich dennoch die methodischen Grundlagen und Techniken zur Arbeit mit Gruppen, die in Gruppentrainings und Gruppenarbeit im Rahmen Sozialer Arbeit aufgegriffen und weiterentwickelt wurden.

Wie »Psychodrama« abläuft

Wie für Methoden Sozialer Arbeit üblich läuft auch das »Psychodrama« in unterschiedlichen Schritten oder Phasen ab. Zunächst wird ein Thema vereinbart, dieses wird von einer Hauptperson (dem »*Protagonisten*«) vorgestellt und mit Unterstützung der Gruppenleiterin (*Psychodramaleiterin*) inszeniert. Dazu werden die Gruppenmitglieder in unterschiedlichen Rollen aktiv und bringen ihre eigenen Wahrnehmungen und Erfahrungen ein. Das Thema wird in verschiedenen Szenen vertieft und am Ende gibt es eine Auswertung.

Die Sozialarbeiterin Hilde Nowak arbeitet bei der freien Straffälligenhilfe und hat eine Zusatzausbildung zur Psychodramaleiterin. Diese Kompetenz nutzt sie für die Gestaltung eines Antigewalttrainings mit Probanden der Bewährungshilfe. Das Antigewalttraining richtet sich an Menschen, die durch die Anwendung von körperlicher Gewalt gegenüber anderen Menschen strafrechtlich auffällig geworden sind. Vom Gericht gibt es die Auflage, während der Bewährungszeit ein Antigewalttraining durchzuführen. Hilde Nowak hat zusammen mit dem Bewährungshelfer Franz Mutter eine Auswahl von vier Bewährungsprobanden getroffen, die von ihr zum Antigewalttraining eingeladen werden.

Das Antigewalttraining wird als Stegreiftheater nach der Methode »Psychodrama« durchgeführt. Außer den vier Bewährungsprobanden, die alle wegen Gewaltdelikten verteilt wurden, nehmen auch zwei ehemalige Bewährungsprobanden teil, die früher ebenfalls als Gewalttäter auffällig waren, jedoch seit Jahren straffrei leben. Hilde Nowak leitet das Stegreiftheater und wird in der Gruppenleitung von Franz Mutter assistiert.

Das Psychodrama läuft in folgenden Phasen ab:

✔ **Themensammlung**

In einer Gruppe von Menschen wird besprochen, was die einzelnen Gruppenmitglieder am meisten beschäftigt. Dazu darf jedes Gruppenmitglied reihum von sich erzählen.

(Die zum Antigewalttraining eingeladenen vier Bewährungsprobanden nennen im Rahmen der Vorstellungsrunde ihr häufigstes Gewaltdelikt.)

✔ **Themenauswahl**

Die Gruppe entscheidet sich, ein Thema eines Gruppenmitglieds zu bearbeiten.

(Auf Anregung von Frau Nowak entscheidet die Gruppe, dass Axel B. mit seinem Thema »Ich raste manchmal aus und verliere die Kontrolle« beginnen soll.)

✔ **Situationsbeschreibung**

Wenn das ausgewählte Gruppenmitglied bereit ist, an seinem Thema in einer Stegreifinszenierung zu arbeiten und dazu die Rolle des »*Protagonisten*« einzunehmen, begibt es sich in die Mitte des Raumes (Spielfläche/Bühne). Auf Anfrage der Psychodramaleiterin sucht sich der »Protagonist« eine bestimmte Situation seines Themas aus und beschreibt diese genauer.

(Auf die Frage von Hilde Nowak, in welchen Situationen er denn am ehesten »ausrasten« würde, antwortet Axel: »Bei Berührung raste ich aus«, und erzählt, dass er es nicht mag, von fremden Menschen berührt zu werden, und deshalb schon öfter gewalttätig geworden sei.)

✔ **Szenen-/Bühneneinrichtung**

Für die Situation/Szene markante Gegenstände oder Mobiliar werden auf der Bühne platziert.

(Sozialarbeiterin Nowak bittet Axel einen Ort zu beschreiben, an dem es vorkommen kann, dass er von ihm fremden Menschen berührt wird. Axel B. erzählt, dass er gerne Discoveranstaltungen besuche und es am Eingang oft zu Gedränge komme, wobei er versuche zu vermeiden, mit anderen Leuten in Tuchfühlung zu kommen.)

✔ **Rollenverteilung**

Die in der Situation belastendenden Dinge werden nacheinander mit Personen besetzt.

(Als Axel die Enge einer Eingangstür sowie den Türsteher und die Drängler unter den Discobesuchern als belastende Faktoren nennen kann, melden sich zwei Gruppenmitglieder zur Übernahme der Rolle der Eingangstür und ein Gruppenmitglied für die Rolle des Türstehers.)

✔ **Rolleneinweisung**

Zuerst übernimmt der Protagonist die neu geschaffene Rolle, beschreibt sie und nennt ihre Aufgaben. Das Gruppenmitglied schaut zu und lernt damit die Rolle zu übernehmen.

(Axel übernimmt zunächst die Rolle des Türstehers und sagt, er sei muskulös, würde nicht allzu viel reden und recht willkürlich entscheiden, wen er genauer kontrolliere. Zur Rolle der Eingangstür beschreibt Axel einen engen Durchgang, der gerade Platz für eine Person lasse, so eng solle es sein.)

✔ **Rollentausch**

Nach der Rolleneinweisung übernimmt der Mitspieler seine Rolle entsprechend den dazugehörigen Aufgaben und Verhaltensweisen.

(Nun nimmt Gruppenmitglied Klaus die Rolle des Türstehers ein und baut sich vor den beiden Kameraden auf, die den Eingang darstellen.)

✔ **Rollenspiel**

In der Ausübung der Rollen ergeben sich weitere Szenen durch aufkommende Gedanken, Gefühle und Verhaltensweisen des »Protagonisten«. Auch diese werden jeweils mit Gruppenmitgliedern (»*Hilfs-Ichs*«) besetzt und eingewiesen, bevor sie in der Szene agieren und tun, was ihre Aufgabe ist. Die einzelnen Mitspieler interagieren, indem sie untereinander und mit dem Protagonisten sprechen, und aktiv in die Szene eingreifen.

(Psychodramaleiterin Frau Nowak fort Axel auf, auf die Tür zuzugehen. Davor steht jedoch der Türsteher und weicht nicht von der Stelle. Axel bekommt unangenehme Beklemmungsgefühle, als der Türsteher auf ihn zugeht und mit seinen Händen nach Axels Armen greifen will.)

✔ **Erinnerungsszene**

Durch die intensive Konfrontation mit den aufkommenden Gefühlen spürt der Protagonist seine eigene Betroffenheit und Nähe zum Thema. Die Psychodramaleiterin fragt nach ähnlichen Erlebnissen und Verbindungen zu anderen Situationen aus dem Leben des Protagonisten.

(Auf Hilde Nowaks Frage, ob er diese Beklemmungsgefühle schon anderweitig erlebt habe, fällt Axel ein, dass sein Stiefvater, den er kaum kannte, ihn früher unvermittelt so am Arm angepackt und anschließend geschlagen habe, wenn Axel sich wehren wollte.)

✔ **Erlebnisszene**

Diese Situation wird ebenfalls als Szene dargestellt. Es gibt Gruppenmitglieder, die den Protagonisten spielen (doppeln) und dabei seine unterschiedlichen Gefühle aus dieser Situation für ihn aussprechen (Doppelgänger), um sie deutlicher sichtbar und vor allem spürbar für den Protagonisten zu machen.

(Ein weiterer Teilnehmer übernimmt die Rolle des Stiefvaters, packt Axel mit beiden Händen fest an den Armen und lässt nicht los. Ein anderer Teilnehmer »doppelt« Axel, indem er sich in dessen Lage versetzt, und spricht aus, was er dabei fühlt: Schmerz, Ohnmacht, Angst vor Schlägen und Wut auf den Stiefvater; diese Gefühlte werden von Gruppenmitgliedern als »Hilfs-Ichs« übernommen und dargestellt. Axel schlüpft durch Rollenwechsel in diese Gefühlsrollen, solange er es aushält, dann wechselt er wieder zurück in seine Rolle als Axel.)

✔ **Verarbeitungsszene**

In der nächsten Szene wird der Protagonist angeleitet, das aufgedeckte und als problematische Schlüsselsituation erkannte Thema zu inszenieren.

(Die »Hilfs-Ichs« vermitteln Axel das Gefühl und ein Stück weit auch die Sicherheit, dass der Türsteher nicht sein Stiefvater ist, sondern nur seinen Job macht. Axel hört von den »Hilfs-Ichs« auch, dass es auch angenehme Berührungen gibt, und erinnert sich an Zärtlichkeiten mit seiner Freundin.)

✔ **Transferszene**

In der letzten Szene geht der Protagonist wieder zurück in die Ursprungsszene, die ausgewählt wurde, weil sie ihn derzeit am meisten beschäftigt (Beispiel). Hier versucht der Protagonist seine Einstellung und sein Verhalten aus der ursprünglichen Situation nochmals zu überprüfen und neu zu gestalten.

(Wenn Axel vor einer Kontrolle seine Jacke auszieht, kann er das Abgetastetwerden vermeiden. Axel spricht mit dem Türsteher, fragt nach seinem Namen. So ist der Türsteher für ihn kein bedrohlicher Fremder mehr, sondern ein Vertrauter. Er muss also nicht ausrasten, wenn er berührt wird. Und wenn er berührt wird, kann er zukünftig vielleicht an angenehme Berührungen, wie bei seiner Freundin, denken und muss sich nicht wehren, draufhauen und gewalttätig werden.)

✔ **Auswertung**

Nach dem Ende der szenischen Darstellung legen alle Beteiligten ihre Rollen wieder ab, geben dem Protagonisten Rückmeldung dazu, ob und inwiefern bei ihnen selbst Gefühle aufkamen und Gedanken angeregt wurden, und danken dem Protagonisten für sein Vertrauen und der Psychodramaleiterin für ihre sorgfältige Begleitung des Prozesses.

Wie »Psychodrama« wirkt und was dabei passiert

✔ **Ziel des »Psychodramas«**

Ziel ist letztlich, durch das szenische Spiel eine größere Distanz zur eigenen Geschichte, zum Thema zu gewinnen und dadurch die Chance zu erhalten, das Thema anders als bisher zu sehen und damit umzugehen.

✔ **Bedeutung der Gruppe**

Die Gruppenmitglieder lernen die Sicht des Protagonisten auf seine Lebenssituation und Erfahrungen kennen und schaffen ihm eine Projektionsfläche zum besseren Verständnis seines Themas. Sie helfen dem Protagonisten, die eigenen Verhaltensweisen und Gefühle besser zu erkennen, wie wenn man sein Gesicht in einem Spiegel sieht und einem dabei bestimmte Rötungen oder Falten deutlicher auffallen.

✔ **Bedeutung der szenischen Bearbeitung**

In der szenischen Bearbeitung eines Themas oder Problems kommen wiederholte Erfahrungen als Verhaltensmuster des »Protagonisten« zum Vorschein. Es wird deutlicher, wie das Gruppenmitglied (der »Protagonist«) seine Wirklichkeit einschätzt und verarbeitet. Das gleichzeitige Erzählen und Handeln vollzieht sich in geringerer Geschwindigkeit und größerer Intensität als im Alltag.

✔ **Rollen im »Psychodrama«**

Im Stegreiftheater nach der Psychodrama-Methode kommen verschiedene Rollen zum Einsatz.

- Der »Protagonist« ist die Hauptperson, die ihr Thema szenisch darstellt. Dabei wird sie von einer Psychodramaleiterin angeleitet und unterstützt. Die Inhalte bestimmt jedoch der »Protagonist«.
- Ein »Doppelgänger« ist ein Gruppenmitglied, das die Rolle des »Protagonisten« doppelt, also seine Körperhaltung, Mimik, Gestik und Sprache annimmt und ihm

damit einen Spiegel vorhält. Der Doppelgänger kann auch mit dem Protagonisten einen (internen) Dialog, im Sinne eines Selbstgespräches, führen.

- Das »Hilfs-Ich« bezeichnet die Rolle einer Mitspielerin, die die Aufgaben der Darstellung eines bestimmten Gefühls, einer anderen Person oder eines Gegenstandes einnimmt und in dieser Rolle an der Szene beteiligt ist. Die »Hilfs-Ichs« helfen dem »Protagonisten«, seine Vorstellung von der Wirklichkeit auf der Bühne darzustellen.
- Mit »Rollentausch« ist der Wechsel des Protagonisten oder anderer Gruppenmitglieder oder Rollenträger gemeint, die situativ in eine andere Rolle schlüpfen und diese zeitlich begrenzt spielen.

✔ **»Thema« oder »Problem«**

Eine Begebenheit, eine Situation oder ein Erlebnis, das eine Person besonders beschäftigt, wird im Psychodrama als »Thema« bezeichnet. Wenn dieses Thema bei einer Person immer wieder auftaucht und sich für diese Person in bestimmter Weise zuspitzt, liegt nach der Methode Psychodrama ein »Problem« vor. Eine solche Zuspitzung eines Themas zum Problem kann daran erkannt werden, dass die Person immer wieder vom selben Thema und dessen Bedeutung für sie selbst erzählt (wiederkehrendes Erzählmuster).

✔ **Der Entwicklungsprozess**

Themen entstehen durch bestimmte Verarbeitungen der eigenen Lebensgeschichte mit Erklärungen für deren Verlauf, die durch Selbstwahrnehmungen und Wahrnehmungen anderer Menschen geprägt sind. Wenn sich dieses eingeschränkte Bild der Wirklichkeit verfestigt, haben alternative Erklärungen und Sichtweisen weniger Chance zu uns durchzudringen. Damit verbauen wir uns Handlungsmöglichkeiten in der Gegenwart und Zukunft. Mit der Methode »Psychodrama« können aus dem ursprünglichen Thema neue Bedeutungen erkannt werden, womit sich das Thema verändert, eine neue Note bekommt und sich ein Gegenthema entwickelt, das neue Sichtweisen und Handlungsmöglichkeiten eröffnet (Beispiel).

✔ **Chance auf Veränderung**

Durch das szenische Spiel besteht die Möglichkeit (für den Protagonisten), sein inneres Erleben sichtbar nach außen zu richten und in Szenen darzustellen (auf die Bühne zu bringen). Durch das »auf die Bühne bringen« der eigenen Lebenssituation und damit verbundener Gefühle werden Lebenserfahrungen gestaltbar gemacht und können verändert werden.

Weitere Techniken der Psychodrama-Methode

Neben dem Stegreiftheater als Kern der Psychodrama-Methode wurden aus den weltanschaulichen und methodischen Grundlagen der Methode noch weitere Techniken entwickelt.

Gruppenaufstellungen – Soziometrie und Soziogramm

Wenn Sie die Zusammensetzung einer Gruppe kennenlernen wollen, könnten Sie eine Vorstellungsrunde anleiten, bei der jedes Gruppenmitglied etwas über sich erzählt. Diese Vorstellung kann nach vorgegebenen Fragen oder spontan erfolgen. Je größer die Anzahl der

Gruppenmitglieder und je gesprächiger oder mitteilsamer diese sind, desto länger kann eine solche Vorstellungsrunde dauern.

Mit der Aufstellung eines *Soziometrischen Standbildes* kommt die Gruppe nicht nur direkt in Bewegung, sondern die Verteilung bestimmter Merkmale in der Gruppe lässt sich mit etwas Bewegungsaufwand und wenig Erklärungen allen Gruppenmitgliedern anschaulich vermitteln.

Moreno schlug vor, die Bildung eines Soziometrischen Standbildes an den drei möglichen Sympathieausprägungen Anziehung, Neutralität und Abstoßung zu orientieren. Konkret bedeutet dies, die Fragen nach den Beziehungen innerhalb der Gruppe an entsprechenden Merkmalen auszurichten:

- ✔ Positive Wahl
  - Mit wem verbinden Sie positive Gedanken und/oder Gefühle?
  - Von welchem Verhalten möchten Sie gerne mehr?
  - Was soll beibehalten werden?
- ✔ Neutrale Wahl
  - Mit wem verbinden Sie (noch) keine Gedanken und/oder Gefühle?
  - Welches Verhalten können Sie (noch) nicht einordnen?
  - Welches Verhalten ist Ihnen gleichgültig?
- ✔ Negative Wahl
  - Mit wem verbinden Sie negative Gedanken und/oder Gefühle?
  - Von welchem Verhalten möchten Sie gerne weniger?
  - Was soll gelassen/abgestellt werden?

Ablauf des soziometrischen Standbildes:

- ✔ Die Gruppe wird gebeten, sich von den Plätzen zu erheben und auf der freien Fläche im Raum zu sammeln.
- ✔ Benennung des Thema und Einführung zum Zweck (Kennenlernen, Beziehungen klären, …)
- ✔ Erklärung des Ablaufs (Teilnehmende verteilen sich zur Beantwortung der von der Leitung gestellten Fragen nach Antwortmöglichkeiten im Raum, mehr oder weniger nah zu den anderen Teilnehmenden und mit mehr oder weniger Körperkontakt zu diesen)
- ✔ Die Gruppe findet ihre jeweils stimmige Aufstellung und verbleibt in dieser Stellung. Alle Teilnehmenden ordnen sich nach ihrer Wahl zu. Es kann jede Person nur eine Wahl nach momentanem Empfinden treffen. Der Gruppenleiter fragt einzeln nach, was die jeweilige Wahl bedeutet.

- Wenn alle Zuordnungen erfolgt sind, wird das Standbild aufgelöst und jede Teilnehmerin sucht sich eine Gesprächspartnerin, von der sie gewählt wurde, aus. Unter diesen Gesprächspartnern wird geklärt, was ausschlaggebend für deren Wahl war (Beziehungsklärung).

Zweck und Wirkung des soziometrischen Standbildes:

- **Zweck soziometrischer Standbilder** ist die Stärkung des Zusammenhaltes einer Gruppe, die vor einer anspruchsvollen Aufgabe steht und deshalb die Übereinstimmung und Arbeitsfähigkeit der Gruppe stärken will.
- **Wirkung des soziometrischen Standbildes:** es verdeutlicht die Beziehungsstrukturen innerhalb von Gruppen und verändert damit die Gruppe. Das Zusammengehörigkeitsgefühl (Kohäsion) wird verstärkt, Unterschiede werden nachvollziehbar und Konflikte werden verhandelbar.

»Organisationsrekonstruktion« – Eine Organisation umkrempeln

Spätestens dann, wenn die Gründer einer Firma oder die Pioniere einer Bürgerinitiative nicht mehr an Bord sind, die Firma stark gewachsen ist oder die Bürgerinitiative keinen Nachwuchs mehr bekommt, stellt sich die Frage nach der Anpassung und Veränderung der Organisation. Für solche Zwecke gibt es aus dem Methodenkoffer des »Psychodrama« das Werkzeug (die Technik) der »Organisationsrekonstruktion«. Als Kurzform dieses sperrigen Namens kann man es auch »Umkrempeln einer Organisation« nennen.

Ein Zusammenhang mit dem »Psychodrama« liegt darin, dass für das »Umkrempeln« zunächst nach alten Geschichten, Tragödien, Helden in der Vergangenheit der Organisation gestöbert wird. Das können die Gründungsgeschichte, überstandene Krisen oder besondere Anekdoten sein.

Zweck einer »Organisationsrekonstruktion« ist die Selbstvergewisserung der Organisationsmitglieder, wer sie eigentlich sind, worin ihre Wurzeln liegen und wer sie in Zukunft sein wollen.

In der Stadt Elmenshausen hat sich vor zwanzig Jahren eine Bürgerinitiative gegründet, um die Verkehrssituation in ihrem Wohngebiet zu beruhigen. Die meisten Gründungsmitglieder der Bürgerinitiative waren damals Eltern mit schulpflichtigen Kindern. Die Bürgerinitiative war sehr erfolgreich, denn sie hat dafür gesorgt, dass die viel befahrene Straße, die mitten durch das Wohngebiet führt, verkehrsberuhigt und sicherer wurde. Die Gehwege wurden verbreitert und können seither auch als Spielflächen genutzt werden. Die meisten Gründungsmitglieder gehören heute immer noch der Bürgerinitiative an und sind mittlerweile im Rentenalter. In letzter Zeit kommt immer wieder mal die Frage auf, was mit der BI passieren soll: auflösen oder beleben? Wie beleben und wozu?

Existenzfragen: Organisationen und Initiativen, die über ihre Weiterentwicklung oder ihre Abwicklung nachdenken, stellen sich mehrere sehr unterschiedliche Fragen.

- Welche Bedeutung hat die Geschichte unserer Organisation/Initiative für uns heute noch?
- Welche Kultur der Zusammenarbeit ist in unserer Organisation/Initiative im Lauf der Zeit entstanden?

- ✔ Welches Bild haben wir von unserer Organisation/Initiative und wie wird diese von außen gesehen?
- ✔ Wofür sind wir ursprünglich angetreten und was haben wir erreicht?
- ✔ Worin liegen die Stärken unserer Organisation/Initiative und wofür könnten diese heute sonst noch nützlich sein?
- ✔ Wollen wir unsere Zusammenarbeit beenden oder gibt es ein lohnendes Ziel, das wir mit unserer Organisation/Initiative besser erreichen können?

Anlässlich des jährlichen Treffens der Bürgerinitiative mit der im Wohngebiet tätigen Gemeinwesenarbeiterin Sibylle Konstanzer kommt die Existenzfrage »BI auflösen oder weiterentwickeln« zur Sprache. Frau Konstanzer bietet den Sprecherinnen der BI die Durchführung einer »Organisationsrekonstruktion« an. Diese zeigen sich interessiert. Sibylle K. umschreibt kurz den Sinn und Zweck, erläutert den Ablauf und schlägt dazu einen ganztägigen Workshop vor. Einen gemeinsamen Termin für den Workshop, unter der Woche, finden die Rentner schnell. Die Gemeinwesenarbeiterin hat einige Fragen vorbereitet und lässt zu deren Beantwortung die Gruppe zunächst in Zweierpaare einteilen. Danach tun sich jeweils zwei Paare zu einer Kleingruppe zusammen und besprechen ihre Antworten. Anschließend trifft man sich im Plenum, wo alle Kleingruppen ihre auf Plakaten zusammengefassten Antworten vorstellen. Dabei stellt sich heraus, dass sich alle BI-Mitglieder darüber einig sind, mit der BI ein sehr erfolgreiches Forum zur Zusammenarbeit an Themen, die für ihre Lebensqualität wichtig sind, geschaffen zu haben. Deshalb möchte die Mehrheit der BI-Mitglieder die BI nicht auflösen, sondern diese für ein neues Thema, eine neue Aufgabe nutzen. Das naheliegende Thema ergibt sich aus der Lebenssituation des fortgeschrittenen Alters der Bürger. Als neue Aufgabe der BI wird die Gestaltung des Wohngebietes als alters- und bedarfsgerechtes Quartier ausgerufen. Mit dieser neuen Aufgabe als Ergebnis der Weiterentwicklung ihrer BI gewinnen die Mitglieder neuen Elan zu lokalpolitischen Initiativen und erhalten dazu ihre erprobte und bewährte Organisationsform der Bürgerinitiative.

Anders als in unserem Beispiel können »Organisationsrekonstruktionen« selbstverständlich auch zu gravierenden Veränderungen führen. Zu deren methodischer Gestaltung gibt es einige Instrumente:

- ✔ **Führungsgeschichten**

  Mit Interviews langjähriger Mitarbeiterinnen können die für eine Organisation prägenden Führungspersonen identifiziert werden. Dadurch lässt sich auch ein Bild der Führungskultur einer Organisation in der Vergangenheit zeichnen und mit der Situation in der Gegenwart vergleichen.

- ✔ **Beziehungsgeschichten**

  Interne Konflikte zwischen Abteilungen und Personen in Organisationen gehen nicht selten auf gestörte Beziehungen und infolgedessen auf Kommunikationsprobleme zurück. Zur Erkundung der grundlegenden Schwierigkeiten helfen Fragen nach heimlichen Hierarchien, informellen Führungspersonen, verborgenen Freundschaftszirkeln und geheimen Absprachen.

✔ **Zeitgeschichten**

Entwicklungen von Organisationen können durchaus von gesellschaftlichen Ereignissen, zum Beispiel der Coronapandemie oder der Zeit der Außerparlamentarischen Opposition Ende der 1960er Jahre geprägt sein. Mit der Kontextanalyse wird nach zeitlichen Parallelen in der Organisationsentwicklung gesucht und nach möglichen Verbindungen und Prägungen gefragt.

✔ **Erzählungen/Mythen**

Erzählungen über Begebenheiten in der Vergangenheit haben jahrhundertelang dafür gesorgt, dass Wissen und Gewohnheiten mündlich überliefert wurden, sodass die Menschen der Gegenwart darauf zurückgreifen konnten. Der Wahrheitsgehalt der Erzählungen wurde dabei nicht nur durch die fehlende schriftliche Dokumentation eingeschränkt, sondern auch durch Interessen und Abhängigkeiten der Erzählenden vom Wohlwollen der Zuhörenden. Erzählungen über Organisationen können daher auch vom Interesse und dem Anlass der Erzählung gefärbt sein. Mythen können aber auch zu Kraftquellen werden, wenn die Erzählung zur Selbstdefinition und Motivationshilfe eingesetzt wird.

Bei dem Fußballclub »FC Bayern München« wird häufig und gern die Geschichte vom eigenen Erfolg erzählt, der aus dem Selbstbewusstsein seiner Mitglieder und Akteure (Fußballspieler) etwas Besonderes zu sein, hervorgeht. Dieser Mythos wird durch den Leitspruch »Mia san mia« (»Wir sind wir«) ausgedrückt.

»Spontaneitätstest« – eine ungewohnte Situation herstellen

Eine spezielle und für die jeweils Beteiligten sehr herausfordernde Technik aus dem Spektrum der Psychodrama-Methode ist der »Spontaneitätstest«. Dabei wird den eintreffenden Teilnehmerinnen einer Veranstaltung (zum Beispiel eine Fachtagung) möglichst realistisch klingend vorgegaukelt, dass ein geplanter Teil der Veranstaltung aus aktuellem und zufälligem Anlass nicht stattfinden könne, weil etwa Personal ausgefallen sei oder die Technik nicht funktioniere oder ein Logistikfehler passiert sei. Den Teilnehmenden wird nahegelegt, die Aufgaben der ausgefallenen Personen zu übernehmen, die ausgefallene Technik durch Alternativen zu ersetzen oder Logistikprobleme durch Eigeninitiative zu lösen.

Anlässlich einer Fachtagung für Sozialarbeitende zu »aktuellen Herausforderungen der Wohnungslosenhilfe« wird den eintreffenden Teilnehmenden mitgeteilt, die angekündigte Hauptrednerin hätte krankheitsbedingt nicht anreisen können. Um die Zeit dennoch sinnvoll und effektiv zu nutzen, werden die Teilnehmenden der Tagung gebeten, ihre Expertise zu zeigen und sich zu Arbeitsgruppen (AGs) zusammenzufinden, um dort die aus ihrer Sicht bedeutsamsten aktuellen Herausforderungen zu sammeln und mit Argumenten zu deren Bedeutung zu untermauern. Die Ergebnisse der AGs sollen im anschließenden Plenum präsentiert werden, wozu jede AG zwei Sprecherinnen benennen sollte. Nach der Präsentation der AG-Ergebnisse im Plenum stellt sich die angekündigte Hauptrednerin vor und kommentiert die von den AGs präsentierten Argumente sehr wertschätzend mit den Worten, sie hätte es nicht treffender beschreiben können, und dankt den Teilnehmenden für deren Nachsicht für die ungewöhnliche Arbeitsaufforderung zur Themensammlung.

Mit dem »Spontaneitätstest« werden ungewohnte Situationen erzeugt, womit zwei unterschiedliche Zwecke verbunden sind:

1. Die Schaffung einer unausweichlichen Zwangssituation soll Gruppen ermutigen, selbst aktiv zu werden und ihr eigenes Potenzial zu nutzen.

2. Durch die Bewältigung einer ungewohnten und unvorbereiteten Situation soll die Gruppe in die Lage versetzt werden, mit ungewohnten und mitunter chaotischen Situationen umgehen zu lernen und krisenresistent zu werden.

Ethisch problematisch an dieser Technik ist, dass die an der Veranstaltung Teilnehmenden über die Vorgehensweise getäuscht werden. Diese Technik kann ihre Wirkung nur entfalten, wenn die Teilnehmenden mitwirken, obwohl sie über den genauen Ablauf und dessen Hintergrund im Dunkeln gelassen werden, und keinen Widerstand leisten.

Es ist auch damit zu rechnen, dass sich der Überraschungseffekt abnutzt, wenn der Veranstalter diese Technik mehrfach einsetzt. Werden die Teilnehmenden hingegen im Vorhinein darüber informiert, dass sie bei Teilnahme an der Veranstaltung mit Überraschungen rechnen müssen, kann von einem stillschweigenden Einverständnis der Teilnehmenden für Besonderheiten und »Täuschungen« ausgegangen werden.

»Lernlandschaft« – Orte für vielfältige Lernerfahrungen

Eine weitere Variante der Psychodrama-Methode ist die »Lernlandschaft«. Anders als bei der Technik des Stegreiftheaters werden in der Lernlandschaft mehrere Gelegenheiten zu Lernerfahrungen angeboten. Allen Gelegenheiten gemeinsam ist das Spielen von Szenen. Es gibt nicht nur eine Hauptperson (»Protagonist«), die ihr Thema auf die Bühne bringt (inszeniert), sondern die Gruppe hat ein gemeinsames Thema (eine Schulklasse beschäftigt sich mit dem Thema Sucht) und alle Teilnehmenden sind die Hauptpersonen (»Protagonisten«).

Aufbau und Ablauf einer Lernlandschaft:

✔ **Raum**

Für die »Lernlandschaft« steht ein größerer Raum zur Verfügung, in dem verschiedene Lerngelegenheiten aufgebaut werden können, vergleichbar mit interaktiven Lernangeboten in einem Museum. Mit Stühlen, Tischen, Pinnwänden, Teppichboden als Spielteppich und anderen Utensilien werden unterschiedliche Lern- und Spielecken vorbereitet.

Auf Einladung der Klassenlehrerin organisiert die kommunale Suchtberatungsstelle eine »Lernlandschaft« für die Schulklasse. Dazu wurde der große Musiksaal der Schule für den kompletten Nachmittag reserviert. Die Suchtberaterinnen haben am Vormittag die verschiedenen Stationen der Lernlandschaft aufgebaut.

✔ **Einführung**

Zur Einführung treffen sich die Teilnehmenden an der Lernlandschaft in einem Vorraum und stimmen sich mit einem Fragebogen zum Thema, den jede Teilnehmerin alleine ausfüllt, auf das Thema ein.

Wie vor der »Bescherung« an Heiligabend dürfen die Schülerinnen die »Lernlandschaft« nicht gleich um 14 Uhr betreten, sondern treffen sich zunächst in ihrem Klassenzimmer zur Einführung. Die Suchtberaterinnen stellen sich und ihre Arbeit kurz vor und übergeben danach den Schülerinnen einen Fragebogen zum Suchtthema mit der Bitte, diesen in Einzelarbeit auszufüllen und danach in der Schultasche zur späteren Auswertung aufzubewahren.

✔ **Erkundung der »Lernlandschaft«**

Nach der Einführung dürfen die Teilnehmenden den Raum der »Lernlandschaft« betreten und die einzelnen Orte erkunden. Es gibt mehrere Lerngelegenheiten, die jeweils andere Themenaspekte und unterschiedliche Sinne (sehen, hören, fühlen ...) ansprechen. Die Teilnehmenden dürfen sich in der »Lernlandschaft« frei bewegen und selbst entscheiden, welche Stationen sie besuchen. An allen Stationen gibt es eine Fachperson, die erklärt, welches Angebot es an dieser Station gibt, die den Bezug zum Thema herstellt und die Teilnehmenden bei der Nutzung der Lerngelegenheiten unterstützen kann.

- In der **Leseecke** gibt es ein Regal mit einer vielfältigen Auswahl an Büchern zum Thema, die man sich herausnehmen und in den bereitstehenden bequemen Sitzmöbeln lesen kann.
- Im **Minikino** steht ein Laptop mit großem Bildschirm, auf dem sich die Teilnehmenden Videos zum Thema aussuchen und ansehen dürfen.
- Eine **Schreibwerkstatt** lädt zum Aufschreiben von Texten, Gedichten und Kommentaren ein. Dazu gibt es sowohl Papier und unterschiedliche Stifte als auch einen Laptop mit eingestelltem Textverarbeitungsprogramm zum Erstellen digitaler Texte zum Thema. Diese Texte lassen sich mit dem nebenan stehenden Drucker anschließend gleich ausdrucken.
- Das **Malatelier** bietet eine Staffelei, an der sich die Teilnehmenden ähnlich den Künstlerinnen auf dem Montmartre in Paris zeichnerisch zum Thema ausdrücken können. Für die Teilnehmenden, die digitale Medien bevorzugen, steht ein PC mit Grafikprogramm zur kreativen Bearbeitung bereit.
- In der **Coaching-Zone** können sich Teilnehmende persönlich zum Thema beraten lassen.
- Das **Kleine Theater** bietet die Gelegenheit, das Thema in einer szenischen Darstellung mit unterschiedlichen Rollen auf die Bühne zu bringen.

An den unterschiedlichen Orten in der »Lernlandschaft« zum Thema Sucht können sich die Schülerinnen in der »Leseecke« Broschüren der Bundeszentrale für gesundheitliche Aufklärung durchsehen, die speziell für Schülerinnen unterschiedlichen Alters erstellt wurden. Mit der Suchtberaterin in der »Coaching-Zone« bespricht eine Schülerin, wie sie damit umgehen soll, dass eine ihrer Freundinnen derzeit »ungewöhnliche« Tabletten einnimmt, um sich in bessere Stimmung zu versetzen. Im »Kleinen Theater« hat sich eine Gruppe von Schülern gefunden, die kurze Sketche zum Thema »Ich bin ein cooler Typ« ausprobiert.

✔ **Abschluss der »Lernlandschaft«**

Nach dem Ende der Erkundungsphase in der »Lernlandschaft« verlassen die Teilnehmenden den Raum wieder und treffen sich im Vorraum zur Auswertung ihrer Erfahrungen und wie diese in den Alltag transportiert werden können und sollen.

Die Schulklasse trifft sich nach der Erkundung der »Lernlandschaft« in ihrem Klassenzimmer zur Nacharbeit. Dazu schauen sich alle Schülerinnen nochmals den Fragebogen mit ihren Antworten an. Die Suchtberaterinnen fragen nach, ob sich denn an den Antworten etwas geändert haben könnte und auf welche Fragen die Schülerinnen nun anders antworten würden. Außerdem dürfen die Schülerinnen am Ende ihre Bewertung zur Veranstaltung auf einer Zielscheibe zur Zufriedenheit mit den Lernorten (Stationen), den Informationen (Inhalte), der Stimmung (Atmosphäre) und den Ansprechpersonen (Referentinnen) an den Stationen mit Klebepunkten angeben. Je weiter sie ihre Punkte in der Mitte der Zielscheibe platzieren, desto zufriedener waren sie mit dem jeweiligen Bereich.

Fazit und kritische Betrachtung zur Psychodrama-Methode

»Psychodrama« ist eine Methode, die viel Kreativität und Spontaneität verlangt, aber auch ermöglicht. Die Teilnehmenden müssen sich darauf einlassen können, an eigenen Themen vor oder besser mit der Gruppe zu arbeiten. Dazu ist ein bereits bestehendes Vertrauensverhältnis innerhalb der Gruppe und zum Psychodramaleiter auf jeden Fall hilfreich und vielleicht auch erforderlich.

Gerade weil das szenische Spiel von »inneren Themen«, die eine Person ernsthaft beschäftigen, emotionale Reaktionen auslösen kann und soll, ist der Effekt umso wirksamer. Das Auf- und Erleben von Gefühlen im Zusammenhang mit Alltagssituationen ermöglicht neue Sichtweisen und damit auch Veränderungen eingefahrener Denk- und Verhaltensweisen. Neben dem Stegreiftheater als profilierter Technik der Psychodrama-Methode sind auch die anderen Techniken vielfältig in der Arbeit mit Gruppen einsetzbar.

Voraussetzung ist jedoch eine entsprechende Einweisung und Begleitung der Techniken durch eine qualifizierte Leitungsperson. Damit verbunden sind auch ethische Fragen zum methodischen Einsatz von manipulativen Techniken, wie am Beispiel des »Spontaneitätstests« erläutert.

Die **Verantwortung** für den Einsatz der Techniken der Psychodrama-Methode liegt bei der Psychodramaleitung und deren Transparenz bezüglich der Vorgehensweise und Regeleinhaltung.

Konzepte professioneller Gesprächsführung: Konkurrenz

Sie haben in diesem Kapitel einige in der Sozialen Arbeit weit verbreitete Konzepte professioneller Gesprächsführung kennen gelernt. All diese Konzepte gehen von einem humanistischen Menschenbild aus, legen ihre Schwerpunkte aber auf unterschiedliche Aspekte wie Persönlichkeit (PzB), soziales Umfeld (SyBe), die Rollen im Gesprächsverlauf (TA), das Zusammenspiel von Person, Thema und Gruppe (TZI), Sprachbilder (NLP), Gefühle und Wahrnehmung (GeBe), Lösungsfindung (LöBe) oder szenisches Rollenspiel (PsyDra). Deshalb sollten diese Konzepte nicht als Konkurrenz-Modelle oder Wettbewerbsangebote missverstanden werden, sondern als gleichwertige Möglichkeiten der Beschreibung und Gestaltung von Kommunikationsprozessen.

Die Entscheidung für oder wider ein Konzept kann unterschiedliche Hintergründe haben:

- ✔ Für Fachkräfte Sozialer Arbeit, die sich persönlich für die Ausbildung nach einem bestimmten Konzept entscheiden, mögen persönliche Vorlieben oder Finanzierbarkeit ausschlaggebend sein.
- ✔ Manche Organisationen und Träger Sozialer Arbeit entscheiden sich aus fachlichen oder organisatorischen Gründen für ein bestimmtes Konzept. Werden Fort- und Weiterbildungsmöglichkeiten für alle Mitarbeitenden finanziell günstiger angeboten, sind Ressourcengründe relevant, sich ausschließlich an einem Konzept auszurichten.

Helfende Gespräche vorbereiten und durchführen

Obwohl die verschiedenen Konzepte professioneller Gesprächsführung unterschiedliche Akzente setzen, gibt es Gemeinsamkeiten im Aufbau des professionellen helfenden Gesprächs.

Struktur helfender Gespräche: Wie man ein professionelles Gespräch aufbaut

Für den Aufbau Ihres helfenden Gesprächs können Sie folgende Checkliste verwenden:

1. **Vorbereitung**

   Kontaktaufnahme (erster Kontakt):

   - **Wie:** telefonisch, schriftlich, persönlich; zufällig / absichtlich?
   - **Wer:** Beraterin, Ratsuchende, Dritte?
   - **Wo:** Beratungsstelle, Privatbereich der Ratsuchenden, Freizeitbereich, Arbeitsbereich?

   Anliegen klären … (worum es geht)

   - **Wer** möchte/muss mit wem sprechen?
   - **Weshalb** und wozu soll gesprochen werden?

   Vereinbarung treffen… (wer, wann, wo)

   - **Bereitschaft** für Gesprächsteilnahme abklären
   - **Wo und wann** (Tag, Uhrzeit, Ort festlegen)

2. **Durchführung**

Setting:

- Ungestörtheit (Telefon, Türklingel, Anklopfen)
- Ort,
- Zeit,
- Raum,
- Sitzanordnung,

Haltung:

- wertschätzend wohlwollend, unterstützend, geduldig, interessiert,...
- verärgert, wütend, beleidigt, genervt, ...
- belehrend, (besser)wissend, drängend, ...
- gleichgültig, uninteressiert, gelangweilt, ...

Prinzipien:

- Ressourcenorientierung (Stärken, Kompetenzen fördern und nutzen)
- Allparteilichkeit (niemanden bevorzugen)
- Empathie (Einfühlungsvermögen)
- Weitere, je nach Konzept der Gesprächsführung

Techniken:

- Aktives Zuhören
- Feedback
- Meta-Kommunikation
- Weitere, je nach Konzept der Gesprächsführung

Phasen des Gesprächsverlaufs:

- **Begrüßung und Einleitung:** Anlass, Zweck und Ziel benennen, Dauer und Ende festlegen
- **Hauptteil:** Thema »auspacken«, Gesprächspartner einbeziehen/beteiligen, alle zu Wort kommen lassen,...
- **Beendigung:** Thema »einpacken«, positives Feedback, Bilanz ziehen, Perspektiven aufzeigen, nächsten Termin vereinbaren, Abschied nehmen.

3. **Nacharbeit**

Reflexion:

- Wie verlief das Gespräch?
- Was lief eigentlich genau ab?
- Wie zufrieden bin ich selbst mit dem Gesprächsverlauf?
- Wurde das vereinbarte Ziel erreicht?
- Habe ich einen Bezug zur Gesprächspartnerin gefunden?
- Habe ich den Gesprächspartner verstanden?
- Hat die Gesprächspartnerin mich verstanden?

Dokumentation:

- Was waren die Gesprächsinhalte?
- Wie war die Gesprächsatmosphäre?
- Wer war alles am Gespräch beteiligt?
- Tag, Zeit, Ort?
- Welche Vereinbarungen wurden getroffen?

Aktion:

- Was ist in der Zeit bis zum nächsten Gespräch von wem zu tun, zu erledigen?

Diese Checkliste können Sie ganz nach Ihrem Bedarf erweitern oder verändern, sie soll Ihnen dazu dienen, eine gewisse Routine zu entwickeln und an Ihrer Gesprächsführung weiter zu arbeiten.

IN DIESEM KAPITEL

Orientierung an der Lebenswelt:
Wie Menschen sich und ihre Umwelt sehen

Orientierung an Ressourcen:
Menschliche Kraftquellen und Stärken

Prinzip Beteiligung:
Nicht für, sondern mit den Menschen arbeiten

Kapitel 6
Methoden zur Stärkung von Menschen: Lebenswelt, Empowerment, Beteiligung

Wenn Sie als Fachkraft Sozialer Arbeit im Auftrag der Gesellschaft tätig werden, können Sie es sich nicht immer aussuchen, mit wem Sie arbeiten. In diesem Kapitel lernen Sie Konzepte und Methoden kennen, die Ihnen dabei helfen, Menschen, die Ihnen zunächst fremd sind, näherzukommen, etwas von deren Lebensauffassung zu erfahren und deren subjektive Lebenswelt (*Lebensweltorientierung*) besser zu verstehen.

Menschen, die Ihre Hilfe brauchen, haben es leichter diese anzunehmen, wenn Sie als Fachkraft Sozialer Arbeit Ihre Klientel nicht von vorneherein als schwache und hilflose Menschen ansehen und behandeln. Wie jeder Mensch, hat auch eine hilfebedürftige Person Stärken und Schwächen. Wie Sie als Sozialarbeiterin systematisch und fachlich qualifiziert an und mit den Stärken Ihrer Klientel (*Ressourcenorientierung*) arbeiten können, werden Sie im weiteren Verlauf dieses Kapitels erfahren.

Außerdem lernen Sie kennen, mit welchen Methoden und Techniken Sie Ihre Klientel an der Entwicklung und Erreichung gemeinsamer Ziele zur Problemlösung beteiligen (*Partizipation*) können.

Konzept Lebensweltorientierung: Wie Menschen ihr Leben sehen und deuten

Als Fachkraft Sozialer Arbeit werden Sie oft mit Menschen zu tun haben, die Ihnen auf den ersten Blick und bei der ersten Begegnung ganz gewöhnlich vorkommen. Bei näherer Bekanntschaft stellen Sie vielleicht äußerliche, sprachliche und weitere Unterschiede im Verhalten fest. Daran werden Sie merken, dass manche Menschen ihre Lebenssituation ganz unterschiedlich bewerten und sich deshalb auch anders verhalten als andere Zeitgenossen, die vielleicht denselben Beruf haben oder im selben Stadtviertel wohnen. In der Sozialen Arbeit spricht man davon, dass Menschen zwar denselben Bedingungen (Beruf, Arbeitsplatz, Einkommen, Wohnung, Freunde, Krankheiten, …) ausgesetzt sind (sie befinden sich in einer ähnlichen *Lebenslage*), aber diesen Lebensbedingungen ganz unterschiedliche Bedeutung (Halt, Freude, Belastung, Leid, …) zuschreiben (sie wähnen/befinden sich in einer/ihrer eigenen *Lebenswelt*).

Die Klienten Sozialer Arbeit sind Experten für ihr eigenes Leben. Sie kennen ihre Lebensumstände am besten und bewerten diese nach ihren eigenen (subjektiven) Erfahrungen und Maßstäben. Ihre Klientel entscheidet, was ihr hilfreich scheint und welche Hilfen sie annimmt, ablehnt oder vermeidet. Die Erschließung der Bedeutung, die Menschen ihren Lebensbedingungen zuschreiben, und wie sie diese bewerten, erfordert neben einer vertrauensvollen Arbeitsbeziehung eine entsprechend einfühlsame (empathische) Haltung seitens der Fachkräfte Sozialer Arbeit. Dazu gehört ebenfalls, sich den Interessen Ihrer Adressaten zu nähern, ihren Willen zum Handeln zu erkennen und letztlich der Einsatz geeigneter Methoden.

Aufsuchende Methoden: Auf Menschen zugehen

Im Rahmen des Konzeptes der Lebensweltorientierung gibt es einige Methoden, die es Ihnen als Fachkraft Sozialer Arbeit ermöglichen und erleichtern, Menschen in deren gewohnter Umgebung aufzusuchen (*Methoden aufsuchender Sozialer Arbeit*).

Mobile Soziale Arbeit: Dorthin gehen, wo die Klientel sich aufhält

Eine wesentliche Methode aufsuchender Sozialer Arbeit ist die »Mobile Arbeit«. Wie der Name schon andeutet, setzt diese Methode auf Beweglichkeit (Mobilität). Und zwar Beweglichkeit der Fachkräfte Sozialer Arbeit und nicht der Klientel. Diese wird dort aufgesucht, wo sie sich gewöhnlich aufhält. Das kann der Spielplatz sein, auf dem sich Jugendliche treffen, die für den Spielplatz eigentlich schon zu alt sind, aber keinen anderen Platz haben oder finden. Mobile Arbeit kann aber auch heißen, dass es die Angebote Sozialer Arbeit, wie die Suchtberatung, nicht nur in einem Büro gibt, sondern die Suchtberaterin mit einem Lastenrad öffentliche Plätze anfährt, wo sich suchtkranke Menschen treffen und dort mit kostenlosem Espresso auf sich und ihr Beratungs- und Hilfeangebot aufmerksam macht.

Merkmale mobiler Sozialer Arbeit

Mobile Soziale Arbeit beinhaltet einige Merkmale und Regeln, die bei der Anwendung als fachgerechte Methode berücksichtigt werden müssen.

✔ **aufsuchend**

Die Klientel wird dort aufgesucht, wo sie sich ohnehin aufhält; auf öffentlichen Plätzen, Straßen, Parks, aber auch in öffentlichen Gebäuden, wie Schulhöfen oder Kliniken.

✔ **freiwillig**

Es gibt keinen Zwang zur Teilnahme am Angebot, sondern die angesprochenen Menschen (*Zielgruppe/Adressaten*) entscheiden selbst, ob, wann und wie lange sie das Angebot annehmen.

✔ **niedrigschwellig**

Der Zugang für die Klientel wird so leicht und ohne Hindernisse wie möglich gestaltet. Man muss sich nicht eigens anmelden und es werden keine Eintrittsgelder erhoben. Orte, Zeiten und Angebote sind an die jeweilige Zielgruppe/Adressaten angepasst.

✔ **transparent**

Die Angebote und die Freiwilligkeit der Teilnahme werden vorher angekündigt. Vorgehensweisen (Methoden und Techniken) werden erklärt.

✔ **verlässlich**

Angekündigte Termine, Orte und Angebote werden eingehalten und nicht ohne triftigen Grund verändert oder abgesagt.

✔ **vertraulich**

Persönlichkeitsrechte und Datenschutz werden beachtet. Über gesetzliche Grundlagen und Schweigepflicht wird informiert.

✔ **akzeptierend**

Die Klientel wird respektvoll und anerkennend angesprochen. Deren Expertise für ihre individuelle Lebensgestaltung wird anerkannt. Die Fachkraft wahrt bei selbstschädigendem Verhalten der Klientel eine kritische Distanz und weist auf deren mögliche Folgen hin.

Ein typisches Beispiel mobiler Sozialer Arbeit aus dem Handlungsfeld der Kinder- und Jugendhilfe ist das »*Spielmobil*«. Dabei handelt es sich um ein Angebot von Spielen und Spielmaterialien, die in einem Bauwagen verstaut sind, mit dem öffentliche Plätze in verschiedenen Stadtvierteln angefahren werden. Die Ankunft des Spielmobils wird mit Plakaten und Flyern in Schulen, Kitas und auf dem Platz selbst einige Tage zuvor angekündigt. Die pädagogischen Fachkräfte packen ihre Spiel- und Kreativmaterialien aus und erklären bei Bedarf deren Anwendungsmöglichkeiten. Die Aktion dient einerseits dem Kennenlernen der Kinder und Jugendlichen vor Ort und soll andererseits aufzeigen, welche Nutzungsmöglichkeiten der jeweilige Platz haben kann und wie viel lebendige Begegnungen und spannende Erfahrungen direkt in der Nachbarschaft möglich sind.

Straßensozialarbeit/»Streetwork«

Immer wenn Menschen, die Hilfe benötigen, aus irgendwelchen Gründen die bestehenden Hilfeangebote nicht kennen oder warum auch immer nicht nutzen möchten, kommt die Straßensozialarbeit als aufsuchende Methode Sozialer Arbeit ins Spiel. Im Gegensatz zu mobiler Sozialer Arbeit, bei der ein bestehendes Hilfeangebot an einen Ort, an dem sich die Zielgruppe/Adressatinnen befinden, »transportiert« wird, geht bei der Methode der Straßensozialarbeit die Fachkraft dorthin, wo die Zielgruppe/Adressatinnen sich befinden und versucht mit diesen in Kontakt zu kommen. Das eigentliche Hilfeangebot steht dabei zunächst nicht im Vordergrund, sondern kommt erst zum Tragen, wenn die Kontaktaufnahme erfolgreich verlief.

Merkmale der Straßensozialarbeit

Wie für fachgerechte Methoden Sozialer Arbeit üblich, gibt es auch für die Straßensozialarbeit einige Merkmale oder gar Regeln, die von den Fachkräften berücksichtigt werden müssen. Die Merkmale der aufsuchenden mobilen Arbeit gelten auch für die Straßensozialarbeit, werden aber um einige Gesichtspunkte erweitert.

✔ **Adressatenorientiert**

Es stehen bestimmte Menschen im Fokus der Straßensozialarbeit, nämlich solche, die von den sonstigen Angeboten Sozialer Arbeit nicht erreicht werden können, wie Straßenkinder, obdachlose Menschen, suchtkranke Menschen, auffällige Jugendliche et cetera.

✔ **Problemorientiert**

Straßensozialarbeit kommt dann zum Einsatz, wenn es eine Problemanzeige dafür gibt. Eine solche Problemanzeige kann durch Träger der Sozialen Arbeit erfolgen, die merken, dass ihre Hilfeangebote von der entsprechenden Klientel nicht angenommen werden. Die öffentliche Skandalisierung einer Personengruppe, deren Zustand oder deren Verhalten im öffentlichen Raum (aggressive Jugendclique, suchtkrank wirkende Jugendliche, obdachlose Erwachsene) kann ebenfalls zum Auslöser für den Einsatz der Methode Streetwork werden,

✔ **Ort- und szeneorientiert**

Die Klientel wird dort aufgesucht, wo sie sich gewöhnlich aufhält (auf öffentlichen Plätzen, Straßen, Parks, Ladenpassagen, Fußgängerzonen, Bahnhöfen, Bushaltestellen, Spiel-/Bolzplätzen, Schulhöfen, Kneipen, Vergnügungsstätten, Diskotheken, ...). Weil der Straßensozialarbeiter auf eine bestimmte Gruppe oder Clique zugehen will und zu dieser den Kontakt sucht, ist er Gast in dieser Szene und darauf angewiesen, als solcher akzeptiert zu werden, um Zugang zu erhalten.

✔ **Kontakt- und gesprächeorientiert**

Als Straßensozialarbeiterin versuchen Sie den ausgewählten Personenkreis an dessen gewöhnlichen Aufenthaltsorten anzutreffen und durch Gespräche in Kontakt mit einzelnen Personen zu kommen. Dazu haben Sie mehrere Techniken zur Auswahl:

- **defensive Kontaktaufnahme:** Sie machen auf sich aufmerksam, indem Sie sich in der Nähe der Zielgruppe aufhalten und warten, bis Sie von einer Person aus der Zielgruppe angesprochen werden (Angebot zur Ansprache);
- **indirekt Kontaktaufnahme:** Sie machen durch auffällige Hinweise, wie farbige Sitzgelegenheit, Infostand, Plakat, Flyer o. Ä. auf sich als Sozialarbeiter aufmerksam; Sie werden von einer Person aus der Gruppe, mit der Sie bereits Kontakt haben, gegenüber anderen »empfohlen« beziehungsweise vermittelt (Ansprache über Dritte);
- **offensive Kontaktaufnahme:** Sie sprechen einzelne angetroffene Personen direkt an, stellen sich als Sozialarbeiterin und Mitarbeiterin einer sozialen Einrichtung vor (direkte Ansprache).

✔ **Situationsorientiert**

Als Straßensozialarbeiterin können Sie nie wissen, was genau passiert, welche Personen Sie antreffen und in welcher Stimmung diese sind. Sie können Ihr Handeln nur sehr eingeschränkt planen, sondern brauchen ein gehöriges Maß an Spontaneität, *situativer Intelligenz* und Schlagfertigkeit.

✔ **Robust gegen Witterungsbedingungen**

Als Straßensozialarbeiterin sitzen Sie selten am Schreibtisch in einem trockenen und warmen Büro, sondern Sie sind oft draußen und dort Wind und Wetter ausgesetzt.

✔ **Widerstand gegen den Trend zum Rückzug**

Als Straßensozialarbeiterin müssen Sie es aushalten, ständig ansprechbar zu sein und in Beziehung mit der Klientel zu treten. Dem verständlichen Impuls nach Rückzug zu Beratungsgesprächen in geschlossenen Räumen gilt es zu widerstehen, denn die Szene braucht Sie vor Ort, auf der Straße.

✔ **Professionelle Rollenerfüllung**

Als Straßensozialarbeiterin ist es Ihr Auftrag, in Kontakt und Beziehung zu Menschen zu kommen, die keinen Zugang zu konventionellen Hilfen Sozialer Arbeit (mehr) finden oder mit der Gesellschaft abgeschlossen haben und nichts (Gutes) mehr von ihr erwarten. Es ist aber nicht Ihre Aufgabe sozial benachteiligte Menschen zu kontrollieren und für Ruhe und Ordnung zu sorgen. Dafür gibt es die Polizei der Ordnungs- und Ermittlungsbehörden.

Wenn Sie Straßensozialarbeit praktizieren und es Ihnen gelungen ist, mit einer bestimmten Personengruppe (*Clique*) in Kontakt und Beziehung zu kommen, stellt sich die Frage, wie Sie Ihre Beobachtungen und Erkenntnisse für die weitere Arbeit festhalten (dokumentieren) können, damit Sie oder Ihre Kolleginnen später auf diese Erkenntnisse zurückgreifen können. Dazu eignet sich die Technik *Cliquenraster* oder auch »Cliquenportrait« genannt.

Cliquenraster/»Cliquenportrait«

Das Cliquenraster ist eine Technik zur Gewinnung eines Überblicks über die verschiedenen durch Straßensozialarbeit entdeckten Gruppierungen, Szenen und *Subkulturen* (Personengruppen die sich durch eigene Regeln und Erkennungsmerkmale von der Gesamtgesellschaft abgrenzen).

✔ **Ziel und Zweck**

Die Technik dient dem Zweck, Art und Zusammensetzung, besondere Merkmale und Größe von Gruppen, Alter der Gruppenzugehörigen sowie deren Treffpunkte festzuhalten (zu dokumentieren). Ziel ist es, einen Überblick zur Anzahl, Art und Verteilung von Szenegruppen/Cliquen in einer Kommune (Stadt oder Gemeinde) zu erhalten.

✔ **Durchführung**

Durch Kontakt und Gespräche mit der Zielgruppe an deren Aufenthaltsorten können die für das Cliquenraster/Cliquenportrait geeigneten Daten und Informationen gesammelt werden. Weil die Kontakte und Gespräche zu einem bestimmten Zeitpunkt nur Momentaufnahmen sein können, die Treffpunkte und Personen aber immer wieder wechseln, werden die Beschreibungen für das Cliquenraster/Cliquenportrait in zeitlichem Abstand wiederholt.

✔ **Einschränkungen**

Solche Raster und Portraits sind sehr subjektiv und durch die Selbstbeschreibungen der betreffenden Personen gefärbt. Es handelt sich also nicht um eine objektive Beschreibung nach wissenschaftlichen Kriterien. Ein durch solche Erzählungen gezeichnetes Bild von Szenen und Cliquen kann nur eine Momentaufnahme sein und zu einem anderen Zeitpunkt und mit anderen Mitwirkenden auch anders ausfallen. Diese Einschränkungen müssen Sie beachten, wenn Sie das Cliquenraster/Cliquenportrait mit Kooperationspartnern oder offiziellen Stellen teilen. Die beschriebenen Personen sollen und dürfen nicht auf bestimmte Rollen oder Verhaltensweisen festgelegt und typisiert werden.

Befragungsmethoden: Erfahrungen aus erster Hand

Wenn Sie etwas über das Lebensgefühl von Menschen erfahren möchten, über das, was sie belastet und was sie verändern möchten, scheint es naheliegend, die »Betroffenen« selbst zu fragen. Wenn Sie aber neu im Job sind und noch kaum Kontakt zur Klientel haben, kann es für Sie hilfreich sein, zuerst mit Menschen zu sprechen, die sich in bestimmten Stadtvierteln gut auskennen oder bestimmte Szenen von Menschen gut kennen und erst danach Angehörige der eigentlichen »Zielgruppe« aufzusuchen.

Expertenbefragung

Wenn Sie eine neue Aufgabe übernommen haben, Ihr Aufgabengebiet (noch) nicht gut kennen und auch noch keinen Zugang zu den Menschen haben, denen Sie als Fachkraft Sozialer Arbeit helfen sollen, können Sie mit Menschen reden, die sich bereits gut auskennen (*Expertenbefragung*).

✔ **Expertinnen und Experten**

Das können Menschen sein, die sich deshalb gut in einem Stadtviertel auskennen, weil sie schon lange vor Ort arbeiten, wohnen oder sich aus anderen Gründen dort aufhalten. Das kann die Pfarrerin genauso sein, wie der Betreiber des stark besuchten

Kiosks, die Frisörin, zu der viele Bewohnerinnen schon seit Jahren kommen, oder der Wirt der Kneipe um die Ecke, der viele Geschichten seiner Stammgäste kennt und von manchen Alleinstehenden den Ersatzschlüssel deren Wohnungen verwahrt.

✔ **Expertenschaft**

Solche Experten kennen viele Menschen, wissen um die Entwicklungsgeschichte der Nachbarschaft, kennen die sozialen und baulichen Veränderungen der letzten Jahre und gehen mit diesem Wissen sorgfältig und vertrauensvoll um. Deshalb dient die Expertenbefragung nicht dazu, persönliche Daten von Einzelpersonen zu erfahren, sondern einen Hinweis auf weitere hilfreiche Gesprächspartner und deren Interessengebiete sowie eine Einschätzung zum »Klima« in der Nachbarschaft, zu Themen, die den Menschen wichtig sind, zu erhalten.

»one-to-one«

Stellen Sie sich vor, Sie haben durch Ihre Experteninterviews schon etliche Informationen zu Ihrem Einsatzgebiet und Ihrer Klientel erhalten. Nun fühlen Sie sich schon sicherer und trauen sich zu, auf einzelne Menschen zuzugehen. Dafür gibt es in der Sozialen Arbeit den Fachbegriff des »*one-to-one*« oder einfach das »Einzelgespräch in Alltagssituationen«.

✔ **Gesprächsgelegenheiten schaffen.**

Es geht darum, dass Sie als Fachkraft Sozialer Arbeit Dienstleistungsangebote vor Ort nutzen und dabei Gelegenheiten zum Gespräch mit Bewohnerinnen erhalten. Anstatt alles im Supermarkt in Ihrem Wohngebiet einzukaufen, besorgen Sie Ihre Backwaren und Hygieneartikel in den kleineren Geschäften des Stadtviertels, das in Ihrem Zuständigkeitsbezirk liegt. Oder Sie nehmen Ihr Mittagessen an einem Tag der Woche nicht in der Kantine Ihres Jugendamtes ein, sondern essen in der Kneipe im Kiez oder versorgen sich an der Imbissbude nahe der Bushaltestelle.

✔ **Vertrauen aufbauen.**

An all diesen Orten werden Sie Gelegenheit haben, mit der Bevölkerung des Gebietes in Kontakt zu kommen und »Small Talk« zu betreiben. So lernen Sie nach und nach viele Menschen kennen, erfahren Neuigkeiten und Interna und nebenbei werden Sie als interessierter Mensch identifiziert und nicht nur als Fachkraft, die ihren beruflichen Auftrag erfüllt.

✔ **Informationen sammeln.**

Wenn Sie die erhaltenen Infos und Hinweise anschließend in geeigneter Weise notieren, erhalten Sie mit der Zeit eine umfangreiche Sammlung von Informationen und können später die jeweiligen Personen gezielter ansprechen.

✔ **Datenschutz beachten.**

Dabei müssen Sie selbstverständlich die Regeln zum Schutz personenbezogener Daten berücksichtigen.

Aktivierende Befragung

Nachdem Sie schon viele One-to-one-Gespräche geführt haben, sind Sie nun bereit, gezielte Gespräche mit einzelnen Menschen zu führen und so aus erster Hand zu erfahren, wo der Schuh drückt, wer welches Problem am wichtigsten findet und wer sich wofür interessiert. Um die einzelnen Beiträge der Menschen systematisch zu erheben und die Erkenntnisse daraus für die Bevölkerung nutzbar zu machen, gibt es eine passende Methode, die »*aktivierende Befragung*«, wozu ein bestimmter Fragebogen verwendet wird.

- ✔ **Wer befragt wird.**

  Sie befragen möglichst viele Menschen, die in einem Stadtviertel wohnen, arbeiten oder sich aus anderen Gründen regelmäßig und häufig dort aufhalten (Bevölkerung).

- ✔ **Wonach gefragt wird.**

  Sie befragen die Bevölkerung eines bestimmten Gebietes nach deren Interessen und Themen, die ihnen so wichtig sind, dass sie daran etwas ändern und dafür auch etwas tun wollen (Themen und Anliegen der Bevölkerung).

- ✔ **Wie befragt wird.**

  Sie kündigen die Befragungen auf jeden Fall zuvor an, damit sich die Bevölkerung darauf einstellen kann. Außerdem informieren Sie vorab darüber, dass die Befragung von seriöser Stelle durchgeführt wird, damit die Bevölkerung weiß, dass die Befragung keine wirtschaftlichen Interessen verfolgt und keine Betrugsabsicht besteht (angekündigt, ernsthaft und seriös).

- ✔ **Wozu befragt wird.**

  Mit aktivierenden Befragungen wollen Sie die Bevölkerung dazu animieren, sich für ihre Interessen und Themen einzusetzen und zu engagieren. Damit die befragten Menschen sich anschließend für ihre Themen einsetzen können, werden sie gebeten (freiwillig) auf dem Fragebogen ihren Namen und Kontaktdaten anzugeben. So können Sie die Beteiligten anschließend zur Ergebnispräsentation, Diskussionen und Arbeitseinsätzen einladen (zu Aktivitäten anregen).

- ✔ **Was mit den Ergebnissen passiert.**

  Die Ergebnisse der aktivierenden Befragung werden der Bewohnerschaft in Versammlungen vorgestellt und mit den anwesenden Menschen diskutiert. Im Idealfall bilden sich danach Interessengruppen, die an ihrem Thema in Eigenregie weiterarbeiten und versuchen ihre Ziele zu erreichen (Ergebnisse führen zu Veränderungen).

Forschende und beschreibende Methoden

Sie können sich ein Aufgabengebiet auf verschiedene Art und Weise erschließen. Neben den Methoden zum Aufsuchen von Menschen mit Hilfebedarf und deren direkter Befragung oder der Expertenbefragung brauchen Sie auch Möglichkeiten, sich unabhängig ein Bild Ihres Zuständigkeitsgebietes und dessen Bevölkerung zu machen. Dazu gibt es eine ganze Reihe geeigneter Methoden und Techniken.

Beobachtungen

Beobachten ist eine Methode, die Sie schon von Kind an praktizieren. Als Säugling haben Sie Ihre Bezugsperson beobachtet und an deren lächelndem Gesichtsausdruck erkannt, dass Sie geliebt werden und Ihnen keine Gefahr droht. Durch Beobachten Ihrer Spielsachen und Ihrer Hände haben Sie gelernt, Gegenstände zu begreifen und Ihre Umgebung durch eigenes Tun zu verändern (den Turm aus Bauklötzen zum Umsturz bringen). Diese bewährte »Forschungsmethode« eignet sich auch zur Gestaltung beruflicher Aufgaben in der Sozialen Arbeit.

✔ **Was sich beobachten lässt.**

Beobachten lässt sich das Auftreten und Verhalten von Menschen auf öffentlichen (Straßen, Plätze, Parks, Schulhöfe et cetera) oder in geschlossenen Räumen (Klassenzimmer, Gruppenraum, Beratungszimmer).

✔ **Wozu beobachtet wird.**

Durch Beobachtungen können Verhaltensweisen von Menschen untereinander (Gesprächsverhalten, Mimik und Gestik, Kleidung, …) und deren Nutzung des (öffentlichen) Raumes (Erholung, künstlerische Betätigung, Kommunikation, Kaufen/Verkaufen von Gemüse, Drogen, ...) festgehalten, beschrieben und interpretiert werden.

✔ **Was mit Beobachtungen passiert.**

Beobachtungen können Erkenntnisse über die Nutzbarkeit von Räumen (und deren »Möblierung«), aber auch über die Inszenierung von Menschen in Räumen (Selbstdarstellung, politische Demonstration, ...) bieten.

Burano-Methode

Eine Methode zur Beobachtung alltäglicher Nutzungen öffentlicher Räume ist die *Burano-Methode.*

✔ **Woher der Name »Burano-Methode« stammt**

Der Name kommt von der gleichnamigen Insel in der Lagune von Venedig, wo in den 1970er-Jahren diese Methode von Architekten und Stadtplanerinnen entwickelt und erstmals angewandt wurde.

✔ **Ziel und Zweck der Burano-Methode**

Sie wird angewandt, um in kurzer Zeit die Qualität eines Ortes zu erfassen und darzustellen. Dazu werden Gebäude (Größe, Höhe, Art, Alter, ...) und Plätze sowie deren Ausstattung (Bänke, Brunnen, Pflanzen, Treppen, ...) in einem begrenzten Gebiet auf einer Karte mit entsprechenden Symbolen eingetragen. Zudem werden alle Arten von Aktivitäten der Bevölkerung (gehen, stehen, liegen, sitzen, ...) zu unterschiedlichen Tagen und Zeiten erfasst und dokumentiert.

✔ **Nutzen der Burano-Methode**

Die detaillierte Beobachtung und deren Dokumentation ermöglicht die Nutzungsmuster in einem Raum festzustellen und zu verstehen. Die Burano-Methode zeigt, wie bauliche Besonderheiten (wie fehlende Sitzgelegenheiten oder Mülleimer) im öffentlichen Raum die Tätigkeiten (kein Verweilen, Müllablagerungen) der Nutzer beeinflussen. So erhalten Architektinnen Hinweise auf bedarfsgerechte Raumgestaltung und Sozialarbeiterinnen können verstehen, weshalb Spielplätze nicht von der vorgesehenen Altersgruppe oder Parks eher für kriminelle Handlungen genutzt werden.

Street-Corner-Society

Dies ist eine Methode, die auf den Amerikaner William Whyte zurückgeht, der ein Bostoner Slumgebiet untersuchte, indem er vorwiegend das Leben an den Straßenecken (Street-Corners) beobachtete und möglichst selbst daran teilnahm.

✔ **Vorgehensweise**

Bei dieser Methode wird versucht, ganz in das Leben der Bevölkerung des jeweiligen Gebietes einzutauchen, um es zu verstehen. Dazu gehört, im betreffenden Stadtviertel zu wohnen, die dortigen Kneipen zu besuchen, dort einkaufen zu gehen, Mitglied in den lokalen Vereinen zu werden und mit den Menschen zu reden und persönliche Beziehungen zu knüpfen. Es wird wenig gefragt, sondern möglichst viel beobachtet und zwar ohne Einfluss auf die beobachteten Personen und Verhaltensweisen zu nehmen. Whyte beschrieb sein Vorgehen als »aktives Rumhängen«. Dabei gilt es, eigene moralische Vorstellungen nicht in den Vordergrund zu stellen und mit den Menschen nicht darüber zu streiten, sondern Interesse zu zeigen, ohne beeinflussen zu wollen.

✔ **Ziel und Zweck**

Das Ziel dieses intensiven Eintauchens in das Leben vor Ort ist, die formellen (Vereine, Kirchengemeinde, Clubs, ...) und informellen (lose Zusammenschlüsse von Menschen, die keine Satzung, Mitgliedsbeiträge, Vereinslokale und so weiter haben und benötigen) Gruppen im Stadtviertel, die Beziehungen zwischen einzelnen Menschen innerhalb von Gruppen und zwischen den Gruppen zu erkennen und zu verstehen. Die Methode dient letztlich dem Zweck, durch die akzeptierende Haltung die Menschen in ihrer eigenen Lebenswelt zu unterstützen und zu stärken.

✔ **Adressaten der Sozialen Arbeit**

Nach der Methode der Street-Corner-Society stehen die informellen Führungspersonen, die Chefs von Cliquen und Gangs im Zentrum der Bemühungen um Kontakt- und Beziehungsaufbau. Solche informellen Leader sind die Türöffner für den Zugang in die komplette Szene, denn wenn Sie als Sozialarbeiterin vom Chef der Gang akzeptiert werden, erhalten Sie auch das Vertrauen der Gangmitglieder. Nach der Methode der Street-Corner-Society arbeiten Sie mit den Menschen, die in ihrem Lebensumfeld bleiben wollen und auch kaum Chancen haben, ihre sozialen Beziehungen anderswo zu finden.

✔ **Herausforderungen der Methode**

Als Fachkraft Sozialer Arbeit ganz in eine neue Lebenswelt (Szene) einzutauchen und dazu Ihr eigenes Leben vorwiegend in dem Stadtviertel zu verbringen, in dem Sie arbeiten, verlangt ein hohes Maß an persönlichem Engagement und Nähe zum

Arbeitsfeld und der Klientel. Arbeit und Freizeit lassen sich so nur schwer trennen. Sich nicht von den eigenen, zum Beispiel an Bildung orientierten Lebensvorstellungen als eventuell Angehörige der Mittelschicht leiten zu lassen und sich ganz auf die Lebenssituation der Cliquen und Gangs einzulassen, verlangt eine starke und konsequente fachliche Haltung und Zurückhaltung. Street-Corner-Society ist wohl die radikalste und konsequenteste Methode zur praktischen Anwendung des Konzeptes der Lebensweltorientierung. Diese Methode ist aufgrund der hohen Anforderungen sehr anspruchsvoll und sollte vielleicht erst nach einiger Berufserfahrung praktiziert werden. Hilfreich ist aber auf jeden Fall, wenn Sie als Fachkraft Sozialer Arbeit Ihre Arbeit sorgfältig reflektieren und sich dazu externe Hilfe, zum Beispiel in Form von Supervision holen. Um die nötige fachliche Distanz zu den mitunter schicksalhaften Erlebnissen und Emotionen der Klientel halten zu können, hilft es, sich selbst ein Netz tragfähiger Beziehungen zu Freunden aufzubauen und zu pflegen. Wer im Beruf stark emotional engagiert ist, braucht zum Ausgleich viel Entspannung, Ablenkung und Freude. Deshalb ist es für Fachkräfte Sozialer Arbeit so wichtig, ihre Hobbys und Freizeitbeschäftigungen zu pflegen und sich genügend Zeit für sich selbst zu nehmen.

Subjektive Landkarten

Eine Technik zur Darstellung der subjektiven Lebensräume von Menschen ist das Zeichnen »subjektiver Landkarten«.

✔ **Vorgehensweise**

Menschen werden gebeten, in einer vorläufigen Skizze wichtige Orte in ihrem Lebensumfeld einzuzeichnen. Wichtige Orte für Kinder können die eigene Wohnung, der nächste Spielplatz, die Kita oder die Schule sein. Es kommt nicht auf die maßstabsgetreue Abbildung der Entfernungen an. Wichtiger ist die Bedeutung der Orte für die jeweilige Person (Kind, alter Mensch, alleinerziehender Elternteil, Mensch mit Behinderung, ...). Wenn alle subjektiv wichtigen Orte eingezeichnet sind, werden weitere Einzelheiten (Bezugspersonen, Verkehrsmittel, mit dem der Ort erreicht wird, Häufigkeit des Besuchs des Ortes, Begegnungen mit anderen Personen am selben Ort, ...) eingetragen und mit unterschiedlichen Farben markiert. Abschließend werden die einzelnen Orte nach deren Bedeutung für die betreffende Person bewertet und ein Fazit gezogen.

✔ **Ziel und Zweck**

Solche subjektiven Landkarten können wichtige Informationen über die Qualitäten von Orten, Verkehrswegen, fehlende Infrastruktur (Spielplatz, Treffpunkte et cetera) oder Einschränkungen der Mobilität liefern. Durch das Zeichnen besteht eine Kommunikationsmöglichkeit, die nicht vorwiegend auf Sprache setzt und damit Kindern und Menschen, deren Muttersprache nicht der Umgangssprache entspricht, eine alternative Ausdrucksform ermöglicht.

Stadtteilbegehung/-spaziergang/-erkundung

Eine zentrale Methode im Rahmen des Konzeptes der Lebensweltorientierung ist die Begehung vor Ort. Diese kann auf unterschiedliche Art und Weise gestaltet werden. Die wesentliche Gemeinsamkeit der Varianten liegt darin, dass ein bestimmtes Gebiet von einer Gruppe von Menschen besucht und in Augenschein genommen wird.

- ✔ **Stadtteilbegehung zur Einarbeitung von Fachkräften**

  Wenn Sie als Fachkraft Sozialer Arbeit eine neue Stelle antreten und sich ein Bild von Ihrem lokalen und geografischen Zuständigkeitsbereich machen möchten, bietet es sich an, dass Sie sich die Zeit nehmen und mit einer Kollegin oder einer Klientin gemeinsam hinaus in den Bezirk, das Stadtviertel (»das Feld«) gehen. Ihre Begleitperson kann Ihnen Anregungen und Hinweise geben und Sie können sich einen eigenen Eindruck von der Örtlichkeit und den Besonderheiten verschaffen.

- ✔ **Stadtteilerkundung zur Identifikation von Missständen**

  Stellen Sie sich vor, Sie arbeiten als Fachkraft Sozialer Arbeit in einem Jugendtreff. Sie erhalten mehrfach Hinweise von Besucherinnen, die sich auf den wenigen Plätzen im Stadtviertel unsicher fühlen. Diesen Hinweisen können Sie nachgehen, indem Sie mit den Mädels eine Erkundung möglichst aller Orte im Stadtviertel machen, an denen sich die Mädchen unsicher fühlen. Die Erkundung können Sie durch die Technik der Fotodokumentation ergänzen und anschließend mit den Mädchen nach Lösungen suchen, wie die Sicherheit vor Ort verbessert werden könnte. Die Lösungsvorschläge nehmen Sie dann mit zu einem Treffen mit einem Mitarbeiter der Stadtplanung und den Mädchen, die die Ergebnisse ihrer Erkundung dem Stadtplaner vorstellen.

- ✔ **Stadtteilspaziergang als Begegnungsmöglichkeit**

  Mit Spaziergängen durch einen Stadtteil oder ein Stadtviertel können Sie die ansässige Bevölkerung untereinander bekannt machen oder Alt- und Neubürgerinnen in Kontakt bringen. Wie der Begriff Spaziergang vermuten lässt, bieten Sie keine klassische Führung durch eine ortkundige Person an, sondern Sie laden dazu ein, sich an einem bestimmten Tag um eine bestimmte Uhrzeit an einem fixen Ort zu treffen. Dort stellt sich dann heraus, wer alles teilnehmen wird, und es lässt sich unter den Anwesenden klären, welche Richtung gemeinsam eingeschlagen werden soll. Sie laden die alteingesessenen Teilnehmenden ein, Geschichten und Anekdoten zur Entstehung und Entwicklung von Gebäuden, Plätzen und Menschen im Gebiet zu erzählen. Die aufkommenden Fragen der Neubürgerinnen werden gemeinsam beantwortet.

Weitwinkelscan

Der Weitwinkelscan ist eine Technik zur Dokumentation der Ergebnisse und Erkenntnisse aus der Stadtteilerkundung und dient ebenfalls der Beschreibung zum Einstieg in einen neu erkundeten Stadtteil oder Stadtviertel.

- ✔ **Herausforderung**

  Die wesentliche Herausforderung besteht darin, nicht alles Mögliche an Daten zu sammeln, sondern herauszufinden, welche Informationen und Hinweise die wichtigsten sind.

✔ **Ziel und Zweck**

Mit dem Weitwinkelscan sollen die gesammelten Daten nicht nur dokumentiert werden (Ziel), sondern so aufbereitet werden, dass damit der Aufbau von Beziehungen zur Bevölkerung und zwischen der Bevölkerung (Zweck) erleichtert wird.

✔ **Vorgehensweise**

Mit dem Weitwinkelscan lassen sich die Ergebnisse von Erhebungsformen wie *Sozialstrukturanalyse, one-to-one* oder Erkundungen, wie beispielsweise Aufenthaltsorte der Adressatinnen, Einkaufsmöglichkeiten oder unsichere Orte, in eine große Karte eintragen.

Nadeltechnik

Die Nadeltechnik ist ein Instrument zur Dokumentation von Stadtviertelerkundungen. Die Nadeltechnik funktioniert so, dass die an der Erkundung teilnehmenden Menschen gebeten werden, diejenigen Orte mit Nadeln auf einer Karte zu markieren, wo sie wohnen, arbeiten, zur Schule oder in den Kindergarten gehen; wo sie einkaufen, ihre Freizeitaktivitäten vollbringen, sich mit Freunden treffen oder wichtige Dienstleistungen in Anspruch nehmen. Wenn jede Person die selbst gesteckten Nadeln mit einem Faden verbindet, ergibt sich daraus ein Netz der Orte, die die betreffende Person für ihre Aktivitäten aufsucht (*Aktionsraum*). Mithilfe der Nadeltechnik lassen sich persönliche Wege-Beziehungen und Entfernungen identifizieren (*Mobilität*), die einen Hinweis darauf geben, ob der jeweilige Mensch im Alltag eher nahräumlich oder gesamtstädtisch orientiert ist. Mit der Farbe der Nadeln lassen sich verschiedene Zwecke darstellen, während unterschiedliche Formen der Nadeln verschiedene Personen symbolisieren können. So werden Unterschiede und Gemeinsamkeiten der beteiligten Menschen deutlich erkennbar.

Sozialreportage

Die Sozialreportage ist eine Methode Sozialer Arbeit, mit der Wissen über soziale Problemlagen mithilfe von journalistischen Darstellungsformen erzeugt und anschaulich dargestellt wird. Soziale Milieus werden als Formen alltäglicher Lebensgestaltung verstanden und veranschaulicht. Im Gegensatz zu journalistischen Berichten oder Nachrichten will die Sozialreportage nicht nur sachliche oder objektive Daten und Fakten erheben, sondern ist am persönlichen Erleben und den subjektiven Erfahrungen interessiert. Sozialreportagen verwenden vielfältige Formen und Techniken der Analyse und Dokumentation des alltäglichen Geschehens. Dazu gehören Personenreportagen, in denen einzelne Personen, die einen bestimmten Typ Mensch repräsentieren, in Wort und Bild portraitiert werden. Die Fotoreportage ist wohl die gängigste Technik der Sozialreportage.

Fotodokumentation und Autofotografie

Autofotografie ist eine Technik, die sich gut dazu eignet, besondere Orte und Räume zu identifizieren, anhand der fotografischen Abbildungen die Besonderheiten hervorzuheben und damit diskutierbar und verhandelbar zu machen.

✔ **Name der Technik**

Der Begriff Autofotografie soll verdeutlichen, dass die Fotos von den betreffenden Menschen selbst geschossen werden und nicht von professionellen Fotografen.

✔ **Anwendungsbereich**

Fotografisches Arbeiten kann zur Bewertung des Spielplatzes in der Nachbarschaft durch Kinder und Eltern eingesetzt werden. Eine viel befahrene Straße, die eine Überquerung erschwert, kann mittels einer Autofotografie als schier unüberwindbare Schneise durch das Stadtviertel identifiziert werden. Angsträume, wie Parks, Unterführungen oder Hauseingänge, können als solche dokumentiert und verändert werden.

✔ **Weitere Verwendung**

Die Fotos und dazu gesammelte Kommentare können in einer Ausstellung veröffentlicht werden und damit weitere Kreise bis in die Kommunalpolitik ziehen.

Methoden Sozialer Arbeit mit großen Gruppen

Viele Methoden Sozialer Arbeit richten sich an Einzelpersonen, deren Familie oder kleinere Gruppen, wie Schulklassen im Rahmen der Suchtprävention oder jugendliche Besucher eines Jugendtreffs. Wenn Sie als Fachkraft Sozialer Arbeit für ein ganzes Stadtviertel, ein Quartier zuständig sind, gehört die ganze Bevölkerung zu Ihrer Klientel, wobei hier der Begriff Klientel (»Schutzbefohlene«) nicht mehr passt, denn die Bevölkerung eines Stadtviertels ist ja nicht in Gänze schutzbedürftig oder bedarf Ihrer Hilfe. Sie wollen ja dazu beitragen, dass die Quartierbevölkerung sich gegenseitig unterstützt, wenn dies erforderlich ist. Damit Sie bestimmte Themen so bearbeiten können, dass daraus keine sozialen Probleme erwachsen, werden Sie immer wieder mit größeren Ansammlungen von Menschen als nur mit Einzelpersonen, Familien und kleinen Gruppen arbeiten müssen. Dafür gibt es spezielle Methoden, die Sie kennen sollten.

»Open Space«

Dies ist eine Tagungsmethode für Großgruppen, an der über 100 Menschen gleichzeitig teilnehmen können. Harrison Owen hat Open Space in den 1980er-Jahren entwickelt. Er beobachtete, dass auf Tagungen oft in den Pausen am lebendigsten diskutiert wurde, und kam auf die Idee eine Tagungsmethode zu entwickeln, die auf viele Stegreif-Grüppchen setzt, in denen das Tagungsthema auf unterschiedliche Art und Weise behandelt wird. Der Name »Open Space« sagt aus, dass es viel Raum für Gespräch und Initiativen zur Selbstorganisation gibt. Diese Selbstorganisation wird dadurch gefördert, dass kein fester Tagungsplan vorgegeben ist, sondern lediglich das Thema klar und verständlich benannt wird.

✔ Der **Ablauf der Methode** erfolgt in mehreren Phasen. In der Eröffnungsphase werden die Anwesenden begrüßt und ihnen werden die Regeln und Rollen der Methode Open Space (»Schmetterlinge« nehmen an keiner Gruppe teil, sondern haben im Café ihre Heimat und sorgen für Ruhe und Muße; »Hummeln« schwirren von Gruppe zu Gruppe und setzen damit neue Impulse) erklärt. Anschließend wird das noch leere »Anschlagbrett« vorgestellt, das von den Teilnehmenden im Laufe der Tagung gefüllt werden darf. Nun werden die Teilnehmenden gebeten, nacheinander in die Mitte des Raumes zu treten, ihr dringendes Anliegen zu nennen und dies zusammen mit ihrem Namen auf ein Plakat zu schreiben. Diese Plakate werden an eine Wand gehängt, an der die vorhandenen Räume und Uhrzeiten eingetragen sind. So erhalten alle Teilnehmenden einen Überblick über mögliche Themenbearbeitung und wissen, wer das Anliegen einbringt und zu welcher Zeit sie in welchem Raum über das jeweilige Anliegen sprechen können. Die Moderation eröffnet dann die zweite Phase, den »Marktplatz«. Dabei gruppieren sich die Teilnehmenden in den Räumen zur Arbeit an den jeweiligen Anliegen. Die Gruppenarbeit erfolgt selbst organisiert, wobei jede Arbeitsgruppe eine Moderation benennt, die dafür zuständig ist, dass die erarbeiteten Ergebnisse schriftlich festgehalten und an eine Plakatwand im großen Saal ausgehängt werden, sodass diese für alle sichtbar sind und von anderen Teilnehmenden kommentiert werden können. Am Ende des Tages folgt mit den »Abendnachrichten« die letzte Phase der Methode, in der gemeinsam über den Verlauf gesprochen und die Ergebnisse oder Lösungsvorschläge nach Wichtigkeit bewertet werden.

✔ **Regeln im Open Space:** Die wenigen Vorgaben zum Verlauf der Methode Open Space lassen sich in vier Grundsätzen zusammenfassen:

1. »Wer immer kommt, es sind die richtigen Leute«. Soll heißen, es kann jeder Interessierte an einer Arbeitsgruppe teilnehmen und es gibt keine Aufnahmekriterien.

2. »Was immer geschieht, ist das Einzige, was geschehen kann« bedeutet, die Teilnehmenden sollten sich auf neue Erfahrungen und Veränderungen einstellen.

3. »Es fängt an, wenn die Zeit reif ist« heißt, es kann nichts erzwungen werden, insbesondere wenn es um kreative Ideen geht.

4. »Vorbei ist vorbei« meint, wenn keine neuen Ideen mehr kommen und alles gesagt scheint, kann sich die Gruppe auch auflösen und neuen Interessen nachgehen oder anderen Anliegen zuwenden.

✔ **Die Methode Open Space eignet sich** besonders dann, wenn ein Thema vorliegt, das den Teilnehmenden sehr wichtig ist, sodass sie bereit sind, dafür gemeinsam Zeit zu verbringen und sich für Lösungen zu engagieren. Weniger geeignet ist diese Methode, wenn eine Organisation starke Vorgaben zu den zu erreichenden Zielen setzt und damit die Kreativität und Offenheit der Teilnehmenden einschränkt. Lebenswelt- oder Sozialraumanalysen lassen sich mit Open Space sinnvoll ergänzen, wenn die relevanten Akteure dazu eingeladen werden und teilnehmen.

»Worldcafé«

Das Worldcafé ist eine Großgruppenmethode zur Erhebung gemeinsamen (kollektiven) Wissens durch vielfältige Gespräche (Kommunikation) in Workshops.

✔ **Name und Gestaltung**

Der Name »Worldcafé« lässt vermuten, dass sich die ganze Welt in einem Café trifft. Da stimmt auch fast, denn es werden jeweils zwei oder drei Tische zu mehreren

Tischgruppen zusammengestellt, die die Kontinente der Erde symbolisieren. Jede Tischgruppe wird mit einem großformatigen Plakatpapier als »Tischdecke« und genügend Filzstiften versehen. Auf jeder »Tischdecke« wird eine Fragestellung notiert, die jede Tischgruppe diskutieren und beantworten soll. Der Raum wird wie ein Café eingerichtet, man kann sich ein Getränk an den Tisch mitnehmen und muss nicht auf die Pause warten.

✔ **Ablauf**

Die Anwesenden verteilen sich auf die Tischgruppen (*Kontinente*) und beginnen über das Thema oder die Fragstellung zu sprechen und diese gemeinsam zu beantworten. Hierzu dürfen alle am Tisch Sitzenden ihre persönlichen Gedanken und gemeinsamen Ideen auf die Tischdecke schreiben. Nach dreißig Minuten wechseln die Anwesenden ihre Tische und »reisen auf einen anderen Kontinent«. Eine Person bleibt als »Gastgeberin« am Tisch, begrüßt die neuen Gäste und erläutert kurz die bisher gesammelten Ideen und Anregungen. Die neue Gruppe diskutiert über die hier gestellte Frage und sucht nach Antworten und Ideen, die wieder auf der Tischdecke dokumentiert werden.

✔ **Ergebnissicherung**

Wenn alle »Kontinente bereist« oder alle vorgesehenen Durchgänge absolviert sind, werden die Tischdecken an den Wänden im Raum aufgehängt und von den Anwesenden betrachtet. Die Ergebnisse können mit farbigen Punkten bewertet und in eine Rangfolge gebracht werden, nach der sie weiterbearbeitet oder verwirklicht werden sollen.

✔ **Nutzen**

Mit der Methode Worldcafé lassen sich komplexe Themen von vielen Menschen auf unkomplizierte und aktive Art und Weise bearbeiten. Durch den Tischwechsel kommt keine Langeweile auf und es wird verhindert, dass sich einzelne Teilnehmende zu stark in einer Thematik verbeißen oder verhaken.

Zukunftswerkstatt

Die Zukunftswerkstatt ist eine von Robert Jungk und anderen Zukunftsforschern entwickelte mehrstufige Großgruppenmethode, die sich zur fantasievollen Entwicklung von Lösungen für bekannte Probleme auf lokaler Ebene eignet.

✔ **Phasen der Zukunftswerkstatt**

Aufgrund der Annahme, dass eine Problemlösung zunächst das Aussprechen und Loswerden von vorhandenem Ärger und Frust braucht, beginnt die Methode mit einer Kritikphase. Dabei werden alle unerfreulichen Aspekte, Unzufriedenheiten, aber auch positive Aspekte gesammelt, ausgesprochen und notiert. Wenn die Köpfe dadurch frei sind, hilft die zweite Phase der Fantasieentwicklung, Abstand von den negativen Gefühlen und Fakten zu nehmen. Mit einer Fantasiereise als Einstieg und kreativen Techniken können Wünsche, Träume und Ideen Platz greifen und in fantasievolle Lösungen münden, die durchaus auch utopisch sein dürfen. Denn in der dritten Phase wird der Schwerpunkt wieder auf die Realitäten gelegt und überlegt, was von den kreativen Ideen aus der Fantasiephase verwirklicht werden könnte. Diese Ideen werden dann auch in Projektskizzen und Aktionsplänen beschrieben.

✔ Eignung und Nutzen

Die Zukunftswerkstatt eignet sich zur Bearbeitung komplexer Themen, die schon etwas festgefahren sind. Es lassen sich viele Menschen einbeziehen. Allerdings benötigt der Ablauf in drei Phasen idealerweise drei Tage und damit verhältnismäßig viel Zeit für die teilnehmenden Akteure.

Barbara Fahrlahn ist Sozialarbeiterin im Stadtteilbüro von Meinhausen, einem Stadtviertel mit rund zehntausend Einwohnern. Bei ihrem ersten Ortstermin mit ihrer Abteilungsleiterin (*Stadtteilbegehung*), die ihr das neue Wirkungsfeld zeigen wollte, fiel Barbara eine Gruppe Frauen auf, die mit ihren Kleinkindern auf dem Spielplatz am Ebertplatz saßen. Als sie einige Tage später wieder auf den Spielplatz kam, um mit den Frauen ins Gespräch zu kommen, erzählte ihr eine der Frauen (*one-to-one*), dass sie hier öfter sitzen würden, weil es außer diesem einen Spielplatz keine Alternative gäbe, wo sich Eltern mit ihren Kleinkindern im öffentlichen Raum treffen könnten. Dabei kam Barbara Fahrlahn die Idee, mit einer *aktivierenden Befragung* herauszufinden, ob es außer den Frauen auf dem Spielplatz am Ebertplatz noch Anliegen anderer Menschen aus dem Stadtviertel gäbe. Vier am *Mittagstisch des Stadtteilbüros* angesprochene Menschen waren bereit, Frau Fahrlahn bei der aktivierenden Befragung zu helfen. Die Befragungen wurden in der Lokalzeitung angekündigt und auf öffentlichen Plätzen plakatiert. Bei der Vorstellung der Ergebnisse konnte Barbara Fahrlahn berichten, dass aus der aktivierenden Befragung zwei dringende Themen hervorgingen: die Gestaltung der Spielplätze und unsichere Orte in Meinhausen. Für letzteres Thema schlug Barbara vor, eine *Stadtteilerkundung* anzubieten, bei der die Teilnehmenden Orte im Stadtviertel entdecken und fotografieren (*Autofotografie*) sollten, an denen sie sich unsicher fühlen. Die Aktion fand an drei verschiedenen Nachmittagen statt, sodass unterschiedliche Menschen teilnehmen konnten. Die Ergebnisse wurden in einem *Worldcafé* präsentiert und dazu gleich Ideen gesammelt, wie die Unsicherheit an den identifizierten Orten in Meinhausen beseitigt werden könnten. Die unsicheren Orte und die entwickelten Ideen zu deren Beseitigung sollten in einer *Sozialreportage* in Wort und Bild dargestellt und der Stadtverwaltung vorgelegt werden.

Empowerment: Ressourcen und Potenziale nutzen

Sie haben sicher auch schon festgestellt, dass Sie die Bahnfahrten, bei denen Ihr Zug pünktlich zu Hause abfährt und an Ihrem Ziel ankommt, nicht weiter beachten. Sollten Sie aber wegen einer Weichenstörung zu spät zur Arbeit kommen oder Ihr Kind nicht rechtzeitig aus der Kita abholen können, beschäftigt Sie dieses Ärgernis stärker und bleibt Ihnen länger im Gedächtnis als die pünktlichen Zugfahrten. Es scheint uns normal, dass wir auf negative Erlebnisse stärker reagieren und diese eher problematisieren als positive Erlebnisse und Ereignisse.

Für Soziale Arbeit, die am Willen und den Interessen der Menschen ansetzt, die in Schwierigkeiten geraten, ist die Orientierung an Ressourcen und Potenzialen umso wichtiger. Denn Menschen mögen nicht ständig mit ihren Schwächen konfrontiert werden (*Defizitorientierung*), sondern lassen sich von positiven Bewertungen anderer und eigenen Erfolgserlebnissen leichter motivieren.

Soziale Arbeit an den Stärken und Kraftquellen der Klientel dürfen Sie nicht missverstehen. Empowerment bedeutet nicht, dass Sie Ihre Klientel für deren Situation alleinverantwortlich machen und diese ihrem Schicksal überlassen. Ressourcenorientierung heißt nicht, dass sich Menschen in sozialen Problemlagen ausschließlich selbst helfen müssen und sich Einrichtungen und Dienste Sozialer Arbeit nicht mehr um hilfebedürftige Menschen kümmern sollen. Welche Folgen ein falsch verstandenes Hilfekonzept und die Konzentration auf Forderungen an die Klientel haben können, erfahren Sie in Kapitel 9. Menschen zu »empowern« heißt, sie zu unterstützen, ihre (noch vorhandenen) persönlichen Kraftquellen und ihr soziales Umfeld zu stärken.

Neben der Analyse und Förderung individueller Stärken von Menschen in ihrem sozialen und räumlichen Umfeld (Lebensweltorientierung) gehört die Erschließung persönlicher (individueller) und sozialräumlicher (institutioneller) Ressourcen und Potenziale und deren Ausbau zur Aufgabe Sozialer Arbeit, die nach dem Konzept der Ressourcenorientierung arbeitet. Das Themen- und Aufgabenspektrum Sozialer Arbeit reicht von der Schaffung und Sicherung bezahlbaren Wohnraums, über den Erwerb eines auskömmlichen Arbeitsplatzes und den Erhalt eines umfassenden Grundversorgungsangebotes (Lebensmittel, Kleidung, haushaltsnahe Dienste, Gesundheitsversorgung et cetera), bis hin zu Betreuungs- (Kita, Pflege et cetera) und Begegnungsmöglichkeiten in öffentlichen Einrichtungen (Jugendtreff, Stadtteilbüro, …). Zur Erfüllung dieser Aufgaben gibt es ein breites Angebot an Methoden und Techniken Sozialer Arbeit.

Grundlagen von Empowerment

Anhand einiger Leitsätze lassen sich die Grundlagen von Empowerment gut veranschaulichen

✔ **Defizitorientierung lähmt**

Die Klientel muss sich, um eine bestimmte Hilfe zu bekommen, möglichst bedürftig und hilflos präsentieren. Die Orientierung an menschlichen Defiziten motiviert diese aber nicht zur Eigeninitiative, sondern zu Hilfekonsum. »Wer immer nur mit seinem Versagen konfrontiert wird, glaubt selbst daran ein Versager zu sein!«

✔ **Grenzen fachlichen Handelns**

Falsch verstandene Hilfeangebote, wie »Ich will nur dein Bestes« laufen ins Leere. Die Klientel entscheidet letztlich selbst, was sie für die richtige Hilfe hält, wann sie Hilfeangebote annimmt, ablehnt oder abbricht. »Niemand lässt sich zu seinem Glück zwingen!«

✔ **Standardhilfen schränken ein**

Starre Hilfeformen erreichen nur einen Teil der Hilfesuchenden und schließen andere aus. »Was dem einen hilft, kann dem anderen schaden.«

✔ **Professionelle Hilfe allein reicht nicht**

Jeder Mensch braucht ein soziales Beziehungssystem zur Unterstützung seiner Lebensorganisation und in Krisen. »Krisen treten auch auf, wenn Profis gerade frei haben oder in Urlaub sind.«

✔ **Gefahr der Entmündigung**

Betreuungsformen Sozialer Arbeit können hart an der Grenze zur Entmündigung liegen. »Auch hilfe- und betreuungsbedürftige Menschen haben Rechte.«

Beispiele für Empowerment

Empowerment oder Stärkenarbeit lässt sich als Methode in vielen Handlungsfeldern Sozialer Arbeit einsetzen.

Beispiel Handlungsfeld »Sozialpsychiatrischer Dienst«

Der Sozialarbeiter des Sozialpsychiatrischen Dienstes unterstützt Herrn Breuer, einen älteren Mann, in seiner Alltagsgestaltung. Herr Breuer erzählt in der Begegnungsstätte für Menschen mit psychischen Einschränkungen von geheimnisvollen Nachrichten, die er aus dem Universum erhält. Die meisten seiner Zeitgenossen hören ihm nicht mehr zu und halten ihn für verrückt. Sozialarbeiter Klaus Maier ist begeistert von der Fantasie und Kuriosität, die Herr Breuer in seinen Geschichten verwebt. Er macht Herrn Breuer den Vorschlag, gemeinsam ein Theaterstück zu schreiben und mit den anderen Besuchern aus der Begegnungsstätte eine Theatergruppe zu gründen. Die Theaterstücke von Herrn Breuer werden beim Diakonieverein, der die Begegnungsstätte betreibt, bekannt und bald werden öffentliche Auftritte mit Publikum von außen abgehalten. Herr Breuer ist dabei nicht nur der kongeniale Autor des Drehbuchs, sondern auch ein exzellenter Schauspieler.

Beispiel Handlungsfeld »Offene Jugendarbeit«

Der Träger der offenen Jugendarbeit im Landkreis Süd gestaltet Angebote für Jugendliche in verschiedenen Gemeinden des Kreisgebietes. Dazu mietet der Träger grundsätzlich keine eigenen Räume an, sondern überlässt die Raumsuche immer der örtlichen Gemeinde. Dadurch sind die Gemeinden gezwungen, sich einen Überblick über die vor Ort vorhandenen Räume und deren Eignung für Jugendliche zu verschaffen.

Beispiel Handlungsfeld »Gemeinwesenarbeit«

Im Stadtteil Meuselberg wurde die Wand einer Gewerbefirma mit Graffiti besprüht. Der Firmenchef sucht das örtliche Stadtteilzentrum auf und will, dass man ihm bei der Suche nach den illegalen Sprayern hilft, die ihm den entstandenen Schaden ersetzen sollen. Die Gemeinwesenarbeiterin macht dem Firmenchef das Angebot, einen Aufruf zu verbreiten, wonach die Sprayer sich selbst beim Firmenchef melden sollen. Die Sprayer sollen jedoch nicht bestraft werden, sondern gemeinsam mit dem Firmeninhaber ein Motiv für ein neues und legales Graffiti aussuchen, das dann auf der Wand aufgesprüht und anschließend von den Künstlern selbst instand gehalten werden soll. Das Motiv, eine moderne Darstellung des Firmennamens, war bald gefunden und stellte alle Beteiligten zufrieden.

Erlebnispädagogik

Erlebnispädagogik ist eine Methode, die besonders eindrückliche Erfahrungen vermittelt, bei denen Wahrnehmungen mit allen Sinnen (sehen, hören, riechen, schmecken, fühlen ...) in Gemeinschaft mit anderen Menschen ermöglicht werden.

- ✔ Die **Adressierten** sind meist Gruppen von Schülern, Menschen mit besonderen (geistigen oder körperlichen) Einschränkungen oder Erwachsene mit bestimmten beruflichen Aufgaben.
- ✔ Die **Lernziele** sind neue Lernerfahrungen zu machen, Verantwortung zu übernehmen, in schwierigen Situationen (Angst, Zeitmangel, Versorgungsprobleme, körperliche Belastungen, ...) Ruhe zu bewahren und einfach auch Spaß an der Bewegung in natürlicher Umgebung zu haben. Die Angewiesenheit auf die Gruppenmitglieder soll direkt spürbar und erlebbar sein.
- ✔ **Settings:** Hierzu werden gerne außergewöhnliche Umgebungen, wie Berge, Wald, Wasserläufe und natürliche Landschaften ausgewählt. Dies lässt sich in für Natursportarten typischen Situationen wie Wildwasserrafting, Klettern in Felswänden, Bergwandern mit Seilsicherung oder in einem Hochseilgarten sehr gut arrangieren. Es braucht jedoch nicht unbedingt diese spektakulären Betätigungen, denn die Ernsthaftigkeit der Zusammenarbeit und die Wahrnehmung des eigenen Körpers können auch bei Übungen in geschlossenen Räumen vermittelt werden, wenn die Gruppe etwa eine Menschenpyramide aufbauen soll oder ein Gruppenmitglied sich von einem Freund mit verbundenen Augen durch einen Parcours aus Möbeln im Raum führen lässt.
- ✔ **Anwendungsgebiete** für die Methode der Erlebnispädagogik in der Sozialen Arbeit sind Einrichtungen der Kinder- und Jugendhilfe, der offenen Kinder- und Jugendarbeit, der Suchthilfe, der Schulsozialarbeit oder der Arbeit mit Menschen mit Behinderungen.

Familienrat

Dies ist eine Methode der Bearbeitung von familiären Problemen, bei der den Familien ein großes Maß an Selbstständigkeit zugestanden wird. Der Familienrat ist eine Art Konferenz der Familienangehörigen (Rat der Familie) und zusätzlicher Gäste, die von der Familie selbst ausgewählt werden.

- ✔ **Ziel und Zweck:** Die Methode dient dazu, Menschen in die Lage zu versetzen, für ihre Probleme eigene Lösungen zu finden. Initiiert wird diese Methode zwar oft von Fachkräften, könnte aber auch von Familien, die diese Methode bereits kennen, selbst angestoßen werden.

- **Ablauf:** Der Familienrat besteht aus mehreren Phasen: einer Vorbereitungsphase, der Informationsphase, der eigentlichen Ratssitzung und einer Abschlussphase, in der die Lösungsvorschläge beschlossen und später überprüft werden.
- In der **Vorbereitungsphase** bietet eine Fachkraft der Familie, mit der sie schon zusammenarbeitet, an, diese Methode durchzuführen, erklärt wie sie abläuft und was sie bewirken soll. Wenn die Familie einverstanden ist, schaltet die Sozialarbeiterin eine unabhängige Person als Koordinatorin ein. Eine unabhängige Koordinatorin ist deshalb wichtig, weil die zuständige Sozialarbeiterin, möglicherweise auch eine Kontrollfunktion gegenüber der Familie hat und deshalb nicht unabhängig agieren kann. Die Koordinatorin nimmt Kontakt mit der Familie auf und klärt mit ihr, wann und wo der Rat der Familie stattfinden soll und wer noch dazu eingeladen wird. Diese Entscheidung treffen die Koordinatorin und die Familie gemeinsam. Es können weitere Familienmitglieder oder auch Menschen aus ihrem Umfeld teilnehmen, von denen die Familie denkt, dass sie unterstützend wirken könnten.
- In der **Informationsphase** stellen sich alle am Rat der Familie teilnehmenden Personen vor und die Koordinatorin erklärt allen den Ablauf und wesentliche Regeln, dass beispielsweise jeder seine Meinung sagen darf und es nicht darum geht, einen Schuldigen für das Problem zu finden. Die Fachkraft, die den Familienrat angestoßen hat, erklärt weshalb sie eine Lösung des Familienproblems für wichtig hält und bittet die Anwesenden im Familienrat darum, eine geeignete Lösung zu finden. Wenn erforderlich, können in der Informationsphase auch noch andere Fachkräfte (Psychologin, Lehrer, Ärztin, ...) gehört werden und aus ihrer Sicht über die Sachlage informieren, aber keine Lösungen präsentieren oder favorisieren. Anschließend verabschieden sich die Fachkräfte und die Koordinatorin vom Familienrat.
- Der Familienrat tagt zur **internen Beratung** so oft wie nötig und beauftragt eine Person aus seinem Kreis mit der Aufgabe der Gesprächsmoderation, damit auch alle zu Wort kommen, und diskutiert unter sich weiter. Zu einem vorher vereinbarten Zeitpunkt kommen die Koordinatorin und die Fachkraft, die den Familienrat angeregt hat, zurück in den Familienrat.
- In der **Konkretisierungsphase** präsentiert der Familienrat der Fachkraft seine Lösungsvorschläge. Sieht die Fachkraft keinen weiteren Klärungsbedarf, nimmt sie die Vorschläge des Familienrates an und es wird gemeinsam vereinbart, wer was zur Verwirklichung der Lösungen tun wird. Die Koordinatorin schreibt die Vereinbarungen auf und schickt diese Vereinbarung allen Teilnehmenden am Familienrat zu.
- Zu einem gemeinsam vereinbarten neuen Termin findet eine weitere Ratssitzung zur **Ergebnissicherung** statt, bei der gemeinsam überprüft wird, ob die getroffenen Vereinbarungen eingehalten und verwirklicht wurden.
- Der Familienrat ist eine **anspruchsvolle und aufwendige Methode,** die der Eigeninitiative und den Stärken von Familiensystemen Chancen auf eigene Problembewältigung ermöglicht.

Bürgercoaching

»Coaching« ist eine weitverbreitete Beratungsform für berufliche (Leitungscoaching, Veränderungscoaching, Sportcoaching), aber auch private Zwecke (Coaching für gesunde Ernährung, Entspannungscoaching, Coaching zum Glücklichsein, ...). Mit Coaching sollen Aufgaben besser bewältigt werden können. Die Selbsthilfekräfte werden gefördert und Kraftquellen (Ressourcen) erschlossen.

✔ **Ziel und Zweck**

Bürgercoaching soll Bürger und Bürgerinnen (Menschen mit Rechten und Pflichten) in die Lage versetzen, sich für ihre Interessen und Bedürfnisse einzusetzen, Gleichgesinnte zu finden und sich Gehör zu verschaffen, also politisch aktiv zu werden.

✔ **Vorgehensweise**

Die Vorgehensweise der Methode Bürgercoaching erfolgt in mehreren Stufen und berücksichtigt unterschiedliche Grundsätze.

- **Interessen erkunden**

  Menschen, die ein bestimmtes Interesse haben, das sie gerne verwirklichen wollen, brauchen zunächst Gleichgesinnte, mit denen sie sich zusammenschließen können. Dazu eignen sich Infostände an gut besuchten Orten, wie vor dem Einkaufszentrum, beim Wochenmarkt, am zentralen Busbahnhof oder vor einer Schule. Mit Plakaten, Flyern, kurzen Videos und einem QR-Code auf Plakaten, über den weitere Infos abrufbar sind, können Informationen geteilt werden. Unterschriftenlisten oder Onlinegruppen in die sich Interessentinnen eintragen können, helfen bei der Kontaktaufnahme und Sammlung von Unterstützerinnen.

- **Vertrauen und Verbindlichkeit**

  Wenn Sie als Fachkraft Sozialer Arbeit Bürgerinnen unterstützen und zum Erreichen deren Interessen coachen wollen, müssen Sie zunächst deren Vertrauen finden. Die Bürgerinnen möchten erst wissen, wer Sie sind und weshalb Sie sich für sie einsetzen möchten, bevor sie sich Ihnen »anvertrauen«. Dabei kann Ihnen Ihre professionelle Haltung helfen, dass Sie sich klar zu Ihrem Auftrag und Ihrer Rolle äußern und sich den Anliegen der Bürgerinnen wohlwollend interessiert und deren Engagement anerkennend zeigen und äußern. Wenn die Bürgerinnen Vertrauen in Sie gefasst haben, werden Sie auch daran gemessen, ob Sie Ihre Versprechen einhalten und sich an getroffene Vereinbarungen halten.

- **Anforderungen erkennen, verstehen und reflektieren**

  Als Fachkraft Sozialer Arbeit gehört es zu Ihren besonderen Kompetenzen, Anliegen anderer Menschen hören und verstehen zu können und sich dabei aber immer wieder zu überprüfen, ob Sie die Bürgerinnen richtig, im Sinne deren Absichten, verstanden haben. Dabei helfen Ihnen Methoden der Gesprächsführung, wie die personenzentrierte Beratung und die Technik des kontrollierten Dialogs (siehe Kapitel 5). Mit Ihren Nachfragen zu den Kerninteressen und den Vorstellungen zu den Rollen der Bürgerinnen im politischen Aushandlungsprozess helfen Sie den Bürgerinnen Klarheit zu erhalten oder Änderungen an deren Vorgehen vornehmen zu können.

- **Trainingsgelegenheiten und Lösungsfindung**

  Als Bürgercoach ist es nicht Ihre Aufgabe, stellvertretend für die Bürgerinnen Lösungen für deren Anliegen und Probleme zu finden, sondern Sie unterstützen die Menschen in der Lösungsfindung. Auf dem, manchmal langen Weg, zu Lösungen, hilft es, neue Situationen zu üben. Neue Rollen und Aufgaben können von den engagierten Bürgerinnen in Rollenspielen geübt werden. Sei es in einer öffentlichen Anhörung ein Statement abzugeben oder die Möglichkeiten des Versammlungsrechts (Geschäftsordnungsanträge) zu nutzen. Beides kann vorbereitet und vorab geübt werden, um im »Ernstfall« mehr Sicherheit zu haben und souveräner auftreten zu können. Dabei ist Ihre Unterstützung durch Informationsbeschaffung und Feedback im Sinne des Coachings nötig und hilfreich.

- **Begleitung auf dem Lösungsweg**

  Wenn die Anliegen klar sind, die Vorgehensweise vereinbart und die Schritte für den Lösungsweg gefunden und geübt wurden, steht die Realisierung an. Wenn das Coaching bis dahin erfolgreich war, handeln die Bürgerinnen weitgehend selbstständig. Sie können sich als Fachkraft Sozialer Arbeit im Bürgercoaching im Hintergrund halten. Eingreifen müssen Sie nur in Notfällen, wenn Sie von den Bürgerinnen darum gebeten werden oder wenn Sie merken, dass Bürgerinnen im Moment überfordert sind.

- **Bürgercoaching und Empowerment**

  Als Maß des Erfolgs eines Bürgercoachings kann grundsätzlich die Selbstständigkeit der Bürgerinnen bei deren Einsatz für ihre Interessen gelten. Wenn ein Projekt der Bürgerinnen seine Ziele erreicht hat, bestärkt dies die beteiligten Bürgerinnen, sich bei weiteren Anliegen wieder zusammenzuschließen, und ist damit ebenfalls als Erfolg zu werten. Dies sollte Sie als Fachkraft jedoch nicht davon abhalten, sich eine gesonderte Rückmeldung zu Ihrem Bürgercoaching von den betreffenden Bürgerinnen einzuholen.

Schatzsuche: Techniken zur Analyse von Stärken

Grundlagen für Kraftquellen und Stärken von Menschen, die oft auf ihre Schwächen und Defizite reduziert werden und deshalb zur Klientel Sozialer Arbeit gehören, sind meist nicht auf den ersten Blick ersichtlich, sondern müssen – wie ein wertvoller Schatz – erst entdeckt und »gehoben« werden. Hierzu hat die Soziale Arbeit einige Techniken entwickelt. Eine davon ist der *Ressourcencheck*.

Ressourcencheck

Mit dem Ressourcencheck liegt eine Technik vor, die es ermöglicht, Stärken eines Menschen unter Einbezug von Personen, die dem Klienten nahestehen, gezielt erkennbar und nutzbar zu machen.

✔ **Ziel und Zweck**

Der Ressourcencheck erfüllt den Zweck, den Blick von den Defiziten auf die trotz allem vorhandenen Stärken und Kraftquellen (Ressourcen) zu lenken. Damit wird auch das Ziel angestrebt, das Selbstbewusstsein des Klienten zu stärken und damit eine nachhaltige Veränderung der Selbstwahrnehmung vom »Opfer der Verhältnisse« zum »Gestalter des eigenen Lebens« zu bewirken.

✔ **Beteiligung nahestehender Personen**

Grundlage und gleichzeitig auch Hilfsmittel beim Ressourcencheck ist die Mitarbeit weiterer Personen, zusätzlich zur Hauptperson und deren Sozialarbeiterin in einem »Kompetenzteam«. Mit Zustimmung des Klienten können Familienmitglieder, Freunde, Arbeitskollegen oder Fachkräfte Sozialer Arbeit hinzugezogen werden. Wichtige Voraussetzungen für die Teilnahme am Kompetenzteam sind eine gute Beziehung zum Klienten, diesen recht gut zu kennen und die Einhaltung bestimmter Regeln.

✔ **Vertrauen**

Damit das Kompetenzteam funktioniert und der Klient es auch ertragen oder gar genießen kann, wird ein Vertrag geschlossen. Darin wird vereinbart, wer am Kompetenzteam teilnimmt und wie der Ablauf vonstatten gehen soll. Es braucht ein hohes Maß an Vertrauen, von unterschiedlichen Menschen aus seinem Lebensumfeld viele positive Eigenschaften oder Errungenschaften von sich anhören und auch annehmen zu können. Mit dem Kompetenzteam gewinnt der Klient das Zutrauen, mit dem Ressourcencheck ein »Heimspiel« wie im Fußball zu haben, bei dem er sich der Unterstützung der Zuschauer (Mitwirkenden am Ressourcencheck) sicher sein kann.

✔ **Ablauf und Regeln**

In der ersten Phase des Ressourcenchecks (*Strengths Storming*) sammeln die Teilnehmenden gemeinsam die Stärken des Menschen, für den der Ressourcencheck durchgeführt wird. In Stichworten, wie »ehrgeizig«, »verlässlich«, »treue Seele« werden Eigenschaften auf Zuruf genannt, die ausschließlich positiv sein müssen, nicht kommentiert werden, aber aufgegriffen und ergänzt werden dürfen. Die genannten Eigenschaften werden in Stichworten auf einem großen Plakat so notiert, dass alle sie lesen können. Alle genannten Eigenschaften werden festgehalten und keine ignoriert. Je mehr positive Eigenschaften genannt werden, desto besser.

✔ **Auswertung und Feedback**

In der zweiten Phase werden die gesammelten positiven Eigenschaften begründet (»verlässlich: weil du nie zu spät kommst«) und wenn nötig mit Beobachtungen ergänzt (»ehrgeizig: weil ich beim Fußballtraining sehe, wie du dich anstrengst«) oder an Beispielen veranschaulicht (»treue Seele: weil du mit mir nie Schluss gemacht hast, obwohl ich dir manchmal wehgetan habe«). Anschließend sollen die Eigenschaften in Verhaltensweisen umformuliert oder »übersetzt« werden (»ehrgeizig: wenn dir etwas wichtig ist, setzt du deine ganze Kraft dafür ein und lässt nicht locker«). Auch in dieser Phase dürfen die Begründungen und

Verhaltensbeschreibungen nicht eingeschränkt (relativiert: meistens, wenn, solange, ...) werden.

✔ **Ressourcen-/Stärkenkartei**

Die Ressourcen-/Stärkenkartei ist eine Ergänzung zum Ressourcencheck. Damit werden alle positiven Eigenschaften und Verhaltensweisen des »Stärkenbesitzers« so dokumentiert, dass dieser leicht und schnell darauf zurückgreifen, nachschauen und diese auch ergänzen kann. Neben den positiven persönlichen Eigenschaften können auch hilfreiche Ressourcen aus dem Umfeld des Klienten in die Ressourcen-/Stärkenkartei aufgenommen werden. Die Ressourcen-/Stärkenkartei kann auch als Hilfsmittel im Hilfeverfahren mit dem Klienten zusammen weiterentwickelt oder bei aufkommenden Krisen als Mittel zum Aufbau von Zuversicht und Mut verwendet werden.

Kompetenzkartierung

Auch die Kompetenzkartierung ist eine Technik zur Erhebung genauer Informationen über Fähigkeiten von Menschen in einem sozialräumlichen Kontext (Gemeinde oder Stadtviertel). Mit der Kompetenzkartierung konzentrieren Sie sich als Fachkraft Sozialer Arbeit auf die Fähigkeiten von Bürgern, die dazu geeignet sind, einen Beitrag für das Wohl aller (Gemeinwohl) zu leisten. Das kann die pensionierte Lehrerin sein, deren Enkel weit entfernt wohnen und die stattdessen Kindern in der nahegelegenen Kita einmal in der Woche aus Büchern vorliest.

✔ **Ziel und Zweck der Kompetenzkartierung**

Im Mittelpunkt der Kompetenzkartierung steht nicht, geeignete Menschen für eine bestimmte Tätigkeit zu finden, sondern das Ziel ist, möglichst viele Menschen und deren unterschiedliche Fähigkeiten kennenzulernen. Die Sammlung und Dokumentation vieler im Verborgenen schlummernder Ressourcen dient dem Zweck, dieses reichhaltige Reservoir an Fähigkeiten bei aufkommendem Hilfebedarf abrufen und nutzen zu können. Wenn nämlich kurzfristiger Hilfebedarf auftaucht, fehlt meist die Zeit, auf die Suche nach Ressourcen zu gehen.

✔ **Durchführung der Kompetenzkartierung**

Mit der Kompetenzkartierung kann gar nicht früh genug begonnen werden. Denn jeder neue Kontakt mit Menschen bietet Gelegenheiten, nach besonderen Fähigkeiten, vorhandenen Vorlieben und Interessen zu fragen und diese festzuhalten. Wichtig ist, dass Sie für die Notiz von Fähigkeiten ein einheitliches Dokumentationssystem verwenden, denn Ihre Kolleginnen sollen ebenfalls auf Ihre Notizen zugreifen können. Dazu gehört auch ein Schlagwortregister für Ressourcen und Kompetenzen anzulegen. Um den Überblick zu behalten und schnell die bereits erhobenen Informationen zu finden, empfiehlt es sich digitale Versionen von Datenbanken zu nutzen. Damit unweigerlich verbunden ist auch die Beachtung des Schutzes personenbezogener Daten, was bedeutet, dass die betreffenden Personen, von denen Sie Informationen über ihre Kompetenzgebiete und Kontaktdaten erhalten, der Dokumentation ihrer Angaben zustimmen müssen.

»Eco-Mapping«

»Eco-Mapping« hat nichts mit einer Landkarte ökologischer Landwirtschaftsbetriebe zu tun, sondern es ist eine Technik mit der Sie als Fachkraft Sozialer Arbeit an der Gestaltung der sozialen Beziehungen Ihrer Klientel arbeiten können.

- ✔ **Ziel und Zweck des Eco-Mapping**

  Unter dem Aspekt der Ressourcenorientierung geht es beim Eco-Mapping darum, ein Netzwerk hilfreicher Beziehungen Ihrer Klientel zu entwickeln, zu festigen oder auszubauen. Insofern ist diese Technik auch für die Soziale Arbeit nach dem Konzept der Netzwerkorientierung (siehe Kapitel 7) geeignet. Die Anlage einer Karte (englisch: »map«) dient dem Zweck der Veranschaulichung des Beziehungsnetzes sowie der Art und Stärke der jeweiligen sozialen Beziehungen.

- ✔ **Aufbau des Eco-Mapping**

  Wenn Ihre Klientin die Scheu vor der Visualisierung der Menschen, mit denen sie in einer sozialen Beziehung steht, abgelegt hat, können Sie beginnen. Sie nehmen ein großes Stück Papier und unterteilen das Blatt in so viele Kreisabschnitte, wie Ihre Klientin unterschiedliche Kategorien von sozialen Beziehungen benennt. Das können Kategorien wie Familie, Freunde, Arbeitskollegen, Musikverein oder Fitnessstudio sein. In der Kreismitte steht der Name Ihrer Klientin. In die einzelnen Kreissegmente werden die Namen der existierenden Personen, zu denen eine soziale Beziehung besteht oder bestand, eingetragen. Der Abstand zur Mitte richtet sich nach der Intensität, die Ihre Klientin der Beziehung zuweist (Je näher zur Mitte und zu dem Namen Ihrer Klientin, desto intensiver die Beziehung). Mit dieser Beziehungskarte können Sie weiterarbeiten.

- ✔ **Arbeiten mit der Beziehungskarte**

  Sowohl die Erstellung als auch die Arbeit mit der Beziehungskarte ist immer ein Ergebnis Ihres Gespräches mit Ihrer Klientin. Die Eintragungen sind nur zweitrangig, aber oft hilfreich als bildliche Darstellung. Die Art der jeweiligen Beziehung, in welcher Situation Ihrer Klientin welche Person besonders wichtig ist oder für welche Person Ihre Klientin eine wertvolle Ansprechpartnerin ist, lässt sich ebenfalls dokumentieren. Dazu lassen sich unterschiedliche Farben für die unterschiedlichen Zwecke (Beispiel: rot für Ansprechpartner, die Halt und seelische Unterstützung bieten; blau für wichtige Informationen zu Finanzen oder Behördenangelegenheiten; grün für praktische Hilfen wie Fahrdienst, Reparaturen, ...) verwenden.

- ✔ **Arbeiten mit der »Schatzkarte«**

  Die Arten der unterstützenden Beziehungen lassen sich auch in einer Schatzkarte abbilden. Dazu werden die Kategorien der bestehenden Beziehungen mit unterschiedlichen Symbolen eingetragen. So können »meine Ansprechpartner, wenn ich Halt und seelische Unterstützung brauche« als Felsen in einer Meeresbrandung dargestellt werden. Die Familienmitglieder, mit denen Ihre Klientin in einer Hausgemeinschaft wohnt, können als Fenster eines Hauses dargestellt werden oder Beziehungspersonen, die kurzfristig abrufbar sind, wenn die Not am größten ist, lassen Sich als Feuerwehrauto mit Drehleiter in die Schatzkarte einzeichnen.

✔ **Veränderungen der Beziehungen**

Ganz gleich, ob Sie mit der Beziehungskarte oder der Schatzkarte arbeiten, in beiden Fällen lassen sich die Karten auch zur Dokumentation von gewollten und erwünschten oder ungewollten aber erfolgten Änderungen der Beziehungen nutzen. Will Ihre Klientin etwa das Netz ihrer Beziehungen, von denen sie praktische Hilfen erhält, ausbauen, lassen sich auf der Schatzkarte dort dicke Ausrufezeichen setzen und daneben schreiben welche konkrete Hilfe sie dafür sucht. Genauso kann eine Person, zu der die Beziehung als schädlich beschrieben wird, in der Beziehungskarte in roter Farbe durchgestrichen werden, was bedeuten kann, dass die Beziehung zu dieser Person abgebrochen werden soll.

Zeitbudgets

Die Erstellung von »Zeitbudgets« ist eine Technik mit der sich herausfinden lässt, womit Menschen ihre Zeit verbringen und wofür (Zwecke) sie ihre Zeit einsetzen.

✔ **Ziel und Zweck von Zeitbudgets**

Mit der Erhebung von Zeitbudgets lassen sich Art und Umfang der Verwendung von Zeit für bestimmte Tätigkeiten feststellen und auswerten:

- Zeit mit Kindern verbringen
- Zeit für den Weg zur Arbeit und wieder nach Hause
- Zeit, die Kinder oder hochaltrige Menschen ganz alleine verbringen

Dies kann dem Zweck dienen, einen Hilfebedarf zu ermitteln

- Zeit reduzieren, die hochaltrige Menschen ganz alleine verbringen
- Zeit reduzieren, die Schulkinder an TV oder PC verbringen

oder ein Potenzial an verfügbarer Zeit zu entdecken:

- Zeit, die als ungenützt und langweilig empfunden wird
- Zeit, in der eine sinnvolle Tätigkeit gewünscht wird

✔ **Erhebung von Zeitbudgets**

Zeitbudgets lassen sich mittels Befragungen, Beobachtungen oder Zeiterfassungsbögen, die von den Zielpersonen selbst ausgefüllt werden, erheben und dokumentieren. Dabei müssen die Fragen und Beobachtungskriterien möglichst eindeutig benannt werden, damit die Eintragung einfach funktioniert und die Kategorien (»TV schauen«, »PC benutzen«) klar und verständlich sind.

✔ **Voraussetzungen der Erhebung von Zeitbudgets**

Weil es sich bei Zeitbudgets um sehr persönliche Angelegenheiten handelt, braucht es für deren Erhebung einen vertrauensvollen Zugang zum jeweiligen Personenkreis und dessen Einverständnis ist erforderlich. Für die Auswertung und Verwendung der Erhebungen müssen die erhobenen Daten aus Gründen des Schutzes personenbezogener Daten anonymisiert werden.

Beteiligung/Teilhabe/Partizipation

»Das Gegenteil von gut ist gut gemeint«. Bestimmt haben Sie diese Redewendung schon einmal gehört. Sie sagt aus, dass es nicht ausreicht, wenn Sie als Fachkraft ein aus eigener Sicht hilfreiches Angebot machen, sondern Sie müssen herausfinden, was Ihre Klientel erreichen will und wie Sie dabei wirksam unterstützen können. Sie arbeiten also nicht für, sondern mit den Menschen. Im Laufe der Entwicklung von Konzepten und Methoden Sozialer Arbeit sind die Konzepte der Lebensweltorientierung und der Ressourcenorientierung, die Sie in diesem Kapitel schon kennengelernt haben, immer wichtiger und unter den Fachkräften Sozialer Arbeit immer weiter verbreitet worden. Mit der »Beteiligungsorientierung« lernen Sie ein weiteres grundlegendes und wichtiges Handlungskonzept Sozialer Arbeit kennen.

Teilhabe am gesellschaftlichen Leben (*Partizipation*) bedeutet,

✔ **Teilhabe am wirtschaftlichen Leben**

Menschen finden Arbeit und erhalten dafür auskömmlichen Lohn; haben eine (Miet-) Wohnung zur Verfügung; können genügend Lebensmittel, Kleidung und alles Nötige einkaufen und müssen im Alter nicht mehr arbeiten gehen.

✔ **Teilhabe am kulturellen Leben**

Menschen können neben der Arbeit, ihrem Haushalt und der Erziehung ihrer Kinder auch ihren Interessen, Talenten und Hobbys nachgehen.

✔ **Teilhabe am sozialen Leben**

Menschen haben Freunde, Bekannte, Nachbarn, Gleichgesinnte und Gelegenheiten, sich mit diesen und anderen Menschen freiwillig zu treffen, wann und wo sie wollen.

✔ **Teilhabe am politischen Leben**

Menschen können sich mit anderen Menschen versammeln, sich für ihre Interessen einsetzen, öffentlich äußern und gesellschaftliche Machtverhältnisse durch Wahlen, Parteiarbeit und weitere politische Aktionen beeinflussen.

Als Fachkraft Sozialer Arbeit haben Sie den Auftrag, gesellschaftliche Teilhabe auch in Form von *bürgerschaftlichem Engagement* und *Selbstorganisation* zu ermöglichen und zu fördern.

Bürgerschaftliches Engagement gilt als Sammelbegriff für unterschiedliche Arten von freiwilligen Tätigkeiten. Solche Tätigkeiten sollen nicht auf finanziellen Gewinn ausgerichtet sein, sondern dem Wohl aller dienen und in der Öffentlichkeit stattfinden.

Formen bürgerschaftlichen Engagements

Die Formen bürgerschaftlichen Engagements unterscheiden sich nach den Anbietern, Zielgruppen und den Motiven für das Engagement.

✔ **Bürgerschaftliches Engagement**

Menschen übernehmen Verantwortung als Staatsbürger und engagieren sich für bestimmte politische Themen oder Anliegen auf lokaler, regionaler, nationaler oder europäischer Ebene.

✔ **Ehrenamtliche Tätigkeiten**

Menschen engagieren sich freiwillig, ohne dafür Lohn oder eine Entschädigung zu erhalten. Sie sehen darin eine Ehre, versprechen sich davon jedoch auch Anerkennung. Diese traditionelle Art der Motivation zum Engagement nimmt zwar immer mehr ab, ist heute aber noch in Kirchengemeinden, sozialen Organisationen, Wohlfahrtsverbänden, Sport- und Kulturvereinen oder staatlichen Einrichtungen zu finden.

✔ **Selbsthilfe/Selbstorganisation**

Menschen versuchen ihre privaten Angelegenheiten, Aufgaben und Krisen möglichst selbst zu bewältigen. Dazu schließen sie sich mit anderen Menschen zusammen (*soziale Netzwerke*), die vom selben Problem betroffen sind (*Selbsthilfegruppen*) oder ähnliche Interessen verfolgen (*Bürgerinitiativen*).

✔ **Freiwilligendienste**

Angebote von staatlichen Stellen oder freien Trägern. Dauer, Aufgaben und Zielsetzungen sowie Einsatzstellen und Trägerstrukturen sind verbindlich geregelt und werden vertraglich vereinbart. Beispiele sind:

- Bundesfreiwilligendienst (BFD),
- Freiwilliges Soziales Jahr (FSJ),
- Freiwilliges Ökologisches Jahr (FÖJ).

✔ **Bürgerbeteiligung**

meint Angebote zur Mitwirkung von Bürgern an politischen Entscheidungen des Staates auf lokaler, regionaler, nationaler oder auch europäischer Ebene. Die Beteiligungsmöglichkeiten sollen die Arbeit der gewählten Volksvertreter in den Parlamenten nicht ersetzen, aber ergänzen. Die formalen Arten der Bürgerbeteiligung, wie Bürgeranhörung, Bürgerbegehren und Bürgerentscheid sind gesetzlich geregelt (*formelle Bürgerbeteiligung*). Es gibt noch weitere Methoden und Techniken der

Bürgerbeteiligung (*informelle Bürgerbeteiligung*), die nicht gesetzlich geregelt sind, aber zum Repertoire der Sozialen Arbeit gehören.

Umfang und Intensität von Partizipation

Mit der Idee der Volksherrschaft (*Demokratie*) ist das Versprechen verbunden, dass alle Menschen gleichermaßen an der gesellschaftlichen Entwicklung teilhaben können. Dahinter steht die Annahme, dass jeder Mensch grundsätzlich dazu in der Lage ist und danach strebt, sein Leben selbst zu gestalten (*humanistisches Menschenbild*). Dazu braucht es politische Beteiligungsrechte, die allen Menschen offenstehen. Gerade für diejenigen Menschen, deren Lebenserfahrungen ihnen bislang nicht den Eindruck vermittelt haben, sie könnten etwas Wertvolles für die Allgemeinheit beitragen, sind förderliche Bedingungen und Unterstützung nötig und hilfreich.

- ✔ **Partizipation nutzt den Menschen.**

  Dabei, ihre Bedürfnisse, Interessen und Anliegen äußern und einfordern zu können. Wer die Gelegenheit erhält, an gesellschaftlichen Fragen und Problemen mitzuarbeiten und dazu seine bisherigen Erfahrungen in Beruf und Privatleben einbringen kann, merkt, dass er gefragt ist (*soziale Anerkennung*) und etwas bewirken kann (*Selbstwirksamkeitserfahrungen*).

- ✔ **Partizipation verbessert die Lebensqualität und das Image von Stadtteil und Quartier.**

  Schon allein die Tatsache, dass sich viele Menschen für ihren Stadtteil interessieren und engagieren, zeigt anderen Bewohnerinnen, dass es sich lohnen muss dort zu leben. Damit verbessert sich das Ansehen (Image) des betreffenden Stadtteiles.

- ✔ **Partizipation nutzt den Gemeinden.**

  Zur Entwicklung besserer Lösungen bei politischen Entscheidungen. Wenn die Bevölkerung als Experten ihres Lebensumfeldes in Planungs- und Entwicklungsprojekte einbezogen wird, erhöht sich die Chance, dass sich Entscheidungen an den Bedarfen und der Lebensrealität der Menschen vor Ort orientieren und nachhaltiger wirken.

- ✔ **Partizipation kann auch ausgenutzt werden.**

  Wenn gesellschaftliche Gruppen ihren ohnehin schon starken Einfluss zur Durchsetzung von Einzelinteressen, wie die Verhinderung eines Spielplatzes in ihrer Nachbarschaft einsetzen, ist dies kein bürgerschaftliches Engagement, weil es nicht dem Gemeinwohl dient. Wenn Behörden Beteiligungsformen so betreiben, dass sie Bürgerinnen mit Informationen überschütten und ihnen keine Möglichkeit lassen, die Fülle der Fakten zu verstehen und ihre eigenen Anliegen und Bedürfnisse zu präsentieren, kann Beteiligung zur Manipulation von Meinungen und zur Verschleierung von Lücken und Schwachstellen werden.

- ✔ **Partizipation braucht Angebote und Interesse.**

  Weil die beste Beteiligungsabsicht von Maßnahme- und Entscheidungsträgern ins Leere läuft, wenn sie von niemandem in Anspruch genommen wird, müssen

Beteiligungsangebote und -interessen in Einklang gebracht werden. Anstatt nach dem »Prinzip Versuch und Irrtum« ständig ausprobieren zu müssen, was geht und was nicht, ist das Erforschen und Nachfragen nach Anliegen, Bedarfen und Interessen die eindeutig bessere Option.

✔ **Partizipation kann unterschiedlich intensiv und wirksam sein.**

Nicht alle Formen der Beteiligung sind gleich intensiv und wirksam. Es gibt unterschiedliche Varianten einer »Partizipationspyramide«, die von den Sozialarbeiterinnen Maria Lüttringhaus, Gabi Straßburger, Judith Rieger und anderen entwickelt wurde.

Abbildung 6.1 zeigt das vereinfachte Modell der »Beteiligungsstufen«.

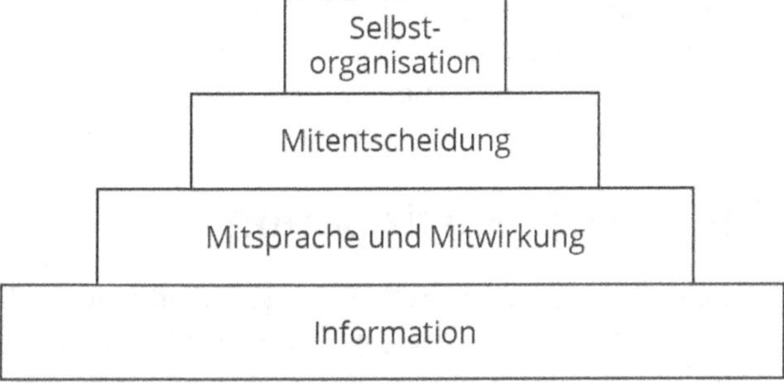

Abbildung 6.1: Beteiligungsstufen

Die Flächen der Stufen werden nach oben hin kleiner, was der Verbreitung und Nutzung der jeweiligen Beteiligungsstufe in der Wirklichkeit entspricht. Bedeutung und Intensität der Beteiligung wachsen dagegen mit jeder ansteigenden Stufe. Die unteren Stufen können als Vorstufen der Beteiligung angesehen werden, weil damit keine Mitbestimmung verbunden ist:

- **Information**

  Auf der ersten Stufe werden Informationen gegeben und wahrgenommen.

- **Mitsprache und Mitwirkung**

  Auf der zweiten Stufe können Fragen gestellt und Meinungen geäußert werden. Im Idealfall werden die Fragen beantwortet und die Meinungen, Hinweise und Anregungen mitgenommen, die Erfahrungen der beteiligten Menschen (*Lebensweltexpertise*) abgeholt.

Die nächsten beiden Stufen stellen echte Beteiligungsformen dar:

- **Mitentscheidung**

  Auf der dritten Stufe stehen die Ermöglichung von Beteiligung an Entscheidungen (*Mitbestimmung*), die Abgabe von Entscheidungskompetenz (*Entscheidungsdelegation*) für Teilaufgaben, bis hin zur Übertragung von Entscheidungskompetenz an die Beteiligten.

- **Selbstorganisation**

  Auf der vierten und obersten Stufe der Beteiligung thront die Selbstorganisation, die streng genommen keine Beteiligungsform, sondern Ausdruck zivilgesellschaftlicher Selbstbestimmung (*Eigeninitiative*) ist.

✔ **Partizipation ist nicht nur Übungssache.**

Viele Beteiligungsformen setzen einen hohen Bildungsstand voraus, der nötig ist, um komplexe Sachverhalte verstehen zu können. Auch Fähigkeiten wie gute Rhetorik, die Organisation und Moderation von Sitzungen und Selbstkontrolle über eigene Emotionen sowie Geduld und Sitzfleisch sind nötig und hilfreich. Andere Voraussetzungen für Engagement und Beteiligung sind Zeit und Mobilität. Wer Kinder zu versorgen hat, kann schlecht Abendtermine wahrnehmen, zu Zeiten an denen die Kinder ins Bett gebracht werden müssen. Wer auf Schicht arbeitet, kann nicht regelmäßig zu Versammlungen gehen, die immer am selben Wochentag um die gleiche Uhrzeit stattfinden. Es braucht also gute Rahmenbedingungen und wenn nötig entsprechende Unterstützung, wenn Beteiligung nicht an Voraussetzungen scheitern und ungleich verteilt sein soll.

Methoden und Techniken der Partizipation

Zur Anregung und Förderung der Beteiligung von Menschen an gesellschaftlichen Aktivitäten und sozialarbeiterischen Maßnahmen (*Interventionen*) gibt es eine Fülle von Methoden und Techniken. Überschaubar wird diese Fülle, wenn Sie Methoden und Techniken nach deren Funktion und Einsatzgebiet sortieren.

Klassische Methoden politischer Bürgerbeteiligung

Wenn Sie als Fachkraft von Eltern gefragt werden, was diese tun könnten, um ihre Anliegen bei der Stadtverwaltung vorzubringen, hilft Ihnen die Kenntnis der formellen Beteiligungsformen, die in den jeweiligen »Gemeindeordnungen« der Bundesländer in Deutschland verankert sind.

✔ **Bürgeranhörung**

eine Form der Bürgerbeteiligung, die Menschen bereits zu Beginn der Planung über die groben Ziele und Zwecke eines Projektes informieren soll (»Information« – erste Stufe im Modell der Beteiligungsstufen). Außer der Information können die Bürgerinnen sich zu den Zielen und Inhalten des Planungsprojektes äußern (»Mitsprache« – zweite Stufe im Modell der Beteiligungsstufen).

✔ **Bürgerversammlung**

Eine Zusammenkunft der Gemeindebürger, zur Information und Erörterung kommunaler (Städte und Gemeinden) Angelegenheiten. Es können auch Empfehlungen an den Gemeinderat beschlossen werden (»Information« und »Mitsprache« – erste und zweite Stufe im Modell der Beteiligungsstufen).

✔ **Bürgerantrag**

In Baden-Württemberg »Einwohnerantrag« genannt, ist ein Instrument der direkten Demokratie in Deutschland: Mit ihm können Bürger beziehungsweise Einwohner einer Gemeinde den Gemeinderat verpflichten, sich mit einer bestimmten Angelegenheit in einer öffentlichen Sitzung zu befassen (»Mitentscheidung« – dritte Stufe im Modell der Beteiligungsstufen).

✔ **Bürgerbegehren**

Antrag auf einen Bürgerentscheid. Die Bürgerinnen begehren gegenüber der Gemeindeverwaltung, über ein bestimmtes Thema und eine konkrete Frage abstimmen zu dürfen. Auf Landes- und Bundesebene wird dieses Verfahren als »Volksbegehren« bezeichnet (»Mitentscheidung« – dritte Stufe im Modell der Beteiligungsstufen).

✔ **Bürgerentscheid**

Wenn das Bürgerbegehren von einem bestimmten Anteil der wahlberechtigten Bürgerinnen unterzeichnet wurde, muss die Gemeindeverwaltung einen Bürgerentscheid (durch ein Abstimmungsverfahren wie bei Wahlen) herbeiführen (»Mitentscheidung« – dritte Stufe im Modell der Beteiligungsstufen).

✔ **Kommunalpolitische Wahlprüfsteine**

Technik zur Erhebung und Überprüfung der Positionen von Parteien und Kandidierenden bei Wahlen. Die Wahlprüfsteine bestehen aus Thesen und Fragen zu verschiedenen Themen, zu denen die zur Wahl antretenden Kandidaten und Parteien sich öffentlich äußern sollen, damit die Wähler erfahren, welche Kandidaten sich für welche Themen und Interessen einsetzen.

Methoden zur Anregung und Förderung von Engagement

✔ »**Civic education**« ist eine Methode der Erziehung und Bildung zum mündigen Bürger. Durch pädagogische und bildungsorientierte Angebote sollen Kinder, Jugendliche und Erwachsene Gelegenheit zur Übernahme von Verantwortung und zur aktiven Beteiligung an der Gestaltung des sozialen, kulturellen und politischen Lebens erhalten.

In der Kita wird einem älteren Kind im Rahmen des Patenschaftsmodells die Verantwortung für ein jüngeres Kind übertragen. Die Paten unterstützen ihre Schützlinge, erklären ihnen den Ablauf in der Kita und trösten, wenn etwas nicht klappen will oder eine Enttäuschung zu verkraften ist. Solche beispielhaften Erfahrungen sollen Kindern vermitteln, wie schön und hilfreich es ist, sich gegenseitig zu unterstützen. Kinder, die Paten waren, übernehmen im späteren Leben eher verantwortungsvolle Aufgaben und verhalten sich solidarischer als Kinder, die ausschließlich auf Wettbewerb und Konkurrenz getrimmt wurden, so die Annahme.

✔ **Freiwilligenmanagement** beinhaltet die Planung, Organisation und Koordination von Freiwilligenarbeit. Dazu gehören Aufgaben wie die Gewinnung von Freiwilligen, deren Einarbeitung, Qualifizierung in Fort- und Weiterbildung sowie der Aufbau einer Kultur der Anerkennung. Auch die Koordination des Einsatzes von freiwilligen Helferinnen im Zusammenspiel mit den hauptamtlichen Fachkräften gehört zum Freiwilligenmanagement.

Beteiligungsstufen	Information	Mitwirkung	Entscheidung	Selbstorganisation
Adressaten:				
Alleinerziehende	Plakate und Flyer Stadtteilbegehung	Fotodokumentation	Planen am Modell	Selbsthilfegruppe Frühstück
Jugendliche				
Kinder				
Menschen mit Behinderung				
Migranten				
Neubürger				
Weitere				

Tabelle 6.1: Beteiligungsmatrix

✔ **Beteiligungsmatrix** ist eine systematische Auflistung von Ansprechpartnern und Formen der Ansprache und Beteiligung. Das Schema ist in Tabelle 6.1 abgebildet.

Die Beteiligungsmatrix dient als Grundlage zur maßgeschneiderten Planung und Anwendung von Methoden und Techniken der Beteiligung. Je nach Thema und Menschen, die es zu beteiligen gilt (Spalte 1: Adressaten, wie Kinder, Jugendliche und so weiter) werden für jede Stufe der Beteiligung (Spalten 2–5: Information/Mitwirkung/Entscheidung/Selbstorganisation) entsprechende Methoden und Techniken ausgesucht und eingetragen.

Eine kürzlich durchgeführte *aktivierende Befragung* hat ergeben, dass sich etliche Menschen im Quartier unsicher fühlen. Als Fachkraft Sozialer Arbeit im Stadtteilbüro greifen Sie das Thema »subjektive Sicherheit im Quartier« auf. Aus der kürzlich erstellten *Sozialraumanalyse* wissen Sie, dass in Ihrem Quartier recht viele Alleinerziehende leben. Diese wollen Sie an der Verbesserung der subjektiven Sicherheit besonders beteiligen. Sie überlegen, welche Methoden und Techniken zur Beteiligung von Alleinerziehenden wohl am ehesten passen, um diese zu informieren, und wählen die Methode *Stadtteilbegehung* (»Ortsbegehung/-erkundung«) zur Identifikation von unsicheren Orten im Quartier. Als Technik zur Information über die Ortsbegehung erstellen Sie *Plakate und Flyer*, die dort wo Kinder betreut werden, in Krippen, Kitas und Spielplätzen, ausgehängt werden. Zur Stärkung der Mitwirkung von Alleinerziehenden wenden Sie die Technik der *Fotodokumentation* an. Während der Ortsbegehung und Erkundung können die Mitwirkenden Fotos von Orten machen, an denen sie sich unsicher fühlen. Aus Ihrer Erfahrung als Sozialarbeiterin wissen Sie, wie wichtig es für die Mitwirkungsbereitschaft von Alleinerziehenden ist, dass diese mit ihren Kindern an den Aktionen teilnehmen können. Bei der Stadtteilbegehung können die Kinder problemlos mitgenommen werden. Für das Erstellen der *Fotoreportage* »unsichere Orte in unserem Quartier« organisieren Sie eine Betreuungsmöglichkeit im Stadtteilbüro. Dort kann auch die Entscheidungsfindung mittels der Methode *Planen am Modell* stattfinden, bei der die Alleinerziehenden ihre Ideen für mehr Sicherheit im Quartier im Modell platzieren. Im Idealfall haben die beteiligten Alleinerziehenden bis dahin so viel Freude am gemeinsamen Tun entwickelt, dass sie eine *Selbsthilfegruppe* gründen, die sich jede Woche zum *Frühstück für Alleinerziehende* trifft, bei dem sie über alle sie betreffenden Fragen sprechen, nebenbei noch intensivere Beziehungen untereinander knüpfen und damit ihr soziales Netzwerk erweitern.

✔ **Beteiligungs- und Vernetzungsmodell auf Stadtteilebene** ist ein Modell zur methodischen Gestaltung der Beteiligung von Bürgern und Fachkräften. Wichtigste Überlegung des Modells ist, dass die Gestaltung der Beteiligungsformate daran orientiert wird, wer den Auftrag zur Beteiligung gibt. Das Modell ist in Abbildung 6.2 dargestellt.

Von der Bürgerschaft initiierte und möglichst selbstverantwortlich gestaltete Beteiligungsformate, wie das »*Bürgerforum*« sowie die »*Bürgertische*« die auf Anregung der Bürgerschaft eingerichtet werden, sind als »Bottom-up-Formate« in der Abbildung unten rechts und direkt darüber angeordnet.

- **Bürgerforum**

  Zweck: Plattform für die Meinungs- oder Willensbildung und Wahl von Bürgervertretungen in die Stadtteilkonferenz/Quartiersrat

  Teilnehmende: alle Bürger aus dem Stadtviertel/Quartier

  Moderation: Bürger oder Fachkraft der Gemeinwesenarbeit

  Turnus der Treffen: 1–2 Mal pro Jahr (jeweils vor dem Termin von Stadtteilkonferenz/Quartiersrat)

  Status: öffentlich

- **Bürgertisch**

  Zweck: Arbeitsform auf Initiative aus der Bürgerschaft

  Teilnehmende: interessierte Bürger aus dem Stadtviertel/Quartier

  Moderation: beteiligte Bürger, Unterstützung durch Gemeinwesenarbeit, wenn nötig und erwünscht

  Turnus der Treffen: nach Bedarf

  Status: öffentlich

Beteiligungsformate, die (»top-down«) von der Kommunalverwaltung initiiert und eingesetzt werden, wie die »*Bürgerwerkstatt*« oder »*Stadtteilkonferenz/Quartiersrat*«, sind im Schaubild in Abbildung 6.2 in der Mitte und ganz oben angeordnet. Die Stadtteilkonferenz/der Quartiersrat kann auch über die Verwendung des Quartiersbudgets entscheiden, wenn es ein solches gibt.

Stadtteilkonferenz / Quartiersrat

Zweck: Diskussions- und Entscheidungsplattform der Organisationen und Bürgervertretungen aus Stadtteil / -viertel / Quartier

Teilnehmende: Vertretung aller Organisationen / Initiativen aus Stadtteil / -viertel / Quartier und gewählte Bürgervertretung

Moderation: Stadtteilkoordinatorin

Turnus: mind. 1–2 ×/Jahr

Status: nicht öffentlich

Thematische Arbeitsgruppen

Zweck: Arbeitsform auf Initiative von Stadtverwaltung oder Stadtteilteam

Teilnehmende: Vertretung von Stadt u.a. Organisationen und sachkundige Bürgervertretung aus Stadtteil / Quartier

Moderation: Stadtteilkoordination / GWA

Turnus: nach Bedarf

Status: nicht öffentlich

Bürgerwerkstatt

Zweck: Arbeitsform auf Initiative der Stadtverwaltung

Teilnehmende: Verwaltungsmitarbeitende und interessierte Bürgerschaft aus Stadtteil / -viertel / Quartier

Moderation: Stadtteilkoordination / GWA

Turnus: nach Bedarf

Status: öffentlich

Bürgertisch/e

Zweck: Arbeitsform auf Initiative der Bürgerschaft

Teilnehmende: interessierte Bürger aus dem Stadtteil / -viertel / Quartier

Moderation: beteiligte Bürgerschaft, ggf. Unterstützung durch GWA

Turnus: nach Bedarf

Status: öffentlich

Stadtteilteam

Zweck: Vernetzungsform von Fachkräften

Teilnehmende: Fachkräfte von Organisationen Sozialer Arbeit, Erziehung + Bildung im Stadtteil

Moderation: Stadtteilkoordination / Fachkraft GWA

Turnus: mind. 2 ×/Jahr

Status: nicht öffentlich

Bürgerforum

Zweck: Meinungs- und Willensbildungsplattform der Bürgerschaft + Wahl von Bürgervertretung für Stadtteilkonferenz / Quartiersrat

Teilnehmende: Bürgerschaft aus dem Stadtteil / -viertel / Quartier

Moderation: Bürgerschaft oder Fachkraft GWA

Turnus: mind. 1–2 ×/Jahr jeweils vor Stadtteilkonferenz / Quartiersrat

Status: öffentlich

Abbildung 6.2: Beteiligungs- und Vernetzungsmodell auf Stadtteilebene

- **Bürgerwerkstatt**

  Zweck: Arbeitsform auf Initiative der Stadtverwaltung

  Teilnehmende: Verwaltungsmitarbeitende und interessierte Bürger aus dem Stadtviertel/Quartier

  Moderation: Stadtteilkoordinatorin oder Fachkraft der Gemeinwesenarbeit

  Turnus der Treffen: nach Bedarf

  Status: öffentlich

- **Stadtteilkonferenz/Quartiersrat**

  Zweck: Diskussions- und Entscheidungsplattform der Organisationen und Bürgervertretungen aus dem Stadtteil/Stadtviertel/Quartier

  Teilnehmende: Vertretungen aller Organisationen und Initiativen und gewählte Bürgervertretungen aus dem Stadtteil/Stadtviertel/Quartier

  Moderation: Stadtteilkoordinatorin oder Fachkraft der Gemeinwesenarbeit

  Turnus der Treffen: ein bis zwei Mal pro Jahr

  Status: nicht öffentlich

Die »Bottom-up-« und »Top-down«-Beteiligungsformate werden von Vernetzungsgremien, wie »*Stadtteilteam*« und »*thematische Arbeitskreise*« ergänzt, die im Schaubild in Abbildung 6.2 links übereinander angeordnet sind.

- **Stadtteilteam**

  Zweck: Vernetzungsform von Fachkräften aus dem Stadtteil/Stadtviertel/Quartier

  Teilnehmende: Fachkräfte aus Organisationen Sozialer Arbeit, Erziehung und Bildung im Stadtteil/Stadtviertel/Quartier

  Moderation: Stadtteilkoordinatorin oder Fachkraft der Gemeinwesenarbeit

  Turnus der Treffen: mindestens zwei Mal pro Jahr

  Status: nicht öffentlich

- **Thematische Arbeitskreise**

  Zweck: Arbeitsform auf Initiative der Stadtverwaltung oder des Stadtteilteams

  Teilnehmende: Vertretungen von Stadtverwaltung, anderen Organisationen und sachkundigen Bürgervertretungen aus dem Stadtteil/Stadtviertel/Quartier

  Moderation: Stadtteilkoordinatorin oder Fachkraft der Gemeinwesenarbeit

  Turnus der Treffen: nach Bedarf

  Status: nicht öffentlich

✔ **Planen am Modell** ist eine Methode, bei der weniger sprachliche Kompetenzen vorausgesetzt sind, sondern bei der die praktischen, handwerklichen Fähigkeiten von Menschen zur Geltung kommen sollen und dürfen.

- **Ziel und Zweck**

  Es geht darum, ein Modell des Stadtteils oder Quartiers zu bauen. Damit werden Ideen und Vorstellungen von Menschen, die sich in ihrem Gebiet auskennen, weil sie dort leben und ein Interesse an dessen Gestaltung haben, sichtbar und greifbar dargestellt. Dadurch soll die Diskussion über die weitere Planung von Änderungen oder Verbesserungen im Stadtquartier angeregt werden. Ein Ziel ist auch, Menschen eine Alternative zu sonst oft sprachlastigen Teilhabegelegenheiten zu bieten.

- **Vorgehensweise**

  Ähnlich wie bei einer Modelleisenbahn werden auf einer großen Holzplatte die Grundrisse des Gebietes sowie der Straßen, Plätze und Gebäude eingetragen. Die Bevölkerung des Gebietes wird gleich zu Beginn der Planung eingeladen, sich am Bau des Modells zu beteiligen. Das Modell selbst wird idealerweise in einem öffentlich zugänglichen Raum aufgestellt, der groß genug ist, um das Modell zu beherbergen und auch für die Menschen Platz bietet, die sich am Bau des Modells beteiligen möchten. Die Organisatoren der Methode »Planen am Modell« stellen Material zur Verfügung, mit dem die Teilnehmenden, je nach Thema oder Zweck, zu welchem die Planungsbeteiligung erfolgen soll, ihre Vorstellungen basteln und in das Modell einbauen.

- **Verlängerung des Planungsprozesses**

  Am Modell kann über mehrere Wochen geplant, gebaut und diskutiert werden. Damit ergeben sich Gelegenheiten, dass erst nach und nach noch Menschen hinzukommen, die nicht von Anfang an dabei waren oder erst später als andere auf diese Partizipationsform aufmerksam wurden. Wichtig ist dafür, dass das Modell leicht erreichbar und gut zugänglich ist. Die Aufstellung in einem Schaufenster eines Ladengeschäftes oder in der Ausstellungshalle eines Autohauses bietet solche dauerhaften Gelegenheiten, auch außerhalb der Öffnungszeiten des Geschäftes oder des Autohauses das Modell (hinter der Schaufensterscheibe) zu besichtigen.

- **Auswertung und Verwendung**

  Zur Auswertung bietet sich eine öffentliche Veranstaltung an, zu der alle Interessierten eingeladen werden. Alle, die sich am Bau des Planungsmodells beteiligt haben, dürfen dabei auf ihre Gestaltungsvorschläge hinweisen und ihre Absichten erklären. Wenn in der Ankündigung darauf hingewiesen wurde, dass anlässlich der Veranstaltung auch Entscheidungen über die eingebauten Änderungsvorschläge getroffen werden sollen, können Abstimmungen unter den Anwesenden erfolgen und die Entscheidungen an die Stadtverwaltung als Votum der beteiligten Bevölkerung weitergereicht werden.

- **Fazit**
  Die Erfahrungen mit der Methode »Planen am Modell« zeigen, dass eine solch bildlich gestalterische Beteiligungsmethode sehr viel Aufmerksamkeit auf sich

ziehen kann und obendrein Menschen eine Gelegenheit zur Beteiligung eröffnet, die sich von anderen Methoden der Beteiligung wie Worldcafé, Open Space, Bürgerversammlungen und Arbeitsgruppen nicht so sehr angesprochen fühlen oder dabei einfach nicht zum Zuge kommen.

Methoden und Techniken zur Unterstützung der Selbstorganisation

An den Methoden und Techniken zur Beteiligung von Menschen wird immer wieder kritisiert, dass deren Anwendung eine Art »Beruhigungspille« darstellt und deren Angebot eine gönnerhafte Haltung offenbart. Die eigentliche Lösung liege in der Selbstorganisation, also darin, dass die Menschen ihre Interessen selbstbewusst und selbstständig vertreten und dabei keine Hilfestellung benötigen. Neben den Methoden und Techniken zur Beteiligung von Menschen an Angelegenheiten, die sie selbst betreffen, gibt es daher auch einige Methoden, die auf den Erhalt der Selbstständigkeit (Autonomie) und der Selbstorganisation der Menschen zielen. Dazu gehört das »Community Organizing« (CO).

✔ **Community Organizing (CO)** ist eine aktivierende Methode zum Aufbau der Selbstorganisation der Bürgerschaft, die von dem US-Amerikaner Saul D. Alinsky entwickelt wurde.

- **Ziel und Zweck**

  Durch CO sollen Bürger in die Lage versetzt werden, ihre eigenen Interessen gemeinsam mit Gleichgesinnten durchsetzen zu können. CO verfolgt das Ziel, durch wirksame Einmischung in die (kommunale) Politik, Einfluss auf Entscheidungen zu nehmen.

- **Vorbereitung: Anlauf nehmen.**

  Zunächst braucht es Personen, die als Antreiber fungieren (Initiatoren der Methode). Dies können örtliche Sozialarbeiterinnen, Pfarrer, Politikerinnen oder einfach Menschen sein, die die Methode des Community Organizing gelernt haben und in der Lage sind diese praktisch anzuwenden.

- **1. Schritt: Themen finden.**

  Der erste Schritt besteht darin, die Themen der Menschen im Stadtteil herauszufinden. Dazu werden viele Gespräche (Technik: »one-to-one«) mit der Bevölkerung im Stadtteil geführt oder eine »aktivierende Befragung« durchgeführt.

- **2. Schritt: Anführer finden.**

  Im zweiten Schritt werden Menschen gesucht, die sich als informelle Anführer (Leader) eignen und sich dazu bereit erklären. Diese werden in der Methode CO geschult und auf ihre Aufgaben vorbereitet.

- **3. Schritt: Machtstrukturen analysieren.**

  Die »Leader« beginnen damit herauszufinden, welche Personen in der Stadt am meisten Einfluss haben (Machtstrukturen identifizieren). Dazu werden weitere Mitwirkende einbezogen.

- **4. Schritt: Strategische Veränderung von Machtverhältnissen.**

  Die Aktivisten des CO nutzen all ihre bestehenden Kontakte zu Personen des Öffentlichen Lebens, die Einfluss auf die Stadtpolitik haben, und versuchen diese für ihr Anliegen zu gewinnen. Je größer der Widerstand der etablierten Kreise ist, desto intensiver und drängender werden die Maßnahmen zur Durchsetzung der Interessen der CO-Aktion gestaltet. Wenn Demonstrationen im öffentlichen Raum nicht ausreichend Wirkung erzeugen, werden Sitzblockaden vor Verwaltungsgebäuden oder Besetzungen öffentlicher Gebäude nachgeschoben.

- **Abschluss des Community Organizing**

  CO-Projekte sind prinzipiell keine auf Dauer angelegten Methoden, sondern werden, wie für Projekte üblich, in begrenzter Zeit abgeschlossen. Idealerweise endet ein CO-Projekt mit der erfolgreichen Durchsetzung der ursprünglichen Anliegen. Im schlechtesten Fall wird das CO-Projekt beendet, weil kein Erfolg mehr in Aussicht steht.

- **Rolle der Organizer**

  »Vom Antreiber zum Begleiter«. Die (professionellen) Organizer übernehmen anfangs die Rolle als Initiatoren und Antreiber. Deren Bestreben ist es jedoch, möglichst bald die Leitung der Aktivitäten an Menschen aus der Bürgerschaft (»Leader«) zu übergeben und diese nur noch zu unterstützen (coachen). In manchen CO-Projekten bleiben die Organizer jedoch bis zum Abschluss des Projektes in dessen Leitung.

✔ **Kontaktstellen für Selbsthilfeinitiativen** sind Einrichtungen zur Unterstützung von Selbsthilfeinitiativen, die auch von Fachkräften Sozialer Arbeit betrieben werden.

- **Ziel und Zweck**

  Kontaktstellen für Selbsthilfeinitiativen fungieren als erste Ansprechpartner für Menschen, die sich für ihre Anliegen selbst einsetzen wollen, aber noch offene Fragen haben oder Unterstützung in Sachen Bürokratie suchen. Sie verfolgen das Ziel, Menschen mit gleichen oder ähnlichen Sorgen und Problemen, wie Alkoholkrankheit, Spielsucht, Angehörige kranker Menschen, zusammen und in Kontakt zu bringen.

- **Merkmale**

  Kontaktstellen für Selbsthilfeinitiativen bieten ihre Beratung und Unterstützung möglichst niedrigschwellig an, das heißt, der Aufwand und die Hemmschwelle zum Besuch und zur Nutzung der Kontaktstelle sollen möglichst gering sein (leicht erreichbar, umfangreiche Öffnungszeiten, keine Anmeldung erforderlich).

- **Aufgaben und Arbeitsweise**

  Die Kontaktstellen arbeiten sehr eng vernetzt mit anderen Einrichtungen und Diensten, in deren Arbeitsbereich die Anlässe für Selbsthilfeinitiativen und

-gruppen entstehen, zusammen. Dazu gehören Suchtkliniken, Suchtberatungsstellen, Krankenhäuser, Rehakliniken und Beratungsstellen, wie gegen Essstörungen oder Gewalt. Neben der Unterstützung von Menschen bei der Suche nach einer Gruppe von Betroffenen gehört auch deren Begleitung, Supervision und logistische Unterstützung (Räume und Öffentlichkeitsarbeit) zum Aufgabenfeld der Kontaktstellen für Selbsthilfeinitiativen.

✔ **Freiwilligenagenturen** sind Einrichtungen und Dienste zur Förderung bürgerschaftlichen Engagements.

- **Ziel und Zweck**

  Freiwilligenagenturen vermitteln Menschen, die sich engagieren wollen, an Organisationen, die engagierte Menschen für bestimmte Aufgaben benötigen. Sie suchen auch Einsatzmöglichkeiten für Menschen, die sich bürgerschaftlich engagieren wollen. Die Freiwilligenagenturen fungieren somit als Kontakt- und Vermittlungsbörsen.

- **Merkmale**

  Freiwilligenagenturen sind unabhängige Stellen, sie verfolgen keine Eigeninteressen mit dem Einsatz der Freiwilligen, sondern sind bemüht, eine möglichst passende Vermittlung zwischen den Interessen und Fähigkeiten der Freiwilligen und deren Einsatzfeld zu erreichen. Träger von Freiwilligenagenturen können Kommunen (Landkreise, Städte und Gemeinden), Wohlfahrtsverbände (Caritas, Diakonie, Paritätischer Wohlfahrtsverband, …) oder auch gemeinnützige Vereine sein.

- **Aufgaben und Arbeitsweise**

  Zu den Hauptaufgaben von Freiwilligenagenturen gehören die Information, Beratung und Vermittlung von Bürgerinnen, die sich für ein gemeinnütziges Engagement interessieren. Die Freiwilligenagenturen beraten aber auch gemeinnützige Organisationen und städtische Einrichtungen wie Kitas, das Museum oder das Schwimmbad bei Fragen der Gewinnung von freiwillig engagierten Menschen. Sie bieten Maßnahmen zur Qualifizierung von Freiwilligen an und machen praktische Vorschläge zur Anerkennung von bürgerschaftlich engagierten Menschen.

✔ **Seniorenbüros** sind auf lokaler Ebene, also in Städten und Gemeinden, angesiedelte Einrichtungen für Anliegen älterer Menschen.

- **Ziel und Zweck**

  Seniorenbüros verfolgen das Ziel, Menschen ab 50 Jahren auf die Nacherwerbsphase, also auf die Zeit nach dem Ende der Berufstätigkeit vorzubereiten. Dazu bieten Sie Informationen und Beratung zu attraktiven Möglichkeiten der kulturellen, sozialen, politischen oder freizeitorientierten Betätigung. Durch das Engagement sollen auch die Kompetenzen der Senioren genutzt, ausgebaut und gestärkt werden.

- **Merkmale**

  Seniorenbüros sind nicht gewinnorientiert und verfolgen keine wirtschaftlichen Interessen. Träger von Seniorenbüros können Kommunen, Wohlfahrtsverbände oder auch gemeinnützige Vereine sein. Finanziert werden die Seniorenbüros vorwiegend von der Kommune, Spenden und staatlichen Fördergeldern.

- **Aufgaben und Arbeitsweise**

  Seniorenbüros haben die Aufgabe, die Selbstorganisation der Menschen im fortgeschrittenen Alter anzuregen und zu fördern. Sie schaffen dazu Gelegenheiten, indem sie Internetplattformen für Engagementmöglichkeiten einrichten und ihre Vermittlungsangebote in der örtlichen Tageszeitung und dem Amtsblatt der Gemeinde veröffentlichen. Mit Veranstaltungen zur Würdigung des Engagements von Senioren tragen die Seniorenbüros außerdem zur Förderung der Anerkennungskultur bei.

IN DIESEM KAPITEL

Sozialraumorientierung: Die Bedeutung sozialer und räumlicher Beziehungen

Netzwerkarbeit: Arbeit mit menschlichen Verflechtungen

Kapitel 7
Methoden der Arbeit mit dem sozialen und räumlichen Umfeld: Sozialraumorientierung und Netzwerkarbeit

Als Fachkraft Sozialer Arbeit ist es Ihre Aufgabe, zur Bewältigung sozialer Probleme beizutragen. Dazu suchen Sie zunächst den Kontakt zu dem von sozialen Problemen betroffenen Menschen. Wenn Ihnen dies gelingt, werden Sie bald feststellen, dass zur Problemlösung außer der betroffenen Person auch noch das soziale Umfeld, also Familie, Verwandte, Freunde und Nachbarn wichtig sein könnten. Wenn Sie Ihre Klientel auch zu Hause besuchen, werden Sie merken, dass deren räumliche Umgebung ganz unterschiedlich sein kann. Manche wohnen in einem Gebiet mit vielen Parks, Einkaufszentren und Geschäften, die viele Gelegenheiten bieten, sich zu treffen und die regelmäßigen Besorgungen zu erledigen. Andere leben weit außerhalb des Ortskerns, wo es nur Wohnhäuser, aber keine Arbeitsplätze, Freizeitmöglichkeiten oder Kulturangebote gibt und damit immer weitere Entfernungen zurückgelegt werden müssen, um solche Orte aufzusuchen.

Als Mitarbeiterin im Jugendamt, erhalten Sie von einer Lehrerin den Hinweis auf eine mögliche Kindeswohlgefährdung, weil die Schülerin Anna seit Tagen unausgeschlafen, ungewaschen und hungrig zur Schule komme. Sie wollen sich zunächst um Anna kümmern, müssen dazu jedoch mit den Eltern Kontakt aufnehmen und entscheiden sich wegen der Dringlichkeit der Kontaktaufnahme für einen Hausbesuch. Durch den Hausbesuch lernen Sie das Gebiet kennen, in dem die Familie von Anna wohnt, und können sich einen ersten Eindruck über die baulichen, verkehrlichen und sozialen Rahmenbedingungen des Wohnumfeldes verschaffen. Aus Ihrem Studium und Ihrer beruflichen Erfahrung wissen Sie, dass soziale und räumliche Umgebungsbedingungen durchaus Einfluss auf die Entwicklungschancen von Kindern haben können.

In diesem Kapitel werden Sie erfahren, welche Möglichkeiten Sie als Fachkraft Sozialer Arbeit haben, zur Bewältigung sozialer Probleme auch soziale und räumliche Bedingungen in Ihre methodische Arbeit einzubeziehen (*Sozialraumorientierung*).

Soziale und räumliche Lebensbedingungen können sehr unterschiedlich sein und wirken sich nicht nur nachteilig auf das Leben von einzelnen Menschen aus. Daher lohnt es sich, Menschen zusammenzubringen, damit diese sich gegenseitig helfen und stärken können. Soziale und räumliche Beziehungen lassen sich zu einem Netzwerk verknüpfen, das trägt, wenn es gebraucht wird, ähnlich dem Netz, das Zirkusakrobaten auffängt, wenn diese vom Trapez unter dem Zirkuszelt abrutschen. Welche Formen von Netzwerken es gibt und wie diese zur Problembewältigung methodisch bearbeitet werden können (*Netzwerkarbeit*), lernen Sie ebenfalls in diesem Kapitel kennen.

Konzept Sozialraumorientierung: Soziale und räumliche Themen zusammen bearbeiten

Das Konzept der Sozialraumorientierung baut auf den Konzepten der Lebensweltorientierung (Lebensbedingungen und deren Bedeutung für Menschen) und der Ressourcenorientierung (Arbeit an und mit Stärken) auf, zu denen Sie in Kapitel 6 mehr lesen können. Sozialraumorientierung ist aus den Erfahrungen mit der über 150-jährigen Geschichte Sozialer Arbeit in und mit Gemeinwesen entstanden. Sozialraumorientierung ist als Konzept nicht auf das Handlungsfeld der Gemeinwesenarbeit beschränkt, sondern bietet auch in anderen Handlungsfeldern Sozialer Arbeit, wie der Suchthilfe, der Kinder- und Familienhilfe oder der Wohnungslosenhilfe Orientierung für das fachliche methodische Handeln. Das Besondere am Konzept der Sozialraumorientierung ist, dass die Fachkräfte in ihrer methodischen Arbeit nicht so sehr auf hilfebedürftige Einzelpersonen fixiert sind, sondern grundsätzlich alle Menschen und deren Lebensbedingungen in einem sozial und räumlich bestimmbaren Bereich in den Blick nehmen und zum Gegenstand ihrer Sozialen Arbeit machen.

Sozialraumorientierung meint ein Handlungskonzept ganzheitlichen, nicht individuenzentrierten Denkens und Handelns, das auf sozial und räumlich strukturierte Kontexte bezogen wird und die Entwicklung menschenwürdiger und sozial gerechter Lebensverhältnisse zum Ziel hat.

Sozialraumorientierung bedeutet für das konzeptionelle Arbeiten:

✔ **Gesellschaftskritische Analyse von Lebensbedingungen und Problemlagen** und die Darstellung sozialer und räumlicher Folgen wie:

- problematische Auswirkungen von Wohnungs- (Wohnungsmangel und hohe Preise) und Arbeitsmarkt (Arbeitslosigkeit, Niedriglohnsektor, Verarmung, prekäre Altersversorgung, …);

- Bedeutung einer bedarfsgerechten sozialen, verkehrlichen und ökonomischen Infrastruktur für bestimmte Menschen (fehlende Erreichbarkeit für mobilitätseingeschränkte Menschen);
- Menschen, die von Chancen und Risiken gesellschaftlicher Entwicklungen ungleich betroffen sind, haben unterschiedlichen Bewältigungsmöglichkeiten: Wer das Geld nicht hat, kann teure öffentliche Verkehrsmittel nicht nutzen; wer Geld hat und mobil ist, ist nicht auf die nahräumlichen Angebote und Dienstleistungen angewiesen, sondern kann diese in weiterer Entfernung nutzen.

✔ **Soziale Arbeit zeigt ihre Expertise** auf unterschiedlichen gesellschaftlichen Ebenen. Fachkräfte Sozialer Arbeit:

- stellen ihre Analysekompetenz den zuständigen Akteuren (Kreis-, Stadt- und Gemeindeverwaltungen; Trägern Sozialer Arbeit) zur Verfügung;
- fordern die Gesellschaft dazu auf, ihrer Verantwortung gerecht zu werden;
- unterstützen und ermächtigen sozial benachteiligte Menschen dabei, sich für ihre Anliegen einzusetzen und ihre Menschen- und Bürgerrechte einzufordern;
- unterstützen Menschen mit geringen Möglichkeiten und Erfahrungen mit Engagement, anstatt diese moralisch zu verurteilen.

✔ **Soziale Arbeit wendet sich gegen die Überbetonung von Gemeinschaften,** weil diese oft andere Menschen von ihren Gemeinschaften ausschließen, anstatt soziale Benachteiligung zu verhindern. Mitgliedsbeiträge, strenge Aufnahmekriterien oder homogene Altersstruktur von Vereinen und Gruppierungen können andere Menschen ausschließen.

✔ **Interessenkonflikte werden begleitet und moderiert,** anstatt diese zu verdecken, denn Konflikte bieten auch die Gelegenheit, unterschiedliche Interessen (Ruhebedürfnis älterer Menschen gegenüber den Bedürfnissen von Kindern nach Bewegung, Austoben und Ausprobieren) auszuhandeln.

✔ **Sozialraumorientierung und Raumbezug:** Das Leben von Menschen spielt sich nicht nur in ihrem räumlichen Wohnumfeld ab. Je nach Interessen und Mobilität gehören ganz unterschiedliche Aktivitäten an unterschiedlichen Orten zur individuellen Lebenswelt. Stadtteile, Stadtviertel und Quartiere existieren weder isoliert für sich noch als Behälter, die mit Gebäuden und Menschen gefüllt sind. Sozialraumorientierung richtet den Blick nicht nur auf amtlich begrenzte Gebiete (statistische Bezirke, Stadtteile), sondern auch auf unterschiedliche Lebens- und Aktionsräume von Menschen und die dem Empfinden der Bevölkerung entsprechenden *Quartiere.* Theoretische Überlegungen über die soziale Bedeutung von Raum sind für die Soziale Arbeit deshalb wichtig, weil Räume von Menschen unterschiedlich erlebt, erfahren und bestimmt werden. So lassen sich Konflikte über die Nutzung von Räumen (Jugendräume, Parks, Plätze) auf unterschiedliche Interessen (im Park Sport treiben, Mittagspause verbringen, Meditieren) und gesellschaftliche Machtverhältnisse (Eigentümer bestimmen über Nutzungen: Hausordnung, Privatgrundstücke, Konsumzwang im Café, ...)

zurückführen, die mit entsprechenden Methoden ausgehandelt werden können. Folgendes Beispiel soll die Raumbedeutung veranschaulichen:

Die Bushaltestelle in einem Stadtrandviertel ist mit einer Bank als Sitzgelegenheit und einer einfachen Überdachung ausgestattet, die den Wartenden Schutz vor Niederschlägen bietet. Materiell handelt es sich um einen baulichen Unterstand. Für die Nutzer der öffentlichen Verkehrsmittel handelt es sich um einen Ort, an dem sie bis zur Ankunft des Busses mehr oder weniger kurze Wartezeiten verbringen und ansonsten keinen weiteren Nutzungsbedarf haben. Passanten mögen den Unterstand als günstig gelegenen Regenschutz beim zufälligen Vorbeikommen ansehen und nutzen. Wohnungslose Menschen, die sich vorwiegend im öffentlichen Raum aufhalten, könnten diesen Ort als Wohn- und Schlafraum ansehen und nutzen. Jugendliche könnten wegen fehlender finanzieller oder räumlicher Alternativen den Ort als Treffpunkt und Szeneort ihrer Clique ansehen und nutzen. In jeder der beschriebenen Nutzungen bleibt der materielle Raum derselbe, während die Bedeutungszuschreibungen aufgrund der unterschiedlichen Raumkonzepte, also der Vorstellungen, Bedeutungen, Handlungen und Symbole der Nutzer, ganz unterschiedlich ausfallen. In der praktischen Arbeit vor Ort, kann die Sozialarbeiterin, die mit den Jugendlichen arbeitet, eine Aktion planen, bei der die Jugendlichen die Möglichkeit bekommen, mit anderen Nutzergruppen an der Bushaltestelle ins Gespräch über ihre unterschiedlichen Raumnutzungen zu kommen. Dazu könnten Plakate beitragen, die von den Jugendlichen gestaltet werden und darstellen, weshalb diese Bushaltestelle von ihnen gelegentlich als Jugendtreff genutzt wird. Auch wohnungslose Menschen, die den Unterstand hin und wieder zum Nächtigen nutzen, könnten ein Plakat erstellen. Wenn die Plakate in der Bushaltestelle anstatt der üblichen Werbetafeln aufgehängt werden, können Passanten und andere Nutzer der Bushaltestelle erkennen, dass es dafür nicht nur die eine Möglichkeit gibt und alle abgebildeten Nutzungsarten ihre Berechtigung haben.

- ✔ **Das Globale zeigt sich im Lokalen:** Gesamtstädtische, regionale, nationale und globale Entwicklungen manifestieren sich auf lokaler Ebene mit zum Teil gravierenden Auswirkungen und können dort nicht gelöst, aber in ihren sozialräumlichen Wirkungen erlebbar gemacht und bewältigt werden.

- ✔ **Vielfalt und Kooperation:** Die Vielfalt unterschiedlicher sozialräumlicher Aspekte und die Kooperation mit lokalen Akteuren schafft Möglichkeiten der Bearbeitung sozialer Probleme auf lokaler Ebene.

Die örtliche Produktionsfabrik eines Textilunternehmens wird geschlossen und in ein Billiglohnland in Asien verlagert, womit sämtliche Arbeitskräfte aus dem Produktionsbetrieb vor Ort auf einen Schlag ihre Arbeit verlieren. Die örtliche Wirtschaft kann in kurzer Zeit keine Ersatzarbeitsplätze schaffen und anbieten. Den arbeitslos gewordenen Menschen werden von der Arbeitsverwaltung Umschulungen und Qualifizierungen angeboten. Die Soziale Arbeit unterstützt die arbeitslos gewordenen Arbeiter dabei sich zusammenzuschließen, eine Betroffeneninitiative zu gründen und gemeinsam nach Möglichkeiten zur Bewältigung und Lösung der entstandenen Probleme zu suchen.

Methoden/Techniken der Sozialraumorientierung

Das Konzept Sozialraumorientierung enthält eine Reihe von Aufgaben, die sich zu sechs verschiedenen Themenbereichen (Dimensionen) zusammenfassen lassen. Entsprechend geeignete Methoden und Techniken ermöglichen die Erfüllung der Aufgaben und werden entlang der Aufgabendimensionen beschrieben.

Dimension Lebensbedingungen und Lebenswelt

Zu den Aufgaben dieser ersten Dimension gehören die Erstellung und Sichtung von Datenerhebungen, die für das jeweilige Handlungsfeld Sozialer Arbeit relevant sind. Als Methoden und Techniken eignen sich neben der Analyse der Sozialstruktur und der *Sozialraumanalyse*, Befragungen (»aktivierende Befragung«) oder Erkundungen (»Stadtteilspaziergang«) und Beschreibungen (»Weitwinkelscan«) von Lebens- und Aktionsräumen. Ein kontinuierlich durchgeführtes und standardisiertes »Monitoring« (systematisches Betrachten und Überprüfen der Entwicklung handlungsfeldspezifischer Kennwerte, wie Anteil Alleinerziehender, Geburtenrate, Altersstruktur, Zu- und Wegzüge, ...) schafft einen permanenten Überblick zur Entwicklung von Lebensbedingungen und -situationen, macht Veränderungen frühzeitig erkennbar und ermöglicht angepasste Maßnahmen (Interventionen).

Sozialraumanalyse

Die »Sozialraumanalyse« ist eine erprobte und umfangreiche Analysemethode, die zu umfassenden Erkenntnissen über Lebensbedingungen und Lebensqualität der Bevölkerung eines sozial und räumlich begrenzbaren Gebietes führt.

✔ **Ziel und Zweck**

Die Sozialraumanalyse soll einen umfassenden Überblick über die Lebensbedingungen und die Lebensqualität in einem sozial und räumlich bestimmten Lebensraum von Menschen liefern. Dieser Überblick dient dem Zweck, mögliche soziale Probleme frühzeitig zu erkennen und zu vermeiden, indem mit geeigneten Maßnahmen gegengesteuert wird.

So könnte der feststellbare verstärkte Wegzug von jungen Familien auf mangelnde Familienfreundlichkeit durch fehlende Infrastruktur (Kitaplätze) oder starke Verkehrsbelastung (gefährliche Straßen und Kreuzungen) hindeuten. Gegenmaßnahmen wären in diesen Fällen zum Beispiel die Einrichtung von mehr Kitaplätzen und Maßnahmen der Verkehrsberuhigung durch die Umwidmung von »Tempo-50-Straßen« in »Tempo-30-Zonen« oder »Spielstraßen«.

✔ **Historische Analyse**

Gegenstand der Sozialraumanalyse ist zunächst die historische Entwicklung des untersuchten Gebietes. Weil Begebenheiten aus der Vergangenheit für die Entwicklung und den heutigen Charakter einer Gemeinde oder eines Stadtviertels prägend sein können, werden historische Quellen nach Besonderheiten durchsucht. Eine Stadt, die schon zu Römerzeiten ein Handelszentrum war, kann sich bis heute als Messestandort behaupten, wie am Beispiel Köln erkennbar. Eine ehemalige Residenzstadt, wie

Karlsruhe, ist bis heute als typische »Behörden- und Beamtenstadt« mit Sitz wichtiger Verwaltungsbehörden oder Gerichte (Bundesverfassungsgericht, Bundesgerichtshof, Regierungspräsidium) bekannt.

✔ **Räumlich-bauliche Analyse**

Mit der Analyse von natürlichen (Meer, Flüsse, Seen, Berge, Täler, Wald und Felder) oder baulichen (Gebäude, Straßen, Eisenbahnlinien und Brücken) Gegebenheiten können räumliche Grenzlinien oder schwer überwindbare Barrieren erkannt werden. Solche räumlich-baulichen Grenzlinien beeinflussen das Raumempfinden der Bevölkerung und beschränken die Aktionsräume von Menschen mit Mobilitätseinschränkungen. Eine viel befahrene Straße stellt für Kinder oder Menschen mit Gehbehinderung eine schier unüberwindbare Barriere dar. Unbeleuchtete Wege und unbelebte Parks oder Unterführungen können ängstliche Menschen davon abhalten, diese zu nutzen. Weil die Dichte der Bebauung, wie sie in mittelalterlichen Stadtkernen (wie in Regensburg) oder in den »Gründerzeitvierteln« des Industriezeitalters aus dem 19. Jahrhundert (wie in der »Dresdner Neustadt«) vorzufinden sind, als Grundlage für die Belebung eines Stadtviertels und damit als Voraussetzung für zivilisiertes Zusammenleben ganz unterschiedlicher Menschen gilt, werden für die räumlich-bauliche Analyse auch Daten zur Bebauungsdichte und zur Vielfalt der baulichen Nutzungsarten (Wohnen, Arbeiten, Versorgen, Freizeit) erhoben. Die Art der Bebauung, also die Anordnung und Gestaltung von Gebäuden und Wegen beeinflusst die Belebung des öffentlichen Raums, weil damit Gelegenheiten, Menschen zu treffen, geschaffen oder vermieden werden. Spezifische Anordnungen von Gebäuden, Verkehrswegen, Grünanlagen und Plätzen lassen sich aus Landkarten und Stadtplänen relativ leicht erkennen und markieren. Daten zur Bevölkerungsgröße und deren Zusammensetzung lassen sich aus Karten allerdings nicht erschließen. Um solche Informationen zu erhalten, braucht es eine Bevölkerungs- und Sozialstrukturanalyse.

✔ **Bevölkerungs- und Sozialstrukturanalyse**

Das Ziel der Bevölkerungsanalyse ist es, ein aussagekräftiges Bild der Zusammensetzung der Bevölkerung (*Demografische Analyse*) zu erhalten. Die demografische Analyse dient dem Zweck, mögliche Bedarfe in der Bevölkerung (hoher Kinderanteil zeigt den Bedarf an Plätzen für Kinderbetreuung und Schulklassen an; hoher Anteil hochaltriger Menschen deutet auf den Bedarf an Pflegeplätzen hin) oder problematische Entwicklungen zu erkennen (sinkende Geburtenzahlen können die Auslastung von Kitas oder Schulen gefährden). Weil die Vielfalt der Bevölkerung (Alter, Geschlecht, ethnische Herkunft, Beruf et cetera) einer Stadt oder Gemeinde Auswirkungen auf die Belebung und die Gelegenheiten hat, auf fremde Menschen und fremdes Verhalten zu treffen, werden auch diese Informationen im Rahmen der Bevölkerungsanalyse erhoben und ausgewertet. Zu- und Wegzüge in und aus der Stadt oder Gemeinde können Hinweise auf die Attraktivität als Wohn- und Arbeitsort geben, werden aber auch vom Angebot an Wohnungen und Arbeitsplätzen bestimmt. Um Hinweise auf mögliche soziale Probleme wie Armut oder Arbeitslosigkeit zu erhalten, werden Daten zur Sozialstruktur, wie Wohngeld, Arbeitslosengeld, Bürgergeld und anderen staatlichen Leistungen für Menschen in besonderen Lebenslagen, im Rahmen einer Sozialstrukturanalyse ausgewertet.

✔ **Infrastrukturanalyse**

Mit »Infrastruktur« sind die Angebote und Dienstleistungen gemeint, die Menschen zum Leben brauchen. Dazu gehören Arbeitsplätze und Einkaufsmöglichkeiten (»ökonomische Infrastruktur«) genauso wie Straßen, Parkplätze, Gehwege und öffentliche Verkehrsmittel (»Verkehrsinfrastruktur«), Schulen und Fortbildungsmöglichkeiten (»Bildungsinfrastruktur«), Kino, Theater und Museen (»kulturelle Infrastruktur«) sowie Kitas, Begegnungs- und Beratungsstellen (»soziale Infrastruktur«) oder auch Apotheken, Arztpraxen, Kliniken oder Therapieangebote (»Gesundheitsinfrastruktur«). Mit der Analyse der Infrastruktur können Potenziale und Ressourcen, aber auch Mangelsituationen eines Stadtgebietes festgestellt werden. Zur Untersuchung und Bewertung des Infrastrukturangebotes innerhalb eines Stadt- oder Gemeindegebietes werden die Angebote gezählt und in Relation zur Bevölkerungszahl berechnet. Die örtliche Lage der Angebote gibt Aufschluss darüber, wie gut erreichbar diese sind, was insbesondere für Menschen mit Mobilitätseinschränkungen von Bedeutung sein kann. Die Nutzbarkeit von Infrastrukturangeboten entscheidet über Teilhabe oder Benachteiligung der Menschen, die die Angebote nutzen können oder nicht.

✔ **Lebenswelt- und Aktionsraumanalyse**

Die Lebensqualität in einem Quartier lässt sich weniger nach räumlich-baulichen oder infrastrukturellen Fakten beurteilen, sondern richtet sich eher nach dem subjektiven Empfinden der Bevölkerung. Persönliche Empfindungen und die Bedeutung von Fakten können nur bei den betroffenen Menschen erhoben werden. Dazu gibt es Methoden und Techniken der Befragung (»aktivierende Befragung«), Interviews zu bestimmten Themen (»themenzentrierte Interviews«) oder Interviews mit mehreren Menschen, die sich ohnehin als Gruppe treffen (»Gruppeninterviews«). Mit diesen Methoden kann die »Lebensweltanalyse« die Vorstellungen und Bewertungen der Menschen in Stadtteil oder Quartier erschließen. Um herauszufinden, welche Orte die Bewohner für ihre jeweiligen Aktivitäten aufsuchen (»Aktionsraumanalyse«), eignen sich Methoden wie die »Burano-Methode« oder Methoden der Ortsbegehungen, wie »Stadtteilspaziergang« und Dokumentationstechniken wie die »Fotodokumentation«. Zur Lebenswelt- und Aktionsraumanalyse gehört letztlich auch die Ermittlung von Vereinen und Initiativen im Stadtteil, die zeigen, ob und in welchem Ausmaß zivilgesellschaftliche Aktivitäten im Stadtteil vorhanden sind und das Zusammenleben der Menschen vor Ort prägen.

✔ **Anlass und Einsatz der Sozialraumanalyse**

Die Sozialraumanalyse ist eine sehr aufwendige und umfangreiche Methode, die je nach Zeitressourcen drei bis sechs Monate dauern kann. Damit ist diese Erhebungsmethode kein ständig einsetzbares »Werkzeug«, sondern sollte in Zeitabständen von etwa fünf Jahren durchgeführt werden. Anlass für die Anwendung einer Sozialraumanalyse kann eine starke bauliche (Abriss, Renovierung oder Neubau) oder demografische (starker Bevölkerungszuzug oder -wegzug) oder soziale (hohe Arbeitslosigkeit durch Schließung eines Großbetriebes) Veränderung im Stadtviertel sein. Auch der Neubeginn einer Einrichtung Sozialer Arbeit in einem Quartier (neues Bürgerzentrum oder Stadtteilbüro) kann ein geeigneter Anlass für die Durchführung einer Sozialraumanalyse sein. Wenn eine Kommune ihren Entwicklungsprozess fachlich sorgfältig begleiten und absichern möchte, um vor überraschenden und letztlich teuren Entwicklungen gefeit zu sein, braucht es keinen problematischen Anlass zur Durchführung der Sozialraumanalyse, sondern die einzelnen Stadtteile werden im rollierenden System alle fünf Jahre einer Sozialraumanalyse unterzogen. So lassen sich Steuerungsbedarfe rechtzeitig erkennen und Wirkungen von Interventionen fundiert feststellen.

Dimension Ressourcen und Potenziale

Weil sozialraumorientierte Soziale Arbeit am Willen und den Interessen der Bevölkerung ansetzt, wird die Orientierung an Stärken (Ressourcen) und Potenzialen der Menschen und der Institutionen des Quartiers zu einem wichtigen Bestandteil (Dimension) des Konzeptes Sozialraumorientierung. Zur Erschließung und zum Ausbau solcher Ressourcen und Potenziale gibt es eine Fülle erprobter Methoden, wie »Ressourcencheck«, »Kompetenzkartierung« und »Eco-Mapping« über die Sie in Kapitel 6 mehr erfahren.

»Lokale Ökonomie«

Der Ausbau von Ressourcen und Potenzialen kann im Rahmen des Konzeptes Sozialraumorientierung von der Erhaltung und Schaffung von bezahlbarem Wohnraum über die Sicherung und Förderung des Angebotes zur Grundversorgung (Einkaufsgemeinschaft für Lebensmittel, Mittagstischangebot im Stadtteilzentrum, Kleiderladen für Gebrauchtkleider, Vermittlung haushaltsnaher Dienstleistungen, Aufbau und Betrieb von Tauschbörsen, Bücherschrank für Büchertausch et cetera) bis hin zur Schaffung von Ausbildungs- und Arbeitsplätzen auf dem dritten Arbeitsmarkt, jenseits von Wirtschaftsbetrieben und staatlichen Stellen (gemeinnützige Beschäftigungsgesellschaften, Arbeitsprojekte, Ausbildungsvereine) reichen. Solche Maßnahmen und Methoden dienen der Stärkung der ökonomischen Situation der Menschen vor Ort (die wenig mobil sind und finanziell auf schmalem Fundament stehen) und berücksichtigen die Besonderheiten der örtlichen Gegebenheiten (Mangel an bezahlbarem Wohnraum, Unterversorgung mit kommerziellen Infrastrukturangeboten, vorhandene Räume, Unterstützer vor Ort und finanzielle Projektförderung für Gebiete mit besonderem Entwicklungsbedarf).

»Anlaufstellen« und Begegnungsmöglichkeiten

Eine wichtige Voraussetzung, um Stärken und Potenziale der Menschen vor Ort erschließen und nutzen zu können, sind Gebäude und Räume, in denen Menschen sich treffen, begegnen und betätigen können. Klassische Beispiele sind »Jugendzentren« und Jugendräume, die von Jugendlichen mehr oder weniger selbstständig betrieben und genutzt werden. Ähnliche Bedeutung haben Tagesstätten für ältere Menschen, die meist Altenwohnanlagen oder Pflegeheimen angegliedert sind, aber nicht nur den Bewohnern zur Verfügung stehen. »Bürgerhäuser« oder Begegnungszentren sprechen hingegen alle Menschen an, unabhängig von deren Alter oder Wohnadresse. Durch die Möglichkeit, bislang unbekannten Personen zu begegnen, können sich neue Bekanntschaften, Interessengemeinschaften und Initiativen entwickeln. Dabei lassen sich Potenziale entdecken, die bislang noch im Verborgenen lagen. Nicht unwichtig ist es, dafür eine Person als Ansprechpartner zu haben, die sich um die Vermittlung von Interessen der Menschen kümmert und als »Beschleuniger« (Katalysator) für gemeinsame Initiativen fungiert.

Potenziale nutzen und Initiativen aufgreifen

Die in einem Stadtviertel angesiedelten Gewerbe- und Industriebetriebe müssen nicht unbedingt einen starken Bezug zum Quartier haben. Sie können aber eine wichtige Ressource für das Quartier darstellen, wenn sie Ausbildungs- und Arbeitsplätze anbieten und an deren Besetzung Interesse haben. Darüber hinaus können Gewerbe- und Industriebetriebe als Geldgeber (Sponsoren) für kulturelle und soziale Projekte im Quartier geworben und gewonnen werden. Für Gastronomiebetriebe und Einzelhandelsgeschäfte ist die nahräumliche Bevölkerung als Kundschaft hingegen durchaus bedeutsam. Deshalb liegt deren Einbindung in die Quartiersentwicklung in beiderseitigem Interesse der Betriebe und der Bevölkerung. Sowohl die Räume als auch die Außenanlagen von Schulen bieten ein enormes Potenzial für Aktivitäten. In den Abendstunden sind die Schulräume selten ausgelastet und können für Gruppentreffen genutzt werden. Die Außenanlagen bieten sich als Spiel- und Veranstaltungsflächen für Stadtteilevents an. Ähnliches gilt für schulische Aktivitäten wie Chor oder Tanzgruppen, die bei Stadtteilfesten eine Auftrittsmöglichkeit finden und das Fest damit ohne große Kosten bereichern. Kochkurse der Schule können durch die Übernahme des Caterings bei gemeinnützigen Veranstaltungen im Quartier eine gute Übungsmöglichkeit und exemplarisches Lernen unter Realbedingungen bieten.

Dimension Partizipation und Engagement

Eine wichtige Aufgabe besteht im Rahmen des Konzeptes Sozialraumorientierung darin, Möglichkeiten zu schaffen, dass alle Menschen am gesellschaftlichen Leben teilnehmen können. Beteiligung (Partizipation) am gesellschaftlichen Leben bezieht sich sowohl auf ökonomische und politische als auch auf kulturelle und soziale Teilhabe von Menschen. Grundlage zur Erfüllung dieser Aufgabe sind die fundierten Analysen (»Sozialraumanalyse«) zu Lebensbedingungen, Lebenssituationen und Ressourcen in sozial und räumlich strukturierten Bezügen wie Stadtviertel oder Quartieren.

✔ **Zielgruppenübergreifende Arbeit**

Sie nimmt grundsätzlich alle Menschen in den Blick und nicht nur eine bestimmte Gruppe, ist ein besonderes Merkmal sozialraumorientierter Betrachtungs- und Handlungsweise. Das bedeutet praktisch, bei der Wahl der Methoden und Techniken darauf zu achten, dass Beteiligungsformate möglichst viele Bevölkerungskreise ansprechen, wofür sich die »Beteiligungsmatrix« als Hilfsmittel (Technik) eignet.

✔ **Motivation und der Wille der Menschen zum Handeln**

Sie bilden den Ausgangspunkt einer Sozialen Arbeit, die sich an deren Interessen und Themen orientiert. Eine Herausforderung professioneller Sozialer Arbeit besteht darin, vorhandene und aktuelle Motive, die die Menschen zum Handeln bringen, herauszufinden und sie nicht zu Zielen anderer zu überreden. Die »aktivierende Befragung« ist eine für diese Aufgabe passende Methode.

✔ **Förderung von Selbstorganisation und Selbsthilfekräften der Bevölkerung**

Dazu braucht es eine systematische Ermutigung und Unterstützung (»Ermöglichungs- und Unterstützungsmanagement«) der Menschen, sich zu trauen, eigene Interessen gemeinsam und auch gegen Widerstände zu vertreten. Die Methode »Community Organizing« bietet genau diese Möglichkeiten der Selbstermächtigung.

✔ **Unterstützung des Engagements ungeübter Bevölkerung**

Sie ist ein in vielen Handlungsfeldern Sozialer Arbeit verbreitetes Aufgabenfeld sozialraumorientierter Sozialer Arbeit. Wer bisher nicht die Erfahrung gemacht hat, dass es sich lohnt, sich für seine Interessen, gemeinsam mit anderen einzusetzen, dem fehlt das Selbstvertrauen in die eigenen Kräfte und Wirkungen des eigenen Handelns. Wenn Sie als Fachkraft nach dem Grundsatz vorgehen, nicht für, sondern mit den Menschen zu handeln, ermöglichen Sie neue Kompetenzerlebnisse und Selbstwirksamkeitserfahrungen bei Ihrer Klientel und dürfen sich gerne darüber freuen.

✔ **Erhalt transparenter und verlässlicher Beteiligungsmöglichkeiten**

Dies ist eine wesentliche Grundlage Sozialer Arbeit, die nachhaltig wirkt. Es reicht eben nicht aus, Gelegenheiten zur Beteiligung zu schaffen und sich dann auf diesen »Lorbeeren« auszuruhen, sondern Beteiligungsgelegenheiten müssen als solche erkannt, bekannt gemacht und dauerhaft genutzt werden, um nicht in Vergessenheit zu geraten. Mit der Methode »Bürgerversammlung« besteht ein Format, das für die stetige Information über Beteiligungsmöglichkeiten genutzt werden kann.

✔ **Unterstützung und Anregungen zur Entwicklung soziokulturellen und politischen Lebens**

Sie gehören ebenso zu den Aufgaben von Fachkräften Sozialer Arbeit wie die politische Einforderung von Gelegenheiten selbstbestimmter, aktiver Gestaltung der eigenen Lebensbedingungen in allen gesellschaftlichen Bereichen. Mit Methoden wie »Open Space« oder »Zukunftswerkstatt« können viele Menschen zur gleichen Zeit am selben Ort an der Entwicklung relevanter gesellschaftlicher Themen beteiligt werden.

✔ **Sorge um Wertschätzung und Anerkennung für gemeinnütziges Engagement**

Auch dies ist eine der Aufgaben von Fachkräften Sozialer Arbeit, die darum wissen, wie schwierig es sein kann, Menschen von der Sinnhaftigkeit und den Erfolgsaussichten von Beteiligungsaktivitäten zu überzeugen und wie brüchig Engagementbereitschaft nach Misserfolgserlebnissen werden kann. Als Anerkennungsformen eignen sich Zertifikate, Vergünstigungen für kulturelle Veranstaltungen, Würdigungen anlässlich öffentlicher Veranstaltungen und Portraits von Engagierten, die das Engagementprofil enthalten und in öffentlichen Gebäuden oder im öffentlichen Raum auf Plätzen ausgestellt werden.

Dimension Kooperation und Vernetzung

Wenn Sie als Fachkraft Sozialer Arbeit nach dem Konzept Sozialraumorientierung arbeiten, müssen Sie gut in das Netz von Behörden, Verbänden und Einrichtungen eingebunden (integriert) sein. Damit Ihre Zusammenarbeit mit allen involvierten Akteuren funktioniert und Wirkung zeigt, besteht Ihre Aufgabe darin, mit verschiedenen Abteilungen und Berufsgruppen zusammenarbeiten zu können (»ressort- und disziplinübergreifende Kooperation und Vernetzung«) und dazu geeignete Formate zu entwickeln und auszubauen.

✔ **Kooperation und Vernetzung mit allen relevanten Akteuren**

»Relevante Akteure« sind Personen, Institutionen und Organisationen, die Einfluss auf das jeweilige Handlungsfeld (Arbeitsbereich) Sozialer Arbeit ausüben oder es könnten, wenn sie wollten. Solche »relevanten Akteure« können Kommunen (Landkreise, Städte, Gemeinden), gesellschaftliche Institutionen wie Schule, Kirche, Polizei, Arbeits- und Sozialverwaltung, aber auch Bürgerinitiativen und Organisationen der Zivilgesellschaft wie Wohlfahrtsverbände, Bürgervereine sowie Organisationen der Wirtschaft, wie Unternehmen, Handwerksbetriebe, Einzelhändler und Freiberufler sein.

✔ **Quartiermanagement und Stadtteilkoordination**

Soziale Arbeit in und mit Gemeinwesen wird auch mit der Aufgabe der Koordination aller Aktivitäten auf Stadtteil oder Quartierebene betraut. Dabei kommt es darauf an, die Abstimmung der unterschiedlichen Akteure, die Einfluss auf die Entwicklung des Gebietes nehmen, durch Moderation der Interessen und Koordination der Aktivitäten zu managen. Vergleichbar mit einem Orchester, in dem unterschiedliche Instrumente ihren jeweiligen Beitrag zum gemeinsamen Musikstück leisten und dazu von einer Dirigentin »orchestriert«, also zusammengeführt werden. Das Quartiermanagement sollte von einer Organisation übernommen werden, die selbst keine Eigeninteressen im jeweiligen Gebiet verfolgt und damit nicht in einen Interessenkonflikt mit den lokalen Akteuren gerät.

✔ **Kooperations- und Vernetzungsaufgaben unterscheiden sich je nach Auftrag**

Soziale Arbeit in Behörden hat oft die Aufgabe, darauf zu achten, dass erforderliche Einrichtungen und Dienste Sozialer Arbeit in ausreichendem Maße vorhanden und nutzbar sind (»Gewährleistungsaufgabe«). Die Kooperationsaufgabe besteht in diesem Fall aus der Kontaktaufnahme mit Einrichtungen und Diensten Sozialer Arbeit, deren fachlicher Begleitung und Überprüfung. Dies geschieht vorwiegend über Leistungsverträge und -vereinbarungen zwischen Behörde (wie zum Beispiel dem Jugendamt) und den sozialen Einrichtungen (wie zum Beispiel einer Jugendhilfeeinrichtung, einem Kinder-/Jugendheim).

✔ **Kooperations- und Vernetzungsaufgaben der Einrichtungen Sozialer Arbeit**

Die von der Sozial- oder Jugendbehörde beauftragten Organisationen und Fachkräfte Sozialer Arbeit können zur Nutzung fachlicher Koordinationsgremien unter Professionellen verpflichtet werden. Für Kooperation und Vernetzung gibt es verschiedene Arbeitsformen und Methoden. Beispiele sind der »Runde Tisch Kindeswohlgefährdung« (beteiligt sind alle Stellen, die mit Kindern zu tun haben, wie Kita, Schule, Kinderärztin, Gesundheitsamt et cetera), die »Arbeitsgruppe Wohnungslosenhilfe« (Notschlafstelle, Wohnungslosenhilfe, Ortspolizeibehörde, Städtische Notunterbringung et cetera) oder der »Arbeitskreis Kommunale Kriminalprävention« (unter Beteiligung von Polizei, Bewährungshilfe, Straffälligenhilfe, Justizvollzugsanstalt, Einzelhandel, Stadtverwaltung, ...).

✔ **Schaffung von Treffpunkten und Anlaufstellen für Adressaten Sozialer Arbeit und die Stärkung sozialer Netze der Bevölkerung**

Vernetzt werden in diesen Fällen nicht professionelle Helfer, sondern die Menschen werden untereinander bekannt gemacht, mit dem Ziel der Etablierung und Erweiterung bürgerschaftlicher Selbstorganisation. Geeignet dafür sind Methoden und Techniken aufsuchender mobiler Arbeit, wie »Streetwork« mit vielen Gesprächen (»one-to-one«), in denen die Menschen motiviert werden, sich zu treffen und dazu die vorhandenen Anlaufstellen zu nutzen.

✔ **Unterstützung zum konstruktiven Umgang in Konfliktsituationen**

Sie zählt ebenfalls zu den professionellen Aufgaben von Fachkräften Sozialer Arbeit. Die Unterstützung besteht in erste Linie in der Vermittlung von Interessenkonflikten, bei der Methoden zur Bearbeitung von Konflikten, wie »Mediation« (Gespräch zur Vermittlung unterschiedlicher Interessen unter Anleitung einer überparteilichen und unabhängigen Vermittlerin/Mediatorin) Anwendung finden.

✔ **Verpflichtung zu aktiver (sozialer) Kommunalpolitik**

Sie ergibt sich aus dem Anspruch des Konzeptes der Sozialraumorientierung, die soziale Entwicklung einer Kommune als strategisch wichtigen Bestandteil kommunalpolitischer Entscheidungen zu sehen. Denn eine ressort- und sektorenübergreifende Soziale Arbeit führt fast zwangsläufig zur Einmischung in lokale Politikprozesse. Dazu müssen Mitstreiter (Kooperationspartner) gefunden und Zusammenschlüsse (Koalitionen) gebildet werden. Mit den »Kommunalpolitischen Wahlprüfsteinen« lassen sich Themen in den politischen Diskussionsprozess, gerade in Zeiten von Wahlkämpfen auf kommunaler Ebene, einspeisen.

In Eisenstadt fällt es den Sozialarbeitern der Wohnungslosenhilfe immer schwerer, Wohnraum für ihre Klientel zu finden, die aus der Wohnungslosigkeit aussteigen will. Kleine Wohnungen und preisgünstige Mieten sind Mangelware. Die örtliche Tageszeitung skandalisiert in einem Artikel das Thema »leer stehender Wohnraum in der Innenstadt«. In der »Fachgruppe Wohnungslosenhilfe« kommt die Idee auf, an die Stadtverwaltung heranzutreten, um diese zu veranlassen, den Eigentümern leer stehender Wohnungen städtische Mietverträge anzubieten und die Belegung der Wohnungen an die »Fachstelle für Wohnungslosenhilfe« abzugeben. So müssen sich die Eigentümer nicht um die Vermietung ihrer bislang leer stehenden Wohnungen kümmern und erhalten von der Stadt eine verlässliche Mietzahlung, die zwar unter dem Marktpreis liegt, aber eben ohne Aufwand und verlässlich erzielt werden kann.

Dimension Themen und Projektarbeit

Merkmale des Handlungskonzepts Sozialraumorientierung sind die zielgruppenübergreifende und themenübergreifende Arbeit. Das bedeutet, dass die Soziale Arbeit weder ausschließlich mit ganz bestimmten Personengruppen arbeitet noch auf ein ganz bestimmtes Thema ausgerichtet ist. Das heißt aber nicht, dass überhaupt nicht an Themen gearbeitet wird, sondern Themen werden je nach Situation aufgegriffen, beteiligungsorientiert aufbereitet und lösungsorientiert bearbeitet. Die Orientierung an Interessen und Motiven bringt es mit sich, dass diese Themen je nach Relevanz und Interesse der Bevölkerung wechseln können.

✔ **Projektarbeit, die (typische) Methode der Wahl**

Weil die jeweils wichtigen Themen situations- und interessenbedingt wechseln und zeitlich begrenzte Aktualität besitzen, kommt die Methode der Projektarbeit häufig zur Anwendung.

✔ **Die methodische Vielfalt zur Bearbeitung von Themen**

Sie geht über die Projektarbeit hinaus und kann Großgruppenmethoden, wie »World-café«, »Open Space«, oder »Stadtteil-/Quartiererkundungen« ebenso beinhalten, wie aktivierende Planungsmethoden (»Planen am Modell«) oder Methoden zur Anregung und Förderung kultureller Aktivitäten, wie »Straßentheater« und »Streetdance«.

✔ **»Urban Gardening«/»Essbare Stadt«/»Gemeinschaftsgärten«**

Das sind Themen, die immer mehr Bedeutung in Städten und Gemeinden erhalten. Das Anliegen von »Essbare Stadt« ist der Anbau von Lebensmitteln auf innerstädtischen Grünflachen, zu Zwecken preisgünstiger und/oder gesunder Ernährung durch ökologischen Anbau. »Urban Gardening« kann von der Idee, Stadtmenschen das Gärtnern näherzubringen, bis zur Verhinderung weiterer baulicher Verdichtung und Versiegelung der Oberflächen in Innenstädten durch Schließung von Baulücken und die Bebauung bisheriger Grünflächen reichen. Mit »Gemeinschaftsgärten« sollen Begegnungs- und Kommunikationsgelegenheiten unter der Bevölkerung geschaffen werden. Dazu werden die Gartenparzellen nicht an Privatpersonen vergeben, sondern von Gruppen gemeinschaftlich bewirtschaftet, was entsprechende Diskussionen und Kooperation erfordert.

Dimension Qualitätsentwicklung und Finanzierung

Die Sicherstellung und Weiterentwicklung von Finanzierung, Professionalität und Qualität der fachlichen Arbeit dürfte für alle Handlungsfelder Sozialer Arbeit relevant sein.

✔ **Verlässliche Finanzierung**

Die Finanzierung von Leistungen Sozialer Arbeit ist oft noch weitgehend an Problem- und Defizitindikatoren, wie abweichendem (delinquentem) Verhalten, Schulproblemen, Grad der Behinderung, Entwicklungsverzögerungen oder Integrationsdefiziten orientiert. Die entsprechenden gesetzlichen Hilfen beziehen sich meist auf Leistungen für Individuen oder Primärgruppen (Einzelpersonen, Haushaltsgemeinschaften, Familien) und auf spezifische Maßnahmen für die jeweilige »anspruchsberechtigte« Person. Für sogenannte fallübergreifende (Maßnahmen, die mehreren hilfebedürftigen Menschen gleichzeitig zugutekommen, wie zum Beispiel eine »Pflasterstube«, in der wohnungslose Menschen ihre Schürfwunde versorgen lassen, duschen und ein warmes Getränk zu sich nehmen können) oder fallunspezifische Arbeiten (Maßnahmen, die nicht ausschließlich auf hilfebedürftige Menschen zielen, wie zum Beispiel das »Sonntagscafé«, in dem die Bewohnerschaft eines Stadtviertels sich sonntags zum Brunch einfinden und mit anderen Familien aus der Nachbarschaft gemeinsam frühstücken kann), wie sie nach dem Konzept der Sozialraumorientierung geboten sind, gibt es oft (noch) keinen gesetzlichen Leistungsanspruch. In einzelnen Handlungsfeldern Sozialer Arbeit, wie der Gemeinwesenarbeit (GWA) oder für Einrichtungen wie Frauenhäuser besteht bisher keine gesetzlich gesicherte Regelfinanzierung.

✔ **Sicherung fachlicher Qualität**

Neben der fachlichen Erstausbildung von Fachkräften durch Bachelor- und weiterführende Masterstudiengänge, in denen das Handlungskonzept Sozialraumorientierung gelehrt wird, gibt es einschlägige Fort- und Weiterbildungen, die zur Grundlegung und Erweiterung der fachlichen Qualität Sozialer Arbeit geeignet sind. Ergänzend zur Teilnahme an Fort- und Weiterbildungen steht den Fachkräften Sozialer Arbeit auch eine breite Palette einschlägiger Fachliteratur zum Selbststudium zur Verfügung. Supervision und Teamentwicklung sorgen über kontinuierliche Reflexionsschleifen für die Qualitätssicherung und -entwicklung der anspruchsvollen professionellen Aufgaben.

✔ **Kontinuierliche und wirkungsvolle Öffentlichkeitsarbeit**

Gerade aufgrund der (noch) schwierigen gesetzlichen und finanziellen Absicherung sozialraumorientierter professioneller Sozialer Arbeit gehört eine dauerhafte und wirkungsvolle Öffentlichkeitsarbeit ebenfalls zum Aufgabenspektrum der professionellen Fachkräfte.

Konzept Netzwerkorientierung/ Netzwerkarbeit

Bestimmt haben auch Sie vielfältige Kontakte und Beziehungen zu anderen Menschen (*Soziales Netzwerk*), die Ihnen sehr wichtig sind. Ihre sämtlichen Beziehungen zu anderen Menschen können unterschiedlich stark ausgeprägt sein und sich auf unterschiedliche Kreise, wie Familie, Nachbarn, Freunde und Arbeitskollegen beziehen. Diese privaten Kontakte (*Individuelles Netzwerk*) lassen sich nach der Nähe zu Ihren Kontaktpersonen unterscheiden, in das sozial und räumlich nahe Netzwerk Ihrer Familienangehörigen Ihres Haushaltes und das Ihrer Verwandten, Nachbarn und Freunden (*Primäres Netzwerk*). Sie gehen zur Arbeit und treffen dort Ihre Arbeitskolleginnen, Ihre Kinder gehen in die Kita oder zur Schule und treffen dort ihre Freunde und Klassenkameraden, wodurch ein räumlich und sozial weniger nahes Netz an Beziehungen entsteht (*Sekundäres Netzwerk*). Wenn Sie den Zahnarzt aufsuchen, zum Frisör gehen oder eine Stammkneipe haben, ergibt sich aus den Beziehungen zu den Personen, deren Dienstleistungen Sie in Anspruch nehmen, ein professionelles Beziehungsnetz (*Tertiäres Netzwerk*).

Schließen sich professionelle Dienstleister zusammen, um ihre Angebote zugunsten der Klientel abzustimmen, entsteht ein Netz von professionellen Unterstützungsleistungen (*Institutionelles Netzwerk*).

Bewährungshelferin Sonja hat immer mehr Klienten (»Probanden«) mit erheblichen Suchtproblemen, die jedoch keine Angebote für legale Ersatzmittel (»Substitution«) erhalten. Sonja nimmt deshalb Kontakt zur Suchthilfe auf und erfährt von Suchtberater Helmut, dass auch die Suchthilfe die Einrichtung eines Substitutionsangebotes (legales Ersatzmittel für illegale Droge) in der Stadt für dringend nötig hält. Bewährungshelferin Sonja und Suchtberater Helmut überlegen gemeinsam, welche Fachkräfte Sozialer Arbeit oder anderer Berufsgruppen noch mit suchtkranken Menschen zu tun haben. Zusammen mit weiteren Kolleginnen aus der Wohnungslosenhilfe und vom Sozialpsychiatrischen Dienst gründen sie ein Netzwerk (»Arbeitskreis Substitution« / AKS), um auf das Ziel der Einrichtung einer Substitutionspraxis in ihrer Stadt hinzuarbeiten.

✔ Konzept Netzwerkorientierung

Es betrifft sowohl die Arbeit an persönlichen (individuellen) Netzwerken als auch die Zusammenarbeit von Profis in Form institutioneller Netzwerke.

✔ Ziel und Zweck der Netzwerkorientierung

Netzwerkorientierung soll dazu beitragen, dass individuelle Netzwerke gestärkt und ausgebaut werden. Soziale Arbeit an persönlichen Netzwerken dient dem Zweck, die Klientel widerstandsfähig (»resilient«) zu machen und deren Lebensqualität zu verbessern. Institutionelle Netzwerke dienen dem Zweck der besseren Zusammenarbeit professioneller Unterstützungsleistungen und verfolgen aus einem ganzheitlichen Blickwinkel das Ziel, eine möglichst wirksame und menschenwürdige Hilfe zu leisten.

✔ Aufgaben der Netzwerkarbeit

Persönliche und professionelle Netzwerke müssen systematisch moderiert werden (*Netzwerkmoderation*), damit sie ihr Potenzial ausschöpfen können. Vor der verändernden Bearbeitung eines Netzwerkes, sollte es zunächst einmal untersucht werden (*Netzwerkanalyse*), um Stärken, Schwächen und Möglichkeiten der Veränderung ausfindig zu machen. Danach kann die methodische Arbeit an der Festigung oder Veränderung des Beziehungsnetzes erfolgen (*Netzwerkunterstützung*).

✔ Herausforderungen und Begrenzungen

Soziale Arbeit an persönlichen Beziehungen der Klientel darf nicht zur Bevormundung und sozialer Kontrolle führen, weil damit Widerstand erzeugt und das Selbsthilfepotenzial geschwächt wird. Durch die Stärkung von privaten Netzwerken können und sollen professionelle Hilfen nicht ersetzt werden, denn es wird immer Situationen geben, in denen Menschen sich nicht ausschließlich selbst helfen können. Für die Zusammensetzung von institutionellen Netzwerken ist es wichtig, ob und welche Entscheidungsbefugnisse die Vertretungen der teilnehmenden Organisationen und Fachstellen haben. Denn es bremst die Entscheidungs- und Arbeitsfähigkeit eines Vernetzungsgremiums, wenn Teilnehmende entscheidende Fragen zuerst mit ihren Vorgesetzten absprechen müssen und nicht selbst für ihre Organisation sprechen und entscheiden können. Wenn unterschiedliche Interessen (Profilierung, Karrierepläne, fachliche Grundlagen, Arbeitsprinzipien et cetera) aufeinandertreffen und Emotionen

(Ängste zu kurz zu kommen oder übergangen zu werden) zu Konflikten führen, ist gute (überparteiliche) Moderation angesagt, die allen Netzwerkpartnern gleichermaßen Aufmerksamkeit zukommen lässt. Eine wichtige, aber nicht einfache Aufgabe.

Methoden und Techniken zur Bearbeitung individueller und institutioneller Netzwerke

✔ **Netzwerkanalyse**

ist eine Methode zur Ermittlung und bildlichen Darstellung von persönlichen Beziehungsnetzen, für die es eine Reihe von Techniken gibt. Dazu zählen zunächst Befragungstechniken, wie das »themenzentrierte Interview«, die dazu geeignet sind von Menschen zu erfahren, mit wem sie wie häufig sprechen, sich treffen oder Dinge gemeinsam tun. Es kann eine Person alleine oder auch eine ganze Gruppe von Menschen befragt werden. Bei Befragungen von Gruppen besteht die Möglichkeit mittels »zirkulären Befragens« (eine Person wird gefragt, was sie vermutet, was ein anderes Gruppenmitglied über ein bestimmtes Thema denkt), etwas über die Beziehungen und Rollenbilder der Gruppenmitglieder zu erfahren. Etwas weniger sprachlich ausgerichtete Alternativen zur Befragung sind Visualisierungstechniken, bei denen Art, Stärke und (positive und negative) Wirkungen von Beziehungen in eine »Netzwerkkarte« (Abbildung mit Feldern zu bestehenden Kontakten und deren Art und Stärke) oder ein »Netzwerkdiagramm« (Tabelle mit den abgefragten Kategorien und deren Ausmaß) eingezeichnet werden können.

✔ **Netzwerkmoderation**

kann als Methode für die Bearbeitung individueller Netzwerke genutzt werden oder zur Vermittlung von Fachkräften, die in einem Format institutioneller Vernetzung verbunden sind, Anwendung finden. Netzwerkmoderation kann auch im Rahmen der Bearbeitung von Netzwerken zum Einsatz kommen. Wenn die Personen aus dem persönlichen Netzwerk zu einer »Netzwerkkonferenz« (Hilfekonferenz im Rahmen der Jugendhilfe, auch unter »Familienrat« bekannt) zusammenkommen, können diese entweder unter sich eine Person zur Moderatorin auswählen oder diese Aufgabe einer externen Person übertragen. Die Moderationsaufgabe besteht in der neutralen Rolle als Gesprächsführende, die darauf achtet, dass ein gemeinsames Ziel vereinbart wird, alle Beteiligten gleichermaßen zu Wort kommen können und die Ergebnisse der Netzwerkkonferenz formuliert und aufgeschrieben werden. Die Moderatorin eines institutionellen Netzwerks (»Runder Tisch« oder »Fachkonferenz«) hat die Funktion einer Versammlungsleitenden, die auf die Sammlung der zu besprechenden Themen, die Festlegung deren Reihenfolge, die Einhaltung der Rednerliste und der Ergebnissicherung zu achten hat.

✔ **Mediation im Gemeinwesen**

ist eine Methode zur Bearbeitung von Konflikten, die im Rahmen des Zusammenlebens unterschiedlicher Menschen in Stadtteilen und Quartieren auftauchen können. Dies können Nachbarschaftsstreits über die Einhaltung der Hausordnung sein oder Konflikte über die Verursachung nächtlichen Lärms. Dazu werden interessierte

Bürger zu Konfliktlotsen ausgebildet, die anschließend als unabhängige Mediatoren zwischen den Streitparteien vor Ort vermitteln.

✔ **Quartiermanagement**

ist eine Methode, die zum Einsatz kommt, wenn in einem städtischen Gebiet die Interessen unterschiedlicher Akteure und Bevölkerungskreise untereinander ausgetauscht, abgesprochen, verhandelt oder vermittelt werden sollen oder müssen. Wenn staatliche Gelder zur Quartierentwicklung gezahlt werden, ist diese Art der Interessenvermittlung meist zwingend vorgesehen. In anderen Fällen geht die Initiative für ein Quartiermanagement von der Stadtverwaltung aus, die eine Vermittlungsstelle einschaltet und dieser den Auftrag zum Quartiermanagement erteilt, um nicht alle lokalen Akteure gleichzeitig als Gesprächspartner bedienen zu müssen. Die Aufgabe des Quartiermanagements ist es, die vor Ort vorhandenen Kräfte zu bündeln, gemeinsame Ziele zu entwickeln und deren Verfolgung zu forcieren. Dazu organisiert das Quartiermanagement geeignete Arbeits- und Vernetzungsformate, sorgt für regelmäßige Netzwerktreffen, übernimmt die Verantwortung für die Durchführung der zur Bedarfsermittlung nötigen Erhebungen (»Sozialraumanalyse«), die ständige Überwachung (»Monitoring«) der (Stadtteil-)Entwicklung sowie die Diskussion der Ergebnisse und Bearbeitung der daraus abgeleiteten Aufgaben. Die Trägerorganisation des Quartiermanagements muss überparteilich und unabhängig sein und sollte deshalb keine eigenen Einrichtungen im Gebiet betreiben, weil sie ansonsten eigene Interessen verfolgen müsste und damit in Interessenkonflikte geraten würde und nicht mehr unabhängig moderieren und koordinieren könnte.

✔ **Koordinations-/Vernetzungsmodell Stadt(teil)entwicklung**

ist ein Format, um die Koordination und Kooperation innerhalb der Kommunalverwaltung zu organisieren und systematisch aufzubauen. Abbildung 7.1 zeigt das Organigramm (Organisationsaufbau) eines idealtypischen Modells verwaltungsinterner (*ressortübergreifender*) Vernetzung. Es sieht eine Koordination auf der Entscheidungsebene der Kommunalverwaltung vor (*Steuerungsgruppe Stadtentwicklung*), wo die Richtungsentscheidungen getroffen werden. Als Entscheidungs- und Steuerungsgrundlage dient das Monitoring der Stadtentwicklung. Die »Steuerungsgruppe Stadtentwicklung« setzt das *Team Stadtentwicklung* ein, das aus interdisziplinären Fachkräften der für soziale, bauliche, ökonomische und politische Stadtentwicklung zuständigen Fachabteilungen besetzt wird. Aufgaben des »Team Stadtentwicklung« sind die Erstellung und Aufbereitung des »Monitoring Stadtentwicklung«, die Vorbereitung von Entscheidungen der »Steuerungsgruppe Stadtentwicklung« sowie die Fachaufsicht und Steuerung der *Stadtteilkoordinatoren*. Auf dieser Grundlage können die »Stadtteilkoordinatoren« als Gebietsbeauftragte die Arbeit der verschiedenen Ämter und Abteilungen (Ressorts) entsprechend den vorgegebenen Zielen auf der Handlungsebene abstimmen. Die »Stadtteilkoordinatoren« werden als Tandem aus Fachkräften der Fachbereiche/Ämter Soziales und Bauen/Planen/Verkehr für jeden Stadtteil zusammengestellt. Ihre Aufgaben sind die (verwaltungsinterne) Koordination zwischen Fachbereichen/Ämtern der Stadtverwaltung und die Koordination zwischen Stadtverwaltung und allen relevanten Akteuren auf Stadtteil-/Quartierebene. Damit der Informationsfluss sichergestellt werden kann, müssen die »Stadtteilkoordinatoren« vor Ort präsent sein und an den verschiedenen Beteiligungsformaten teilnehmen.

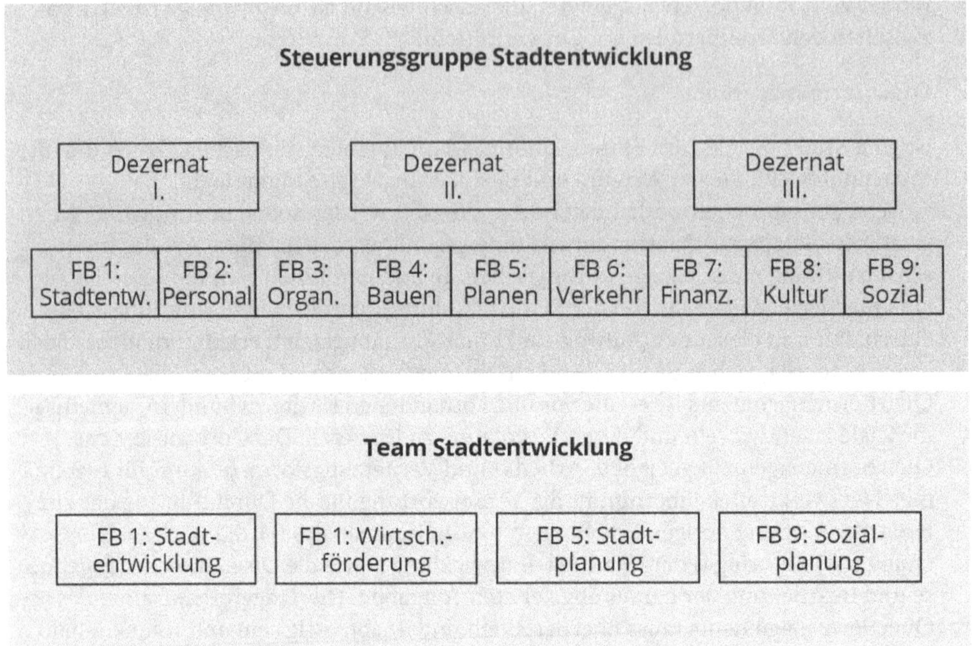

Gebietsbeauftragte als Stadtteilkoordinatoren

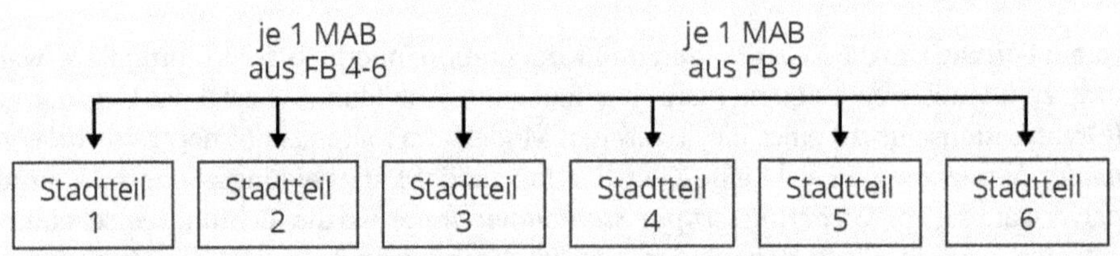

Abbildung 7.1: Koordinations-/Vernetzungsmodell Stadt(teil)entwicklung

✔ Stadtteilkonferenz/Quartiersrat

ist ein Vernetzungsgremium aus Vertretungen aller Organisationen und Initiativen aus dem Stadtsteil sowie gewählten Bürgervertretungen. Die »Stadtteilkonferenz« dient der Meinungsbildung, der Konsensfindung und der Verbindung zwischen Gesamtgemeinde/Gesamtstadt und dem Stadtviertel/Quartier und sollte deshalb mindestens ein- bis zweimal pro Jahr stattfinden. Der Vorteil nicht öffentlich zu tagen, ergibt sich aus dem Effekt, dass die Vertretungen von Organisationen und Initiativen im Gremium weniger Profilierungs- und Selbstdarstellungstendenzen zeigen, wenn sie wissen, dass keine Presse anwesend ist. »Stadtteilkonferenz« oder »Quartiersrat« ergänzen die Arbeit des städtischen Gemeinderates auf Stadtviertel-/Quartierebene, sollen und können aber kein Ersatz sein für die Form repräsentativer

Demokratie eines aus gewählten Bürgervertretungen bestehenden Gemeinderates. In Abbildung 6.2 ist die Einbindung der Stadtteilkonferenz/Quartiersrat in die Vernetzungsstruktur auf Stadtteil-/Quartierebene gut zu erkennen.

✔ **»Village Storming«**

ist eine Technik, die für Schulungen oder Trainings in sozialraumorientierter Netzwerkarbeit eingesetzt wird. Der Arbeitseinsatz findet in einem Gebiet (Stadtviertel/Quartier) statt, das den Teilnehmenden bislang unbekannt ist. Die Teilnehmenden erhalten verschiedene Aufgaben, die nur lösbar sind, wenn sie auf die Bevölkerung in diesem Gebiet zugehen und dazu geeignete Techniken kennen und tatsächlich auch anwenden. Die Aufgaben können lauten: »Finden Sie drei örtlich bekannte und besondere Persönlichkeiten aus dem Gebiet und beschreiben Sie deren Besonderheiten. Finden Sie einen Raum für die Präsentationsveranstaltung dieser Fortbildung, ohne dass Sie für den Raum etwas bezahlen müssen und verhandeln Sie eine Gegenleistung für die Raumnutzung.« »Village Storming« führt zur Einübung der verschiedenen Aktivitäten, zur besseren Bekanntheit in Stadtviertel/Quartier und letztlich zu besserer Kenntnis von Personen und Einrichtungen.

✔ **»Organization Mirror«**

ist eine Technik zur Fremdbeurteilung einer Organisation. Die Netzwerkpartner einer Organisation, wie zum Beispiel des örtlichen Caritasverbandes als Träger einer Einrichtung für wohnungslose Menschen, teilen dieser Organisation ihre Einschätzung zur Qualität deren Arbeit, der Kooperationsbereitschaft gegenüber Netzwerkpartnern sowie Ideen und Vorschläge zu Verbesserungen mit. Die Partner des Netzwerkes (Wohnungslosigkeit: Psychiatrische Dienste, städtische Obdachlosenunterbringung, Polizei, Jobcenter et cetera) halten dem Netzwerkpartner (örtlicher Caritasverband) bildlich gesprochen »den Spiegel vor«. Die Anwendung dieser Technik geschieht freiwillig und auf Wunsch des Netzwerkpartners, der sich das Feedback der Gruppe einholen möchte. »Organization Mirror« findet im Rahmen eines gemeinsamen Treffens statt und läuft nach Regeln ab, über die sich die Beteiligten zuvor gemeinsam verständigen.

Teil III
Wie werden Methoden Sozialer Arbeit (richtig) eingesetzt?

IN DIESEM TEIL …

Die Arbeit mit Menschen, egal in welchem Zusammenhang und welcher Branche (Einzelhandel, Behörden, Sport, Medizin et cetera), ist schon anspruchsvoll genug, denn alle wollen auf ihre Art ernst genommen werden. Die Arbeit an und mit sozialen Problemen von Menschen, also der Gegenstand der Sozialen Arbeit, übersteigt die Ansprüche um ein Vielfaches, denn niemand freut sich darüber, von sozialen Problemen betroffen zu sein und auf Hilfe angewiesen zu sein.

In diesem dritten Teil werden die wesentlichen Herausforderungen der fachgerechten und qualitätsvollen Anwendung von Methoden Sozialer Arbeit vorgestellt und beschrieben. Dabei dürfen auch die zwangsläufig auftauchenden Widersprüche und Auseinandersetzungen in der Berufsgruppe, über fachlich korrekte Anwendung von Methoden, nicht verschwiegen werden. Ob und welche Standards fachlich guten Handelns es in der Sozialen Arbeit gibt, ist besonders zur Orientierung für die Klientel Sozialer Arbeit bedeutsam. Dementsprechend wird im dritten Teil erläutert, was Fachkräfte Sozialer Arbeit können müssen, um ihre Aufgaben fachgerecht und professionell zu erfüllen.

IN DIESEM KAPITEL

Was Methoden mit der professionellen Identität zu tun haben

Kritisch beurteilt: Methodendebatte der Sozialen Arbeit

Kapitel 8

Warum Sozialarbeiter tun, was sie tun – der Auftrag Sozialer Arbeit

In diesem Kapitel erfahren Sie, wie es dazu kommt, dass Sozialarbeiterinnen überhaupt im Auftrag der Gesellschaft tätig werden und mit offiziellem Auftrag an der Bewältigung sozialer Probleme arbeiten dürfen und gelegentlich auch müssen.

Außerdem lernen Sie kennen, welche Entwicklung das methodische Handeln in der Sozialen Arbeit im Laufe der Zeit genommen hat und wie sich diese heute auswirkt.

»An ihrem Handeln erkennt man die Zunft«: Methoden und berufliche Identität

Es gibt verschiedene Möglichkeiten, woran man Angehörige einer Berufsgruppe erkennen kann. In der folgenden Auflistung sind einige typischen Merkmale von Berufsgruppen aufgelistet. Danach erfahren Sie, woran Fachkräfte Sozialer Arbeit erkennbar sind.

✔ **»Kleider machen Leute«**

In manchen Berufen wird eine bestimmte Kleidung während der Arbeit getragen. Besonders in Handwerksberufen gibt es berufstypische Kleidung. Zimmerleute tragen schwarze Cordhosen und schwarze breitkrempige Hüte. Köchinnen erkennen Sie an den gestreiften Hosen und weißen Kitteln sowie der typischen Kochmütze. Mitarbeitende der Polizei und des Militärs tragen spezielle Uniformen. Angestellte öffentlicher Personenbeförderungsmittel tragen ebenfalls eine Uniform. Das Personal in Gesundheitsberufen trägt weiße Kittel und Angehörige von Feuerwehr und Rettungsdiensten tragen eine bestimmte Funktionskleidung. Alle diese berufstätigen Menschen sind schon an ihrer Kleidung äußerlich als Mitglieder einer bestimmten Berufsgruppe erkennbar.

Nicht alle Berufsgruppen haben eine eigene Uniform oder Berufskleidung. In vielen Berufen und beruflichen Tätigkeiten gibt es keine besondere Kleidungsvorschrift, sodass die Kleidung keine Rückschlüsse auf die Tätigkeit oder Zugehörigkeit zu einer bestimmten Berufsgruppe zulässt. So ist es auch in der Sozialen Arbeit.

- **Fachsprache oder »Fachchinesisch«**

  In den meisten Berufen gibt es eigene Fachbegriffe, die von den Fachkräften in der Ausbildung erlernt und in der täglichen Arbeit benutzt werden. Angehörige anderer Berufsgruppen können solche Fachbegriffe nicht ohne Weiteres verstehen. Auch in der Sozialen Arbeit gibt es spezielle Fachbegriffe, die jede Sozialarbeiterin kennt oder kennen sollte. Eine gemeinsame Fachsprache hat den Vorteil, sich innerhalb der Berufsgruppe klar verständigen zu können, wirkt gegenüber anderen Menschen aber möglicherweise unverständlich und damit abweisend.

- **Typische Tätigkeiten**

  Neben der Berufskleidung und der Fachsprache unterscheiden sich Berufsgruppen auch nach ihren Tätigkeiten. Die gröbste Unterscheidung ist wohl der Unterschied zwischen Hand- und Kopfarbeit. Für akademische Berufe sind die Nutzung des Verstandes, der Sprache und deren Verschriftlichung wohl die wichtigsten Tätigkeiten. Für Handwerksberufe ist neben Grundlagenwissen auch eine bestimmte Fingerfertigkeit im Umgang mit Material, Geräten und Maschinen kennzeichnend. Manche Dienstleistungsberufe (Putzdienst, Service, Kasse im Supermarkt) erfordern körperliche und kommunikative Fertigkeiten (Freundlichkeit, Auskunftsbereitschaft, Geduld et cetera). Fachkräfte Sozialer Arbeit erlernen in ihrem Studium und der Praxisausbildung eine Reihe von Methoden und Techniken, die sie in ihrem Handeln von anderen Berufsgruppen unterscheiden.

Fachkräfte Sozialer Arbeit haben zwar keine Berufskleidung, aber eine eigene Fachsprache und sind durch die Art und Weise, wie sie beruflich handeln, also an ihren Methoden erkennbar.

Methoden bieten Codes, durch die Sozialarbeiter als Profis identifiziert werden können

Als Sozialarbeiterin üben Sie mitunter ganz alltägliche Tätigkeiten aus, wie

- Frühstücken mit alleinerziehenden Müttern im Frauenhaus,
- Thekendienst im Drogencafé,
- Freizeitaktivitäten mit Menschen aus der Haftanstalt.

Wenn Sie mit Ihren Freunden in der Kneipe zusammensitzen und von Ihren alltäglichen Tätigkeiten erzählen, kann schon die Frage auftauchen, ob Frühstücken und Freizeitaktivitäten denn professionelles Handeln sind oder Sie nicht einfach einen lockeren Job haben und für Tätigkeiten bezahlt werden, die für Ihre Freunde als Freizeitaktivitäten gelten. Sie werden also mit der Frage konfrontiert, was denn an den vermeintlichen Freizeittätigkeiten professionell sein soll (*Legitimitätsdruck*).

Die Methode macht's: Professionelle Identität

Wenn Sie Ihren Freunden erklären, dass Sie deshalb mit den alleinerziehenden Müttern im Frauenhaus frühstücken, weil diese in solch einem lockeren Rahmen ungezwungener über ihre Probleme reden und dass Sie die Gespräche so moderieren, dass keine der Frauen sich ihrer Situation schämen muss, erscheint Ihr Handeln in einem ganz anderen Licht. Wenn Sie also Ihr methodisches Handeln begründen und erklären, wird auch für Ihre Freunde aus dem Freizeitevent ein professionelles Setting erkennbar.

Praktisches Handeln geschieht nicht ohne Theorie

Selbst Fachkräfte aus Einrichtungen Sozialer Arbeit sprechen sich gelegentlich skeptisch gegenüber Theorien aus oder behaupten gar, sie handelten ohne Theoriebezug und lieber aus dem Bauch heraus. Dabei wird oft vergessen, dass jede zielgerichtete Tätigkeit (Handeln) auf theoretischen Annahmen beruht, ob wir das nun bewusst wissen oder nicht. Wenn Sie professionell tätig sein wollen, müssen Sie die Phänomene, die Sie bearbeiten und Strukturen, die Sie verändern wollen, erst einmal verstehen und erklären können, bevor Sie wissen, ob und wie sie zu bewältigen sind. Dabei gilt es Theorien nicht gegen Methoden zu ersetzen oder gegenseitig auszuspielen.

Wichtig ist, es braucht von allem:

- ✔ **Theorien:** zum Ordnen des Denkens und Verstehens
- ✔ **Methoden:** zum planvollen und zielgerichteten Handeln
- ✔ **Qualitätsentwicklung:** zur Überprüfung der Zielerreichung
- ✔ **Effizienz:** zur finanziellen Absicherung der Nachhaltigkeit der Hilfe

- ✔ Theorien sind Denkwerkzeuge zur Analyse und Erklärung sozialer Probleme.
- ✔ Methoden sind Handwerkszeuge zur Problembearbeitung und Anwendung in der Praxis.

Soziale Arbeit ist eine professionelle Tätigkeit zum Zweck der Vermeidung und Bewältigung sozialer Probleme. Die Professionalität von Fachkräften Sozialer Arbeit wird durch eine akademische Ausbildung (Hochschulstudium), die Vermittlung theoretischen Wissens zur Erklärung sozialer Probleme (Erklärungswissen) und durch Aneignung praktischer Fähigkeiten (Methoden und Techniken) sowie eine Anstellung gegen Bezahlung gesichert.

»Wer bestellt, bezahlt« Mandatierung Sozialer Arbeit

Woher bekommen Sie als Sozialarbeiterin nun aber den Auftrag, für die Gesellschaft an der Bewältigung sozialer Probleme zu arbeiten?

Aus der Sicht als Sozialarbeiterin kommen tatsächlich mehrere Auftraggeber für Ihren Einsatz infrage:

✔ **Die Klientel: »Bürger-Mandat«**

- Von sozialen Problemen betroffene Bürger können ihre Wünsche, Anliegen, Forderungen oder Anfragen direkt an Fachkräfte Sozialer Arbeit richten und ihnen somit Aufträge erteilen.

✔ **Die Gesellschaft: »Gesellschaftliches Mandat«**

- Politik: Auf politischer Ebene wird durch Gesetze bestimmt, welche Personen in welcher Situation welche Leistungen erhalten müssen, sollen oder können (Beispiel: Hilfen zur Erziehung nach SGB VIII für Kinder und Jugendliche).
- Öffentliche Verwaltung: Durch Beschlüsse und Verordnungen können auf gesetzlicher Grundlage Aufträge zur Leistung von Sozialer Arbeit erteilt werden.

  (Beispiele: Einsatz von Straßensozialarbeit oder die Einrichtung eines Frauenhauses in einer Stadt)
- Medien: Printmedien, Onlinedienste, Rundfunk und Fernsehen können durch ihre Berichterstattung die öffentliche Meinung beeinflussen und auf medialem Weg Aufträge für den Einsatz Sozialer Arbeit in Umlauf setzen. (Beispiel: Berichte über Kindesmisshandlung verstärken den Druck auf Jugendämter intensiver auf Kindeswohlgefährdungen zu achten)

✔ **Träger Sozialer Arbeit »Organisations-Mandat«**

- Arbeitgeber können durch Arbeitsverträge, Tätigkeitsbeschreibungen und Dienstanweisungen den Einsatz von Fachkräften Sozialer Arbeit festlegen oder einschränken. (Beispiel: Ein Wohlfahrtsverband verbietet seinen Mitarbeitenden die Kooperation mit einem konkurrierenden Wohlfahrtsverband.)

✔ **Profession Soziale Arbeit – Fach- und Berufsverbände »Professions-Mandat«**

- Berufs- und Fachverbände können durch die Erstellung von Ethik-Codes, Qualitätsstandards und Berufsordnungen die fachlichen Regeln der Profession (State of the Art) bestimmen.
- Hochschulen legen durch die Gestaltung der Lehr- und Lernprozesse die Grundlagen für fachliches Handeln in der Praxis Sozialer Arbeit.

✔ **Fachkräfte Sozialer Arbeit »Selbst-Mandat«**

- Die Fachkräfte Sozialer Arbeit können auf der Basis ihrer Ausbildung und Erfahrung und ihrer reflektierten Überzeugungen heraus sich selbst Aufträge erteilen, wie sie in der konkreten Situation handeln.

Die unterschiedlichen Mandate können sich durchaus unterscheiden und widersprechen. So kann die Gesellschaft (Gesellschafts-Mandat) Kontrollaufträge an die Soziale Arbeit erteilen, die mit dem Bürger-Mandat nach Hilfe und dem Professions-Mandat nach Beteiligung der Klientel kollidieren. Der Arbeitgeber kann den Auftrag (Organisations-Mandat) zur Belegung möglichst vieler Wohnplätze in einer Wohnungsloseneinrichtung erteilen, der dem Professions-Mandat nach ethisch vertretbarer Belegungsdichte und dem Selbst-Mandat der Fachkraft nach menschenwürdigen Lebensverhältnissen widerspricht. Die Verantwortung für das professionelle Handeln (Methodisches Arbeiten) liegt letztlich bei der Fachkraft, die ihre Entscheidung nach ethischen und fachlichen Gesichtspunkten abwägen und treffen muss.

Die kritische Methodendebatte und das Technologiedefizit

Wenn es in einer Profession heftige Diskussionen über den richtigen Weg gibt, kann dies unterschiedliche Reaktionen auslösen. Auf Außenstehende mögen kontroverse Diskussionen innerhalb einer Berufsgruppe den Eindruck vermitteln, die Berufsgruppe wisse nicht was und wohin sie wolle. Fachdebatten sind aber auch ein gutes Zeichen, denn sie zeigen, dass die Angehörigen der Berufsgruppe um die Wahrheit und Qualität ihrer Arbeit ringen und ihren Job damit sehr ernst nehmen. Gerade die Soziale Arbeit ist eine Profession, die sich ihre Anerkennung über lange Jahre erst erkämpfen und sichern musste. Letztlich ist Veränderung aber auch eine zwingend notwendige Voraussetzung für die Entwicklung der Sozialen Arbeit und deren Methodenlehre, denn wenn sich Gesellschaften verändern, und das tun sie ständig, müssen zwangsläufig auch die Formen der Bewältigung sozialer Probleme in Gesellschaften den Veränderungen angepasst werden.

Chronologie der Methodenentwicklung

Wie kaum in einer anderen Profession, ist die Entwicklung der Methoden Sozialer Arbeit wie auf einer Achterbahn verlaufen, mit Auf- und Abwärtsbewegungen.

Aufbruchstimmung und »Goldene Zwanziger«

In den Anfängen der professionellen Sozialen Arbeit, zum Ende des 19. Jahrhunderts und zu Beginn des 20. Jahrhunderts, kannte man die Einzelfallhilfe und die Gemeinwesenarbeit als Methoden Sozialer Arbeit. Die Arbeit mit festen Gruppen von Menschen kam erst in den 1920er-Jahren stärker auf.

Stillstand der Methodenentwicklung in der Nazizeit

Die spezielle Situation in Deutschland wurde von der Herrschaft des nationalsozialistischen Regimes und dessen ideologisch gefärbtem Menschenbild, mit der Unterscheidung von lebenswertem und lebensunwertem Leben, sowie der arischen Rassenlehre geprägt. Dementsprechend konnten sich die Methoden der Sozialen Arbeit nicht bedarfsgerecht und an der internationalen Forschung orientiert weiterentwickeln.

Wiederaufbau und neue Trends

In der Nachkriegsgeschichte der Sozialen Arbeit gab es Streit darüber, ob eher Methoden (Handwerkszeug zur Problembewältigung und Anwendung in der Praxis) oder eher Theorien (Denkwerkzeuge zur Analyse sozialer Probleme) die Soziale Arbeit in Richtung Professionalisierung weiterbringen sollten. Tatsächlich folgte eine Reihe von Trends, die von den jeweiligen gesellschaftlichen Entwicklungen beeinflusst wurden:

✔ **Akademisierung der Ausbildung**

In den 1960er- und 1970er-Jahren wurden im Zuge der durch den Sputnikschock (dem sozialistischen Sowjetregime gelang es, vor der kapitalistischen USA, zuerst einen künstlichen Satelliten auf die Erdumlaufbahn zu schicken) angestoßenen Bildungsexpansion die Fachschulen für Soziale Arbeit in höhere Fachschulen aufgewertet und später zu Fachhochschulen akademisiert.

✔ **Gesellschaftstheorien**

Als die Generation der Weltkriegsgeborenen in der westlich-kapitalistischen Welt mehr Demokratie, Beteiligung und Ablösung der autoritären Erziehung und Bildung forderte, wurden auch kritische Theorien zur Gesellschaft populär. Dies beeinflusste auch die Methodendiskussion in der Sozialen Arbeit, wo mehr politische Arbeit und Bemächtigung der benachteiligten Bevölkerung gefordert wurde. Soziale Arbeit sollte vorwiegend zur Gesellschaftsveränderung führen.

✔ **Psychoboom**

Auf die starke Politisierung der Sozialen Arbeit folgte in den 1980er-Jahren ein Trend zu Methoden personaler Hilfe für Einzelne und Gruppen. Sozialarbeiterinnen interessierten sich stärker für therapeutische Methoden, nicht nur in der Arbeit mit sucht- und psychisch kranken Menschen.

✔ **Dienstleistungs- und Wettbewerbsorientierung**

Als zu Beginn der 1990er-Jahre das wettbewerbsorientierte kapitalistische Gesellschaftsmodell als Sieger aus der Blockauflösung zwischen Ost und West hervorgegangen war, wirkte sich die damit verbundene Ökonomisierung aller Lebensbereiche auch auf die Methodenentwicklung der Sozialen Arbeit aus. Damit wurden Methoden der Planung, des Managements, des Controllings und der Qualitätsentwicklung immer wichtiger und verbreiteten sich schnell.

Die Entwicklung der Methoden Sozialer Arbeit verlief also von der Fürsorge (Nothilfe und familienergänzende oder -ersetzende Hilfe) über den Klassenkampf (Befreiung des Proletariats aus den Fesseln des Kapitalismus) und den Psychoboom (innere Befreiung des Menschen durch psychische Hilfe) zur Dienstleistungsorientierung (Klientel als Kunde oder Leistungsabnehmer).

Menschliches Verhalten ist nicht planbar: Das »Technologiedefizit«

Im Umgang mit Menschen (als soziale Systeme verstanden) lässt sich nicht mit Sicherheit vorhersagen, was bei Einsatz bestimmter Methoden und Techniken an Ergebnissen zu erwarten ist. Menschen können nicht vorhersehbar und verlässlich von einem Zustand A in einen anderen vorher bestimmbaren Zustand B überführt werden, denn Menschen können über ihr Verhalten selbst entscheiden und sind nicht ausschließlich fremdbestimmbar. Nach der Systemtheorie (mehr dazu erfahren Sie in Kapitel 5) sind Menschen selbstwirksame und komplexe Wesen. Infolgedessen kann es keine Methoden, Techniken und Verfahren geben, mit denen menschliches Verhalten in einer sicher vorhersagbar bestimmten Art und Weise beeinflusst und verändert werden kann.

Methoden Sozialer Arbeit funktionieren deshalb am besten, wenn die beteiligten Klientinnen und Sozialarbeiterinnen ein vertrauensvolles menschliches Verhältnis zueinander haben und beide miteinander arbeiten wollen und können.

Methoden Sozialer Arbeit lassen sich demnach nicht im technischen Sinne standardmäßig anwenden, sondern müssen auf die jeweilige Situation und Person angepasst werden.

Kritik an den »alten klassischen Methoden«

In der Diskussion in den 1950er- und 1960er-Jahren über Methoden Sozialer Arbeit stand die Frage »Wie machen wir das?«, also nach Methoden und Techniken im Vordergrund. Die Methodendebatte veränderte sich Ende der 1960er-Jahre bis in die 1970er-Jahre in Richtung der Frage »Warum ist das so?«, also nach den gesellschaftlichen Ursachen für soziale Probleme und abweichendes Verhalten fragend. Diese neue Perspektive auf die Gesellschaft setzte die Soziale Arbeit dem Verdacht aus, ein Instrument der ungerechten Klassengesellschaft zu sein, das ausschließlich dem Zweck der Stabilisierung der etablierten Herrschaftsstrukturen dient. Die methodische Arbeit geriet unter den Verdacht Abweichler zu disziplinieren und Gefahrenherde unter Kontrolle zu bringen.

Weitere Kritikpunkte waren:

✔ **Fehlende theoretische Fundierung**

- Prinzipien, wie Akzeptanz, Toleranz, Kommunikation, Partner im Hilfeprozess, et cetera seien mittlerweile Selbstverständlichkeiten in zivilisierten demokratischen Gesellschaften;
- »helfende Beziehung«, Haltung und Gefühle seien keine objektiven Handlungsgründe;
- die Methodendiskussion sei von normativen Setzungen und persönlichen Haltungen geprägt und würde als Theorieersatz dienen.

✔ **Differenz zwischen gesellschaftlicher Funktion + Selbstwahrnehmung sowie Vernachlässigung der Mandate von Hilfe + Kontrolle**

- Alle Beteiligungsansätze würden die Partnerschaft zwischen Klientel und Sozialarbeiter betonen, Soziale Arbeit aber als Instrument der Beeinflussung des Klienten im Sinne »normaler« Lebensführung (Anpassung) verstehen;
- Sozialarbeiter selbst würden sich unkritisch als Unterstützer der Klientel, deren Interessen und Bedürfnisse sehen und den Kontrollauftrag verschweigen;
- Soziale Arbeit habe aber einen gesellschaftlichen Auftrag zur Hilfe und Kontrolle.

✔ **Pathologisierung der Klientel**

- Anlehnung an naturwissenschaftliche und medizinische Denkmuster (Paradigma);
- Übernahme des Bildes von individueller und sozialer Erkrankung, deren Ursache Fehlentwicklungen seien;
- Übernahme des medizinischen methodischer Dreischritts: Anamnese – Diagnose – Therapie;
- Interventionsziele auf Veränderung der Person und nicht von Situationen, Lebenslagen, Lebensbedingungen.

✔ **Entlastung der Gesellschaft von strukturellen Problemlösungen**

- Umdefinition von sozialen (gesellschaftlichen) Problemen zu psychosozialen Problemen (des Einzelnen mit der Gesellschaft);
- solche Umdefinition trage zur Entlastung der Gesellschaft von strukturellen Problemlösungen bei;
- materielle Not von Menschen würde vorwiegend aus dem Blickwinkel fehlender Arbeitsfähigkeit und Arbeitswilligkeit des hilfebedürftigen Menschen und deren psychosozialen Folgen betrachtet und nicht aus dem Blickwinkel der gerechten Verteilung von Arbeit und Reichtum.

Manch politische Diskussion dreht sich eher um die Reduzierung der Anzahl von Arbeitslosen anstatt der Ursachen der Arbeitslosigkeit. Dementsprechend wird eher über die Verschärfung von Zumutbarkeitsregeln, Reduzierung von Leistungen und Bestrafung von Missbrauch diskutiert anstatt über das Missverhältnis zwischen zu geringem Stellenangebot und Arbeitskräftepotenzial oder der Abschaffung von Arbeitsplätzen.

Erträge der klassischen Methodendebatte

Die kritische Debatte über die Methoden Sozialer Arbeit war nicht umsonst, sondern hat eine Reihe von Erkenntnissen erbracht, die für die weitere Entwicklung der Methoden Sozialer Arbeit wertvoll war und die heute fast schon selbstverständlich klingen.

✔ **Herz und Verstand**

Mit den alten klassischen Methoden sollte das berufliche Handeln von der reinen Intention und spontaner Hilfeleistung auf planvolle, verlässliche, kalkulierbare und effektive Techniken umgestellt und erweitert werden, um die Selbstkontrolle der Klientel zu stärken.

✔ **Bedeutung von Wissen und Können**

Die Erkenntnis, dass es nicht reicht, ein großes Herz zu haben, sondern dass es Wissen und Können braucht, hat sich durchgesetzt.

✔ **Beitrag zur Systematisierung**

Die Methodendebatte hat einen wichtigen Beitrag zur Systematisierung des methodischen Handelns Sozialer Arbeit (Information+Analyse/Auswertung+Bewertung/Planung+Handlung) geliefert, um nicht die Analyse und Interpretation zu vermischen und vorschnelle Deutungen zu produzieren.

✔ **Beitrag zur Demokratisierung**

Die Methode der sozialen Gruppenarbeit brachte nicht nur der Sozialen Arbeit im Nachkriegsdeutschland neue demokratische Sichtweisen und Umgangsformen, die unter dem diktatorischen faschistischen Regime weder Platz hatten noch eingespielt waren.

✔ **Professionalisierung**

Durch die Entwicklung eines berufsspezifischen, originären Handlungsinstrumentariums erfuhr die Soziale Arbeit eine weitere Professionalisierung.

Konsequenzen aus der (kritischen) Methodendiskussion

Aus den Erträgen der kritischen Methodendebatte lassen sich Anforderungen an die Gestaltung von Methoden und die dazu nötigen Fähigkeiten von Fachkräften Sozialer Arbeit ableiten.

✔ Die Kreativität sozialarbeiterischer Methoden zeigt sich darin, ob und wie es gelingt

- vielfältige Anregungen für Veränderungen und Hilfe zu initiieren und
- zugängliche Unterstützungsnetzwerke zu etablieren.

✔ Weil Beobachtung manchmal mehr über die Beobachter aussagt als über die Beobachteten, machen Methoden sichtbar, welche Annahmen und Theorien der Beobachtung zugrunde liegen:

- Die Methodenanwendung ist wie das Aufsetzen einer bestimmten Brille, deren Beschaffenheit und Wirklichkeitskonstruktion jedoch offengelegt und transparent gemacht wird.
- Die Komplexität des Wissens über soziale Strukturen und Prozesse und die Vielzahl von Methoden erhöhen die Anzahl der »Schubladen«, die die Fachkraft Sozialer Arbeit ziehen kann, und mit erhöhter Auswahl auch deren Treffsicherheit;

✔ Nicht die »großen Pläne«, sondern »günstige Gelegenheiten« bieten Chancen der Einflussnahme:

- Methoden schaffen und arrangieren Situationen, die Beziehung, Gemeinsamkeiten, geteilte Erfahrungen et cetera ermöglichen.

- Fachkräfte Sozialer Arbeit brauchen *situative Intelligenz* (spontane Handlungsfähigkeit), um zu erkennen, welche Situationen wann potenzielle Veränderungschancen eröffnen (Beispiel: Streetwork, Anwesenheit im Jugendtreff et cetera).

✔ Fachlich fundiertes und reflektiertes Handeln:

- wissensbasierte, empathische Fähigkeit zur reflektierten Beobachtung und Deutung von Situationen

IN DIESEM KAPITEL

Voraussetzungen: Anforderungen und Kompetenzen von Fachkräften

Fachliche Qualität: Typen methodischen Handelns

Ein gut strukturierter Ablauf: Das selbstreflexive Arbeitskonzept

Kapitel 9
Was man als Sozialarbeiter können muss – Kompetenzanforderungen

In diesem Kapitel erfahren Sie, was es braucht, um als Fachkraft kompetent handeln zu können. Sie lernen die wesentlichen Merkmale beruflicher Fähigkeiten zur Bewältigung sozialer Probleme kennen und erhalten die Gelegenheit, sich mit zwei Modellen zur Veranschaulichung fachlich guten methodischen Handelns kritisch zu beschäftigen. Außerdem lernen Sie ein Arbeitskonzept kennen, mit dem sich jede Aufgabe strukturiert planen, durchführen und überprüfen lässt.

Wann ist jemand kompetent? Kompetenzanforderungen an Fachkräfte

Mit der Frage, wann jemand kompetent ist, haben sich Expertinnen aus Bildung und Politik in Deutschland und der Europäischen Union seit Jahrzehnten intensiv beschäftigt. Das Ergebnis ist ein »*Qualifikationsrahmen für lebenslanges Lernen*«. Im internationalen Sprachgebrauch wird Kompetenz sowohl mit Fähigkeit (zu etwas fähig sein) als auch mit Befugnis (für etwas zuständig sein) gleichgesetzt. Im »Deutschen Qualifikationsrahmen für lebenslanges Lernen« (DQR) wird zwischen Wissen, Fertigkeiten und Kompetenzen unterschieden.

»Kompetenz« bezeichnet im DQR die Fähigkeit und Bereitschaft eines Menschen, Kenntnisse und Fertigkeiten sowie persönliche, soziale und methodische Fähigkeiten zu nutzen und sich durchdacht sowie individuell und sozial verantwortlich zu verhalten.

Europäischer und Deutscher Qualifikationsrahmen für lebenslanges Lernen

Kompetenz wird im Sinne dieser Definition als umfassende Handlungskompetenz verstanden. Der DQR unterteilt Kompetenz in die Dimensionen »Fachkompetenz« (umfasst fachliches Wissen und Fähigkeiten fachspezifische Aufgaben lösen zu können, beispielsweise das Wissen, wie ein Elektromotor funktioniert und wie man ihn repariert) und »personale Kompetenz« (persönliche und soziale Fähigkeiten, wie Freundlichkeit, Geduld und mit anderen Menschen Small Talk treiben zu können). »Methodenkompetenz« gilt nach DQR als Querschnittskompetenz und findet deshalb im DQR keine besondere Erwähnung. Demgegenüber wird Kompetenz im Europäischen Qualifikationsrahmen (EQR) nur im Sinne der Übernahme von Verantwortung und Selbstständigkeit beschrieben.

Qualifikationsrahmen für die Europäischen und Deutschen Hochschulen

Nach dem Qualifikationsrahmen für den Europäischen und den Deutschen Hochschulraum wird zwischen »*Lernergebnissen*« und »Kompetenzen« unterschieden. Damit sollen die unterschiedlichen Funktionen von akademischem Personal und den Studierenden innerhalb des Lernprozesses verdeutlicht werden.

- ✔ Demnach sind **Kompetenzen** dynamische Kombinationen aus Wissen, Verstehen, Fertigkeiten, Fähigkeiten und Einstellungen.
- ✔ **Lernergebnisse** bezeichnen das vom Lernenden erreichte Kompetenzniveau, das vom akademischen Personal formuliert wird und Beiträge interner (Berufsverbände) und externer (Arbeitgeberverbände) Interessenvertreter berücksichtigen sollte.

Relativ unstrittig ist die Auffassung, Kompetenzen eher als »Veranlagungen« (Dispositionen) zu beschreiben, die erst im tatsächlichen Handeln (Performanz) sichtbar und erkennbar werden. Ein Mensch besitzt also ein Potenzial bedeutsamer Fähigkeiten zur Bewältigung bestimmter Aufgaben. Ob diese Fähigkeiten auch angewandt werden, wo und wie sie Anwendung finden, hängt zwar zuerst von den erlernten und verfügbaren Fähigkeiten und Fertigkeiten ab, aber auch von der Bereitschaft (Motivation) diese Fähigkeiten zur Problemlösung in konkreten Situationen erfolgreich und verantwortungsvoll einsetzen und nutzen zu wollen.

Beispiel für nicht sichtbare, aber vorhandene (zurückgehaltene) Kompetenz

Stellen Sie sich vor, Sie kommen am Bahnhof an, sind in Eile, weil Sie nur noch wenig Zeit bis zur Abfahrt Ihres Zuges haben. Wenn Sie jetzt eine Person auf den Zugang zu den Gleisen anspricht und nach dem richtigen Gleis für den Zug in eine bestimmte Richtung fragt, könnten Sie (wenn Sie sehr in Eile sind) diese Frage ignorieren oder (wenn Sie sehr freundlich sind) sich entschuldigen, dass Sie keine Auskunft geben können, weil Ihr Zug in Kürze abfahre und Sie diesen auf keinen Fall verpassen dürften. Obwohl Sie wüssten, auf welchem Gleis der fragliche Zug abfährt (Wissen), obwohl Sie in der Lage wären, diese Information zu geben (Fähigkeit) und obwohl Sie grundsätzlich solche Auskünfte gerne weitergeben (Haltung), würden Sie Ihre Kompetenz (Wissen/Können/Haltung) in diesem Fall nicht einsetzen, weil Sie befürchten würden, damit Ihren Zug zu verpassen. Ihr fragender Zeitgenosse würde an Ihrem Verhalten nicht erkennen können, dass Sie über die Kompetenz verfügen, auf seine Frage eine hilfreiche und weiterführende Antwort geben zu können.

Etwas vereinfacht formuliert, ist Kompetenz der durch das Handeln sichtbar werdende Umgang mit Wissen, Motivation, Interessen, Wille, Einstellungen, Haltungen und Verantwortungsbewusstsein.

Demnach lautet eine weiterführende Definition von Kompetenz:

Wenn Sie tatsächlich in der Lage sind, Ihre Kenntnisse und Erfahrungen erfolgreich zur Bewältigung bestimmter Anforderungen einzusetzen, gelten Sie als kompetent.

Was braucht es, um als Sozialarbeiter kompetent zu sein?

Wie für andere Berufsgruppen auch, gibt es für die Soziale Arbeit fachliche Grundlagen zur Kompetenzbestimmung von Hochschulen, Fachgruppen und Berufsverbänden. Die *Deutsche Gesellschaft für Soziale Arbeit* (DGSA), ein Fachverband von Hochschulprofessoren und -professorinnen, setzt mit dem von ihr entwickelten »*Kerncurriculum*« einen Standard von Themenbereichen, die zur Kompetenzvermittlung an Absolventen der Studiengänge Sozialer Arbeit berücksichtigt werden sollen. Das Kerncurriculum der Fachgesellschaft DGSA beschreibt zentrale Lehrinhalte von Studiengängen der Sozialen Arbeit. Der »*Fachbereichstag Soziale Arbeit*« (FBTS), ein Zusammenschluss der Dekane und Studiengangsleitungen von Studiengängen Sozialer Arbeit, definiert in seinem »*Qualifikationsrahmen Soziale Arbeit*« (QR SozArb) die qualitativen Unterschiede zwischen den verschiedenen Studienabschlüssen (Bachelor, Master, Promotion). Nach Auffassung des FBTS bietet der »Qualifikationsrahmen Soziale Arbeit« eine allseits anerkannte Grundlage für Wissenschaft und Praxis Sozialer Arbeit.

Mit den für die Berufsausübung der Sozialen Arbeit verbundenen Kompetenzen und deren Vermittlung an den Hochschulen hat sich auch der »*Berufsverband Sozialer Arbeit*« (DBSH) beschäftigt und »*Schlüsselkompetenzen der Sozialen Arbeit*« erstellt. Diese wurden anlässlich der Bundesmitgliederversammlung des DBSH im März 2007 in Jena verabschiedet und publiziert.

Kompetenzanforderungen von Fachkräften Sozialer Arbeit

Weil Soziale Arbeit als Profession mit normativer (an Werten orientierte) Handlungswissenschaft ihr methodisches Handeln an grundlegenden Werten, wie der Menschenwürde und sozialer Gerechtigkeit ausrichtet, kommen für die Kompetenzbestimmung Sozialer Arbeit neben den wichtigen Kriterien *Wissen* und *Können* noch *Haltungen* und *Einstellungen* hinzu.

✔ **Wissen**

reflektierte Kenntnis wissenschaftlich begründeten Fachwissens.

Wissen, das Fachkräfte brauchen, um die umfangreichen Aufgaben der praktischen Arbeit zu erfüllen, und das sie mindestens beherrschen sollten:

- Beobachtungs- und Beschreibungswissen (gesellschaftliche Phänomene, wie soziale Ungleichheit oder sinkende Geburtenraten und menschliches Verhalten, wie Radikalisierung oder neue Lebenspartnerschaften und steigendes Heiratsalter verstehen und einordnen können);
- Erklärungs- und Begründungswissen (Ursachen und Wirkungen sozialer Probleme, wie Sucht, Armut, Wohnungslosigkeit oder abweichendes Verhalten kennen);
- Wertewissen (berufsbezogene Ethikgrundsätze, wie Achtung der Menschenwürde, Gewaltfreiheit, transparentes Handeln oder Betroffenenbeteiligung und Vermeidung von Bevormundung kennen);
- Handlungs- und Interventionswissen (Eignung und Passung von Konzepten, Methoden, Techniken und Verfahren für Arbeitsfeld, Person und Situation kennen).

✔ **Können**

fachgerechte Anwendung fundierten Wissens und reflektierter Erfahrungen.

- Fähigkeit zum kommunikativen dialogischen Handeln (Konzepte, Methoden und Techniken der Gesprächsführung, Leitung und Moderation von Beratungsgesprächen, Sitzungen, Tagungen, Vorträgen und Seminaren gestalten und anwenden können);
- Fähigkeit zum Einsatz der eigenen Person als »Werkzeug« (eine vertrauensvolle und verlässliche, menschliche, aber auch professionelle Beziehung zur Klientel aufbauen können; Einfühlungsvermögen und Empathie für die Klientel zeigen; Bereitschaft zur Selbstreflexion eigenen Fühlens und Handelns zeigen; auch über eigene Ansichten und Gefühle reden können);
- Beherrschung konzeptionellen methodischen Handelns (Wissensbestände zusammenführen und Konzepte für fachliches Handeln entwickeln können);
- Fähigkeit zur qualifizierten Gestaltung der Arbeitsprozesse (Methoden und Techniken fachgerecht, an Person und Situation angepasst anwenden können);
- Fähigkeit zur institutionellen und kommunalpolitischen Arbeit (fachpolitische Positionen innerhalb der Fachwelt, der Trägerorganisation, der Öffentlichkeit und der lokalen Politik vertreten können).

✔ **Haltungen**

ethische, sozialpolitische und fachliche Grundeinstellung als Fachkraft Sozialer Arbeit (Achtung der Menschenwürde, Verwirklichung sozialer Gerechtigkeit, Überzeugung und Vertrauen auf menschliche Entwicklungsfähigkeit und Zivilcourage) entwickeln und vertreten.

- Orientierung an beruflichen Wertestandards (Autonomie und Wertschätzung der Klientel);
- reflektierter Einsatz beruflicher Haltungen (geklärte berufliche Identität; reflektierte Loyalität zur Trägerorganisation/Arbeitgeber; klare Positionierung in der Öffentlichkeit);
- selbstkritische Arbeit an der beruflichen Haltung (Wille und Fähigkeit zur biografischen Selbstreflexion).

Für die Sozialarbeitswissenschaftlerin Hiltrud von Spiegel bildet sich professionelle Handlungskompetenz im beruflichen Können der Fachkraft (*individueller Aspekt von Kompetenz*) und der jeweiligen Arbeitssituation (*kontextgebundener Aspekt von Kompetenz*) ab. Hiltrud von Spiegel meint, diese Fähigkeiten sollten auf dem Fundament wissenschaftlicher und normativer (werteorientierter) Wissensbestände und der Beachtung zentraler wissenschaftlicher Arbeitsregeln (überprüfbares, methodisch nachvollziehbares und vollständig dokumentiertes Handeln) aufbauen.

Berufliches Handeln bewegt sich zwischen Können und Kunst, denn Kenntnisse und Erfahrungen im Umgang mit den Handwerkszeugen (Methoden) sind unverzichtbar, führen aber nicht zwingend zum Erfolg, denn menschliches Verhalten lässt sich durch methodisches Handeln nicht zu 100 Prozent verlässlich zum erwünschten Zustand verändern (»Technologiedefizit«). Es braucht also neben einer vertrauensvollen Beziehung zwischen Fachkraft und Klientel, eine große Portion Ideenreichtum und Kreativität in der Gestaltung der fachlichen Arbeit.

Die Buchautoren Dieter Kreft und C.W. Müller weisen darauf hin, dass Kompetenzen erst erkennbar werden, wenn Kenntnisse (Wissen), Fähigkeiten (Können/Methoden) und Fertigkeiten (Skills/Techniken) im praktischen Einsatz nachgewiesen werden und sich im Alltag Sozialer Arbeit bewähren.

Diese Erkenntnis, dass Kompetenz zunächst nur ein Potenzial an Fähigkeiten ist, dessen Einsatz vom Willen der Fachkraft und den situativen Rahmenbedingungen beeinflusst wird, hat die Sozialarbeitswissenschaftlerin Maja Heiner aufgegriffen und ein Kompetenzmodell Sozialer Arbeit entwickelt.

Kompetenzdimensionen Sozialer Arbeit

Kompetenz ist für Maja Heiner methodisches Handeln, das sich auf Personen, Situationen und Aufgaben bezieht und in drei Dimensionen aufteilen lässt.

1. **Zuständigkeitsdimension**

   Durch Ihre Anstellung im Jugendamt sind Sie berechtigt und verpflichtet (zuständig), in einem bestimmten Aufgabenbereich (der Familien-/Kinder- und Jugendhilfe) tätig zu werden.

2. **Qualifikationsdimension**

   Das Zeugnis Ihres Studienabschlusses belegt, dass Sie das Wissen (Kenntnisse rechtlicher Grundlagen, psychologische Erklärungen menschlicher Entwicklung und Verhaltensweisen) und die Fähigkeit (Auswahl und Anwendung geeigneter Methoden der Familienberatung, Kinder- und Jugendhilfe) besitzen, Aufgaben Sozialer Arbeit fachgerecht zu bewältigen.

3. **Motivationsdimension**

   Mit der Unterschrift auf Ihrem Arbeitsvertrag (mit dem Landratsamt als Träger des Jugendamtes) bestätigen Sie Ihre Bereitschaft, die Aufgaben des Jugendamtes zu übernehmen und dazu Ihre fachlichen Kompetenzen einzusetzen.

Fachliche Kompetenzmuster in der Sozialen Arbeit

Wenn Sie Ihre Arbeit im Jugendamt beginnen und die Unterstützung einer guten Einarbeitung bekommen, werden Sie erfahren, dass Sie Kompetenzen brauchen, um drei wesentliche Aufgaben erfüllen zu können (*Prozessbezogene Kompetenzmuster*). Zusätzlich brauchen Sie Kompetenzen, die auf Ihre speziellen Aufgaben im Jugendamt zugeschnitten sind (*Bereichsbezogene Kompetenzmuster*).

Prozessbezogene Kompetenzmuster

Sie müssen Anliegen der Klientel und deren Situation verstehen können (*Analyse und Planung*). Dazu müssen Sie sich mit der Klientel auseinandersetzen und unterhalten können (*Interaktion und Kommunikation*) und Sie müssen Ihr Handeln selbstkritisch überprüfen können (*Reflexion und Evaluation*).

✔ **Analyse und Planung**

- **Kompetenzformen:** Fakten und Einschätzungen recherchieren, Stärken suchen, Verhalten beobachten, Erklärungen finden, Prognosen stellen;
- **Anwendungsbereiche:** Situationsanalyse, Sozialraumanalyse, Fallbeschreibung, Hilfeplanung, Interventionsplanung, Konzeptentwicklung, Projektentwicklung, …

Als Sozialarbeiterin im Jugendamt sind Sie mit ganz unterschiedlichen Menschen und deren Anliegen konfrontiert. Es gibt so viele Problemkonstellationen wie es unterschiedliche Menschen gibt. Um jeden Einzelfall zu verstehen und Möglichkeiten der Hilfe zu finden, sind Sie darauf angewiesen, Ihre Klientel und deren Anliegen und Probleme zunächst kennenzulernen (*Analyse*). Dazu haben Sie mehrere Möglichkeiten. Sie lesen die Akte, in der alle bisherigen Kontakte und Maßnahmen dokumentiert sind, um sich ein erstes Bild zu machen. Dann sprechen Sie mit den beteiligten Personen (Mutter, Vater, Kind, Geschwister et cetera), hören sich deren Schilderung der (Problem-)Lage an und beobachten deren Verhalten untereinander. Sie suchen nach Stärken der beteiligen Personen und deren Willen zur Veränderung. Anschließend erstellen Sie einen Plan (*Hilfeplan*), in dem alle wichtigen Informationen, die vereinbarten Ziele und die

Maßnahmen (wer was bis wann erledigen will) eingetragen und von allen Beteiligten unterschrieben wird.

✔ **Interaktion/Kommunikation**

- **Kompetenzformen:** Wahrnehmungsfähigkeit, Einfühlungsvermögen, Kommunikationsfähigkeit, Strukturierungsvermögen, Fokussierungsfähigkeit, Deutungsvermögen, Präsentationsfähigkeit, Organisationsfähigkeit;
- **Anwendungsbereiche:** Klientel in Gesprächen informieren, beraten, begleiten; mit Klientel und deren Angehörigen verhandeln; Gruppen von Klientel leiten, moderieren; neue Kolleginnen informieren, anleiten, unterstützen, beraten; Gespräche mit Fachkräften strukturieren, führen, moderieren.

Als Sozialarbeiterin im Jugendamt sprechen Sie zunächst mit der Klientel, um den Hilfebedarf einschätzen, vereinbaren und planen zu können. Anschließend nehmen Sie Kontakt zu Fachkräften auf, die im Rahmen der Hilfeplanung eine bestimmte Leistung erbringen sollen. Das kann eine »intensive Einzelbetreuung« der Tochter zur Stärkung deren Selbstbewusstseins sein, oder eine Logotherapie zur Behebung des Sprachfehlers des Sohnes oder der Einsatz einer Familienhelferin, die zur Unterstützung der Eltern in die Familie kommen soll.

✔ **Reflexion und Evaluation**

- **Kompetenzformen:** Informationen über den Hilfeverlauf dokumentieren, vorhandene Daten von Informationen und Beobachtungen analysieren, auswerten und interpretieren;
- **Anwendungsbereiche:** Selbstreflexion des eigenen fachlichen Handelns; Dokumentation des Verlaufs der Entwicklungsphase, Fallreflexion, Begutachtung der Verhaltensänderung; kollegiale Beratung, Supervision, institutionelle Berichterstattung (Erstellung eines Jahresberichtes oder Verwendungsnachweises für erhaltene Finanzmittel) et cetera.

Als Sozialarbeiterin im Jugendamt setzen Sie sich mit Ihren Kolleginnen zusammen und besprechen den Verlauf Ihres gerade vor dem Abschluss stehenden Hilfefalles (kollegiale Beratung). Sie überlegen gemeinsam, ob Ihre Einschätzung der Situation des Hilfebedarfes und der durchgeführten Methoden zielführend und wirksam waren, und nehmen Anregungen und Verbesserungsvorschläge, aber auch Wertschätzung und Lob für Ihre sorgfältige Arbeit mit der Klientel und deren Umfeld dankend entgegen.

Bereichsbezogene Kompetenzmuster

Sie brauchen als Fachkraft Sozialer Arbeit eine professionelle Einstellung, eine klare ethisch und fachlich fundierte Haltung und einen wirksamen Antrieb zu handeln (*Selbstkompetenz*). Sie müssen Ihre Arbeit fachlich korrekt und unter Einbezug der Klientel und deren Selbsthilfepotenzial gestalten können (*Fallkompetenz*) und Sie brauchen einen umfassenden Überblick über das komplette Hilfesystem, mit dem Sie kooperieren (*Systemkompetenz*) müssen.

✔ **Selbstkompetenz**

- Hierzu zählen Einstellungen, Haltung und Motivation zum Handeln.
- Selbstkompetenz erfordert die Entwicklung einer professionellen Identität als Sozialarbeiterin (*Identitätsentwicklung*); die Fähigkeit, die eigene Arbeit kontrolliert zu gestalten und dabei auch für sich selbst sorgen zu können (*Selbstregulation*); fachlich am Ball zu bleiben und ständig weiter zu lernen (*Qualifizierung/Weiterbildung*).

✔ **Fallkompetenz**

- Hierzu gehört die Fähigkeit, eine Aufgabe (einen Fall) fachgerecht zu untersuchen (*Fallanalyse*) und bearbeiten zu können (*Fallbearbeitung*).
- Fallkompetenz zeigt sich darin, dass Probleme und Ressourcen der Klientel unter Berücksichtigung deren sozialem und institutionellem Umfeld fachgerecht bearbeitet werden.

✔ **Systemkompetenz**

- Hierzu gehört die Fähigkeit, die Klientel über Angebote Sozialer Arbeit zu informieren und bei deren Nutzung beraten zu können (Vermittlung und Koordination von Angeboten).
- Diese Fähigkeit bezieht sich auf die Angebote der eigenen Organisation Sozialer Arbeit und auf das gesamte Leistungssystem (Bildung, Gesundheit, Recht, Verwaltung, Soziales, Wirtschaft et cetera), mit dem kooperiert wird.

Sie haben erfahren, dass Sie spezielle Kompetenzen für die Gestaltung des Ablaufs eines Hilfeprozesses (*prozessbezogenes Kompetenzmuster*) brauchen, aber dass Ihre Kompetenzen sich auch auf Ihre Person (*Selbstkompetenz*), die fachliche Arbeit mit der Klientel (*Fallkompetenz*) und auf das komplette Leistungssystem aus Sozialer Arbeit und anderer Bereiche, mit denen Sie zusammenarbeiten, beziehen müssen.

Als Nächstes stellt sich die Frage, wie sich die Kompetenzen nach den jeweiligen Aufgaben, die Sozialarbeiter zu erfüllen haben, unterscheiden.

Kompetenzen und Typen von Aufgaben

Die Sozialarbeiterin und Publizistin Maja Heiner hat sich intensiv mit den Aufgaben professioneller Sozialer Arbeit beschäftigt. Die Aussage »Soziale Arbeit vermittelt zwischen Individuum und Gesellschaft« haben Sie bestimmt schon gelesen oder gehört. Was das für methodisches Arbeiten von Sozialarbeitern bedeutet, erfahren Sie jetzt.

Als Fachkraft Sozialer Arbeit kümmern Sie sich um Ihre Klientel, arbeiten also an Veränderungen der »Lebensweise« hilfebedürftiger Menschen (*Klientensystem*), gleichzeitig aber auch an der Verbesserung deren »Lebensbedingungen« (*Leistungssystem*). Wenn Sie beide Aufgaben nicht gleichzeitig erfüllen können, müssen Sie Schwerpunkte setzen und dazu Entscheidungen treffen.

Wann steht nun aber welches Bezugssystem (Klientensystem oder Leistungssystem) im Vordergrund Ihres Handelns, worauf legen Sie im konkreten Fall den Schwerpunkt für eines von beiden Bezugssystemen?

Zur Klärung und Beantwortung dieser Frage in der Praxis bietet sich das Schema aus Tabelle 9.1 an, aus dem sich eine Beschreibung und Zuordnung von vier verschiedenen Aufgabentypen ergibt.

Handlungsressourcen **Handlungsziele**	**Klientensystem** Klientel + Angehörige	**Leistungssystem** Fachkräfte
Klientensystem Ziel: Sicherung und Optimierung der Lebenslage der Klientel bezogen auf • Lebensweise • Lebensbedingungen	**Aufgabentyp 1** direkte Arbeit mit Klientel fallbezogene Arbeit an der Veränderung des Klientensystems in Kooperation mit dem Klientensystem (Beratung, Erziehung, Betreuung, Begleitung) Beispiel »Aidshilfe«: Beratung HIV-infizierter Menschen und deren Angehörige	**Aufgabentyp 2** indirekte Arbeit mit Klientel fallbezogene Arbeit an der Veränderung des Klientensystems in Kooperation mit dem Leistungssystem (Vermittlung von Hilfen, Sicherung der Finanzen, Zugangs-hindernisse abbauen) Beispiel »Aidshilfe«: Kooperation mit einer Fachärztin für HIV/Aids
Leistungssystem Ziel: Sicherung und Optimierung der Leistungen des Sozial- und Gesellschaftssystems bezogen auf • Leistungen der eigenen (intern) Organisation • Leistungen anderer (extern) Organisationen	**Aufgabentyp 3** indirekte Arbeit mit Organisation fallübergreifende und fallbezogene Arbeit an der Veränderung des Leistungssystems in Kooperation mit dem Klientensystem (Unterstützung von Selbsthilfegruppen, Begleitung von Klienten bei der Durchsetzung ihrer Interessen und Rechte) Beispiel »Aidshilfe«: Hilfe zur Gründung einer Selbsthilfegruppe HIV-infizierter Menschen und deren Angehörige	**Aufgabentyp 4** direkte Arbeit mit Organisation fallübergreifende Arbeit an der Veränderung des Leistungssystems in Kooperation mit dem Leistungssystem (intern: Fallkonferenz, Teamsupervision, extern: fachpolitische Arbeit) Beispiel »Aidshilfe«: Gründung eines Vereins Aidshilfe zur Akquise von Geldern zur Errichtung einer Begegnungs- und Anlaufstelle für HIV-infizierte Menschen und deren Angehörige

Tabelle 9.1: Aufgabentypen Sozialer Arbeit
Verändert nach: Aufgabentypen nach Ziel- und Ressourcensystemen Sozialer Arbeit, aus: M. Heiner (2. Auflage 2010), S. 125.

Die Aufgabentypen ergeben sich aus den *Handlungsressourcen* (Tabelle 9.1: Spalte 2 und 3) und den *Handlungszielen* (Tabelle 9.1: Spalte 1). Zu den Handlungsressourcen gehört einerseits die Klientel selbst, samt deren Angehörigen, Freunden, Kollegen, Nachbarn et cetera

(*Klientensystem*) und andererseits die Fachkräfte existierender Angebote und Dienstleistungen (*Leistungssystem*), die den Klienten helfen können, wie Organisationen des Bildungs-, Sozial-, Gesundheitswesens oder aus politischen (Hilfsprogramme, gesetzliche Verankerung von Angeboten/Leistungen, Zusagen für Fördermittel, ...) und wirtschaftlichen Bereichen (geschützte Arbeitsplätze, Arbeitsförderung, Stiftungen, ...).

Klientensystem und Leistungssystem werden aus der Ressourcenperspektive (Blickwinkel auf Unterstützungspotenzial) als *Kooperationspartner* Sozialer Arbeit verstanden, die zur Verbesserung des Klientensystems und des Leistungssystems beitragen können.

Die Ziele der Zusammenarbeit (*Handlungsziele*) beziehen sich auf die möglichen Problemfelder (Schwierigkeiten der Klientel und Mängel des Leistungssystems). Aus der Perspektive zielgerichteten Handelns werden Klientensystem und Leistungssystem als Zielbereiche Sozialer Arbeit verstanden, in denen Veränderungen bewirkt werden sollen.

Im Zielbereich des Klientensystems werden Veränderungen der Lebensweise angestrebt (Aufgabentyp 1).

Beispiel zu Aufgabentyp 1: Aidshilfe

HIV-infizierte Menschen werden über »Safer Sex« und gesundheitsbewussten Lebenswandel beraten. Angehörige HIV-infizierter Menschen werden über Ansteckungsrisiken und Unterstützungsbedarfe informiert und beraten.

Im Zielbereich des Leistungssystems werden Veränderungen der Lebensbedingungen angestrebt (Aufgabentyp 2).

Beispiel Aufgabentyp 2: Aidshilfe

Kooperation mit einer Fachärztin für HIV/Aids, um eine optimale Versorgung HIV-infizierter Menschen zu gewährleisten.

Im Sinne zielgerichteten professionellen Handelns geht es um die Sicherung und Optimierung der Leistungen des Sozial- und Gesellschaftssystems bezogen auf Leistungen der eigenen (internen) Organisation (Aufgabentyp 3) und bezogen auf Leistungen anderer (externen) Organisationen (Aufgabentyp 4).

Beispiel zu Aufgabentyp 3+4: Aidshilfe

Unterstützung bei der Gründung einer Selbsthilfegruppe HIV-infizierter Menschen und deren Angehörigen (Aufgabentyp 3).

Gründung eines Aidshilfe-Vereins zur Einwerbung (Akquise) von Geldern für eine Begegnungs- und Anlaufstelle für HIV-infizierte Menschen und deren Angehörige (Aufgabentyp 4).

Als Sozialarbeiterin sollten Sie die Arbeit mit Ihrer Klientel und auch Ihre Angebote/Dienstleitungen professionell gestalten. Wenn Sie dann Ihre Ziele gleichermaßen auf die Klientel und die Organisation von Angeboten/Dienstleistungen ausrichten, wird es Ihnen gelingen, das umfangreiche Aufgabengebiet Sozialer Arbeit systematisch bearbeiten und im Alltag nach Schwerpunkten und Dringlichkeiten einteilen zu können.

Kompetenztypen fachlich guter Sozialer Arbeit

Es ist das Verdienst von Maja Heiner, ein Modell vorgelegt zu haben, das eine sehr verständliche Orientierung für fachlich richtiges und falsches Handeln liefert. Aus ihrer umfangreichen Erforschung der Praxis Sozialer Arbeit konnte sie vier verbreitete Varianten Sozialarbeiterischen Handelns ermitteln. In Tabelle 9.2 ist das Modell der Kompetenztypen schematisch übersichtlich dargestellt.

Einstellung der Fachkraft		**zur eigenen Klientel**	
		an Defiziten (Schwächen und Einschränkungen) orientiert	an Ressourcen (Stärken und Potenzialen) orientiert
		formale Beziehung und Distanz halten; Motivation spielt keine Rolle und wird nicht gefördert	Beziehung und persönliche Nähe sind wichtig; Motivation ist wichtig und wird gefördert
zum eigenen Angebot	gutes Angebot das aber nicht hilft/wirkt	Typ 1 Dominanz	Typ 2 Aufopferung
	gutes Angebot das hilft und wirkt	Typ 3 Service	Typ 4 Passung

Tabelle 9.2: Kompetenztypen Sozialer Arbeit
Verändert nach: Handlungsmodelle der Praxis, aus: M. Heiner (2. Auflage 2010), S. 407.

Alle vier Handlungsvarianten berücksichtigen *fachliche Haltungen* und *methodisches Handeln.* Die Unterschiede der Varianten ergeben sich aus der jeweiligen Einstellung der Fachkraft Sozialer Arbeit zur Klientel (fachliche Haltungen) und der Einschätzung zur Qualität der angebotenen Leistung (methodisches Handeln).

Die Einstellung der Fachkraft zur eigenen Klientel lässt sich unterscheiden nach

- ✔ **Defizit- oder Ressourcenorientierung**

  ob die Fachkraft eher die Stärken der Klientel oder eher die Schwächen sieht und betont;

- ✔ **Nähe oder Distanz**

  ob die Fachkraft eine vertrauensvolle Beziehung zur Klientel eher zulässt und fördert oder eher vermeidet;

- **Motivationsorientierung**

  ob die Fachkraft die Veränderungs- und Kooperationsbereitschaft der Klientel eher stärkt oder eher schwächt und ob sie das Entwickeln von (Veränderungs-/Erfolgs-) Perspektiven fördert oder eher einschränkt.

Die Einstellung der Fachkraft zum eigenen Angebot und methodischen Handeln lässt sich unterscheiden nach

- **Qualität des eigenen Angebotes und methodischen Handelns**

  ob die Fachkraft die Leistung der Einrichtung nach Angebot, Konzept und methodischer Umsetzung als hoch (gut) oder niedrig (schlecht) einschätzt;

- **Wirkung des Angebotes**

  ob die Fachkraft das eigene Angebot als effektiv (wirksam) oder ineffektiv (unwirksam) einschätzt.

Typ 1: Dominanz

Kennzeichen des Dominanztyps sind:

- das eigene Angebot wird als qualifiziert, aber wirkungslos angesehen;
- die Klientel wird als nicht entwicklungsfähig und nicht veränderungsbereit eingeschätzt und bezeichnet;
- die Verantwortung für Ineffizienz und Ineffektivität werden der Klientel zugeschrieben. Die Klientel wird aufgrund der vorherrschenden defizitorientierten fachlichen Haltung als perspektivlos, willenlos, aggressiv oder destruktiv erlebt und beschrieben;
- es handelt sich um einen Handlungstyp, der kaum auf Beteiligung der Klientel setzt.

Die Darstellungen der Klientel und die Analysen der Situation seitens der Fachkraft Sozialer Arbeit enthalten:

- kaum oder keine Hinweise auf Lebensbedingungen der Klientel;
- kaum oder kein Verständnis für Belastungen der Klientel;
- kaum oder keine Beschreibungen äußerer Lebensumstände der Klientel;
- kaum oder keine Hinweise auf liebenswerte Züge der Klientel;
- kaum oder keine Hinweise auf Bereitschaft zur Einsicht der Klientel in deren persönliche Lebenslage;
- kaum oder keine selbstkritischen Einstellungen der Fachkraft.

Die Akzeptanz der Vorherrschaft (Dominanz) der Fachkräfte zeigt sich daran, dass:

- Methoden (Interventionen) ohne Zustimmung der Klientel angewandt/durchgeführt werden;

- ✔ Motivationsarbeit, Beteiligung an Entscheidungen und Bemühungen Interessen auszuhandeln, als sinnlos und zwecklos gelten;
- ✔ ohne Verbindung zu fachlichen Entwicklungszielen werden Kontrolle ausgeübt, Widerstände der Klientel ignoriert oder überwunden und Regelverletzungen geahndet.

Fazit zum Dominanztyp

Das Handeln nach dem Dominanztyp ist zu wenig professionell, weil Macht in einem Maß ausgeübt wird, das weder den ethischen Grundlagen der Profession zur Achtung der Würde des Menschen noch dem Auftrag der Sozialen Arbeit nach Vermittlung zwischen Individuum und Gesellschaft entspricht.

Möglichkeiten zu Korrekturen in Richtung einer angemessenen Einstellung:

- ✔ Gestalten Sie als Fachkraft methodisch eine Balance von Hilfe und Kontrolle!
- ✔ Achten Sie als Fachkraft auf eine aufgabenbezogene Abstufung Ihres methodischen Handelns (Interventionen) zwischen Selbst- und Fremdbestimmung der Klientel!
- ✔ Testen und überprüfen (evaluieren) Sie als Fachkraft, welches methodische Handeln (Interventionen) welche Wirkungen erzeugt!

Typ 2: Aufopferung

Kennzeichen des Aufopferungstyps sind:

- ✔ Die Fachkraft schätzt das eigene Angebot als qualifiziert (»unsere Methode passt und wir machen eine gute Arbeit«) letztlich aber als unwirksam ein, weil das, was getan wird, nicht ausreicht, um den Hilfebedarf zu decken (»wir haben zu wenig Personal, zu wenig Räume und zu wenig Zeit, um alle anstehenden Aufgaben zu erfüllen«).
- ✔ Die Fachkraft versucht bei ihrer Klientel Ressourcen (»was sie schon oder noch selbst kann«) zu entdecken und sie zum Handeln in eigener Sache zu motivieren (»den Willen aufbringen, aktiv zu werden«).
- ✔ Die Klientel profitiert vom engagierten Einsatz der Fachkraft und merkt nichts von den Einschränkungen des Hilfesystems, solange diese Mängel von der Fachkraft ausgeglichen werden.
- ✔ Die Fachkraft versucht die Mängel des Hilfesystems durch persönlichen Einsatz auszugleichen (»wenn die Aufgaben innerhalb der bezahlten Arbeitszeit nicht zu erledigen sind, arbeite ich eben länger und mehr«).

Fazit zum Aufopferungstyp

Wenn Sie als Fachkraft dauerhaft versuchen, Mängel im Hilfesystem durch stärkeren persönlich Einsatz zu kompensieren, entsteht mit der Zeit eine systematische Selbstüberforderung (*Burn-out-Gefahr*). Dann profitiert langfristig auch die Klientel nicht von Ihrer aufopferungsvollen Arbeit als Fachkraft, weil Sie dann immer wieder mal gesundheitsbedingt ausfallen (*Auszeit*) oder die Stelle wechseln (*Kündigung*).

Möglichkeiten zu Korrekturen in Richtung einer angemessenen Einstellung:

- ✔ Setzen Sie sich als Fachkraft realistische und bescheidene Ziele!
- ✔ Holen Sie sich als Fachkraft Unterstützung von Kolleginnen und Arbeitgeberorganisation (Beratung, Stellenerweiterung, Deputatserhöhung, Überlastungsanzeige)!

Typ 3: Service

Kennzeichen des Servicetyps sind:

- ✔ Die Fachkraft schätzt das eigene Angebot als qualifiziert und wirkungsvoll ein (»wir machen eine gute Arbeit und haben Erfolg damit«).
- ✔ Das Engagement der Fachkraft ist auf die Sicherung der Qualität des Angebotes ausgerichtet (»wir tun alles, um die Klientel gut zu versorgen«).
- ✔ Die Fachkraft sieht sich selbst als »Dienstleisterin«, erhebt den Hilfebedarf, macht eigene Angebote, vermittelt Leistungen und stellt Kontakte her.
- ✔ Für die Fachkraft stehen Probleme und Defizite der Klientel im Vordergrund, aber nicht deren eigene Stärken (»unsere Klientel hat Probleme und braucht unsere und andere Hilfe«).
- ✔ Für die Fachkraft gilt die Klientel nicht als Beziehungspartner, sondern als Hilfeempfänger, der Angebote braucht (»wir wissen, was hilft und bieten genau das jedem an, der die Hilfe braucht und will«).
- ✔ Die Klientel bekommt Angebote ohne Motivationshilfe oder Begleitung (»ob die Klientel die Hilfeangebote annimmt oder auch nicht, ist deren Entscheidung, wir wollen niemanden zu seinem Glück zwingen«).

Fazit zum Servicetyp

Wenn Sie als Fachkraft nach dem Servicetyp handeln, besteht die Gefahr, dass Sie Ihre Klientel bevormunden, weil Sie sich so sehr um deren Schwächen und Einschränkungen kümmern (*Defizitorientierung*). Vorhandene Stärken und Potenziale Ihrer Klientel (*Ressourcenorientierung)* können verkümmern, wenn diese von Ihren Aktivitäten überdeckt und nicht genutzt und gefördert werden. Ihre Angebote mögen zwar gut durchdacht sein, nur ob diese im jeweiligen Einzelfall auch passen, erfahren Sie nicht, wenn Sie zu Ihrer Klientel keine vertrauensvolle Beziehung herstellen oder haben.

Möglichkeiten zu Korrekturen in Richtung einer angemessenen Einstellung:

- ✔ Suchen Sie als Fachkraft nach Stärken und liebenswerten Seiten Ihrer Klientel!
- ✔ Versuchen Sie als Fachkraft eine vertrauensvolle Beziehung zu Ihrer Klientel herzustellen!

- ✔ Achten Sie als Fachkraft auf positive Motivationshinweise bei Ihrer Klientel!
- ✔ Beteiligen Sie als Fachkraft Ihre Klientel an der Entwicklung und Anpassung Ihres methodischen Angebotes!

Typ 4: Passung

Kennzeichen des Passungstyps sind:

- ✔ Die Fachkraft beurteilt das eigene Angebot als qualifiziert und wirksam.
- ✔ Die Fachkraft leugnet vorhandene Schwierigkeiten, Unsicherheiten und Niederlagen nicht.
- ✔ Die Fachkraft richtet das Angebot der Einrichtung und das eigene Handeln auf Interessen und Bedürfnisse der Klientel aus.
- ✔ Die Fachkraft stimmt die Gestaltung des methodischen Handelns auf den jeweiligen Fall ab.
- ✔ Die Fachkraft überprüft das eigene Angebot auf Basis kontinuierlicher Erkundung und Evaluation ständig auf seine Qualität.
- ✔ Die Fachkraft arbeitet an einer vertrauensvollen Beziehung zur Klientel.
- ✔ Die Fachkraft beachtet die Situation der Klientel in Bezug auf deren Stärken und Potenziale (*Ressourcenorientierung*), beteiligt die Klientel an der Hilfegestaltung (*Partizipation*) und unterstützt die Klientel bei deren Willen zur Veränderung (*Motivationshilfe*).
- ✔ Die Fachkraft sucht trotz vorhandener Defizite der Klientel nach Stärken, aktiviert Fähigkeiten, greift deren Interessen auf und sucht nach Ansatzpunkten für Kooperation mit der Klientel und deren Umfeld.
- ✔ Die Fachkraft zeigt Verständnis und Wertschätzung für die Art der Lebensbewältigung (Eigensinn, Tempo, Umwege, …) der Klientel.

Fazit zum Passungstyp

Wenn Sie als Fachkraft nach dem Passungstyp arbeiten, machen Sie schon ganz viel richtig. Weil auch nicht immer alles passen kann, sollten Sie sich nicht entmutigen lassen, wenn mal etwas nicht so läuft, wie Sie oder Ihre Klientel sich das vorgestellt haben. Wer aktiv ist, macht auch Fehler. Der Passungstyp stellt die idealtypische Mustervariante professionellen Handelns dar, an dem sich Fachkräfte Sozialer Arbeit orientieren können, im Wissen, dass niemand perfekt ist und nie alles passen kann.

Möglichkeiten und Beispiele für förderliches Handeln:

- ✔ Wenn Sie als Fachkraft vermeintlich »abweichendes Verhalten« Ihrer Klientel umdeuten in »interessante Experimente« oder als »Verhaltensoriginalität« bezeichnen, können Sie und Ihre Klientel ungeahnte Potenziale entdecken!

Sie beurteilen als Fachkraft in der Suchthilfe die Situation einer drogensüchtigen Frau nicht nur aufgrund der zweifellos vorhandenen Gefahr ihrer Selbstzerstörung durch den Drogenkonsum, sondern sehen den Drogenkonsum auch als Folge einer »Sehnsucht nach Besonderem« oder als Wunsch nach »Ausbruch aus der Normalität« an. Damit kommen im Beratungsgespräch mehr und andere Aspekte in das Blickfeld von Fachkraft und Klientel.

✔ Wenn Sie als Fachkraft aus vermeintlichen »Opfern und Versagern« unter Ihrer Klientel »Akteure mit Kompetenzen und Potenzialen« machen und in ihnen »(Über-)Lebenskünstler« oder »Expertinnen ihrer eigenen Lebenssituation« sehen, bringen Sie Ihrer Klientel viel mehr Wertschätzung entgegen!

Als Fachkraft im Jugendamt sagen Sie bei einer Inobhutnahme (ein Kind wird vom Jugendamt aus der Familie geholt) gegenüber der betroffenen Familie »zurzeit geht das so nicht gut« (mit dem Kind in der Familie) und lassen damit die Hoffnung zu, dass diese einschneidende Maßnahme nur vorübergehend nötig sein wird.

In diesem Kapitel haben Sie bereits erfahren, was es braucht, um als Fachkraft kompetent handeln zu können, also die Fähigkeit zu haben, soziale Probleme erkennen und bewältigen zu können. Obwohl Sie als Fachkraft Sozialer Arbeit mit ganz unterschiedlichen Menschen zu tun haben, und Sie die Besonderheiten jedes einzelnen Falles im Blick haben müssen, gibt es in dieser Arbeit mehr oder weniger richtiges oder besser gesagt passendes methodisches Handeln.

Das selbstreflexive Arbeitskonzept: Ein gut strukturierter Ablauf

Damit Sie ein fachlich gutes, weil methodisch passendes Handeln planen und durchführen können, gibt es das selbstreflexive Arbeitskonzept (SAK). Es wurde von den Professoren Gerd Gehrmann und Klaus D. Müller von der Fachhochschule für Soziale Arbeit in Frankfurt am Main entwickelt.

Ziel: Wohin das selbstreflexive Arbeitskonzept führt

Das selbstreflexive Arbeitskonzept soll Ihnen als professioneller Fachkraft Sozialer Arbeit ein starkes Selbstbewusstsein vermitteln. Ihr fachliches Standing gegenüber Ihrer Klientel, Ihren Kollegen, der Öffentlichkeit, Meinungsmachern und Politikern soll gestärkt werden.

Zweck: Wozu das selbstreflexive Arbeitskonzept dient

Das selbstreflexive Arbeitskonzept dient Ihnen als Fachkraft Sozialer Arbeit als Handlungsanleitung. Aus den Aufgaben Ihres Auftrages erstellen Sie ein eigenständiges »Praxisdesign« Sozialer Arbeit in einer der Profession angemessenen Art und Weise. Es enthält eine sinnvolle Reihenfolge von methodischen Schritten und lässt sich für unterschiedliche Aufgaben und Situationen Sozialer Arbeit verwenden.

Kennzeichen des selbstreflexiven Arbeitskonzeptes

Die Besonderheiten des selbstreflexiven Arbeitskonzeptes sind

- ✔ die einzelnen Schritte sind typisch (spezifisch) für Soziale Arbeit (weil sie den Gegenstand Sozialer Arbeit, die Bewältigung sozialer Probleme berücksichtigen und Analyse, Intervention und Reflexion verbinden);
- ✔ dass den Bezugswissenschaften/Spezialdisziplinen, wie Recht, Psychologie, Soziologie, Pädagogik, Medizin und so weiter keine besondere Beachtung zukommt, sondern diese gleichberechtigt einbezogen werden;
- ✔ dass die Interessen und Bedürfnisse der Klientel berücksichtigt werden;
- ✔ dass es eine systematische Evaluation der Praxis bietet und eine grundlegende Selbstüberprüfung ermöglicht;
- ✔ dass es am Paradigma der Handlungsforschung orientiert ist. Handeln wird als absichtliches und zielgerichtetes Verhalten verstanden und untersucht;
- ✔ dass es ein Konzept ist, das Theorie und Praxis gleichermaßen verbindet und selbstreflexiv kritisch unter die Lupe nimmt.

Ablaufschema: »Schritt für Schritt«

Das selbstreflexive Arbeitskonzept sieht eine Folge von sieben Schritten vor, die nacheinander bearbeitet werden, wie in Abbildung 9.1 zu sehen ist:

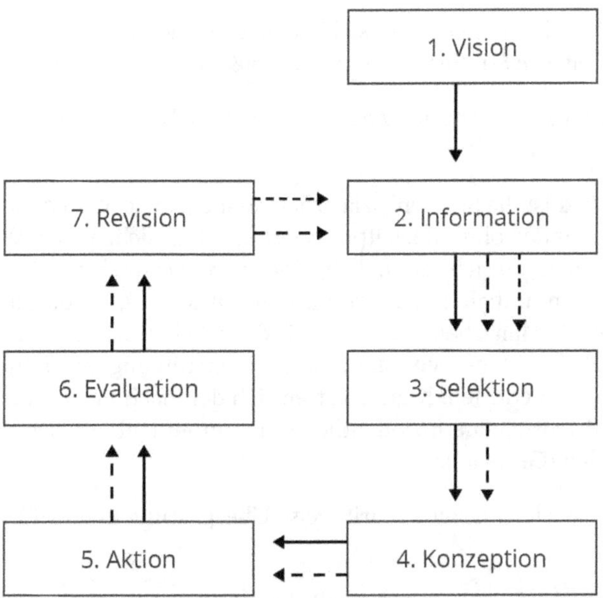

Abbildung 9.1: Selbstreflexives Arbeitskonzept Sozialer Arbeit

Frau Altdorf ist eine sozial engagierte Person. Sie beobachtet auf Straßen und Plätzen in ihrem Wohnort in letzter Zeit öfter Kinder, die anscheinend ohne Aufsichtspersonen Tag und Nacht draußen verbringen. Bei Frau Altdorf kommt die Vermutung auf, dass diese Kinder kein Zuhause haben und niemand sich um sie kümmert. Nachdem sie ihre Beobachtung bei der Polizei gemeldet hat und der wachhabende Polizist ihr versprach, die Kollegen auf Streife auf ihre Beobachtung hinzuweisen, ist Frau Altdorf zunächst beruhigt. Weil Sie nach wenigen Tagen wieder Kinder sieht, die sich nachts in einer Grillhütte im nahegelegenen Park aufhalten, spricht sie mit dem Redakteur der örtlichen Tageszeitung und schildert diesem ihre Beobachtungen und Vermutungen. Der am nächsten Tag publizierte Presseartikel über »kindliche Nachtschwärmer« weckt die Aufmerksamkeit der Bürgermeisterin der Stadt. Sie lässt den städtischen Straßensozialarbeiter Reinhold Meier rufen und gibt ihm den Auftrag, sich ein Bild der Lage zu machen und den im Zeitungsartikel benannten Beobachtungen von Frau Altdorf nachzugehen. Herr Meier hat damit den offiziellen Auftrag (Mandat), sich als Sozialarbeiter der Sache anzunehmen, und erstellt sich dafür ein Arbeitskonzept. Dies sieht zunächst die Formulierung von Grob- und Feinzielen vor. Er klärt mit der Bürgermeisterin als Grobziel seiner anstehenden Arbeit herauszufinden, ob sich tatsächlich Minderjährige ohne Aufsichtspersonen im öffentlichen Raum aufhalten, wer deren verantwortliche Bezugspersonen (Personensorgeberechtigte) sind und wo diese zu Hause sind (ihren gewöhnlichen Aufenthalt haben).

1. **Vision: Idee entwickeln; Ziele formulieren und operationalisieren**

✔ Allgemeine Handlungsziele (Grobziele) formulieren, die den Zustand beschreiben, der am Ende der Aktion erreicht sein wird:

- Die Grobziele sollen sich auf ein konkretes Arbeitsfeld Sozialer Arbeit und eine bestimmte Klientel beziehen (Beispiel: Straßensozialarbeit; Straßenkinder).
- Die Grobziele werden vom Ethikcode der Sozialen Arbeit (ISFW, DBSH) abgeleitet (Beispiel: Menschenwürde, Kindeswohl).

Reinhold Meiers Arbeitsfeld ist die Straßensozialarbeit. Seine jetzige »Zielgruppe« sind Straßenkinder (Kinder ohne Begleitpersonen im öffentlichen Raum). Das Grobziel, herauszufinden, ob sich tatsächlich Kinder ohne erwachsene Begleitung dauerhaft im Freien aufhalten, basiert auf den ethischen Grundlagen der Sozialen Arbeit, wonach Menschen ein ihnen würdiges Leben führen können sollen und minderjährige Menschen Schutz und Unterstützung zu ihrem Wohl und ihrer Entwicklung bedürfen. Kinder dürfen sich demnach nicht ohne Bezugspersonen und Aufsicht alleine im öffentlichen Raum aufhalten. Diesen Zustand gilt es abzuwenden (Grobziel).

✔ Operationalisierung von Etappenzielen, die eine schrittweise Überprüfung und Erfüllung von Teilzielen ermöglicht:

- Angabe von Ereignissen, Zuständen oder Prozessen, die beschreiben, woran die Zielerreichung erkannt werden kann.

Für Streetworker Meier stehen auf dem Weg zur Erreichung des Grobzieles, der Abwendung von Obdachlosigkeit von Kindern, die Recherche, ob es überhaupt obdachlose Kinder in der Stadt gibt und wer deren Bezugspersonen sind, als Etappenziele an. Danach wäre die Erforschung der Gründe für den unbeaufsichtigten Aufenthalt der Kinder im öffentlichen Raum ein weiteres Etappenziel.

2. Information: Wichtige Informationen sammeln und dokumentieren

✔ Informationen über die Klientel, deren Lebenslagen und Verursachungsbedingungen für die akute Problemlage und die Beauftragung Sozialer Arbeit einholen

Gespräch mit der Informantin, Frau Altdorf darüber, wie viele Kinder bisher beobachtet wurden, wann und wo sich diese genau aufhielten, welchen Alters und Geschlecht die Kinder waren, in welchem äußerlichen Zustand sich die Kinder befanden, ob die Kinder von Frau Altdorf angesprochen wurden und wie diese darauf reagiert hatten.

Anfrage bei der Polizei, ob die Polizeistreife obdachlose Kinder ohne Aufsichtspersonen gefunden und aufgegriffen hat, wo sie diese aufgegriffen oder gesehen hat, in welchem Zustand die Kinder waren und wo die Kinder jetzt untergebracht sind.

✔ **Informationen über andere (soziale) Dienste und deren Kooperationsnetzwerke einholen**

- Welche Leistungen bieten diese an?
- Wer kann und darf diese Angebote in Anspruch nehmen?
- Welche Voraussetzungen müssen vor der Nutzung erfüllt sein?
- Welche Auskünfte kann und darf der jeweilige soziale Dienst geben, was muss zum Datenschutz beachtet werden?
- Welche Formen der Zusammenarbeit und Absprachen gibt es zwischen den einzelnen Hilfeleistern und Stellen?

Anfrage beim örtlichen Jugendamt, ob entlaufene Kinder gemeldet wurden

Anfrage bei örtlichen Einrichtungen der Kinder- und Jugendhilfe (Tagesstätten und Heime), ob sich dort Kinder aus der Obdachlosigkeit gemeldet hätten

Anfrage bei örtlichen Schulen nach Kindern, die dem Unterricht zeitweise oder dauerhaft fernbleiben (»Schulverweigerern«)

3. Selektion/Auswahl: Erhobene Daten auswerten und daraus weitere Arbeitsziele formulieren

Die gewonnenen Informationen werden nach unterschiedlichen Fragestellungen beantwortet:

✔ **Veränderungsbedarfe**

Was müsste an der Lebens-, Wohn-, Arbeitssituation der Klientel geändert werden, um ihre Lage zu verbessern?

✔ **Selbsthilfepotenziale**

Wie könnten Selbsthilfepotenziale organisiert werden, die Selbsthilfeprozesse ermöglichen?

✔ **Menschenwürde**

Was müsste geändert werden, um die Menschenwürde der Klientel entsprechend des Ethikcodes Sozialer Arbeit zu wahren?

✔ **Förderliche und hinderliche Bedingungen**

Welche sozialen, politischen, überörtlichen Umstände fördern oder behindern den Prozess menschenwürdiger Entwicklung? Welche Strukturen in Gemeinde, Quartier oder Nachbarschaft fördern oder behindern den Prozess menschenwürdiger Entwicklung? Welche Personen und/oder Gruppen fördern oder behindern den Prozess menschenwürdiger Entwicklung?

✔ **Fachliche Ressourcen**

Welche Mittel stehen Ihnen als Fachkraft Sozialer Arbeit auf welchen Ebenen zur Verfügung, um dem Gesamtziel näher zu kommen?

✔ **Datenauswertung**

Vorläufige Antworten erarbeiten, im Kollegenkreis und Fachkreisen diskutieren, in Supervision reflektieren.

✔ **Arbeitsziele formulieren**

Konkrete, realitätsnahe Arbeitsziele formulieren und an überschaubare kurz-, mittel- und langfristige Zeiträume binden.

✔ **Operationalisierung der Arbeitsziele**

Festlegen von Ergebnissen, Zuständen, Merkmalen, anhand derer die Zielerreichung festgestellt werden kann.

Sie haben als Straßensozialarbeiter den Auftrag erhalten herauszufinden, ob das körperliche, geistige oder seelische Wohl von Kindern ernsthaft bedroht oder bereits beeinträchtigt ist, und die Gefahr der Kindeswohlgefährdung durch geeignete Maßnahmen abzuwenden. Dementsprechend konzentrieren Sie sich zunächst auf diejenigen Informationen (*Selektion der Informationen*), die Hinweise darauf geben, ob sich tatsächlich Kinder ohne Begleitung und Aufsicht im öffentlichen Raum aufhalten. Deshalb befragen Sie Frau Altdorf, informieren die Polizei und andere

Stellen und Dienste (Jugendamt, Schule, Jugendhilfeeinrichtungen) über den Verdacht der Kindeswohlgefährdung und fordern diese zur Zusammenarbeit auf.

4. Konzeption: Handlungsplan für Methoden und Techniken erstellen

Weil professionelles Handeln methodisch planvolles und überprüfbares Handeln ist, gilt es als nächsten Schritt einen Handlungsplan aufzustellen. Dazu gehört

- ✔ Ziele danach einteilen, in welchem Zeitraum (kurz-, mittel- und langfristig) diese erreichbar sind;
- ✔ Auswahl des passenden Handlungskonzeptes und von geeigneten Methoden und Techniken zu dessen Umsetzung;
- ✔ Absprache der Vorgehensweise (Handlungsplan) mit Vorgesetzen, Kolleginnen, Klientel und Kooperationspartnern. Vorherige Absprachen sind wichtig, damit Missverständnisse und Widerstände, die den Hilfeprozess stören oder stoppen können, vermieden und stattdessen Handlungsspielräume erschlossen werden.
- ✔ Im Rahmen der Zusammenarbeit können Konflikte entstehen (Konkurrenzsituationen; unterschiedliche Interessen). Solche internen (in der eigenen Organisation) oder externen (mit kooperierenden Organisationen) Konflikte müssen ernst genommen, strategisch bearbeitet (gemeinsame Interessen und Zielübereinstimmung feststellen) und bewältigt werden.

In Absprache mit Ihrem Auftraggeber (Bürgermeisterin) und Ihren Kooperationspartnern (Polizei, Jugendamt, Schule und Jugendhilfeeinrichtung) legen Sie fest, als Erstes nach unbeaufsichtigten Kindern im öffentlichen Raum zu suchen (kurzfristiges Ziel). Sollten sich die Beobachtungen von Frau Altdorf bestätigen und unbeaufsichtigte Kinder im öffentlichen Raum gefunden werden, sollen die aufgefundenen Kinder in der Jugendhilfeeinrichtung vor Ort aufgenommen (»*Inobhutnahme*«) und betreut werden (mittelfristiges Ziel). Danach soll die Polizei nach den Eltern der Kinder suchen, damit das Jugendamt klären kann, weshalb die Kinder von zu Hause weglaufen (langfristiges Ziel). Als städtischem Straßensozialarbeiter kommt Ihnen die Aufgabe zu, den vereinbarten Handlungsplan im Auge zu behalten und die Aktivitäten mit den Kooperationspartnern abzustimmen (*Case-Management*).

5. Aktion: Planvolles Handeln nach Arbeitsschritten durchführen

Wie im Handlungsplan vereinbart, werden die geplanten Maßnahmen (Methoden und Techniken) zur Zielerreichung in der geplanten Reihenfolge durchgeführt.

- ✔ Einsatz von Methoden und Techniken, die dem gewählten Handlungskonzept und Plan entsprechen;
- ✔ Die geplanten Aktionen und deren Ergebnisse werden schriftlich festgehalten (als sogenannte »Aktenvermerke« dokumentiert), damit der Ablauf und Einsatz von Methoden und Techniken später nachvollzogen und überprüft werden kann.

Weil unter den Kooperationspartnern vereinbart wurde, dass Sie als Straßensozialarbeiter die Aufgabe übernehmen, die im gemeinsamen Handlungsplan festgelegten Aktivitäten zu koordinieren *(Case-Management)*, halten Sie den Kontakt zu allen Kooperationspartnern und achten darauf, dass alle Schritte wie geplant durchgeführt und dokumentiert werden (*Netzwerkarbeit*).

6. Evaluation: Arbeitsweise, Zielerreichung und Wirkungen überprüfen

Wenn die ersten Zeitpunkte der Zielmarken erreicht sind, wird überprüft, ob die Methoden und Techniken wie geplant eingesetzt wurden. Außerdem werden die gesetzten Ziele mit den festgestellten Ergebnissen verglichen.

- ✔ Rückkoppelung: Abfrage der (Teil-)Ergebnisse bei Kooperationspartnern, Kolleginnen und Klientel;
- ✔ Bewertung: die (Teil-)Ergebnisse werden danach bewertet, inwiefern die Ziele erreicht sind;
- ✔ Beurteilung: Die durchgeführten Maßnahmen (Anwendung von Methoden und Techniken) werden auf ihren Beitrag zur Zielerreichung (Art und Umfang der Wirkungen) überprüft und beurteilt.

Aus Ihrem Gespräch mit Frau Altdorf konnten Sie erfahren, dass sie Kinder ohne erwachsene Begleitung im Stadtpark beobachtet hatte. Diese Information hatten Sie umgehend an die Polizei weitergeleitet. Tatsächlich entdeckte eine Polizeistreife in der folgenden Nacht drei Kinder im Stadtpark (kurzfristiges Ziel erreicht). Die Polizei übergab die drei aufgegriffenen Kinder noch in derselben Nacht der diensthabenden Sozialarbeiterin vom Jugendamt, die die drei Kinder umgehend zur örtlichen Jugendhilfeeinrichtung brachte (Inobhutnahme), wo Sie vorübergehend aufgenommen wurden (mittelfristiges Ziel erreicht). Die Polizei konnte die Wohnadressen der Eltern der aufgegriffenen Kinder zwar ausfindig machen. Das langfristige Ziel, zu klären, weshalb die Kinder von zu Hause weggelaufen sind, konnte noch nicht erreicht werden, denn das Jugendamt konnte noch kein Gespräch mit den Eltern führen. Der schriftlichen Aufforderung des Jugendamtes an die betreffenden Eltern, einen Gesprächstermin im Jugendamt zu nutzen, kamen die Eltern bislang nicht nach.

7. Revision: Ziele anpassen, ändern oder konkretisieren

Je nach Bewertung der Ergebnisse und damit der Zielerreichung (Schritt 6 Evaluation) müssen die im Handlungsplan vorgesehenen Aktionen (Methoden und Techniken) verändert und die Schritte 1 bis 4 angepasst werden.

- ✔ Konsequenzen aus Schritt 6 »Evaluation« ziehen
  - Veränderung und gegebenenfalls Neuformulierung von Zielen (Schritt 1: Vision/Ziele)

- Weitere erforderliche Informationen erheben (Schritt 2: Information)
- Neue und vorhandene Informationen neu gewichten (Schritt 3: Selektion)
- Methoden und Techniken anpassen und Handlungskonzept überarbeiten (Schritt 4: Konzeption)

Aus der gemeinsamen Überprüfung des bisherigen Vorgehens mit Ihren Kooperationspartnern geht hervor, dass lediglich das Ziel mit den Eltern in Kontakt zu kommen, bislang nicht erreicht wurde. Im Rückblick sind sich die Beteiligten einig, dass es nicht ausreicht, die Eltern per schriftlicher Einladung zum Gespräch im Jugendamt zu bitten, sondern dass aufgrund der Dringlichkeit der Kontaktaufnahme eine aufsuchende Vorgehensweise zielführender wäre (Schritt 4: Konzeption). Deshalb wird die Mitarbeiterin des Jugendamtes versuchen, die Eltern zu Hause anzutreffen und hierzu Hausbesuche vor Ort vornehmen (Schritt 4: Konzeption; Veränderung der Methode). Sollte diese Maßnahme ebenfalls nicht zum Erfolg, der Kontaktaufnahme mit den betreffenden Eltern führen, wird als verschärfte Maßnahme die Befragung von Nachbarn ins Auge gefasst (Schritt 4: Konzeption; Veränderung der Methode). Parallel dazu sollen die pädagogischen Mitarbeitenden des Kinderheimes, in dem drei der aufgegriffenen Kinder derzeit untergebracht sind, Gespräche mit den Kindern führen und herausfinden, weshalb diese entlaufen sind und wo deren Eltern anzutreffen sein könnten (Schritt 2: Information). Die Zielformulierungen (Schritt 1) bleiben bestehen, die Informationsgewinnung (Schritt 2), deren Gewichtung (Schritt 3: Selektion) und die Gestaltung des konzeptionellen Vorgehens und methodischen Handelns (Schritt 4) werden modifiziert. Nach der Umsetzung der genannten Veränderungen (Schritt 5: Aktion) steht eine erneute Überprüfung der Vorgehensweise (Schritt 6: Evaluation; Schritt 7: Revision) an.

Beendigung der Vorgehensweise des SAK

Die vorgestellte Reihenfolge der Schritte nach dem selbstreflexiven Arbeitskonzept wird beibehalten, bis alle Ziele erreicht sind oder die Maßnahme an einer Stelle im Kreislauf abgebrochen wird. Gründe für den Abbruch der Maßnahme können ein Mangel an Ressourcen (Zeitmangel, Personalmangel), ein Mangel an geeigneten Methoden (fehlende Wirksamkeit), Änderungen der Zuständigkeit (Konkurrenz und/oder Kompetenzgerangel unter Kooperationspartnern), Entscheidungen des Auftraggebers oder Entscheidungen der Klientel zur Beendigung der Zusammenarbeit (bei freiwilliger Teilnahme) sein.

Berufsfeldanalyse (BFA)

Ein Teil der Schrittfolge des selbstreflexiven Arbeitskonzeptes (SAK) eignet sich zu einem weiteren Zweck als Methode Sozialer Arbeit. Die Durchführung der Schritte 1 bis 4 des SAK ergeben, wie Abbildung 9.2 zeigt, die Berufsfeldanalyse.

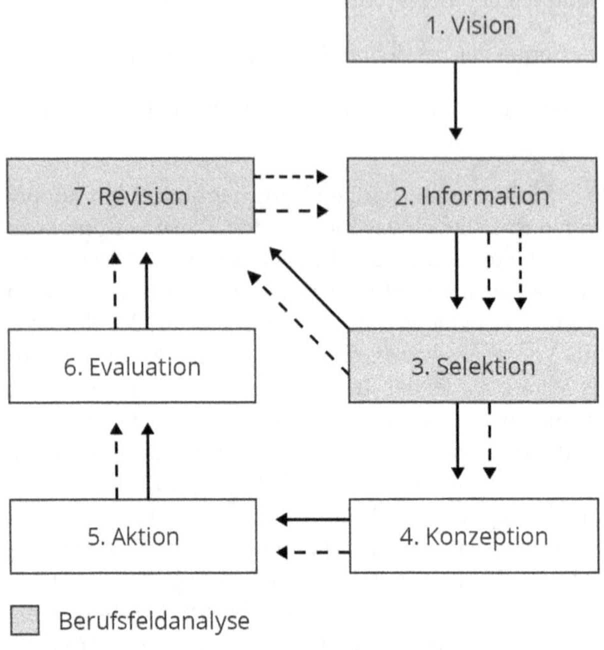

Abbildung 9.2: Berufsfeldanalyse (BFA)

Ziel der Berufsfeldanalyse

Das Ziel der Berufsfeldanalyse ist es, eine Vorstellung und ein Bild eines bislang eher unbekannten Handlungsfeldes professioneller Sozialer Arbeit zu bekommen.

Zweck der Berufsfeldanalyse

Die Erstellung einer Berufsfeldanalyse eignet sich zum Zweck der Bewerbung um ein Praktikum oder für eine Arbeitsstelle im Bereich der Sozialen Arbeit. Mit der Berufsfeldanalyse lässt sich auch eine erneute Beschreibung oder eine Neukonzeption des bisherigen Handlungsfeldes systematisch vorbereiten und gestalten.

Ablauf der Berufsfeldanalyse

Wie bei der Vorgehensweise des selbstreflexiven Arbeitskonzeptes (SAK), werden für die Berufsfeldanalyse (BFA) die Schritte 1 bis 4 durchgeführt.

1. **Handlungsfeld Sozialer Arbeit: Gegenstand, Klientel, Rahmenbedingungen und Methoden Soziale Arbeit klären**

✔ **Gegenstand Sozialer Arbeit**

Worum geht es hier? Sie erkunden, welches soziale Problem, im (neuen) Handlungsfeld bearbeitet wird und lesen hierzu in Fachlexika und Handbüchern nach.

✔ **Ursachen und Folgen**

Woran wird hier gearbeitet? Sie ermitteln die Ursachen und Folgen der sozialen Problematik aus der relevanten und aktuellen Fachliteratur und dem aktuellem Forschungsstand.

✔ **Klientel**

Um wen geht es eigentlich? Sie wollen herausfinden, mit wem gearbeitet wird, wer die Adressatinnen der Sozialen Arbeit im betreffenden Handlungsfeld sind und sichten dazu die einschlägige Fachliteratur, lesen Einrichtungskonzeptionen, fragen Praktikerinnen und sprechen mit Betroffenen (Klientel Sozialer Arbeit).

✔ **Methodisches Handeln**

Wie wird hier gearbeitet? Sie erkundigen sich über die gängigen Konzepte und Methoden im betreffenden Handlungsfeld Sozialer Arbeit und ermitteln aus der Fachliteratur, welche Konzepte und Methoden gewöhnlich zum Einsatz kommen.

✔ **Rahmenbedingungen**

Welche Rechtsgrundlagen, finanzielle und andere Rahmenbedingungen begrenzen das Handlungsfeld? Sie frischen Ihre Kenntnisse rechtlicher, politischer und institutioneller Grundlagen des betreffenden Handlungsfeldes Sozialer Arbeit auf.

✔ **Vision und Position**

Wo und wie sehen Sie sich in diesem Handlungsfeld Sozialer Arbeit? Sie entwickeln für sich eine vorläufige Vision und eigene Position, was Sie im betreffenden Handlungsfeld erreichen möchten und worauf Sie den Schwerpunkt legen würden.

2. **Organisation/Einrichtung: Daten und Fakten über eine konkrete Einrichtung/ Dienstleistung im betreffenden Handlungsfeld einholen**

✔ **Entstehungsgeschichte**

Welche Geschichte hat die Einrichtung? Sie erkunden sich über die Lebensdauer der Organisation/Einrichtung Sozialer Arbeit und deren mögliche geschichtliche Prägung und Traditionen und lesen dazu die Konzeption oder das Leitbild der Einrichtung.

✔ **Aufbau/Struktur**

Wie ist die Organisation der Einrichtung aufgebaut? Sie schauen sich das Organisationsschema (*Organigramm*) der Einrichtung an, aus dem Sie die Anzahl der Leitungsebenen (hierarchische Struktur; *Leitungstiefe*) und die Vielfalt der zur Organisation gehörenden Abteilungen erkennen können.

✔ **Handlungskonzept**

Wie ist die Arbeit der Einrichtung konzipiert? Sie ermitteln aus der Konzeption der Einrichtung und aus Gesprächen mit Mitarbeitenden, welches Handlungskonzept dort favorisiert wird und welche Methoden und Techniken dort zum Einsatz kommen.

✔ **Konflikte**

Wie wird hier mit Schwierigkeiten und Problemen umgegangen? Sie versuchen aus Gesprächen mit Mitarbeitenden den Umgang mit erkennbaren (manifesten) und versteckten (latenten) Konflikten in der Einrichtung ausfindig zu machen.

✔ **Eigener Eindruck**

Wie wirkt die Einrichtung auf mich? Sie verschaffen sich durch Besuche, Beobachtungen und Gespräche in der Einrichtung einen eigenen Gesamteindruck von der Einrichtung.

3. **Handlungsmöglichkeiten/-spielräume: Entfaltungsmöglichkeiten für eine zukünftige Tätigkeit in der Einrichtung ausloten und sichern**

✔ **Zuständigkeit und Verantwortung**

Wie gestaltbar sind die Aufgabenbereiche in der Einrichtung? Sie erkunden durch Fragen, Verhandlungen und Absprachen im Bewerbungsgespräch, welche Gestaltungsmöglichkeiten Ihnen für Ihre Aufgabengebiete eingeräumt werden.

✔ **Aufgabenbereiche und Flexibilität**

Wie offen oder starr sind die Tätigkeitsfelder innerhalb der Einrichtung festgelegt? Sie erkundigen sich nach den Möglichkeiten im Laufe der Zeit Ihre Tätigkeitsfelder und Aufgabenbereiche zu wechseln.

✔ **Mitwirkung an der Konzeptionsentwicklung**

Wie erwünscht und möglich ist die Beteiligung an der fachlichen Gestaltung der Arbeit? Sie fragen nach Formen der Beteiligung an der fachlichen Gestaltung der Arbeit in Klausurtagen, Inhouseseminaren und Fachvorträgen.

4. **Probearbeit und Einarbeitung: Eignung von Handlungsfeld und Einrichtung als zukünftiges persönliches Betätigungsfeld**

✔ **Exemplarisches Handeln**

Wie wird in der Einrichtung gesteuert? Sie loten die in einer Probe- oder Einarbeitungszeit erlebbaren Handlungsgrenzen aus, indem Sie sich zunächst alles anschauen und mitmachen, dann schrittweise Ihre Aktivitäten ausweiten und durch gelegentliche kontrollierte Grenzüberschreitungen die Reaktionen testen.

✔ **Konfliktpotenzial**

Worüber könnte es Ärger um Interessen oder Konkurrenz geben? Sie erkennen Stärken und Schwächen der Organisation sowie Interessen und Absichten Ihrer Kollegen und können Schwierigkeiten und potenzielle Konflikte abschätzen.

✔ **Unterstützung**

Wer kann Sie in Ihren Anliegen unterstützten? Sie sprechen auch in den Pausen mit Kolleginnen und gewinnen dadurch potenzielle Bündnispartner für Ihre gemeinsamen Interessen.

✔ (Selbst-)kritische Einschätzung

Wie passen Handlungsfeld und Einrichtung? Sie wägen Ihre Eindrücke und Informationen sorgfältig ab und kommen zu einer selbstkritischen Einschätzung, ob das Handlungsfeld (Aufgabenstellung, Klientel und methodisches Handeln) und die besuchte Einrichtung (Größe, Leitbild, Konzeption, Organisation, Kollegium, Bezahlung et cetera) passen und für eine Anstellung taugen.

Teil IV
Top-Ten-Teil

Weitere Bücher der Reihe finden Sie auf `www.facebook.de/fuerdummies`.

IN DIESEM TEIL ...

Der Spruch »Das Beste kommt zum Schluss« trifft auf dieses Buch nicht unbedingt zu, denn es gibt viel Gutes in den ersten drei Teilen. Der Top-Ten-Teil bietet Ihnen aber eine sehr kompakte Sammlung wichtiger Erkenntnisse, zentraler Literaturquellen und Internetlinks. Damit ist der praktische Nutzen des letzten Buchteiles in Kürze umschrieben.

Es werden zehn Missverständnisse über Methoden Sozialer Arbeit aufgezeigt und aufgelöst. Die Auflistung der zehn wichtigsten Bücher der Methodenlehre erleichtert Ihnen den tieferen Einstieg in die Methodenlehre und dient als Quelle für viele Inhalte, die in diesem Buch aufgeführt sind. Das abschließende zwölfte Kapitel enthält eine Linkliste von Fach- und Berufsverbänden Sozialer Arbeit, aber auch zu Podcasts und Videos über die Anwendung von Methoden Sozialer Arbeit.

Kapitel 10

Zehn Missverständnisse über Methoden Sozialer Arbeit

Bestimmt haben Sie schon etliche Alltagsweisheiten über Methoden Sozialer Arbeit gehört oder gelesen. Durch häufiges Erzählen und viele Wiederholungen könnten Sie den Eindruck gewinnen, es handle sich um realistische Beschreibungen. Diese müssen jedoch nicht unbedingt den Tatsachen entsprechen. In diesem Kapitel werden einige missverständliche Erzählungen über Methoden Sozialer Arbeit aufgeführt und richtiggestellt.

Wissen und Intuition: Methodisches Arbeiten in der Sozialen Arbeit ist weniger von Intuition als von Wissen geprägt und geht nicht ohne Theorie.

Fachkräfte Sozialer Arbeit handeln im gesellschaftlichen Auftrag und nach beruflichen Standards. Damit Sozialarbeitende ihrem gesellschaftlichen Auftrag gerecht werden, müssen ihre Handlungen (fachlich) sinnvoll und zielgerichtet sein. Sinnvoll und zielgerichtet wird das Verhalten, wenn nach einem Plan vorgegangen wird, um das Ziel zu erreichen. Methodisches Handeln muss also auf ein Ziel gerichtet sein und systematisch einem Plan folgen. Um (soziale) Probleme verstehen zu können, braucht es überprüfte Erklärungsmodelle (Theorien) für menschliches Verhalten und die Ursachen von sozialen Problemen. Fachkräfte Sozialer Arbeit brauchen auch Wissen darüber wie Methoden angewendet werden und wie sie wirken. Wenn Sozialarbeitende wissen und verstehen, weshalb soziale Probleme entstehen und wie Menschen darauf reagieren, können sie fachlich sinnvoll handeln. Intuition ist dabei manchmal hilfreich, aber nicht unbedingt erforderlich und vor allem kann Intuition fehlendes Wissen nicht ersetzen.

Methodisches Arbeiten in der Sozialen Arbeit ist theoretisch begründet und von fachlichem Wissen geprägtes systematisches Handeln von dafür ausgebildeten Fachkräften.

Konzepte, Methoden, Verfahren und Techniken: »Es ist nicht so wichtig wie man die Dinge nennt, sondern was man tut«.

Es ist zwar verständlich, wenn Wissenschaftler und Praktiker unterschiedliche Begriffe verwenden, für das gegenseitige Verstehen ist ein Begriffswirrwarr aber eher hinderlich. Wer Klarheit über die Bedeutung von Begriffen schafft, kann Dinge und Zusammenhänge eindeutiger beschreiben und besser mit anderen Fachkräften zusammenarbeiten.

Konzepte bringen Ziele, Inhalte, Methoden und Techniken in einen sinnhaften Zusammenhang und betonen meistens einen bestimmten thematischen Schwerpunkt. Weil **Methoden** die Frage beantworten sollen, auf welche Art und Weise ein Ziel erreicht werden kann, braucht es für jede Methode ein Set an geeigneten **Techniken** oder **Verfahren.**

Richtiges oder falsches Handeln: »In der Praxis Sozialer Arbeit gibt es kein Richtig oder Falsch, denn man kann jedes Handeln begründen«.

Soziale Arbeit hat als »normative Handlungswissenschaft« eine klare ethische und fachliche Orientierung. Fachkräfte Sozialer Arbeit richten ihre Handlungen an der Achtung der Menschenwürde, der Einhaltung der Menschenrechte aus und streben soziale Gerechtigkeit an. Ziel und die Art des Handelns (Methoden) müssen den ethischen Leitlinien und den fachlichen Standards entsprechen. Deshalb ist es nicht beliebig, welche Methode zu welchem Zweck eingesetzt wird. »Der Zweck heiligt nicht die Mittel«, sondern die Methode muss zur Problemlage passen, zum Ziel führen und die Rahmenbedingungen und ethischen Grundlagen berücksichtigen.

Methodisches Handeln in der Sozialen Arbeit hat die jeweiligen Problemkonstellationen, Rahmendbedingungen, Zielsetzungen und ethischen Grundlagen zu berücksichtigen.

Profis kontra Laien: »Professionelle Fachkräfte und freiwillige »Laien« der Sozialen Arbeit stehen zwangläufig (immer) in Konkurrenz«.

Es gibt durchaus Unterschiede zwischen Tätigkeiten von sozial engagierten Menschen ohne spezielle fachliche Ausbildung (Laien) und ausgebildeten Fachkräften (Professionellen). Beides hat Vor- und Nachteile, weshalb es sich anbietet, in der Praxis (ehrenamtliche/freiwillige) Laienhilfe mit fachlich-qualifizierter professioneller Arbeit zu verbinden.

Laienhilfe und professionelle Hilfen sind notwendig und können sich gut ergänzen, wenn Einrichtung und Fachkräfte Sozialer Arbeit den »Freiwilligen« die Bearbeitung gemeinsam vereinbarter Aufgaben überlassen, sie dabei unterstützen und ihnen für ihren Einsatz in geeigneter Form Anerkennung geben. Die Stärken der Laienhilfe (Alltagsnähe, Nachvollziehbarkeit, Akzeptanz) können durch systematische professionelle Hilfe methodisch ausgeglichen werden.

Bitte Handlungsfeld (Arbeitsbereich) und Methode nicht verwechseln!

Im Laufe der Entwicklungsgeschichte der Sozialen Arbeit haben sich Methoden herausgebildet, die zur typischen Handlungsweise in einem bestimmten Handlungsfeld (Arbeitsbereich) geworden sind. Dadurch wird der Name einer Methode manchmal auch zur

Bezeichnung des Handlungsfeldes verwendet. Dass in der Praxis und gelegentlich auch in der Fachliteratur Sozialer Arbeit die Begriffe »Handlungsfelder« und »Methoden« durcheinandergewirbelt werden, bedeutet nicht, dass deren Verwendung beliebig oder egal wäre.

Wichtig ist die Unterscheidung zwischen dem Handlungsrahmen Sozialer Arbeit (Handlungsfeld) und einer bestimmten Vorgehensweise (Methode) besonders dann, wenn es darum geht, ob einem hilfsbedürftigen Menschen eine Dienstleistung vermittelt (Handlungsfeld) oder eine Hilfeform (Methode) erklärt werden soll.

Die Arbeit mit einzelnen Menschen, Gruppen und Gemeinwesen ist keine Methode!

Begriffe, die zur Beschreibung der sozialen Beziehung, auch Sozialform (Einzelne oder Gruppen von Menschen und Gemeinwesen) genannt, Verwendung finden, eignen sich nicht zur Beschreibung von Methoden, denn die Sozialform gibt keine Auskunft darüber, wie mit den Menschen oder dem Gemeinwesen methodisch gearbeitet wird.

Weil die Benennung einer Sozialform (Einzelne, Gruppen, Gemeinwesen) noch keine eindeutige Beschreibung des jeweiligen methodischen Handelns ist, macht es Sinn, nach Sozialform und Methode zu unterscheiden.

Methoden Sozialer Arbeit und (psycho-)therapeutische Arbeit sind nicht dasselbe!

Methoden Sozialer Arbeit und therapeutische Arbeit unterscheiden sich zwar kaum in ihren Zielen (Hilfe und Unterstützung bei der Bewältigung des Lebens), aber umso mehr im stärkeren Bezug auf Probleme des alltäglichen Lebens (Soziale Arbeit) oder auf psychologische Probleme (Psychotherapie). Die Zuständigkeiten für die Anwendung von Methoden Sozialer Arbeit (Fachkräfte Sozialer Arbeit) oder psychotherapeutischer Methoden (Psychotherapeuten) sind unterschiedlich.

Für die Anwendung von Methoden Sozialer Arbeit (hoheitliche Aufgaben) brauchen Fachkräfte eine staatliche Anerkennung. Diese wird in Deutschland vom jeweiligen Bundesland an die ausbildenden Hochschulen für angewandte Wissenschaften übertragen. Für therapeutische Behandlungsmethoden werden jeweils zuständige Professionen der Psychotherapie per Gesetz oder Verordnungen beauftragt.

In der Sozialen Arbeit gibt es nicht nur drei wesentliche Methoden!

Die alte klassische »Dreifaltigkeit der Methodenlehre Sozialer Arbeit« (Einzelfallhilfe, soziale Gruppenarbeit, Gemeinwesenarbeit) eignet sich nicht mehr zur fachlichen Einteilung der zahlreichen und vielfältigen Methoden Sozialer Arbeit, weil sie zu kurz greift. Heute braucht es Methodenvielfalt und Methodenintegration, das heißt eine gute Auswahl und passende Kombination unterschiedlicher Methoden und Techniken.

Auswahl und Einsatz von Methoden zur Bewältigung der Aufgaben Sozialer Arbeit müssen den spezifischen Problemlagen, den Bedürfnissen der Klientel und den Rahmenbedingungen der Einrichtungen und Dienste Sozialer Arbeit angepasst sein. Dazu braucht es sach-, situations-, problem- und personenadäquate Methodenarrangements.

»Kann ich eine Methode wie ein Kochrezept anwenden: Ich besorge mir die angegebenen Zutaten und befolge die Anleitung zur Zubereitung?«

Nein, denn für den Erfolg der Methode braucht es die Zusammenarbeit von Fachkraft und Klientel.

Die Anwendung einer Methode Sozialer Arbeit erfordert ein Arrangement, das der Sache, der Situation, dem Problem und den betreffenden Personen entspricht.

»Kann ich jede Methode mit jedem Konzept kombinieren?«

Nein, denn nicht alle Methoden passen zu allen Konzepten. Konzepte betonen einen bestimmten thematischen Schwerpunkt. Die Methoden müssen zum jeweiligen thematischen Aspekt des Konzeptes passen.

Zum Handlungskonzept der Ressourcenorientierung (Stärkenarbeit/Empowerment) passen nur Methoden, die der Klientel Stärke und Selbstbewusstsein vermitteln und nicht die Schwächen und Defizite in den Vordergrund stellen.

Kapitel 11

Die zehn wichtigsten Bücher der Methodenlehre Sozialer Arbeit

In den einzelnen Kapiteln dieses Buches finden Sie Hinweise auf Bücher zu Grundlagen der Sozialen Arbeit und deren Methodenlehre. Weil wir Ihnen nicht eine lange Liste aller Bücher zum Thema zumuten wollen, haben Sie in diesem Kapitel eine Auswahl zentraler und wichtiger Methodenbücher Sozialer Arbeit vor sich. In den aufgeführten Publikationen werden Themen aus diesem Band vertieft.

(In alphabetischer Reihenfolge nach Buchtitel)

1. **Grundlagen des Methodischen Handelns in der Sozialen Arbeit.** Franz Stimmer (4. aktualisierte Auflage 2020); Stuttgart: Kohlhammer.
2. **Kompetent handeln in der Sozialen Arbeit.** Maja Heiner (4. Auflage 2023); München: Reinhardt.
3. **Konzepte sozialpädagogischen Handelns.** Ein Leitfaden für soziale Berufe. Geißler, Karl-Heinz / Hege, Marianne (11. Auflage 2007); Weinheim und Basel: Beltz.
4. **Methoden der Sozialen Arbeit:** Eine Einführung. Galuske Michael; bearbeitet von Karin Bock und Jessica Fernandez Martinez (10. Auflage 2013); Weinheim und Basel: Beltz Juventa.
5. **Methodenlehre in der Sozialen Arbeit:** Konzepte, Methoden, Verfahren, Techniken. Kreft, Dieter / Müller, C. Wolfgang (Hrsg., 2010); München, Basel: Reinhardt UTB.
6. **Methodisches Handeln in der Sozialen Arbeit;** Heiner, Maja / Staub-Bernasconi, Silvia / Meinhold, Marianne u.a. (4. Auflage 1998); Freiburg im Breisgau: Lambertus.
7. **Methodisches Handeln in der Sozialen Arbeit.** Grundlagen und Arbeitshilfen für die Praxis. Hiltrud von Spiegel (6. durchgesehene Auflage 2018); München, Basel: Reinhardt.

8. **Professionelles soziales Handeln.** Soziale Arbeit im Spannungsfeld zwischen Theorie und Praxis; Dewe, Bernd / Ferchhoff, Wilfried / Scherr, Albert / Stüwe, Gerd (4. Auflage 2011); Weinheim, Basel: Beltz-Juventa.

9. **Soziale Arbeit als Beruf:** Fälle – Felder – Fähigkeiten. Heiner, Maja (2. Auflage 2010); München-Basel: Reinhardt.

10. **Wie Helfen zum Beruf wurde:** Eine Methodengeschichte der Sozialen Arbeit. Müller, C. Wolfgang (6. Auflage 2013); Weinheim, Basel: Beltz.

Teil V
Anhang

Anhang A

Interessante Links zum Weiterlesen und Stöbern

Zu Methoden Sozialer Arbeit gibt es eine Fülle von Büchern und Artikeln in Fachzeitschriften. Eine Auswahl an Büchern finden Sie in Kapitel 11.

Falls Sie lieber erst mal im Internet stöbern wollen und am liebsten Videos, Podcasts und Reals auf den Social-Media-Kanälen nutzen, finden Sie in der folgenden Sammlung von Links bestimmt einige Anregungen.

Links zu Videos und Podcasts über Soziale Arbeit

- Eine Sammlung von Podcasts zur Sozialen Arbeit findet sich hier: `https://fyyd.de/user/iwmm/collection/77c5dd6f7db4444989918a5726b90255`
- Einen einfachen Zugang zu Themen und Diskursen der Wissenschaft Soziale Arbeit bietet der Fachverband DGSA mit Podcasts von Wissenschaftlern der Sozialen Arbeit unter: `https://podcast.dgsa.de/podcast`
- @ein.sozialarbeiter: Sozialarbeiter Robin Scheurer hat über 15Tsd Follower auf Instagram. Er zeigt und erklärt in zahlreichen Videos zu verschiedenen Themen, womit Fachkräfte Sozialer Arbeit zu tun haben und wie sie arbeiten: `https://www.instagram.com/ein.sozialarbeiter/`
- @burakcaniperk: Sozialarbeiter Burak Caniperk hat über 43 Tsd Follower auf Instagram: `https://www.instagram.com/burakcaniperk/?hl=de`
- In kurzen Videoclips äußert sich Burak Caniperk über viele einzelne und ganz praktische Fragen und Geschehnisse aus seinem Arbeitsalltag als Sozialarbeiter: `https://www.tiktok.com/@burakcaniperk`
- Interview mit dem Sozialarbeiter Burak Caniperk über seine Arbeit als Streetworker: `https://www.deutschlandfunknova.de/beitrag/sozialarbeiter-burak-caniperk-ich-fuehle-mich-oft-alleine-gelassen`
- »Eine Spurensuche – professionelle Identität in der Sozialen Arbeit«. Das Video des DBSH bietet eine verständliche Zusammenfassung der Diskussion über professionelle Identität: `https://www.youtube.com/watch?v=kuaMshvExjI`

- ✔ »Der Film« Video über 25 Jahre Deutsche Gesellschaft für Soziale Arbeit - Geschichte, Kontroversen, Perspektiven: https://www.dgsa.de/ueber-uns/der-film
- ✔ »Case Management in der Sozialen Arbeit« ein Podcast des Fachverbandes DGSA über die Methode »Case Management«. Der Podcast bietet eine Einführung in Geschichte und Phasenmodell des Case Managements und erläutert die Vor- und Nachteile der Methode sowie die neuesten Forschungsergebnisse: https://podcasters.spotify.com/pod/show/dgsapodcast/embed/episodes/Folge-09-Case-Management-in-der-Sozialen-Arbeit-e2h32k0
- ✔ »Netzwerke und Soziale Arbeit« ist ein Podcast des Fachverbandes DGSA über die Methode »Netzwerkarbeit«. Dieser Podcast erklärt den Stellenwert und die Bedeutung der Netzwerkorientierung innerhalb der Sozialen Arbeit. Es geht um Perspektiven, den aktuellen Stand der Fachdebatte als auch um laufende Forschungsprojekte zur Netzwerkarbeit: https://podcasters.spotify.com/pod/show/dgsapodcast/episodes/Folge-05-Beziehungen-und-Soziale-Arbeit-e21qldh/a-a9kce2a

Links zu Berufs- und Fachverbänden

- ✔ Berufsverband Soziale Arbeit (DBSH) https://www.dbsh.de/
  - »Definition Soziale Arbeit« beschreibt, was Soziale Arbeit ist, will und soll: https://www.dbsh.de/profession/definition-der-sozialen-arbeit.html
  - »Berufsethik der Sozialen Arbeit« beschreibt, an welchen Werten und Haltungen sich die Fachkräfte Sozialer Arbeit bei ihrem professionellen Handeln orientieren: https://www.dbsh.de/profession/berufsethik.html
  - »Berufsregister Soziale Arbeit« ist ein Instrument, um die Qualifizierung von Mitarbeitenden in der Sozialen Arbeit zu überprüfen und zu unterstützen: https://www.dbsh.de/profession/berufsregister-fuer-soziale-arbeit.html
  - »Qualitätsstandards der Profession Soziale Arbeit« beschreibt, nach welchen Kriterien sich Leistungen professioneller Sozialer Arbeit bewerten lassen: https://www.dbsh.de/profession/haltung-der-profession.html
  - »Schlüsselkompetenzen Sozialer Arbeit« beschreibt aus Sicht des DBSH, was Fachkräfte Sozialer Arbeit können müssen/sollen: https://www.dbsh.de/profession/haltung-der-profession/schluesselkompetenzen.html
- ✔ Fachverband für Soziale Arbeit (DGSA) https://www.dgsa.de/ueber-uns/die-dgsa
  - »Kerncurriculum Soziale Arbeit« beschreibt die wesentlichen Inhalte eines Studiums der Sozialen Arbeit: https://www.dgsa.de/veroeffentlichungen/kerncurriculum-soziale-arbeit
- ✔ Internationaler Verband der Fachkräfte Sozialer Arbeit (IFSW) »International Federation of Social Workers«: https://www.ifsw.org/
  - »Internationale Definition Sozialer Arbeit«: https://www.ifsw.org/what-is-social-work/global-definition-of-social-work/

Links zu Verbänden der Gesprächsführung

- ✔ `http://www.gwg-ev.org` Homepage der Gesellschaft für wissenschaftliche Gesprächspsychotherapie e.V. (GWG), die den personenzentrierten Ansatz lehrt und fördert.
- ✔ `http://www.dgta.de/index.shtml` Homepage der Deutschen Gesellschaft für Transaktionsanalyse (DGTA), die Aus-, Fort- und Weiterbildung nach den Anwendungsfeldern »Beratung«, »Organisation«, »Pädagogik« und »Psychotherapie« anbietet und fördert
- ✔ `http://www.psychodrama-deutschland.de` Homepage des Deutschen Fachverbands für Psychodrama (DFP e.V.), der Fort- und Weiterbildung anbietet
- ✔ `http://www.dvg-gestalt.de` Homepage der Deutschen Vereinigung für Gestalttherapie e.V. (DVG), die Fort- und Weiterbildung unter dem Stichwort (Button) »Institute« anbietet
- ✔ `http://www.ruth-cohn-institute.org` Portal des internationalen TZI-Verbandes »Ruth Cohn Institute for TCI international«
- ✔ `http://www.tzi.info` Portal für Themenzentrierte Interaktion (TZI), auf dem Angebote zur Fort- und Weiterbildung unter dem Stichwort (Button) »Ausbildung in TZI« angeboten werden
- ✔ `http://www.dvnlp.de` Website »Deutscher Verband für Neuro-Linguistisches Programmieren e. V.«
- ✔ `https://www.bmev.de/mediation/was-ist-mediation.html` Website des »Bundesverbands Mediation e.V.«
- ✔ `https://www.youtube.com/watch?v=zu26EdDT9pQ` Link zu einem Video über die »Mediation« als Methode der Konfliktbearbeitung
- ✔ `https://www.dvg-gestalt.de/gestaltberatung_definition/` Website des Verbandes »Deutsche Vereinigung für Gestalttherapie«.

Abbildungsverzeichnis

Stichwortverzeichnis

T

U

V

W

Z

www.ingramcontent.com/pod-product-compliance
Lightning Source LLC
LaVergne TN
LVHW061936220826
846092LV00004B/1021

* 9 7 8 3 5 2 7 7 2 2 0 5 1 *